ごっこ遊びから
バーチャルリアリティまで

なぜ
フィクションか？

ジャン＝マリー・シェフェール
久保昭博 訳

Jean-Marie Schaeffer

Pourquoi
la fiction?

慶應義塾大学出版会

なぜフィクションか？　目次

凡例

・本文中の（ ）ならびに［ ］は原著者による補足、〔 〕は訳者による補足に対応している。
・書名、新聞雑誌名と映画作品、音楽（オペラ）作品ならびにゲームのタイトルは『 』、美術作品、写真作品名は《 》で示している。
・本文中の引用は、邦訳がある場合には適宜参照しつつ、訳者がフランス語から訳している。
・註で言及される著者名はカタカナ表記したうえで、文献情報を（ ）内に表記した。

なぜフィクションか？

序論

夏には夏らしい報道をという求めに応じてのことだろう、一九九六年七月二六〜二七日付の日刊紙『リベラシオン』は、ララ・クロフトという名の魅力的な人物によって読者たちを惹きつけた。「マシンガンで武装し、グッチのビキニを着た」若い女性の複製画の横、そして「バーチャルスター誕生」というタイトルの下には、次のような文章が書かれている。「抜群のプロポーションを誇り、勇猛果敢で狡猾なララ・クロフトに、数え切れないほどの人々が夢中になった。多くのインターネットサイトで肌を露わにしているこのセックスシンボルは、老いと無縁である。ララ・クロフトは大成功を収めたビデオゲーム『トゥームレイダー』の女主人公。このゲームは世界中で二〇〇万個以上を売ったが、そのうち三〇万はフランスでの売上げである。だが巨大な経済的影響よりも重要なのは、このビットとピクセルでできた人物、そして彼女が引き起こしている熱狂が、新しい文化の徴候だということである」。映画のデジタル特殊効果を専門にする会社の責任者は、その二ページ先で、この新しい文化――「サイバーカルチャー」――が、「ルネサンスにも比肩すべき進化」となるだろうと述べていた。

この優れた記事で驚かされるのは、インタラクティヴ型のフィクション世界と見なされそうなビデオゲームが、「サイバーカルチャー」、つまりはデジタルメディアと結びつくあらゆる文化的実践の徴候になるほどまでに格上げされたということである。もちろん、「フィクション世界」という表現を使っているのは私である。「サイバーカルチャー」業界では、デジタル世界と「伝統的」フィクションとを区別するため、むしろ「バーチャルリアリティ」という語を使うはずだ。だがとにかく、『リベラシオン』紙の記事は、デジタル技術の革命と、これと並行して生じている、人間の想像力に関わるはずの革命とのあいだに、本質的な関係があることを示唆している。今やわれわれは、「真正なる」現実とも、人間の想像力が伝統的に生み出してきた諸々のフィクションとも違う新たな存在の様態、つまりは「バーチャルリアリティ」の誕生に立ちあっているのではないだろうか。ララ・クロフトを「スター」と形容し、そうして彼女に「単なる」フィクションの登場人物ではなく、むしろバーチャルな女優という地位を与えるこの新聞もまた、こうした前提の上に立っているのである。

デジタル革命という考え方自体は新しいものではなく、一〇年ほど前からいろいろなところで言われていることである。しかしこれは、二つの相反した解釈を生み出している。ララ・クロフトについての記事は、喜びを示す解釈の典型だ。だがこれとは正反対の、不快感を露わにした解釈もあり、これもまた同じ日刊紙で一度ならず表明されている。こちらの解釈にしても出発点は同じである。つまりデジタル革命によって人間は新たな時代、「バーチャルリアリティ」の時代に突入するというものだ。だがここから引き出される結論はまったく異なる。すなわちこの革命は、「真正の」現実に終焉をもたらすというのである。「サイバーカルチャー」は、現実に対するシミュラークルの勝利、あるいはそこまでは言わないにしても、これら二つの区別の消滅に帰着する、こうしてわれわれは、(真正な)存在と(幻影的な)仮象のあいだの存在論的区別の終わりによって特徴づけられる時代に入ってゆくというのである。

これら二つの立場が「サイバネティクス」革命をめぐって交わされた議論のエッセンスとなっていることは意味深い。無限のバーチャル空間を征服するという熱狂的な視点をとるにせよ、逆に、人類は見せかけの中で生きる定めにあり、オーウェルが描いたように全体主義的権力構造によって操作されるという終末論的視点をとるにせよ、デジタルなシミュレーションについて語ると、人はどうしても極端に傾いてしまう。だが重要なのはこのことではない。たしかに人類の未来に「サイバーカルチャー」がもたらす結果をめぐって二つの解釈は真っ向から対立しているかもしれないが、その前提となるレベルでは一致しているということなのである。つまりこれら二つとも、デジタル技術によって作られた現実には、これまで人類が経験したいかなるものにも還元できない根本的に新しいステイタスが備わっていると認めているのである。さてこうした前提から、どちらの立場にも関わる怪しげな事態が生ずる。ララ・クロフトの記事に典型的な、デジタル革命を喜び勇んで見る見方は、平凡なフィクションのゲームを、「バーチャルリアリティ」という、新しいと見なされる存在論的様態にまで高める。一方これに対抗する見方は、この同じ「バーチャルリアリティ」を「シミュラークル」とか「見せかけ」といって非難するのだが、こうした語彙でもって伝統的に非難の対象となっているものも……やはりまたフィクションなのだ。これはどうみても奇妙な事態である。

もちろん私は、デジタル革命が科学、技術、情報そしてコミュニケーションの領域にもたらすだろう（そしてすでにもたらしている）甚大な変動を軽視しようとはまったく思っていない。ついでに言えば、「革命」という語が大げさすぎるとも考えていない。デジタルのこうした変革力は、これが多分野にまたがる道具だという事実と密接に結びついている。なぜなら、クロード・カドズが強調しているように、「……情報処理機械はそれだけで三つの領域、つまり行為、現実の観察と認識、そしてコミュニケーションの領域に関わるという点で他に類を見ない」[1]からだ。さらに言えば、デジタル技術の利用によってフィクションの新たな可能性が開かれることもほぼ疑いない。こうした新たな形式のフィクションは、フィクションと、現実とインタラクティヴな関係をもつそれ以外の諸形式とのあいだに見られた伝統的な関係を、ある程度まで作り直すことにすらなるかもしれない。しかしだからといって、今挙げた両者の意見に見られた暗黙の前提が正当化されるわけではまったくなく、それゆえ両者が展開する歴史的シナリオも受け入れられないのである。

まず、災厄が起こるというシナリオにはほとんど信憑性がない。そもそもシミュラークルが現実《レアリテ》に打ち勝つことができるという考えそのものが私には馬鹿げて見える。とりあえず人類が、真と偽を今後は区別しないと「決定する」、あるいは技術的な進化によって、人類はいつの日か現実的なものと想像的なものを混同するにいたる（たとえば「サイバー性器」と現実にセックスする）と仮定しよう。仮にそんな事態が起こったとしても、それによって完全に狂った社会が誕生することはなく、より散文的に、世にはびこるわれわれの種が速やかに消滅することになるくらいのことだ。次に、幸運なことに（あるいは他のほとんどすべての種にしてみれば不幸なことに）、現実や真なる表象に対するシミュラークルの勝利に、デジタル革命は一切関係がない。確かにデジタル技術は、「バーチャルリアリティ」を生んだ。だが世界の「バーチャル化」と世界のフィクション化は同じものではない。バーチャルが固有の意味で対立するのはアクチュアルであって、現実ではない。[2]「現実」と対立していると言えるのは、ただフィクションのみである（こう述べたところで何を言ったことにもならないのだが）。最後に、デジタル革命の唱道者や予言者の前提とは異なり、バーチャル化はデジタル時代の発明などではまったくない。「バーチャルリアリティ」は表象の生物学的システムとともに生まれているのである。[3] つまり、あらゆる心的表象はバーチャルリアリティなのだ。バーチャルとフィクションのあいだにはそれゆえ関係がある。フィクションは表象のある特殊な様態であり、同時にバーチャルの特殊な形式でもある。だがフィクションは特殊形式であるのだから、フィクションの定義とバーチャルの定義は同一ではない。

デジタル革命によって、伝統的フィクションとはそのステイタスを異にする新たな人間的想像力の様態が誕生するという考えも、同様の錯誤に基づいている。この点をはっきり示しているのが、ララ・クロフトというフィクション上の人物を「バーチャルスター」に変貌させた『リベラシオン』紙である。というのも、仮に（少なくとも一時的に）ララ・クロフトが物語の登場人物というよりはゲームの登場人物であるという事実（これはデジタルフィクションの興味深い側面ではある）を捨象すれば、彼女がデジタルでない自分の先祖たちと異なるのは、ララ・クロフトがデジタルコードから「生まれた」のに対し、他の者たちは言語を通じて（たとえばジュリアン・ソレル）、あるいはフィルムのプリントを通じて（たとえばインディ・ジョーンズ）、または図像によって（たとえばドルーピー）これまで作られてきたし、今でも作られているという点においてのみである。存在論的なステイタスということでは、ララ・クロフトの「バーチャル」である度合いが、他の想像上の人物たちと比べて高いとか低いとかいうことはない。映画のシーンをデジタルによってシミュレーションすることでこれが具体化したからといって、そのステイタスが変わるわけではない。このことが示しているのは、デジタルフィクションがフィクションの（「現実」に対する）論理的ステイタスを変化させるのではなく、フィクションを製造し、また消費するための新たな手段をわれわれに提供するにとどまるということである（これだけでもたいしたことにはちがいないが）。

しかしなぜ、フィクションを論ずるべき本の導入を、ビデオゲームや「サイバーカルチャー」の考察から始めるのか。これは無意味で不適切な出発点ではなかろうか。この二重の反論には二重の返答が必要だろう。まず、今問題になっている現状を無意味といってよいものかどうか、私にはわからない。つまるところ、深刻か無意味かという区別は人によって異なるものである。今日では皆が口を揃えて称讃する文学フィクションさえも、過去しばしば無意味であると非難されてきた事実はそのことを示している。第二に、そしてこれが唯一重要なことなのだが、仮に無意味だという見立てが確実なものだとして、それでもなお、今日フィクションの問題は、ビデオゲームや「サイバーカルチャー」の問題でもある。

まず、ビデオゲームがわれわれの子どもや孫の想像世界——それゆえフィクションの文化——において、次第に重要な位置を占めつつあるのは疑いえないことだろう。もともとゲームという形式だったものが、映画やテレビドラマといった、つまりは典型的な意味でのフィクション表象の出発点となることが次第に増えているのがよい証拠である。これだけでもフィクションの問題を自らに課した者が、ビデオゲームを考慮する正当な理由になろう。だがビデオゲームを無視できないもうひとつのより深い理由がある。私は「あたかも〜のようにする」——遊戯的偽装——と、子どもたちのごっこ遊びや夢想にその起源が見られる想像的シミュレーションの根本的なメカニズムから出発するのでなければ、フィクションとは何かを理解できないと確信している。そしてビデオゲームが用いるのも、これと同じ能力だ。つまりデジタルゲームで遊ぶためには、遊戯的偽装によって統《す》べられた世界の内部に入り込むことができなくてはならない。それゆえビデオゲームは、フィクション的遊戯と典型的意味でのフィクションの関係という、より一般的な問題への、考えうる入り口のひとつとなるのだ。

一般的な意味での「サイバーカルチャー」はどうだろうか。仮にこれをめぐって交わされる議論が、デジタル革命についてはたいしたことを教えてくれないにしても、二〇世紀末というこの時代におけるフィクションの問題の状況については、（それという意図なしに）教えてくれる。先に指摘したように、「デジタル革命」自体は、「見せかけ」の問題、それゆえフィクションの問題とはいかなる見るべき関係もない。とはいえこう述べたことで、デジタルメディアの発展を目にして不安を覚える人が見当違いを犯しているのだと仄《ほの》めかしたいわけでもない。いつの時代でも、人間は技術的進歩をできるだけ多くの目的に利用しようとしてきたために、その結果はたいてい怪しげなものになってしまったものだ。だからよほど単純な人でもなければ、デジタル技術だけは違うはずだなどとは考えられないだろう。とはいえ、いかなるものであれこうした危険によっては論争が辛辣になったり、しばしば終末論的な性格を帯びたりすることが説明できないばかりか、またそれが「シミュラークル」の支配がありうるという方向に偏ることも理解できない。だがここで「サイバネティクス」的な未来についての不快感に満ちた展望を支えている議論が、フィクションに対して伝統的に向けられてきた非難から多くを借りているという事実に目を留めれば、事態は明らかになる。言い換えると、デジタル革命の危険に対する注意という外観の下に、つまるところフィクションについての古い問題が潜んでいるのだ。それゆえ現在の議論は、古代ギリシア以来西洋文化の中で繰り返し現れてきた問題の最新の変化形にすぎないのである。なぜこの議論がデジタル革命によって起こりうる危険の評価にはほとんど役に立たないが、逆にフィクションの産物に対してわれわれがとりつづけている両義的な態度について教えるところが多いのか、これで説明されるだろう。事実、この議論によって明らかになるのは、われわれが、フィクションに対する態度に関して言えば、いまだにプラトンの同時代人であるということなのだ。

本書の目的は、ここまで述べてきたことの文脈から浮かび上がる。つまり、まずは人間の文化においてフィクションが中心的な役割を果たしていることを理解できるように、また同時に、フィクション芸術としてのミメーシス芸術――その規模や様態は多様であるが――の人間学的重要性が説明できるようにフィクションの分析を展開するということである。このような視野をもつことによって、私は「ミメーシス」概念に（改めて）中心的な位置を与えることになるだろう。模倣、類似、偽装、幻影等々の用語は、少なくとも現在、良い評判をとってはいない。これらの語によって指し示される事象は、しばしばあらゆる「真の」芸術と両立しないものと決めつけられている。さらに芸術論という分野では、これらの語に相当する分析概念が、まったく不適切なものと見なされてもいる。私は、これらが必要不可欠なカテゴリーだということのみならず、さらには無数の芸術活動において中心的な役割を果たしている技法や効果がこれらによって明らかになるということを証明したい。だからといって、自分が革新的な仕事をしていると言い張るつもりもない。私がたどる道は、本書を通じて機会があるごとに参照する他の著作によって拓《ひら》かれたものであるのだから。

その一方で、私がミメーシスの問題に与える役割については間違えないようにしておこう。まず、あらゆる芸術が表象芸術というわけではないのだから、このミメーシスという概念は芸術についての一般理論の基礎とはなりえないだろう。また表象芸術を、それらが用いるミメーシスのメカニズムと同一視するのもやはり行き過ぎだろう。なぜならそれは、一方で表象がミメーシス的メカニズムを介している場合でも、何かを表象することが何かを模倣することには決して還元されえないからであり、他方でフィクションとは「創発的」現実であること、すなわちその基礎となるメカニズムの単なる総和には還元されず、特殊な意図に基づいた事実であるということが問題となってくるからである。私がしようと思っているのは、「日常的」なミメーシス行為とフィクション（それゆえミメーシス芸術）のあいだの（現実のものであるのにあまりにしばしば忘れられている）関係を再確認することである。というのも、人間の生における（遊戯的かつ本気の）模倣《ミメティスム》〔この語については本書五八頁以下を参照〕の重要性こそ、表象芸術が、なぜあれほどまでに（常にというわけではないにせよ）ミメーシス効果を亢進させる傾向を帯びるのかを理解する助けとなるからである。ただミメーシス活動の人間学的基盤を正しく理解することによってのみ、ミメーシス芸術の共通基盤が明らかになり、またこうした芸術が、太古の昔から、人間の上に止むことなくおよぼしてきた魅力の源泉が示されるのである。

これが、この書物が少なくとも理想とする地平である。だが全体的な枠組みを提示することと、そのすべてを実現させることとは違う。またここに提示した作業は、一冊の本では到底できないことであり、もしかしたら私の手に余ることかもしれない。それゆえ私の実際的な計画はずっと慎ましやかであり、問題のさまざまな側面のなかから、五つだけを取り上げることになる。これだけでは問題を論じ尽くすということにはならないにしても、いくつかの本質的な点を把握することはできるだろう。

1　「デジタル革命」をめぐる議論が示すのは、ミメーシス、またより限定してフィクションを肯定的に理解したいのならば、まずは反ミメーシスの議論を骨抜きにするのが得策であるということだ。事実、この種の議論はあまりに深くわれわれの文化的伝統に根ざしているため、フィクションを擁護する人々の理論にまで時折その影響が見られるほどである。「骨抜きにする」という言葉を使ったのには意図がある。つまり問題は、プラトン（とその弟子たち）の立場に「反駁する」ということではない。彼らが（しばしば暗黙裏にではあるが）どんな前提に立脚しているのかを明らかにし、また、どのような懸念が彼らを突き動かしえたのかを理解できるようにせねばならない。反ミメーシスという立場の前提は、フィクションと虚偽の幻影を（狡猾にも）ごたまぜにすることにとりわけあらわれる、模倣行為についての根深い無理解に由来する。またこの時、フィクションは哲学者とソフィストのあいだの議論に巻き込まれることになるのだが、ここでフィクションは常に敗者の位置を占める。「悪者」のソフィストの位置を引き受けようとする者などいないからだ。それでも、議論の底流にある懸念の理由は理解しておかねばならない。なぜなら論争が辛辣になるのは、単に二つの、つまり哲学者とソフィストの言説装置が競合するためではないからである。私の仮説によれば、こうした懸念の一部は、偽装行為の系譜にまつわる特殊な概念に結びついた、より「不可解な」基盤に由来している。この概念は、フィクションとは何かについてではなくとも、少なくともそれが何でないかについて重要なことを教えてくれるだろう。

2　フィクションの概念は、ただちに模倣、偽装、シミュレーション、シミュラークル、表象、類似等々の概念を呼び起こす。だが、さまざまなやり方でフィクションについて語る際に重要な役割を果たすこれらすべての概念が、一義的に用いられることは稀である。それゆえ「フィクション」という概念自体に捉えどころがなくなるのもさして驚くべきことではない。概念を明晰にすることが重要になるゆえんである。それを通じて、世界を表象し、世界と相互作用する諸々の方法という包括的な文脈の中に、フィクションを置き直すことができるようにならねばならないだろう。この後になされる考察がすべてこの点に立脚するという意味で、この作業が本書の要所になることがおわかりいただけるだろう。

3　動物種の多くはミメーシス的能力を発達させてきたし、また（本気の）偽装行為にミメーシスのメカニズムを役立てることができる動物も多くいる。さらに、いくつかの運動機能をその第一次的な役割から解放し、遊戯的なシミュラークルを生み出す能力がある哺乳類も多くいる。子猫や子犬がお互いに、あるいは親と絡み合っているのを見るだけでそれは理解できる。だが典型的な意味でのフィクション、つまりフィクション的な表象を生み出し、それを「消費」する能力を発達させてきたのは、おそらく人間だけであろう。アリストテレスはすでに、人間がすぐれて模倣する動物であり、フィクションが発明される基盤にあったのはこうした自然の性向であることを指摘している。「模倣は人間にそなわった自然な性向であり、子どもの頃よりあらわれる（模倣に非常に適した能力をもつという点で人間は他の動物と異なるのであり、人間が最初の知識を得るのも模倣によってである）」[4]。生命の進化においてフィクションが日の目を見たのがかくも遅い段階であったことに驚くべきではない。フィクション能力は、非常に複雑な意図の態度（あまりに複雑でわれわれの親戚である大型猿の能力をも超えているようだ）を一式揃えて学習することを必要とする。言い換えれば、系統発生的に見ても個体発生的に見ても、フィクション的なものと事実的なものの区別は人間が成し遂げたことなのである。ここで注意するべきは、これが人間という種が成し遂げたことであって、ある特定の文化によって達成されたものではないということだ。あらゆる人間の共同体には、それが（子どもの）遊戯的なごっこ遊びのかたちしかとらないにしても、フィクション活動が備わっている。ところで、言葉によるフィクションについての、またそれが遊戯的偽装と保つ関係についての分析には優れたものがあり、[5] またそれより数は少ないながらも、ある特定のフィクションの形式（たとえば演劇や映画）についても分析がなされている一方で、フィクションについての一般問題——根本的にそれはフィクション能力の問題である——は、逆説的なことに探究されることが少ない[6]。

4　フィクションはさまざまなかたちをとりうる。「良い」説明はこれらすべての形式とは言わずとも（不可能なことをする義務は誰にもない）、少なくとも最も重要なものについては有効でなければならない。とりわけ典型的意味でのフィクションと同様、フィクション的遊戯についても説明できなくてはならない。そして典型的フィクションの範囲内でも（言葉による）物語だけでなく、演劇、さらには図画による表象（絵画、漫画……）や映画にも有効な説明でなければならない。しかし同時に、こうした諸々の活動や芸術形式において、フィクションの性格がそれによって変化してゆくような様態についても考慮せねばならない。とりわけ視覚的表象（絵画、写真）のステイタスは特別な問題である。プラトンにあっては、文学的フィクションと絵画的な表象がミメーシスという概念のもとで一緒くたにされており、両者ともひとしなみに「見せかけ」の領域に属するものとして捉えられている。非常に影響力のあったこの見解に従うと、具象絵画は、単にそれが現実の知覚というよりもむしろその模倣（類比的表象〔représentation analogique〕）だというそれだけの理由でフィクションになるだろう。この絵画が遊戯的偽装を基にしているがゆえに——あるいはその限りで——フィクションであるという考え方はここにはない。私見によれば、このようにあけすけに言ってしまうとこの〔プラトンの〕説は成り立たなくなるが、そのために視覚表象の領域におけるフィクションの問題の複雑さをすべて考慮しなければならないことがわかる。

5　なぜ人間はフィクションに没頭し、また同じ人間の仲間たちが作るフィクションをかくも熱狂して消費するのだろうか。文化的事象（あるいはより広く志向性の事象）の領域において因果関係を調べることは、一般的に難しい。それゆえ私はこの本を締めくくる章で、いくつかの常識的な考察をするにとどめたい。思い出すまでもないが、アリストテレスが『詩学』においてすでにこの問題を取り上げた。それ以来、確かにわれわれ人間は、（本気の、そして遊戯的な）模倣に対する人間学的な傾向や、模倣とモデル化との関係や、そしてより一般的にはフィクションの作用といったことについて、より多くのことを知るようになった。だがこうした新たな知は、本質的な点においてアリストテレスの仮説を確認し、その分析の全体的な枠組みを強固にしている。私は（たいした自負もなく）フィクションの機能という問題をとりあげるのだが、そのやり方は、このすぐれて楽しみと有益さをもたらす人間的実践に重きを置くことを他の誰よりも良く知っていた人物〔アリストテレス〕への（ささやかな）敬意の表明ともなるだろう。

この書物がミメーシス芸術についての理論や、芸術形式としてのフィクションについての理論を打ち立てようとするものではないことを理解していただけただろう。たしかに第四章で、私はミメーシス芸術のいくつかについて考察することになる。だが本質的に重要なのは、ここで提示するフィクションについての考え方が、具体的な場面で妥当性をもつ（あるいはもたない……）と判断することなのである。私の仕事はより基本的なレベル、つまりフィクションの人間学的基盤の理解に努めるということに位置する。それゆえ私は、心的態度、意図の能力、心理学的メカニズム、語用論的前提等々、フィクションを創造し（また理解する）ことを可能にするこうした事柄に関する問題を重視するだろう。またフィクション装置の諸機能についての問題を取り上げるのも同じ理由からである。というのも、なぜわれわれがフィクションを作るのか、なぜフィクションがわれわれの興味を引くのか、そしてなぜわれわれがそこから快楽を得るのかといったことを説明できるのは、ただこれらの機能のみであるからだ。これらすべての理由から、本書は子どもたちの「なんとかごっこ」や『トゥームレイダー』のようなフィクションのゲーム（またそのヒロイン、ララ・クロフト）が、文学、演劇あるいは映画といった偉大なフィクションと共有するものの方に、それらを（場合によっては）分け隔てるものよりも関心を抱く。本書の視点からすれば、「大」芸術の世界と「無意味な」ゲームの世界とは、二つの両立しえない世界のようには対立しないと言ってもよい。まさにその反対で、後者がなければ前者も存在しないと思われるのである。その理由は単に、われわれは早い時期に遊戯的偽装の能力を身につけるからこそ、その後でより複雑な芸術的フィクションを理解することができるからというものである。『トゥームレイダー』と『ル・シッド』、あるいはララ・クロフトとシメーヌ〔『ル・シッド』の女主人公〕のどちらを選ぶかは問題でない。それら（あるいは彼女ら）は、同一のカテゴリー内で競い合っているのではないからだ。そうではなく、両者はそれぞれの仕方で評価することができるのである。

第一章　模倣なんかこわくない

1　模倣する狼からバーチャルの狼へ

これはデルフィーヌとマリネットという二人の女の子が、狼と出会う物語である。狼を近づけないことを両親と固く約束していたにもかかわらず、好奇心旺盛で冒険がしたくてたまらない二人の子どもは、両親が少しのあいだ留守にしたのをいいことに、狼を家に迎え入れた。ご想像のとおり、狼はまったく柔和で礼儀正しく登場する。彼は、さもしい人々が誇張して広めた赤ずきんの悔やまれる事件をはじめとして、若気の至りで犯した罪のせいで中傷され、落ち込んでいたのだ。人間にとって狼が狼であった時代はすでに遠い過去のものとなっていた。自然を自らの管理下におき、最後に残った野生の生命を囲い込んだことで、役割は逆転していたのである。もはや、人間こそが狼にとって狼だった。求めるものといっても身分の保証くらいしかないわれらが善良な友人は、自分が恥辱にまみれる原因となった過去の不品行をまっさきに悔やんでみせるのである。彼はもう夜に目を光らせるあの狼ではない。子どもの気まぐれに従う遊び相手、あるいはむしろすすんで犠牲になる者だ。

そのようなわけで、最初の訪問は上首尾に終わった。だからこそ再び両親が留守にしたとき、この遊び仲間は昔からの友達のように迎えられたのだった。挨拶をし、一週間の近況を報告しあい、そうして遊ぶ。まずはお馬さん遊び。それから「狼さん、狼ごっこをしない?」という提案。狼はこの遊びを知らなかったので、子どもたちが教えてやらねばならなかった。狼役は狼がやることになる。息がつまるほど大笑いして、狼は獣の真似をし始めた。彼はお決まりの問いかけにお決まりの答えを返す。そして下着と半ズボンを穿き、ズボンつり、付け襟とチョッキを付け、大悪党の狼の動作を愛想よく真似る。ひと言で言えば、皆で狂ったように楽しんだのだった。だが少しずつ、われらが狼の顔から笑いが消えてゆく。彼は真面目になり、より真剣に自分の役を演じだす。すると奇妙な動揺に駆られる。テーブルの下にうずくまっていた狼は、その前を行ったり来たりする少女たちの脚を見て震えだし、その口元が歪みはじめるのだ。そしてついに我慢の限界をこえてしまう。子どもたちが三度目に「狼さんそこにいるの？　聞いてるの？　何してるの？」とお決まりの問いかけを発するやいなや、いきり立った狼は、吐き出すように「馬に乗って森から出るのさ」と言ったかと思うと、テーブルの下から飛び出し、遊び友達の上に躍りかかり、彼女らをバラバラにして食べてしまうのだ［エメの物語では子どもたちは丸呑みにされ、後で両親によって生きたまま狼の腹から取り出される］。(1)

古典的なテーマをパロディにしたマルセル・エメのこの物語は、フィクション、あるいはより一般的にミメーシス的と言われている諸芸術に結びつけられがちないくつかの重要概念を描き出している。すなわち類似（ここでは登場人物と役者のあいだに存在論的一致が生じるまでになっている）、模倣（ここでは自分自身の模倣であるという点で少々特殊だ）、遊戯的偽装（「本物の」狼は、ただ「ウソで」、物語に登場する大悪者と見なされる）である。だがこのお話がとりわけ鮮やかに示しているのは、ミメーシス的活動に対してわれわれが抱く両義的な態度――魅惑と警戒が入り混じった態度――である。魅惑というのは、あらゆる種類のシミュラークルをわれわれが積極的に求めているからであり、また遊戯に（わざと）囚われることは無上の喜びを与えるからだ。たとえば少なくとも根強く残っている伝説によれば、エリザベス朝時代の観客は、悪魔が舞台に姿を現すと劇場から逃げ出したというし、アンデルセンの物語でマッチ売りの少女が死んでしまう場面を話すと子どもは泣き出してしまう。そして『インディ・ジョーンズ』や『バットマン』といった映画に没入している（ほとんど）誰もが、突然出現する悪者に思わずのけぞってしまう……。一方で警戒は、魅力が途切れたときに生じる。あのようにシミュラークルにのめり込めるという事実には、どこか人を不安にさせるようなところがないだろうか。どうやらシミュラークルには抗いがたい力があるようだ。その魅惑に身をさらそうとするとき、われわれはそれがシミュラークルだと知っているのに——そうと知っているからこそ、魅惑に身をさらそうという気にもなるわけだが——それに囚われてしまうのである。見せかけがもつこうした力、つまり「理性のコントロール」という審級を麻痺させる力は、それがたとえ芸術であったとしても、模倣に対する警戒心を抱かせるのに十分すぎるほどの理由になっていないだろうか。あるいはどのようなかたちであれ、模倣に訴える芸術にあっては、アイロニカルな異化の手法や現実効果の寸断、もしくはその芸術が利用する自己喪失のメカニズムを破壊することで、その効果を阻むことが少なくとも必要になるのではないか。

西欧文化において、こうした警戒は古代ギリシア以来繰り返して現れた。これを最も力強く表明したのが言うまでもなくプラトンであり、彼に続く反ミメーシスの議論は、『国家』で展開された議論に飾りを付けたにすぎないくらいである。それというのも、反ミメーシス的態度は幾度となく繰り返されてきたからだ。たとえば中世（ビザンティン）の聖像破壊運動や、ジャンセニストが示した演劇や具象絵画に対する警戒にそれは見いだされる。またイエナのロマン派が展開した詩についての省察を、少なくとも部分的に導いたのもこれだ。数十年後、それは写真を貶めようとする。二〇世紀にはいると、反ミメーシス的態度が抽象芸術の発明者たち（カンディンスキーとモンドリアン）の計画に組み込まれ、さらに造形芸術分野における批評の（大）部分で、作品の質を貶める基準として用いられるようになった。さらにこれはブレヒトの叙事演劇の基盤ともなり、（「現実効果」や「真実らしさ」についての批判を通じて）文学フィクションにおける「反現実主義」や「反自然主義」論争のほとんどを盛り上げてきた。最後に最も近いところで言うと、デジタルメディア（とりわけ合成映像やバーチャルリアリティの装置）の発展によって引き起こされた躊躇の大部分も、やはりこの態度が基盤となっているのである。

具象絵画や言葉によるフィクションのみならず、写真や映画、そして今日ではデジタルアートのように、ミメーシス的手法が構成機能となっている芸術があるために、最も極端な反ミメーシス的態度は、こうした芸術自体の断罪へと向かう。こうして模倣《ミメティスム》の敵は、造形芸術においてはただ具象的でない芸術（抽象絵画、コンセプチュアル・アートなど）のみを受け入れ、ミメーシス的なやり方（具象絵画、写真、映画、マルチメディアなど）を、局地的にはびこっている偶像崇拝の単なる徴候にすぎないと見なす。彼はまた、文学の分野においては詩のみを擁護し（物語的でなければなおさらよい）、あらゆる形式のフィクションを軽蔑する。一方でこれほど極端でない態度をとる者は、本質的（あるいは純粋な）やり方と付随的（あるいは不純な）やり方とを区別することとなる。具象絵画はたしかに絵画芸術の一部をなすが、本質を開示するのはただ抽象絵画のみであると主張する芸術批評家たちが出てくるのはこうした理由からだ。彼らはこう付け加えるだろう。抽象絵画が発明されたことで、われわれは今後具象芸術をその真の本質に即して、つまりこれらの付随的要素を中和して見ることができるようになった、なぜならミメーシス的関係が作品の芸術としてのステイタスではなく、単にその表象機能に関わるという事実をわれわれが意識できるようになったからだ、と。同様の態度は文学の分野にも時折見られる。その場合、詩が純粋に言語的な戯れとして、言語芸術の本質を実現するものと見なされる。そしてフィクションにおける芸術的要素は、ミメーシス的構成要素を超越しなければ問題となりえないということになる。こうした反ミメーシス的態度の第二の形式は現在最も広まっているものだが、これは表象芸術の内側からミメーシス的機能の正当性を無効にしてしまうことを目指している。この態度を美学的価値という観点から見ると、自らのミメーシス的基盤を「覆す」作品は支持し、反対に模倣的技法（類似、自然主義、現実効果、まやかし）の価値を強調し、それによってミメーシス的「幻影」を強固にするような作品は断罪するというかたちをとることになる。この立場の有利な点は、ミメーシス芸術を「擁護」できるところだ。だがそのためには、ミメーシス芸術そのものには反対しながらそれらを守る必要が生じてくる。それゆえこの主張に対しては、もしそれが正しいなら、ミメーシス芸術を実践すること自体が謎になってしまうのではないかという本質的な反論ができることになる。事実ここで主張されているように、ミメーシス的側面が芸術の下位に属するものだとすると、なぜ人間はまさにこの側面に基礎を置く諸芸術を発展させてきたのかがわからなくなってしまう。どうして人は、ミメーシス的構成要素をもたない芸術のやり方を発展させることでよしとしなかったのだろうか。とはいえ逆説的なことに、「洗練された」反ミメーシスの立場に内在するこの弱点が、ミメーシス芸術そのものを攻撃するいっそう過激な立場を弱めることにはならない。というのも、この立場に立つ者がミメーシス芸術を断罪するのは、まさしくその魅惑の力を認め、またそれらを警戒しているからだ。

シミュラークル反対運動がしばしば道徳的な闘いであると同時に芸術的な卓越性の擁護として現れるのは、模倣衝動が危険である（理性を失わせる）と同時に安易である（「レシピ」に従う）と見なされているからである。そのため、反ミメーシス的言説はまず教育的言説となる。マリネットとデルフィーヌ、すなわち影絵によって錯誤に導かれた〈洞窟〉の住人、偶像崇拝を行う異教徒、いまだ理性の使用によって媒介されず素朴な直接性の中に生きる子ども、ミメーシス的同一化によって再生産あるいは強化される社会的疎外のメカニズムを発見できない抑圧された人々、「ハリウッド映画」によって操作される「一般大衆」、デジタル技術によってロボトミー手術〔前頭葉の一部を切り取る手術。かつて精神病の治療などに用いられた〕を施された「ポストモダン的主体」等々、こうした人々を絶えず啓蒙し、理性に導く（あるいは立ち返らせる）べきだとされたのである。続いて告発の言説がやってくる。つまり犠牲者がいれば、狼がいるはずだというわけだ。この狼はもちろん時代によっていろいろな形をとる。現在ならばそれは商人、たとえば「ハリウッド」のプロデューサーや「シリコンバレーの技術資本主義者」だが、他の時代ではそれが舞台の役者や、プラトンにとってそうであったように悲劇詩人や画家となる。だがどんな衣装をまとうにせよ、模倣する狼の目的は常に同一である。つまり人々の心を堕落させ、理性を喪失させることだ。ミメーシスの効果は「安易」であり、さらには「野卑」だと見なされているので、反ミメーシスの言説はまた差別化の言説でもある。これによって高貴な意味での芸術と、多少なりともいかがわしいやり方すべてとのあいだに線を引くことができるのだ。こうしたいかがわしいやり方は、注意を怠ると、すぐに人をだまそうとする。なぜなら残念なことに、一部の高貴な芸術もまた、この同じ技法、つまりまさしく模倣の技法に基礎を置いているからだ。同様に受容の場においても、作品をミメーシス的モデルとして構築するような受容のあり方、つまりフィクションを表象として扱う受容のあり方を、十把一絡げに不適切なものとして切り捨てることをこの言説は可能にする。作品の芸術としての純粋さに到達するためには、いかなる「指示的幻想」をも捨て去ることが適切なのだから。

私はわざと大げさな物言いをして、現在擁護されている反ミメーシスの立場をいくらか戯画化した。確かに反ミメーシスを唱える主張は、しばしばもっと複雑で洗練されてはいる。だがつきつめてしまえば、どれもこれも右に素描したいくつかの説に還元されるのである。これらを後にプラトンの著作のなかに発見することになるだろう。というのも、プラトンが最初に定式化して以来、これらの説は何も変わっていないからだ。だからといってわれわれが若返るわけでもない。ただ議論の標的のみが、歴史を通じて変化したのである。ミメーシス的要素が芸術の下位に位置するというお誂え向きの説のおかげで、今日、絵画芸術と文学フィクションは議論の対象外だ。注記しておかねばならないのは、この副次的な仮説（もちろんプラトンの著作では顕在化していない）を通じて、反ミメーシスの立場そのものも救われているということである。すなわち絵画と劇ないし物語文学という、反ミメーシスの議論が元々標的としていたものは、ずっと以前からわれわれの文化において規範としての位置を、すなわちこれらの芸術に対してプラトン的な非難を向けたところでおそらくは功を奏さないような位置を占めるにいたっている。そこでより新しいミメーシス芸術に攻撃対象が移ったというわけだ。その標的は科学技術を用いた芸術であるだけに、いっそう脆い。これらの芸術は、一定程度ノウハウが共有されていることをその存立基盤としており、また数段階にわたって計画された集団的制作を必要とすることもある。最後にこれらはしばしば多額の出資を必要とし、経済的な採算性を度外視できない。現在ではこうした理由から、芸術と社会の関係を考察する方法を大きく規定している隔離主義的理念（芸術対技術）と反経済的理念（芸術対メディア産業）という拠りどころが、反ミメーシスの議論に与えられてしまうのである。このため、古典的なプラトン主義の議論とは異なり、「新様式」をとる反ミメーシス的態度は、非難の対象となる「科学技術」的なやり方と「伝統的」ミメーシス芸術のあいだに深い断絶が存在するという説をめぐって常に形成されることとなる。そしてこの亀裂はステイタスの違いに対応すると見なされる。つまり一方に芸術があり、他方に産業（そして商業）があるというわけだ。反ミメーシス論争のこのような近代版は、写真、すなわち近代科学技術（この場合では化学と光学）に直接由来する最初の芸術媒体の誕生が引き起こした、敵意に満ちた反応の中にその最初のあらわれを見ることができるだろう。続いてそれは、「商業的」な映画に対する攻撃、そしてより最近ではテレビに対する攻撃の中に再び見いだされた。さらに現在生じているような、デジタル技術の告発（ビッグブラザー〔ジョージ・オーウェル『一九八四年』に登場する独裁者〕であるビル・ゲイツという狼）のために、大量の武器を供給しているのもやはりこれなのだ。この最後の議論については、先ほど序章において私が行ったよりももう少し詳しく見てみる価値がある。なぜなら先に述べたように、この議論がデジタルメディアについて教えるところは少ないにしても、それによってフィクションに対する両義的な態度が執拗に残っていることについては明らかにするからだ。

この断絶説によって、デジタルメディアは真偽の区別そのものを無効にし、それゆえフィクションと指示的真実性という「伝統的」な区別が適用されなくなるという主張へと導かれることになる。そこには二つの側面がある。まずはデジタルメディアが、現実界を非現実化する技術であるということ。つまり、デジタルメディアを通過するあらゆるものは、見せかけに変容してしまうというのである。続いてデジタルツールに内在するこの性質のおかげで、フィクションと「事実的なもの」との伝統的な区別がもはや適用されなくなるということ。すなわちデジタルはシミュラークルに属し、そのために（人間がこれまでその中で生きてきた）現実を、途方もなく増幅した見せかけと取り替えてしまうというのである。だがこれら二つの主張とも、私には間違っているように思われる。私の意見では、真と偽の区別という問題は、デジタルの分野でも依然としてデジタル以前の表象の場合とまったく同じ仕方で立てられる。他方、デジタルフィクションの発展、あるいはむしろデジタルツールのフィクション目的での利用を、その歴史的文脈に置き直してみると、断絶として提示されていたものが、実は数世紀にまたがる発展の単なる一段階だということが明らかになる。

第一の点に関しては簡単に答えられる。この主張はデジタルメディアとその他の記号的支持体を対置しているわけだから、デジタル的支持体を「伝統的」支持体と区別する特徴が、本当に「真」と「偽」の区別を無効にするのかどうかを問うてみればよい。だがまずは、これに固有な特徴そのものを見定めなければならない[2]。私見によれば、デジタル的コード化の特性は二重である。

まずここで問題となるのは、ユニバーサルな記号的支持体である。つまりどのような信号でもデジタル化されるのだ。このことは、何らかの情報を計算機の二進法言語に翻訳する際に、その出発点にある情報の性質によっては、非常に大きな変形が生じうることを意味する。絵画をデジタル化する際に生じるような、ミメーシス情報のデジタル情報への変形はそれに相当しよう。ただし、変形されるものがミメーシス情報か否かということは、デジタルへのコード変換自体からすればまったく無関係であることについては注記しておくべきだろう（まさにこの点にユニバーサルな性格が存するのである）。スキャナーは、写真と文章が書かれたページを、まったく同じやり方で処理するのだ。テクストのページから抽出するピクセル化された符号を、言語記号として処理できるよう再コード化するのは、文字読み取りプログラムを用いる第二段階のこととなる。もちろん、出発点がすでにデジタル信号であってもよい。文字や記号をキーボードから入力するたびに実行されるのがこれである。すべての文字や記号（またより一般的にキーボード上のあらゆるデジタル的象徴）に、所与の二進法的組み合わせ（たとえば0010111010）が対応している。この場合、二進法的コード化のアルファベットで書かれた言葉に対する機能は、アルファベットで書かれた言葉が話される言語に対する機能と同じである。つまりすでにデジタル状態のコードを、デジタル的にメタコード化するのである。一般に、情報処理のコード化は、実際にはすでにミメーシス的（画像）ないしはデジタル的（テクスト、デジタル情報）に処理された情報のメタコード化であることがほとんどである。たとえばデジタル写真――図形ないし写真によってつくられた画像のデジタル化とは区別せねばならない――は、そう見えないかもしれないが、メタコード化として位置づけられる。実際、電気的センサーのレベルで実行されるピクセル化が関与するのは、ミメーシス的形象として利用する目的ですでに処理された情報である。なぜなら光子の波がレンズによって集められ、センサーがこの集められた波の投影面となるからである。合成画像の場合であっても、通常はメタコード化に属する残りのレベルが存在する。なぜならこのような画像をつくるためには、ほとんどの場合表象する対象のミメーシス的モデル化から出発するからである。これらのモデル化が面上の点からなる座標の総体へと変形させられるのは第二段階であり、プログラムはこれらの座標から多角形の図形を構築する。この多角形の図形が、厳密な意味で合成映像を加工する作業にとって出発点となるデータを構成するのだ。

デジタル的なコード化に備わる本質的特性の第二は、その可逆性に存する。すなわちどんな情報をもコード変換できるだけでなく、それを元の形式に復元することも可能だということである。ここでもまた、言語の領域における書き言葉の体系との類似が生じてくる。というのも、書かれたものは常に話し言葉へと再翻訳しうるからだ。ただし、書き言葉の体系のコード変換とは反対に、デジタル的コード変換では入力時の信号がひとつの型に制限されていないという点で、両者は異なる。またより本質的なところでは、デジタル的なコード化を書かれたもののメタコード化とではなく、言語的コード化そのものと比べると、後者が可逆的でないという点に決定的な違いが存する。考えうることはすべて言明しうるとはしばしば言われることであり、ウィトゲンシュタインにいたっては、自分の世界の限界は自分が言明しうることの限界であるとまで主張した。この説が有効であると、つまり人間が処理しうる情報の領域は、言語として表象されうる情報に還元されると仮定しても[3]、言語は、コード変換された情報をその元の形式に復元することができない。たとえばある画像に含まれる情報が言葉による描写に翻訳されるとして、今度はその言語情報を、当初のミメーシス的形式と相同関係をもつような視覚形式に再翻訳することは、いかなる場合でも不可能である。だが逆に、二進法的計算機はひとつの画像を二進法からなるひとまとまりの信号にコード変換することができるだけでなく、いついかなる時でもこの情報を、その出力形式はディスプレイでも印刷でもよいが、とにかく図像的情報に再翻訳できる。そしてそれを、入力時と出力時のミメーシス的信号が部分的にも全体的にも相同関係によって結ばれるようなやり方で行うのである。

もしこれら二つの特性が、実際にデジタル的コード化とその他の情報の支持体とを区別する主要な特徴であるなら、われわれの問いに対する答えはほぼ確定される。なぜならどちらの特性にしても、デジタルメディアとフイクションの親和性など少しも示していないからだ。実際、「真実」と「見せかけ」の関係という問題に関して言えば、デジタル的支持体はその他の記号的支持体とまったく同じ状況にある。事実に関するテクストはデジタル化されても事実に関するテクストである。これはデジタル化されたフィクションの物語がやはりフィクションであるのと同断だ。このことは、デジタルメディアが引き起こす論争の中心となっている視覚表象の領域についても当てはまる。しばしばデジタル画像は「起源がなくモデルもない」画像だと言われ、そのことがデジタル画像の本質的なフィクション性を説明するかのように思われている。だが合成画像が絵画よりも起源とモデルを欠いているということはない。この両者とも人間の手になる意図の産物であり（情報処理プログラムは、コンピューターグラフィックデザイナーがそのプログラムに命じた計算を、彼が得たいと望む結果に合わせて行うだけである）、また両者とも、場合に応じてフィクション的なモデル化にもなれば、「外示的」機能をもったミメーシス的記号にもなる。現実の人物の肖像を実現するために、画像合成の技術を使うことは、いささかも禁じられていないのである。この肖像の記号としてのステイタスは、絵画による肖像のそれとまったく同一であろう。どちらにしても、現実の人物を表象した類像《アイコン》的記号なのである（「類像」については二五三頁参照）。同様に、デジタル写真も「伝統的」な写真と同じステイタスを有する。デジタル写真の場合には、光子が化学的な薬剤でなく電気センサーに作用するとはいえ、それは表象するものに起因する類像《アイコン》的指標なのである。デジタル写真の特徴は、画像処理プログラムを用いることで電子的刻印の事実上すべてのパラメーターを変換することができ、また他の画像に由来する要素を写真にはめ込むことが可能だという事実にある等々と言われることもある。だがここでも問題となるのは断絶ではない。それは銀板写真においてすでに用いられていた、画像補正手法の単なる適用と改良である。要するに他のいかなる記号的支持体と同様、デジタル技術はさまざまな機能を満たしうるということなのだ。そしてこれらの機能のうち、フィクションの機能が最重要だとはとても言えないし、いかなる場合でも、この機能が支持体そのものに結びついてはいないのである。

二つ目の問題を考察しよう。デジタルフィクションと「伝統的」フィクションとの関係である。もちろん現段階では、まだこの問題に直接答えることができるだけの要素がそろっていない。というのも「フィクション」概念自体を明らかにせねばならないからである。だが少なくとも、断絶という仮説よりは満足のゆく説明ができる別の仮説の存在を示すことはできる。そのためには、現在の文化が大量のフィクションを、それも考えうる限りの多様な仕方で生産、消費している事実から出発せねばならない。だが現在の論争から推測されることとは裏腹に、デジタルフィクションの発明は、このように際限なくミメーシスを求める現象の起源ではなく、むしろその（暫定的な）到達点に位置する。実のところ、われわれが（今なお）属しているこのキリスト教世界にあって、ミメーシス芸術の潜在的な台頭――より正確に言えば表象諸芸術におけるミメーシス的技法の改良――が始まったのは、ルネサンス期なのである。この点に関する最初の重要な段階をなすのは、一四世紀以降における（ゴンブリッチがこの語に与えた意味での）絵画的自然主義の再活性化、一六世紀以降の演劇の発展、そして大まかに言って一七世紀以降の小説の開花である。その後写真、次いでとりわけ映画が発明されるに及んで、進化のスピードは増すことになる。写真がフィクションとして用いられることはほとんどないとしても、その発明は視覚上の「正確さ」という点で質的な飛躍をもたらした。それにより、（時折生じることだが）写真が実際にフィクションの目的で用いられると、いつでも非常に強力なフィクションを媒介するのである。映画（テレビのフィクションも含める）については言うまでもない。視覚的自然主義と小説的語りを統合する映画は、数十年前から現代におけるフィクションの重要な媒介手段となっている。いたるところで瞬く間に映画がその地位を確立したということ自体、これがフィクション世界に対するわれわれの欲求に最適な仕方で応えているということの証拠である。このように歴史的な枠組みに置き直しさえすれば、デジタルフィクションの問題にしても、それが断絶をなしているという印象が消え、数世紀にわたる発展における最新の段階としてこれを見ることができるのである。同様に、デジタルフィクションが引き起こしている論争も、それ自体としては何ら新しいことはない。「バーチャルリアリティ」装置によって今日引き起こされているのと同じ種類の反応は、ミメーシス技術の発展において重要な段階にさしかかるたびに見られるものである。すでに述べたように、唯一変化したのは、時を経るに従ってミメーシスそれ自体からミメーシス技術に関わる装置へと議論の争点が移ったことくらいである。

とはいえ、デジタルフィクションの誕生が、ミメーシス技術史における重要な一歩を記していることはたしかである。さらにそれは、複数の観点から重要な一歩であるとも言える。ほぼ瞬間的に転送され、そして転送された信号を無限に再生産できることで、デジタルフィクションの流通方法は、「伝統的」フィクションのそれに比べ、少なくとも原則的にはずっと柔軟になった。そのために「流通する」フィクション世界が驚異的に増殖し、その規模は直ちに文化の枠を越えることになる。望もうと望むまいと、ビデオゲームによって、ロールプレイングゲームが地球規模で行われる時代が始まったのだ。他方、ミメーシス的理想の発展という観点から、デジタルの段階によって可能になったことがある。それは、これまで種々の異なるメディアによっていたフィクション技術全体を、単一の通信基盤上で結合させるということだ。最後に、これは後に見ることにもなろうが、デジタルフィクション装置は、今日までわれわれが馴染んでいたフィクションの方式のいくつかを実際に変化させた。とはいえこうした発展のどれひとつとして、フィクションと指示的真実性、シミュラークルと現実、幻影的外観と存在等々のあいだにある区別の再検討を迫るものではない。デジタルフィクションとは、デジタル技術の特定の使用法なのであり、言葉によるフィクションが「ウソ」として言われたことと「ホントウ」として言われたこととの区別を問いに付さなかったのと同じように、これが「シミュラークル」と「現実」の区別をかき乱すようなことはないのである。デジタルフィクションと言葉によるフィクションのどちらの場合においても、想像力の装置が効力をもつということ自体、前述の区別が危機に陥ることにつながるのではなく、逆にその有効性を前提としていることを意味している。

要するに、サイバネティクス革命をめぐる現在の議論を冷静に捉えるためには、少しばかり歴史的に後戻りしてみればよいわけだ。私がこれまで行ったよりもさらに逆戻りすることだってできるだろう。実際、現在置かれている歴史的状況は、フィクションに反対して向けられた最初の議論、すなわちプラトンの構想が生じた状況と奇妙なまでに似ている。右に素描した分析からは、ルネサンス期に創始されたミメーシス技術の発展のサイクルが、西洋史におけるこの種のエピソードの始まりであるかのように思われるかもしれないが、実のところはそうではない。少なくともひとつの先例が古代にあった。〔紀元前〕五世紀の半ば頃からギリシアにおいては、演劇と絵画の分野でまぎれもないミメーシス熱の高まりが見られたのである。エウリピデス（前四八〇年～前四〇六年）の現実主義的な劇の発展、直線遠近図の発明と錯覚を起こさせる舞台袖の創設、アテーナイのアポロドーロスによる色彩の漸減効果の発明（前四二〇年頃）[4]、ゼウクシスの自然主義的絵画、パラシオスの表出的心理主義……。こうした先例は、まさにプラトンの時代にあったものである。「サイバーカルチャー」の告発に際して有効なものは、それゆえこの場合にも妥当しうるだろう。プラトンによる攻撃の辛辣さは、この哲学者の時代におけるミメーシス技術の発展という枠組みにそれを置き直してみないことには理解できないのではないだろうか。プラトン哲学によって促進された諸価値が、西洋キリスト教文化の世界観にとって基礎的な土台となっている以上、彼の非難が絶え間なく再利用され、今日ではデジタルメディアの告発に利用されているとしても、それはたいして驚くべきことではないはずだ。要するに、歴史がさまざまな仮面をとらせたものの、狼は常に同じ狼であり、子どもたちの幸せを願う「両親」もまた変わってはいないのである。それゆえ問われなければならないのは、この両親が度を越してはいないかということである。プラトンの見解を分析することで、この問いに対する解答の端緒が得られるだろう。

2　プラトンⅠ――「する」から「あたかも～のようにする」へ

『国家』で展開されたプラトンの「ミメーシス」概念は複雑であり、さらには複数ある。そうなった原因は、まず、プラトンが二つの異なる角度からこの概念に攻撃を仕掛けていることにある。ある箇所での彼の提案は、模倣に適した行動（ないし人物）の型を単に（とはいえ抜本的に）制限するにとどまっている。この立場からすると、対象さえ良ければ、模倣に何らかの肯定的な機能を認めているようにも見える。だが別の箇所では、模倣そのもの――すなわち対象の選択とは関係なく、ミメーシス的な関係――を、有害であると示唆しているのである。さらにプラトンは、フィクション（それゆえ偽装）の問題を論じるときも、ミメーシス的「表象」（それゆえ模倣）を分析する際にも、等しく「ミメーシス」概念を用いている。それに加え、フィクションを非難する一方で、賢人の政治に資するのであれば嘘の話を用いてもよいとすることにより、状況はいっそう複雑になっている。最後に、彼は芸術的ミメーシスを原則として批判しているのだが、にもかかわらず、認識の理論、つまりそれ自体が反映――そして類似――の理論であり、それゆえ模倣の理論と思われる理論を支持してもいる。このように同一の概念がさまざまに用いられているわけだが、ここでこれらの用法に関連したすべての問題を考慮することはできない。それゆえ私の分析は、プラトンの構想を過度に単純化するものとなるだろう。他方、プラトンの思想によって吹き込まれた反ミメーシスの伝統がプラトンから引き出したものについては、プラトンについての私の分析でも取り上げられるはずである。別の言い方をすれば、本書で問題になるプラトンとは、反ミメーシス的伝統のプラトンに限られるということである。

二人の少女の不幸が意味するのは、模倣そのものがいけないということではなく、模倣の対象の選択を誤ってはならないということである。エメの物語をこのように理解するなら、プラトンがミメーシス芸術に向ける最初の非難は、この物語が示唆する結論に近い。誤った対象の選択が危険なのは、現実の行動がそこで模倣される非難すべき行動に感染しかねないからである。プラトンは、非難すべき行動の模倣の戯れに耽る人たちについて語った箇所で、次のように記している。こうした模倣を追放すべきなのは、「この模倣の感染が、彼らの存在の現実にまで及ぶことを避ける」ためである。「それとも君は、気づいたことがないかね――模倣というものは、若いときからあまりいつまでもつづけていると、身体や声の面でも、精神的な面でも、その人の習慣と本性の中にすっかり定着してしまうものだということに？」[5] エメの物語が鮮やかに描き出してみせたのは、この（想定された）危険である。つまり遊戯が悲惨な結果に終わったのは、模倣者が遊戯を通じて自分が模倣するものになってしまい、（子どもたちが言うところの）「ウソ」が「ホントウ」に変質してしまったことに由来するのである。確かにこうしたことは起こりうる。子どもたち（あるいは大人たち）が戯れに争っていると、それがいつしか本気の殴り合いになったり、あるいは青少年の「ロールプレイングゲーム」では、自分たちが演ずる登場人物と同一化するあまり、自分本来のアイデンティティを失ってしまう「役者」たちすらいる。また『若きウェルテルの悩み』を読み、これに後押しされるようにゲーテの主人公を模倣して自殺した若者たちの話を聞いたこともあるだろう。それゆえこれは、正当な懸念だと思われる。ついてはこの議論の真の射程を見極めねばならない。

右に述べたように、プラトンが採用したことが明らかな観点から見れば、ここで問題となっているのは、模倣そのものに原理的に反対する議論ではなく、ある種の（模倣）対象を選ばぬようにという注意である。模倣特有の訓練効果が危険だとしても、それはただ模倣される対象の性質にのみ由来する危険性なのであり、模倣という行為そのものが問われるわけではないのだ。それゆえ「ウソ」から「ホントウ」への予測される移行が、まったく危険を伴うものでなく、逆に望ましいものになるためには、良い模倣のモデルを選び、誉められる行動を装えばよい。まさにこれこそがプラトンの提案だ。ミメーシス活動はモデル化の機能をもつのであるから、模倣の対象となる行動が道徳的に完璧で、また従うべき模範となるものに限るという条件なら模倣は受け入れられるということである。理想的都市国家の守護者教育のため、容認できるミメーシス的行為を選ぶにあたって彼が基準とするのが、この原則である。「……そしてもし模倣するのであれば、その模倣は幼時より、彼らの職能に関わる徳の模倣でなければならない。すなわち勇敢さ、賢さ、敬虔、自由人としての威厳、そしてすべてこのような性格のものをこそ模倣すべきであって、逆に賤しい性格の物事は、実際に行ってもならないし、その模倣に長けてもならない。その他、およそ醜いことの何についても同様である」(6)。この一節では、おそらくはミメーシス衝動そのものを殲滅することがあまりに実現困難であるため、嫌々ながらなされた譲歩としか思えない。だがこのことは、別の箇所では断固として積極的なかたちをとって現れる。それが、賢者であっても、政治的営みにおいては、フィクションのみならず嘘（本気の偽装）までもまったく利用しないわけにはいかないだろうということである。プラトンが『国家』第二巻で、嘘それ自体は憎むべきものと宣言した後、いくつかの例外を認めている箇所が思い出されるだろう。こうして敵に嘘をつくことが正当化され、また友人にさえ、それが彼らのためになるならば嘘をついてもよいとされる。つまり「友のひとりが、狂気や錯乱といったもののせいで、何か悪いことをしようと企てている場合」には、嘘はそのような状態から解放するものとして、すなわち「薬として」役立つのである[7]。プラトンは第三巻で守護者の教育を論ずる際この説に立ち戻る。彼がここで認める例外は、より重大な結果をもたらす。というのもここで問題となるのは、理想の都市国家における社会的ヒエラルキー（三つの階級）を正当化するに足る、真なる起源神話——原因を説明する物語——の創設であるからだ。そしてこの神話は、子どもがまだ理性を使用せず、また場合によっては疑いを知らないくらい幼いときから教え込むことがよいとされているのである。実際、後に見るように、プラトンにとってフィクションが作用する仕方はあくまで感染であって、理性的な認識ではない。それゆえフィクションは、たとえば（よく言われるが）子どものように、理性的なコントロールを司る審級が発達していない場合ほど効力を発揮するのである。だが仮に、本気の神話ミメーシス作戦の効果が幼少時からの感化によってのみ保証されるとしたら、なぜプラトンは、フィクションであることを自ら明らかにしている遊戯的模倣（たとえば演劇）の感染効果についてあれほど騒ぎ立てるのだろうかという疑問が生じてくる。あるいは別の言い方をすると、遊戯的模倣（演劇、叙事詩、絵画）を怯えながら拒んでいたにもかかわらず、ひとたび賢者が〈善〉とするものにとって有益だと判断されるやいなや、嘘（というのも神話はここで、明らかに虚偽だと知りつつ真実として受け入れさせたい言説として捉えられているのだから）に対して寛容となることを考察するのは、少なくとも面白いことだ。

　このプラトンの分析の最初の段階がともあれ興味深いのは、そこではっきりと主張されている学説もさることながら、そこではあえて言われていないことがあるうえに、ミメーシス的関係の現実が歪められているからでもある。ここでは二つの問題を指摘するにとどめよう。これらはミメーシス行動を理解しようとすれば必ず考慮に入れなければならないものだが、プラトンの議論ではその一側面しか扱われていないか、あるいは完全に無視されている。

感染効果、すなわちミメーシス活動によってもたらされる訓練効果は、一見するとフィクション制作者にのみ関わる事柄のようである。それというのもxを模倣することこそが、xを為す性向を生じさせると考えられているからである。それゆえ危険はごっこ遊びに興じる子どもたちか役者の側から捉えられていることになり、フィクションが公衆に及ぼす効果については、何の結論も引き出せない。だが実際には、プラトンにとっても、また彼が創始した反ミメーシスの伝統にとっても、訓練効果の心配があるとすれば、それはフィクションの制作者以上にとは言わずとも、少なくとも同じくらい公衆——ミメーシス活動が芸術的なかたちをとるときのように、公衆が存在する場合には——にも関わるものである。すなわちいずれの場合もフィクション世界をモデルとする危険を冒すのだ。さらに論を進め、三つの極を措定することができるだろう。まずは自分自身の利益（あるいは損失）のために遊戯的な模倣を行う者と、その遊戯に付き合う者、そして公衆の利益（あるいは損失）のために遊戯的に模倣をする役者、最後に公衆自身である。この最後の者は、公衆である以上模倣はしないが、役者が遊戯的に模倣する行動に好意的な注意を払うことで、後に、現実世界において、これを本気で真似る危険がある。第一の場合、訓練効果は現実の行動がミメーシス的行動に感染されることに起因している。他方で第二の場合にむしろ問題となるのは、役者（同様に理想的都市国家では神話学者＝哲学者）が公衆を操作する能力である。ただし自分自身を真似る狼の物語が示していたように、操作する者がどれだけ自分自身をも操作してしまうかという問題もついてまわるのだが。そして第三の場合に、訓練効果は再びミメーシス行動による現実の行動の感染に存することになる。だが第一の場合と異なるのは、ここでは行動に関する習慣（遊戯的なものと本気のものとの境界を侵犯する習慣）の自己形成ではなく、ある種のモデル化の効果が問題とされているということだ。xをするふりをして遊ぶ者は、実際にxをする性向を強める。というのも、（遊戯的なものと本気のものとの境界が機能しないと見なされているのだから）xを為すふりは、xをすることと同じ効果を実際にもっているからだ。一方、役者がxを為すふりをしているのを注視する公衆は、（ここでもまた、フィクションと現実のあいだの境界が感染の影響を受けやすいと考えられているので）この行為を将来、自分自身が本気で行う行動のための例とすることになる。プラトンの議論で、これらの相異なる効果が明確に区別されることは一度もない。つまりプラトンは、これらすべてが同一の論理に従うと考えていたようである。

ところで、（遊戯者、役者、公衆のいずれの場合でも）フィクションが「現実生活」に影響しうるという問いを立てるならば、二つの非常に異なる問題を区別しなければならないだろう。それが没入（フィクションと現実の境界の浸透性）の問題と、訓練効果（フィクションによる現実のモデル化）の問題である。シミュラークルへの完全な没入、すなわちフィクションを現実と見なすにいたるような没入がありうるということと、フィクション世界を現実へと移し替えること、すなわちわれわれがフィクションの登場人物たちの行動を写し取るような行動をするにいたる移し替えがありうることは、まったく別のことである。私はあるフィクションを前にして「指示的幻想」に騙されることもあろうが、だからといってそのフィクションの行動を後で真似するとは限らない。逆に、私はフィクションの行動やフィクション世界を、それがフィクションであるということを十分に承知しながらモデルとすることもできる。没入による同一化とモデル化しながらの投影による同一化は、（両者においては、個人と世界との関係が異なっていることを前提とするという意味で）二つの互いに排除し合う心理的活動ですらある。すなわち前者は認知的関心の一種であるのに対し、後者は行動の調整に属する事柄なのである。ところでミメーシス活動の特徴を示し、それゆえこの活動に固有の問題を正しく提示すると考えられるのは、唯一没入による同一化のみである。訓練効果の方は、ミメーシス活動と同様に、「本気の」活動においても見いだされる。すなわちどんな活動であっても、とりわけ咎められるべき行動であれば、それが現実のものであろうと、そうした行動の（遊戯的か否かを問わず）模倣であろうと、本気の模倣を引き起こしうるのである。さらに論を進める必要がある。偽装された行動が訓練効果をもちうるとすれば、ただこの生においては、われわれの行動能力と倫理的規範の大部分が、同類を観察し、その「本気の」行動を（反復ならびに同一化する取り込みを通じて）模倣する行為に拠って成り立っているからに他ならない。そしてわれわれの行動と倫理的諸価値のミメーシス的表象が、モデル化による移し替えをもたらしうるのも、行動の大部分が習慣形成的模倣によって獲得され、倫理的諸価値の大部分が理想化を伴う同一化によって裏付けられているからである。仮にそうだとすれば、フィクションの訓練効果は、「現実的現実」のそれにくらべて当然のことながら常に弱いことになるだろう。[8] そもそも現実の中に現実的な後ろ盾をもたないフィクションの行動は、非常に限られた訓練効果しかもたない。スーパーマンやバットマンの並外れた身体能力を模倣する人々などほとんど見られない。確かに生が（ミメーシス的）芸術を模倣することもありうる。だが生が模倣するのは、（それ自体すでに）生を模倣している芸術だけである。生は、それ自身を模倣してやまないのである。

フィクションのステイタスの問題という観点から見ても、反ミメーシスの議論は、正確な意味での模倣――自らの行動を他人の行動に合わせて作るということ――が問題となっているのか、あるいは逆に没入が問題になっているのかによって、当然異なった結果を導く。たとえば、人々が神を信じるように強いなければならない――実のところは人々に神を信じるふりをすることを強いなければならないということ――というアウグスティヌスの教訓は、没入効果を期待している。すなわちこの効果のおかげで、偽装された信仰はそのうち真の信仰に変化すると考えられているのである。[9] そして非難すべき行為の模倣に反対するプラトンの議論において、あるいは偽りの神話を彼が擁護する際に前面に出てくるのは、これとは違って、習慣を形成する模倣の能力、それゆえ訓練効果なのである。

プラトンが展開したこの最初の反ミメーシスの議論にとっての第二の問題点は、偽装と現実、あるいは模倣された行為と「本気の」行為のあいだにある境界を越える可能性を問うやり方である。プラトンにとって、ミメーシス活動は本質的に嘘として、それゆえ本気の偽装として現れる。ミメーシス芸術の遊戯的偽装と、彼が理想とする都市国家で神話学者＝哲学者が本気の偽装をすることの違い（これは非常に大きな違いである）をプラトンがまったく扱っていないという事実は、そのことを典型的に示している。かくして遊戯的偽装は本気の偽装の変質した残り滓《かす》という程度に見なされ、ある特別な関係であるとはまったく考えられないのである。没入や訓練効果をプラトンがあれほど恐れるのも、彼が遊戯的ミメーシス活動を本気の偽装の退化した一形態に還元し、また反復としての模倣とシミュラークルとしての模倣（～であるかのようにする）を概念的に区別していないからであるように思われる。結局のところ、この最初の反ミメーシス議論は、想像的能力の自律性を、またそれゆえに遊戯的ミメーシスというプロセスの自律性を特別な心的活動として認めることを拒んでいる（あるいは認めることができない）という点で問題なのである。[10] だがこの自律性を認めずに、フィクションを適切に理解することなどありえない。後に検討するように、この点で発達心理学が教えるところは、とりわけフィクション能力の行使と訓練の危険の関係という点に関して、プラトン的なミメーシス理解と真っ向から対立するのである。プラトンと彼の説を受け継いだ人々はそう信じているようだが、実際の行為へと移行する危険は、過度に肥大した想像上の生に由来するのではなく、逆に想像的能力があまりに未熟であることに起因するのだ。想像的能力の行使に反対することは、「ウソ」から「ホントウ」への移行の危険を制限するどころか、逆にそれを増大させるのである。[11]

3 プラトンⅡ――模倣することと認識すること

プラトンの主張は、右に要約した反ミメーシスの議論で尽くされているわけではまったくない。実際のところ、最初の段階では非難すべき対象を選ぶことだけが問題であったように思われるのに、その次にはミメーシス的関係そのものへの反対に及ぶまで論が展開されるのである。もはや非難すべき行動を装わないだけでなく、ミメーシス行動そのものを控えなければならないというわけだ。プラトンがそこで挙げる理由は、模倣行動の様態に由来する。ここでも非難すべき行動の模倣から論を進めるプラトンは、次のように言う。「狂気や邪悪に突き動かされている人々については、男にせよ女にせよ（……）知っていなければならない。けれどもそうした人々のすることは何ひとつ行ってはならないし、模倣するべきでもない」。[12] 三つの術語がここに提示されている。行動――ここでは模倣される指示対象――、認識そして模倣である〔「認識」connaissance は、プラトンの文脈ではエピステーメー（「知」・「知識」）に対応する。シェフェールは「知る」connaître から派生した名詞や形容詞を、「認識」という訳語が適切な伝統的西洋哲学の文脈と、「認知」という訳語がふさわしい心理学や認知科学の文脈で横断的に用いているが、訳文では文脈に応じて訳し分けた」。非難すべき行動を知ることは正しいことであり、またおそらくは必要不可欠ですらある。それに身を任せるのは、不正な行動になるだろうから問題外だ。だがさらに、それを模倣してもいけない（ここでは、遊戯的模倣が暗黙のうちに前提とされている。というのも模倣＝反復は第二の範疇に入ることになるだろうから）。なぜ模倣はいけないのだろうか。答えは簡単だ。プラトンに従えば、模倣は認識ではないからである。このことは模倣の生成過程においても、それを公衆に作用させるやり方においても区別なく妥当する。ソクラテスが吟誦詩人イオンを笑い者にする際、辛辣な皮肉によって示したように、模倣は模倣されるものの認識を通じてなされるのではない。[13] 模倣が本気の行為と区別されるのはこの点においてである。本気の行為は、それが理性的なものなら、認識（たとえば善と悪の認識）に基づいているのである。認識は、フィクションを注意深く眺めたとしても生み出されない。そうであったとしたら、模倣が非難すべき行為に関わるものであるとき、プラトンはそれを禁じはしなかっただろう。なぜなら非難すべきものを知ることは、（彼に従えば）よいことなのだから。ミメーシスが認識によらず、また認識を生み出しもしないのは、それが——すでに最初の議論から知られるように——理性の説得ではなく感情の感染によって作用するからである。ここで槍玉にあがっているのは言うまでもなく没入効果である。「われわれのうちの最も優れた人々が（……）、悲しみにくれたり、嘆きに満ちた長いせりふを語ったり、あるいは歌いながら胸を叩いたりする主人公を、ホメロスなり誰か他の悲劇作家なりが模倣するのを聞くときには、君もよく知っているように、そうした人々でも、そこに喜びを見いだし、なされるがままとなり、動きについていって、表現された感情を分かち合う、そうしたことは、おそらく事実なのだろう……」。[14] それゆえ悪しき選択をなされた模倣は、それに身を任せる人にとっても、それを見る公衆にとってもひとしなみに危険である。模倣する者は、模倣するモデルによって自ら堕落し、また彼を見る公衆も堕落させる。これは「われわれのうちで最も優れた人々」、すなわち「ほんの少数の例外を除いた」賢者たちにまで当てはまる。[15] それゆえ厳格な取り締まりが必要となる。なぜならプラトンによると、模倣する芸術家たちは、適切でない模倣対象を率先して選びがちだからである。このことは、分別ある性向の模倣が高ぶった性向の模倣に比べて難しいからというだけではなく、分別ある性向は、うまく模倣された時でさえ、高ぶった性向の模倣に比べて理解されにくく、それゆえ祭りに集った公衆の関心を引かないからである。(16)

一見すると、この議論でもまた、模倣対象の選択だけが問題となっているように思われる。だが実のところ、第一の議論とは反対に、その矛先は模倣すべきモデルの選択の問題を脇において模倣そのものへと向けられている。実際、プラトン的合理主義の枠組みにおいて、感染による行動の様式は、弁証法《ディアレクティック》〔問答法〕的過程を経てなされる合理的説得の対極に位置するものであり、原理的に断罪を免れないように思われる。つまりこの第二の角度からの攻撃は、もはや道徳よりも認識を問題としているのである。プラトンは、ミメーシスによる行動様式と認識による行動様式を対立させることで、認識形而上学的な問題系へと移行する。なぜならミメーシスがそれ自体として非難すべきものとなるのは、まさにその認識上の欠陥のせいだからだ。別の言い方をするなら、この第二の反ミメーシスの議論では、偽装だけでなく、イデアの現前化〔présentation〕の対極にあると捉えられた、表象＝再現前化〔re-présentation〕も問題にされるということだ。(17)演劇的ミメーシス（厳密な意味でのフィクション）から絵画による形象化（類比的表象）への移行が何度も見られるのもこのためである。

偽装としてのミメーシスから類比的表象（模倣）としてのミメーシスへのこうした移行は、有名な三つの寝椅子の比較（第一〇巻596以降）とそれが含意する存在論的序列に明確に現れる。寝椅子のイデア（神の魂において現前している〔présent〕が、哲学的認識においても現前させられる寝椅子の存在）から、その模倣である物質的な寝椅子（仮象〔apparence〕としての寝椅子）へと、次いで模倣の模倣でしかない物質的な寝椅子の図像的な表象へと移る。この序列は、すでに述べたように、プラトン的認識の理論自体が反映の理論であり、またミメーシスの理論であることを示すという点で、反ミメーシスの議論に問題を生じさせる。つまり、真の認識といえども模倣なのである。(18)それゆえ、それ自体が模倣術的《ミモロジック》である認識形而上学の概念を持ち出して、ミメーシスを断罪するという矛盾した状況に陥ってはいないだろうかと問うこともできるだろう。あるいは少なくとも、当初は質的な対立と思えたものが、結局のところ単なる程度の違いに還元され、つまりは表象されるものとその表象の同形性が徐々に失われてゆくというだけのことにはならないだろうか。すなわちイデアから離れれば離れるほど、同形性も薄まってゆくのであり、絵画的表象のレベルにまで達すると、原初の均整のほとんどが失われるにいたるということである。だが実のところ、認識に関するこの序列は、それ自体認識の対象の序列を下敷きとしている。そして後者の序列によって、再び非連続性が導き入れられることになる。というのも、もともと不明瞭なものについては不明瞭な認識しか得られないと主張する原則からすると、模倣の模倣を作ること――物質的な寝椅子の絵画による表象――は、本質的に堕落した認識にしかなりえない。なぜなら、このような認識が関わる対象の存在様態そのものが堕落しているからである。ところで、異なる存在の様態によって定められるのは、非連続的な(また相反する)存在論的領域であり、それらのあいだの連続的な移行ではない。理性的認識(理性的認識でありうるのはイデアしかない)から臆見〔opinion〕(観念を模倣する見せかけの世界に対する認識上の関係を統御するドクサ)へと、そして最後にミメーシスへと下降してゆく序列は、それゆえ真理に対する三種の非連続的な関係を定めるのである。ここでミメーシスは、真理に対する単なる非＝知としての関係ではなく、真理への関わりを偽装する関係というレベルに位置する――こうして第一の反ミメーシスの議論との結びつきが復活する。『ソピステス』においては、「目覚めている人たちにとっては人工的な夢のようなもの」[19]しかつくらないとして画家が非難される。他方、『国家』では言うまでもなく完全な賢者からはほど遠い模倣者が、自分のことを完全な賢者だと思い込ませるほど観客をひどく騙すということになる。[20]言葉による模倣も同様だ。「……模倣をする詩人は、われわれひとりひとりの固有の魂の中に悪しき国制を作り上げるのだ。その魂の分別を欠いた部分、より大きいものとより小さいものの識別もできず、同一のものをときには大きく、ときには小さいと見なすような部分にこびることで。つまり真理からはるかに遠く離れ、シミュラークルによってシミュラークルをつくることによって」[21]。要するに模倣をする芸術家は、人の魂を魔術(thaumatopoia)によってたぶらかす魔術師である。[22]こうして、この魔術が模倣者と賢者とのあいだの争点となる。模倣者は魂を下劣なものへと引き寄せる(これは感情的伝染によってなされる）が、他方、賢者はそれをイデアの観想へと引き上げようとする（これは合理的説得によってなされる）のである。正しいものと誤ったものとのあいだには妥協がないのと同様に、賢者と模倣者も妥協することはありえないだろう。

この第二の反ミメーシスの議論については、どのように考えればよいだろうか。私にはこれが、実のところ気をつけて区別しなければならない二つの側面を含んでいるように思える。つまりミメーシス行為の伝染病学的な着想があり、次いでプラトンがそこから引き出してくる結論があるのだ。

フィクションが哲学的言説とは異なるやり方で、また異なるレベルで作用しているとプラトンが考えることを可能にしたのは、伝染病学的な着想である。まず異なるやり方というのは、一般的概念の抽象化ではなく、ミメーシス的内面化による作用によってということである。そして異なるレベルというのは、反省による信の形成のレベルではなく、総合的なゲシュタルトとして内面化される図式《スキーマ》のレベルで作用するということである。この点でプラトンの考え方は、フィクション領域と現実に対する「指示的」関係の領域のあいだに、またモデル的例示と概念的分析のあいだに実際にある、機能面での深い対立を指摘している。文学フィクションを例にとってみよう。これは分析的思索とその記号的基盤（すなわち言語）を共有しているため、機能面でのこうした違いがよりはっきり示される。状況や一連の行動のフィクション的な例示には、モデル化の機能が備わっている。つまりこれによって、状況の図式《スキーマ》、行為の筋書き、感情的あるいは倫理的な図式《スキーマ》等々を使えるようになる。これらは没入によって内面化され、（場合によっては）連想という方法で再活性化される。一方分析的思索がたどりつくのは抽象的知であり、それが適用される際には、明確に表された規則によって導かれた、合理的計算を経る必要がある。ここではいささか唐突かつ単純化されてはいるが、この区別は日常的にわれわれが経験している何の不思議もない事実を対象としていることを後に見ることになろう。現段階では、プラトンが『国家』において展開した、フィクション的行為に関する伝染病学的な構想が、ミメーシス行為の特殊性を認める方法としても見なされる必要があることを、一例を用いて示したまでである。

プラトンがこの特殊性をはっきりと見て取ったことは、さまざまな仕方で説明できる。最も陳腐な説明は、もちろん、ここに限らず彼があちこちで示している瞠目すべき鋭さである。だが同様に考慮せねばならない事実は、信の体系、あるいはむしろ信を正当化する方法が歴史的大転換を遂げるにあたって、プラトンが重要な役割を演じていたことだ。すなわち「神話的[23]」な例示に基づいた社会から、哲学、数学そして経験的な知に象《かたど》られたあらたな社会への移行である。この社会において、信の正当化は、もはや社会的知の伝達ではなく、普遍化へと向から概念的抽象に基づいた個々人の学習に基盤をおくことになる（イデアの理論はそこから発する）。だがこれは、社会的知の伝達がもはや存在しなくなることを意味するのではない。単に、これが認識を正当化する基準ではなくなってしまったということである。そこから社会的知が「ドクサ」すなわち（それ以降理性的な知と対立する）「臆見」、さらには「古い人々の捏造[24]」へとその地位を落とすことになるのである。この根本的な変化は、哲学者が〈存在〉についての「神話的」原因論から距離をとろうとしたことに付随している。ところで事柄の起源をこのように神話として説明することは、もちろん物語であり、それゆえ概念的な説明ではなくモデル化による例示である。哲学的な思考法が自らを明確にするためには、それゆえ「神話」の認識機能からそれを区別するものを理解しようとせねばならなかったのである。

伝染病学的な説は鋭いが、プラトンの分析には欠陥があるように思われる。第一に、ミメーシスに対して彼がとる姿勢は、（認識正当化の方法としての）「神話」から哲学へのこうした移行が、もうひとつの変化と同時代のものであることを考慮に入れていない。この変化は物語的例示という領域の内部で生じたものである。すなわち「神話的」モデル化が、一方では歴史記述、他方では物語フィクション、つまり言葉による遊戯的模倣（この歴史的枠組みに入らない演劇フィクションと造形的表象のフィクションは今のところ考慮しない）という、それぞれ語用論的ステイタスを大きく異にする二種類の物語へと分化したということだ。少なくとも古典期において、叙事詩の地位が「神話的」なものから、もはや「ホントウ」のことには対応しない模倣へと次第に移り変わったことを認めてもよいなら、神話的モデルからのこの移行が生じる場となったのは、おそらくその叙事詩である。アリストテレスの『詩学』において、叙事詩が劇詩――そのフィクション的「性質」はすでに明白に認められていた――と同等に扱われているという事実は、叙事詩のこうした新たな地位を示唆するものと思われる。これにより叙事詩は、後の（ヘレニズム期以降の）小説フィクションを正当化する原初の母体となったのである。確かに、「移行」という用語が適切というわけではなかろう。というのも「神話」固有の認識機能が消滅することはないからだ。つまりいかなる社会も、社会的知の伝達（すなわち個別の学習によって得られるものではなく、集合的に内面化される信）を抜きにして自己を再生産することはありえないし、またその意味であらゆる社会は「神話的」なモデル化によって部分的には自己再生産をすると言えるのである。とはいえ、歴史記述と物語フィクションの概念の関係がこのように誕生したということと、哲学、より一般的には「理性的」な知が「神話」から抜け出すよう導く運動とは、同一の運動に属するものである。

　はっきりと述べておかねばならないが、私はなにもフィクションそれ自体、つまり遊戯的偽装に身を委ねる能力がこの時点で発生したと示唆したいのではない。知られる限りでは、この能力はさらにずっと古いものである。ここで誕生したのは、特殊な文化的領域（西洋）における新たな芸術、つまり公の美的評価に委ねられる、ある象徴的実践なのである。さらに次のことも明確にしておくべきである。つまりこの新たな芸術は、おそらく初めは注意《アテンション》によって（すなわち当初は異なったステイタスをもっていたと推定される実践に美的機能を与えることによって）定義されたものであり、それから新たに特定の文学的実践、つまりは意図《インテンション》的な意味での芸術となったということである。[25] 物語フィクションは、まず叙事詩の伝統に属する物語を受容する態度に、新たな方向を与えることで誕生する。知られているかぎりでは、この関心から生じた芸術が小説フィクションという新たな文学ジャンルへと変容するのは、さらに後のことであり、もしかするとせいぜい紀元前一世紀か二世紀以降のことかもしれない。[26] だがそうであっても、叙事詩の受容方法におけるこの変化が、プラトンの時代にはすでに成し遂げられようとしていたことはほぼ疑いない。プラトンの分析がこの変化を考慮していない以上、彼が決して嘘と遊戯的偽装をはっきりと区別しようとしなかったことは驚くべきことではない。これによって彼は、ミメーシス的表象を嘘だと非難することになるのである。

プラトンの分析の第二の限界――ミメーシスに対する彼の論争的態度の根本にあるのは、おそらくこれである――は、ミメーシス的「感染」が認識のひとつの型である、さらに言えば、弁証法的合理性や合理的説得によって得られるものよりもある意味で根本的な認識の型ですらあることが認められていないという事実に存する。つまりプラトンは、ミメーシス特有の行為の様式を認めていながら、この行為の様式が認識の次元にあることを見ない、ないしはそれを受け入れようとしないのである。この問題は決定的に重要であり、ミメーシス行動の分析にあてられた次章で扱うことになるだろう。今はきわめて一般的なことを述べておくにとどめるが、フィクションがミメーシスのある特殊な様態であると認めるなら、ミメーシスの認識上のステイタスの問題は、フィクションの問題系の手前に位置することになる。だが同時に、この問題に対する答えは、フィクションの捉え方にとって決定的なまでに重要にもなる。実際プラトンが主張するように、ミメーシスが認識を獲得するひとつの方法でないならば、フィクションはなおさらそうではなくなる。だが逆に、ミメーシス関係が認識的関係のひとつであり、またフィクションがこの関係のある特殊な用法であることを示すことができれば、フィクションもまた認識の手段のひとつ（もちろんその特性を記述せねばならないが）ということになるのである。

4　遊戯的模倣の二つの系譜

フィクションを適切に理解するための核にある遊戯的模倣のステイタスは、系統発生的な見地からも、また個体発生的な見地からも、フィクションの系譜学の問題として捉えられる。本質的には二つの系譜学的なモデルが存在する。第一のものは、おそらくニーチェの『悲劇の誕生』にその最も有名な定式化が見られるだろう。それは遊戯的ミメーシス表象の発生を、宗教の枠組みから説明するものである。すなわちフィクションは、魔術の身体的具現化〔incarnation〕に対する本気の信仰が、次第に薄まってゆくことから生じたのではないかというものだ。

第二はアリストテレスのミメーシス理論が模範的に示しているもので、遊戯的ミメーシス活動の中に、他の何にも還元されない世界との関係を見る。つまりいかなるものであれ、世界ととりもつ他の種類の関係では果たされない固有の機能を備えた基礎的な人間学的行動を示しているのだ。この二つの系譜学のうちのどちらを優先させるかによって、遊戯的偽装やミメーシス活動について、まったく異なる考え方に到達することになる。

第一の系譜学に従えば、(系統発生的に見て)最初のミメーシス活動は、学習活動ではなく、宗教的儀式ないしは魔術の領域、つまり本気の行為遂行的機能を備えた身体的具現化に属するものである。誰かを模倣すること、それはその模倣する人物になることだ。それゆえフィクションの起源は、憑依の儀式のうちに認められることになるだろう。このときミメーシス活動は、当然のことながらシミュラークルの産出ではなく、逆に司祭が精霊により憑依されることとして経験される。司祭の動作や言葉が産出するのは、彼に取り憑いた精霊と彼が同一人物であることを社会的に証明する記号なのである。超自然的主体性の器となるべく、自分の人格を解体することが目的なのだから、ミメーシス活動において司祭が完全に没入することは、恐るべきではなくむしろ望ましい。「別のものになる」ことは危険でなく、僥倖なのである。逆にミメーシス芸術に対して現在示されている両義的な態度は、次のように説明されるだろう。つまり「理性的」な支配のために、人類がこの「魔術的」段階を越えてしまってからというもの、こうした没入(またそれゆえの自我喪失)の経験を思い起こさせるようなものは、ことごとく不安を生み出すもととなるのではないかということだ。この不安は、魔術的、それゆえ「非理性的」な行動へと向かう「退行」に対する恐怖をフィクションが引き起こすという点において、「理性的に自由になった」主体としてのわれわれの態度を表すものとなるだろう。

エメの物語のものでもあるこの仮説に従えば、フィクションやミメーシス芸術を前にして感じられる不安は、それらによって「前論理的」な態度に再び落ち込む危険があるという点に由来するのだろう。模倣は遊戯的な、それゆえシミュラークルとして認められたシミュラークルの産出に役立つものであるが、それでもなお、それが再び理性的な主体性を喪失させる道具になるのではないかという懸念があるのだ。遊戯的ミメーシスの活動は、また同時に魔術的思考から論理的思考への移行を最初に示す。そしてこの移行の中に、進歩（レヴィ＝ブリュル）を見るか逆に凋落の徴《しるし》（ニーチェ）を見るかはお好み次第ということになる。遊戯的な模倣《ミメティスム》は、それゆえ現実に生ずる身体的具現化に対する幻覚を伴った信仰が、二つの「新しい」心的態度に取って代わられるときに誕生することになるだろう。それが（もはや自発的なものではなく、人為的に引き起こされた没入に伴う）自己欺瞞〔mauvaise foi　この語については本書第三章一四六頁以下を参照〕と（訓練効果を意図的に悪用する）操作目的の嘘だ。この系統発生的仮説によって、先に見たプラトンの議論が創始し、西洋で繰り返し現れてきた道徳論争が理解される。フィクションの感染的性質は、遊戯的偽装の根本的に非理性的な状態を証明するものとなるというわけだ。このような系譜学に従えば、ミメーシス活動がそれに固有の積極的機能をもちえないことは明らかである。それは不安定な残余、真と偽のあいだの移行の痕跡でしかない。まさにこのことによって、ミメーシス活動は常に危険なのである。

現実の憑依と（本気であるいは遊戯的に）装われた憑依との関係についてのこのような説明は、あまり説得的だとは思えない。事実、憑依の儀式についての多くの研究が示すところによれば、アイデンティティの変化はミメーシス活動の前提ではまったくなく、逆にその結果である。最終的に「ホントウ」になるものは、逆に通常なら「ウソ」、つまり模倣として経験された模倣として始められるのである。そしてこの偽装が少しずつ「ホントウ」に変容するのは、つまり模倣者が自ら模倣するものによって憑依されるのは、没入のプロセスを経ることによるのである。ミメーシス活動を本気の身体的具現化へと転換させるのは、まさにこのミメーシス活動そのものがもたらす恍惚ないし忘我の境地である。そもそも司祭の視点からすれば、この本気の身体的具現化は、信に関わる次元でなく、生きられた状態に属するものである。意図された模倣は没入を誘発する。つまり憑依の儀式は模倣という活動に意識的に身を委ねる能力を前提としているのであって、模倣として捉えられた模倣の誕生に先立つものではまったくない。憑依の儀式において生じることは、それゆえ青少年が興じるロールプレイングゲームを「本気の」同一化へと転換させてしまう完全な没入と同じレベルに属しているのだ。ついでに言っておけば、このことは、問題となっているメカニズムが人類の原始段階と思われているようなものとは何の関係もないことをも示している。

意識的な模倣の段階（司祭が演劇的な意味で役者である段階）と生きられた身体的具現化の段階のあいだに見られるこうした複雑な関係は、しばしば外部の証人（民族学者）にとって問題となる。彼らは（司祭と同様公衆の）不誠実さの徴候と見られるものと、逆に（心惑わす幻覚による）アイデンティティの真なる変化の存在を示すように思われるものとのあいだで揺れるのである。この戸惑いについての興味深い例証を、ミシェル・レリスがダカール＝ジブチにおける調査旅行をした際（一九三一年から一九三三年）に付けた日記と、彼の『ゴンダールのエチオピア人に見られる憑依とその演劇的諸相』というエッセイに見ることができる。[27] 自分が観察しているものが受動的な憑依であるという確信と、これらの人々は皆、真意を隠し、それらしくしているにすぎないといういくらか苛立ちのこもった確認とのあいだで常に揺れている彼の姿が、日記のはじまりから認められるのだ。[28] 彼は一九五八年に発表された試論で、すべてがごまかしであるというあまり信憑性のない仮説に訴えることなく、生きられた憑依と意識的模倣という二つの側面を説明できる中間的な概念を見いだそうとしている。レリスが選んだその概念、つまり「生きられた演劇」という概念は、非常に示唆に富む。彼はそれを「演じられた演劇」――そこでは憑依が「故意に装われている」[29] がゆえに「嘘が（……）支配的に現れている」[30]――に対立させると同時に、また「真正のものと言える憑依（恍惚状態がそれを被る者のいかなる意識的決定にも拠らないという点で、魔術的＝宗教的な観点から、自発的なものであれ引き起こされたものであれ、完全に本気で引き受けられたもの）」[31] にも対立させているのである。彼はこの「生きられた演劇」という、（演ずる者と観客＝参加者双方の立場から見て）きわめて不安定な状態を、後に見るひとつの点だけを除いて非常に説得的に描写しているが、そのレリスの記述は、ロールプレイングゲームの作用の仕方について知られていることともぴったりと重なるのみならず、とりわけ「本気の」憑依＝生きられた演劇＝演じられた演劇という三幅対によって定義されるものが、発展的に連続するのではなく、つねに相互作用している三つの異なるミメーシスの力学であることをも示そうとしている。別の言い方をすれば、憑依からフィクションへの移行とは、現実において現前することへの信仰から、表象を表象として識別することへの歴史的な移行だとする考えは、通時的というよりははるかに共時的な位相の下にある連関を、あまりにも単純化しすぎてしまうのである。このことは、フィクションとして設定されたフィクションにもあてはまる。憑依の儀式において意識的な模倣と生きられた模倣とのあいだの移行となる点があるのと同様に、フィクションにおいてもミメーシス的没入とごまかし効果のあいだの移行となる点があるのだ。

　第二の系譜学は、第一のものと違い、ミメーシス表象の誕生を認識形而上学的モデルの枠組みでは説明しない（というのも「魔術的」思考と「合理的」思考の対立は、結局のところこのようなモデルにゆきつくのだから）。こちらの視点はむしろ語用論的である。おおまかに言うと、これは公然となされる遊戯的ミメーシスの活動が、現実的葛藤の儀礼化として生じると考える。カタルシスの理論に従い、現実の葛藤を純粋に表象的なレベルに移し替え、そのレベルでそれを解消させることに演劇的ミメーシスの機能があると認めるならば、これは結局のところアリストテレス的モデルと言える。ここで私の関心を引くのは、カタルシス理論が有効かどうかという問題ではなく[32]、ただこの理論が含意している、フィクションの系譜学的発想の問題のみである。こちらによるとフィクションとは、魔術の身体的具現化が堕落した一形態などではまったくなく、世界に対する固有の関係に発する文化的かつ心理的な能力に基づくものである。だがフィクションが能力であるからといって、それが人類の進化過程のある一定の時点における、文化的かつ心理的な獲得物ではないということにはならない。もっとも、この発展がいつどのように生じたのか、系統発生のレベルで解明されることは決してないだろう。せいぜい言えるのは、われわれに最も近い祖先である霊長目がこの能力を発達させていたようには思われない一方、物質的な発展の程度の差こそあれ、現在のあらゆる人間社会においてこの能力は文化の一翼を担っているということくらいである。いずれにせよ、ほとんどの社会についての分析は、葛藤にある状況を遊戯的に儀礼化することの重要性を示している。この観点に従えば、ミメーシス的実践は、魔術的信仰の正当性が失われる最後の段階ということにはならず、ある特定の実際的必要、つまり葛藤に対し遊戯的に距離をとることを通じて、人間関係を穏便にするという必要に呼応するものとなる。

フィクション能力の発生を研究するにあたっては、個体発生のレベルでも系統発生のレベルと同じくらいの注意が必要となる。実際、子どもは皆、なにが「ホントウ」でなにが「ウソ」なのかの区別を習得せねばならない。とりわけ子どもは、両方の態度に即した文脈を見分け、それぞれの指標（語用論的、統辞論的、意味論的、あるいは声の抑揚等々）を認識することを習得する必要がある。そして実際にほとんどの子どもたちがこの能力を発達させているわけだが、その発達は、子どもたちの生のかなり早い段階で、何よりも大人とのごっこ遊びを通じてなされるように思われる。フィクション能力の植え付けに関するこの問題は、後で再検討することにしよう。[33]だがこのことは、本書の初めでやや不用意に展開した私の説の正しさを確認してくれるように思われる。つまり芸術フィクションを理解する能力は、幼少期の遊びを通じて獲得される、特定の心的能力の発達を前提とするということである。

ともかく、ニーチェの系譜学と比べれば、この第二の系譜学は遊戯的偽装についてのかなり異なった見方を提示してくれる。これが提案するのは、フィクションと現実の境界を越える危険に焦点を絞ることではなく、遊戯的偽装の領域を設定することによって構成される非常に重要な段階を、社会関係を人間的にするという見地から十分に評価することである。別の言い方をすれば、第二の系譜学は、人間の心的生活と文化的発達の双方における、想像的能力の自律性ならびにその役割を認めるよう促すのである。

5　プラトン、それでもなお

反ミメーシスの議論は、フィクション活動の性質を根本的に誤解しているのではないかという仮説が、プラトン的発想の分析を通じて固められた。発達心理学における現在の知見を考慮していないと言ってプラトンを責めるのはもちろんお門違いだろう。だが映画フィクション、テレビのフィクション、あるいはデジタルメディアのどれを攻撃するにせよ、現在なされている反ミメーシスの議論にこうした言い訳はできない。それゆえこれらの議論が、プラトンの論法、とりわけ現実がシミュラークルに感染されるという疑念をよみがえらせる際に、もはや支持できないミメーシスの考え方に立脚していることを示すよう努めねばならなかったのである。

とくに明らかになったのは、プラトンの主張とは異なり、ミメーシスが二重の意味で認識作用であるということである。つまりミメーシスは認識を開発すると同時に認識の源でもある。ミメーシスがそのようなものとは認められてこず、また数少ない例外を別として、哲学がミメーシスを思考に対置さえしてきたことには、多くの理由があるのだろう。それらのいくつかにはすでに出会った。まず一般的に哲学は、人間の認識の様態について、非常に限定された考え方しか主張しておらず、とりわけミメーシス的例示が可能にするような、世界への非反省的アプローチを軽視している。加えて真と偽の過度に単純な対立がある。つまり信ずるにもさまざまな様態といろいろな領域があって、われわれはそのあいだを代わる代わる移動しているということを認めることができないのである。それから心的生活についての素朴な考え方がある。これによってシミュレーションと心的モデル化に固有の（とりわけ人間同士の関係における）形成的な役割が見えなくなってしまう。さらにはミメーシスの遊戯的機能性に対するためらい、あるいはむしろ、認識と没入の快楽とが両立しないはずだという発想がある。そして最後に、自己充足した自己現前として捉えられた人格のアイデンティティという考え方がある。それにより、社会のさまざまな型に自らを流し込み、互いに還元不可能な存在様式を選び取ることを可能にする複数の「ペルソナ」が認められず、他のものへの身体的具現化とミメーシス的同一化を真正なものとして考えられないのである。

だが私の提示した分析は一面的であり、別の視点も重要である。つまり、プラトン的な論争そのものではなくとも、それを育んだ偽装の問題系を考慮に入れなければ間違いを犯すことになるだろう。実際、フィクションについてきわめて穏和なイメージを提示しているアリストテレスの視座には、この問題系が大きく欠けている。アリストテレスにとって、フィクションを特徴づけるのは、必然的であるにせよ、本当らしいものであるにせよ、あるいは可能なものであるにせよ、事実を表象する語りに特有の表象構造である。いずれの場合にもフィクションは、揺るぎないカテゴリーの柵によって事実の言説とは切り離されたものとして現れる。つまり普遍へと向かう価値を備えたモデル化を作り出す表象様式を、個別と偶然の域に留まる別の表象様式から区別する柵だ。それゆえフィクション世界の「調度品」（すなわち実体）と、歴史世界のそれとが近接したとしても、それは些細なことなる。それゆえにアリストテレスは、悲劇詩人が登場人物を作り出そうと、逆に登場人物に「既知の名前」を与えようと、つまりは当のフィクション世界から超越した存在である人物を舞台にのせて伝統的な物語を語ろうと、それはどちらでもよいと記すのである。現実の人物、あるいは伝統によって実在することが認められた人物を扱っているときですら、この詩人はミメーシス的詩人であり、歴史家として見なされる恐れはない。彼は、普遍へと向かうモデル化であって、事実の報告とは混同されえないミメーシス的な構造化を為す詩人《ポイエーテース》なのだ。アリストテレスは次のように主張することで、さらに論を進める。「すでに起こった出来事について詩作することがあっても、彼が詩人であることになんの変わりもない。なぜならすでに起こった出来事のいくつかには、真実らしさや起こりそうなものであることをさまたげるものが何ひとつないのであり、まさにそれゆえに、彼はそのような出来事の詩人となるのである」[34]。言い換えると、アリストテレスは、フィクション世界と歴史的現実の世界とは相互に感染しあうことがないと完全に信じているのである。それゆえ彼のミメーシス概念は、まやかしとしての模倣ではなく、モデル化としての模倣になる。実際詩人は、その物語を可能なこと、必然的なこと、あるいは真実らしさという路線に沿って作ることで、ある認識モデルを作り出すのだが、その際、状況によってさまざまに変化する経験を具体的なものとしうる深層の行為構造を現実から抽出するがゆえに、作られたモデルの効用は、模倣される現実を超えたところに位置するのである。現実の出来事をフィクションにする可能性を認めているアリストテレスが、一方ではその反対の可能性を一度も考慮しなかったことは特筆すべきだ。つまり、隠れた行為構造を浮かび上がらせるモデル化によって、現実界を変貌させるのではなく、逆に自分がフィクションとして創りあげたものを、現実界の舞台に下ろすという詩人の試みについて、アリストテレスは一言も述べていないのである。これら二つの可能性のうち後者の一例を、後に検討することにしよう[35]。まさしくこれは『詩学』

の作者が二種類の言説、さらには表象のあいだに打ち立てたカテゴリー上の境界を危険にさらすものである。そしてこのような可能性を考慮しようとすれば、プラトンのミメーシス理論に向き合わなければならない。なぜなら先に見たように、プラトンが恐れていたものは、現実が模倣や偽装に感染しうるという事態だったからだ。

それゆえフィクション、さらにはそれに対して西欧文化が常に見せる両義的な態度を真に理解しようとするならば、何らかの仕方でプラトンの観点（偽装としての模倣）をアリストテレス的モデル（認識上のモデル化としての模倣）のなかに統合できなければならないということになる。いかなる意味でフィクションが人類の文化的獲得物となるかを理解できるのは、唯一この二重の視点からなのである。系統発生的に見ると、フィクション活動よりもずっと古い心的機構の変化によってこの獲得はなされる。というのもこの種の心的機構、つまり偽装は動物界にすでに存在するからだ。だからといって、フィクションの誕生を魔術的同一化の段階から説明しようとする系譜説に裏付けを与えるには及ばない。なぜならここで問題となっているのは、フィクションと魔術的同一化の関係ではなく、まやかしが詐術（つまり魔術的同一化の心的態度とは正反対の心的態度）に属する限りで、むしろ詐術との関係であるからだ。続いて理解に努めなければならないのは、一方でまやかしとなる装置をさまざまな段階で利用しつつ、それと同時にこの装置の効果、つまりそれによって引き起こされる没入の度合いを制限する限りにおいてのみフィクションはフィクションたりうるということの意味である。そこで重要となるのが、あらゆる種類の「遮断」である。これは没入が、行為の所産をフィクションとして包括的に設定する語用論的枠組みに感染するまで広がることを防ぐものと見なされている。ロールプレイングゲームにせよ、夢想あるいは芸術的表象にせよ、あらゆるミメーシス活動にはこうした遮断のメカニズムが見いだされる。プラトンがはっきりと見て取ったように、見せかけの生産として考えられた模倣は、固有の力学をもっている。その力学を決定するのは、唯一模倣と模倣されたものの同形性の程度、それゆえ模倣が可能にする没入の程度のみだ。この同形性がある一定の閾《しきい》を超えるといかなる意図の下に産出されたものであれ、まやかしがその完全な効果を発揮することになる。こうしてフィクションの特徴となる部分的没入から、まやかしを特徴づける全的没入へと移行する。心的能力として捉えたフィクション能力を、個体発生的な生成過程から研究することが重要となる理由もまさにそこにある。系統発生的な生成過程を再構成したところで、その大部分は決して仮説の域を超えないおそれがあるために、この個体発生的研究の重要性はいっそう増す。そしてプラトンの理論がフィクションについての系統発生的な不安をある仕方で反映しているのなら、「これはホントウなの? それともウソなの?」というプラトン的な問いを絶えず発する子どもたちに、同種の不安を見いだしても驚くことはない。もちろん難しいのは、この問いにとどまらないことだ。フィクションと偽装のあいだにあるこの不安定な状態から、心理的、文化的に安定したフィクションの状態、すなわちアリストテレス的な問題系の方へと移行する様を、できる限り再構成するよう努めねばならない。

第二章　ミメーシス――模倣する、装う、表象する、認識する

1　古くからの混乱について

反ミメーシスの立場を分析することで、少なくともひとつのことだけは示したはずである。それはフィクションの概念が、普通に使われるものであるにもかかわらず、きわめて不透明であるということだ。この概念がかくも多くの誤解を引き起こしてきたために、反ミメーシスの議論の分析自体が常に混乱に陥りがちであったのである。フィクション概念がこのように不透明なのは、二千年以上のあいだ、「ミメーシス」概念が不透明であったからだ。すでにプラトンとアリストテレスにしてから、この点についてかなり食い違った分析を提出していたのは先に見たとおりである。そしてこの語がラテン語と現代ヨーロッパ諸言語に翻訳されたことで、食い違いはより大きくなるばかりであった。各々の翻訳語は、異なる言語間で、あるいは異なる言語状況間で、まったく一致が見られない意味論的領域に引きつけられてしまったからである。ミメーシス概念がさまざまな芸術（たとえば演劇、物語そして絵画）に適用されたことも、状況を複雑にした。集積した歴史や文脈の多様性、またそれに由来する意味の不確定性は、おそらく精細な語彙論的研究に値するだろう。[1] だがこの語の歴史的経緯はさておき、こうした変遷がもたらした現在の結果はひと言で言い表せる。まったくもって、ミメーシス概念は何でもありの状況になってしまったということである。

実際、芸術分野においてミメーシス的関係と結びつけられているものの例をいくつか挙げてみると、文脈次第

でまったく違った言い方が出てくるだろう。「小説は人生を模倣する」、「写真は対象を忠実に複製する」、「抽象画は表象的でない絵画である」、「イメージは現実と似ている」、「バーチャル映像は現実を滅ぼし、そのシミュラークルと取り替えてしまう」等々。西洋史の時々に、任意の文脈において発せられたこの種の文に現れたほとんどの動詞的概念（「模倣する」、「複製する」、「表象する」、「類似する」、「装う」）や、またそれだけではなくほとんどの普通名詞（とりわけ「フィクション」、「シミュラークル」、「イメージ」）が、ミメーシスの類義語として機能してきたというわけである。それだけではない。こうしたさまざまな語は多様な文脈の一方から他方へと移ってゆくために、これらの用語を別のやり方で割り振ることは容易であり、そのためたとえば「小説は人生を模倣する」の代わりに「小説は人生を複製する」と、「フィクションは現実を装う」の代わりに「フィクションは現実を表象する」と、あるいは「写真は対象を忠実に複製する」の代わりに「写真は対象を忠実に模倣する」と言うことができるのだ。このような言い換えは、どれも皆、複製することは模倣することと同じであり、また装うことが表象することと同じである等々ということを示すようである。

だが簡単な分析をしてみるだけで、取り替え可能と考えられているこうした関係の多くが、実のところは互いに還元できるものではなく、さらには「表象」概念と「シミュラークル」概念のように両立すらしないものもあることが明らかになる。それによって、ミメーシス芸術あるいは今日のバーチャルリアリティをめぐる議論に関して、それらのほとんどがなぜ間違っているのか、さらにそれらの社会的機能やそれらが公衆に与えうる影響をめぐって繰り広げられる激しいイデオロギー的論争の大部分がなぜ疑わしい前提に基づいているのかが理解しやすくなる。だからこそ、フィクションを正当に評価し、人間文化においてそれが果たす中心的機能を理解しようとするなら、まずは適切な区別を行うための首尾一貫した観念をもたねばならない。この章で取り組むのがその問いである。そのためここではまだフィクションの問いにはいたらず、ただフィクションの発生源となる活動や態度が考察される。これらの活動や態度の各々は、フィクション以外のさまざまな人間的行動にも振り向けられ、フィクション的創造が追求する目的とはまったく関係のない目的の役に立つこともありうるのである。

適切な要素を導き出すためにはどのような手続きを踏むべきだろうか。反ミメーシス論争をめぐる議論から、私は、芸術の領域ではミメーシス概念の用法が支離滅裂であるため、芸術内部の分析を通じてこの概念を明らかにすることはまず無理だろうということを学んだ。それゆえ、このもつれにもつれた概念を内側からほぐすよりは、外側からのアプローチが望ましいように思われた。事実、ミメーシス概念に引きつけられる諸々の事象は、芸術的実践だけでなく、その他多くの領域で見られるものだ。それゆえこれらの事象を、さまざまな学問体系、とりわけ動物行動学、発達心理学、学習理論、認知心理学、人工知能を通じて扱うことにする。確かにこれらの学問体系が扱っているのは、それぞれ独自の現象ではある。だが、ミメーシスを芸術的に考えると混同しがちな要素が、そのことによって逆にきわめて明瞭に現れるのだ。

芸術的でないミメーシスの事象を取り上げる回り道の理由は、発見的あるいは啓蒙的理由のためだけではない。そこにはさらに深い根拠があって、私からすればそれはここでフィクションの問題を取り上げる枠組みに由来するものである。その枠組みの基礎となる確信をもう一度想起しておこう。芸術的フィクションとは、最も根本的な例ともなると日常生活を構成する一群の実践（投射、フィクション遊技、ごっこ遊び、夢、夢想、想像等々）が制度的に特徴づけられ、文化的に「進化」した一形式であるというのがそれだ。そしてこれらの実践自体は――それゆえ芸術的フィクションはなおのことだが――一群の認知能力、心的態度、あるいはさらに基本的な心的活動の結合によって生じるものである。私がこの章で抽出したいのは、こうしたフィクションの基本構成要素に他ならない。そのため、読者の目には抽象的に映るかもしれない術語を導入し、またそうした考察を展開する必要が時として生ずるだろう。とはいえ無用なジャーゴンはすべてこれを避けるよう努めるとともに、問題となっている事象が一般的な現実の一部をなしていること、そしてやむをえず導入するいくつかの区分が複雑であるとしても、それはこの一般的現実の複雑さの反映に他ならないことを示しうる具体例を提示するよう心がけるつもりである。また、分析対象となる現象のいくつかは、一見フィクションの問題からかけ離れているように見えるかもしれない。それゆえ読者にはすこしばかりのご辛抱を願いたい。しかし分析がすすむにつれ、一見ちぐはぐなミメーシス事象からなる曖昧なものが、実のところそれなしではフィクション能力の発生を理解しえない系統発生的な素地を構成していることが明らかになるだろう。

2　ミメティスム

ミメーシス関係を扱うさまざまな著作における模倣〔imitation〕概念の意味を明らかにしようとすると、これが機能ないし複雑さに関して相異なる、少なくとも五つの型の現象を定義していることがわかる。複雑さを導きの糸として、ここでそれらをまとめてみよう。つまり生物界において最も基本的かつ最も広がっている現象から出発し、最も複雑かつ最も人間に固有な行動に終着点を求めるのである。

(a) 生物学者や動物行動学者が「模倣」という術語を用いるとき、彼らが基本的に想定しているのは、まやかし〔leurre「おとり」や「疑似餌《ルアー》」の意味もある〕の役割をもったミメティスム〔「模倣」を意味するが、ここでは「擬態」の意味もある〕の事象である（ミミクリー）。まやかしは植物界、そしてもちろん人間も含んだ動物界に広く行き渡っており、その効果はどこでも同じだ。異なる種のあいだの関係をみると、模倣する生物が捕食者ないし獲物に対する際に有利に働く。同一種の内部における関係をみると、模倣する動物（あるいは模倣する一群）がその同族に対して有利な位置につく。その目的は、やはり攻撃でも防御でもありうる。最も「原始的」なまやかしは行動に関する事象ではなく、種の進化を通じて選択された表現型《フェノタイプ》〔遺伝子の性質が発現した形質の型〕の特徴であることを想起せねばならない。たとえばある種の蛾の羽を飾る、猛禽類の眼の型をした図柄がそれにあたり、蛾はそれによって、潜在的な捕食者から身を守るのである。その捕食者とはすなわち鳥のことだが、自然界で鳥は蛾の捕食者であると同時に、蛾の羽によって擬された眼を持つ猛禽にとっての獲物でもある。同じことは、自らの生態的地位（ステップの草）に関わるシマウマの保護的な同色についても言える。環境との相互作用によってはじまる反応メカニズムであるまやかしは他にもある。最もよく知られている例は、カメレオンやイシビラメの攻撃的同色だ。この二つの種は、自らのいる環境に応じてその色を変えるのである。[2] 最後に、最も複雑なまやかしと言えるのが、厳密な意味での行動のレベルに対応するまやかしである。通常は潜在的な捕食者ないし獲物を錯誤に導くため、動物は、他の動物に固有の行動を選択したうえで模倣し、行動によるまやかしを生み出すのである。自らは毒を持たない蛇が、捕食者をだます「ために」攻撃されると有毒な蛇のポーズをとるという事例も存在する。

知られている限りの動物種において、人類は行動的まやかしの分野を最も発達させた種である。このことは人間以外の種に対する関係についても、また人間同士の関係についても言える。この発達は少なくとも二つの要因によって可能になった。まず人類においては、種々の行動的まやかしが遺伝的に固定していない（たとえば同一の状況に置かれると「自動的」に同じ行動をとってしまう蛇とは異なる）。それゆえミメーシスのレパートリーは、社会的ないし個人的学習によって、無限に豊かになる。また人間は、他の種に比べて、周囲の環境（人間的であるか否かを問わない）との相互作用という点ではるかに大きな幅の領域をもっており、まやかしを生み出すためにはこの領域のいかなるものでも使うのに必要な心的能力を有している。人間と同族の者の関係に関して、最も豊かな領域は異論の余地なく象徴的体系、とりわけ言語の領域である。嘘――根絶することのできない言語使用のひとつ――は、実際、言語的まやかしのひとつにすぎない。なぜなら結局のところ嘘をつくというのは、聞き手（あるいは読者）をだますという目的の下、実際にはそうでない誠実な報告の模倣という言語行為を行うことだからだ。

まやかしと一口に言っても、その分布の両極端では非常に異なることがわかるだろう。なぜなら一方の極ではまやかしが表現型として実現し、遺伝的に選択されるのに対し、その対極では、まやかしが意識的かつ個人的な戦略によって産出され、また文化的発展と個人の心理的成熟の度合いによって選択されるからである。だがこうした差異にもかかわらず、その機能はどこでも同じであり、いつでもミメーム（人間の認識は認識対象の模倣による同化に存するという説を提唱したフランスの人類学者マルセル・ジュースによる造語。ただしシェフェールは、後出するドーキンスの「ミーム」も念頭に置き、「模倣からなる要素」という意味で用いている」が差し向けられる者を誤りに導くということに尽きる。そして「良かれと思って」誰かに嘘をつく（たとえば真実がその人をあまりに苦しめると考えられるとき、またはその人が嘘をつかれることを「望んでいる」と考えるに足る理由があるとき）という、あまり見られず、また曖昧な場合を除けば、嘘やその他の人間的行動に関わるまやかしは、最も原始的な生物の表現型的なミメティスムとまったく同じ効果、つまりそれが成功する限りにおいて、まやかしはそれを為す者が優位となる状況を作り出すという効果をもつのである。この点においてまやかしは、後に見るように、闘争関係ではなく協同原理に基盤を置くフィクションとは根源的に異なるのである。

(b)概して「模倣」概念を用いて叙述される現象の第二の型は、動物行動学と心理学の境界に位置する。これは初歩的な運動からなる行動の「鏡に映したような」再現、つまり生得的な触発メカニズム（ニコ・ティンバーゲン）と呼ばれるものに基づく再現のことである。たとえば赤ん坊にこの種の行動を認めることができる。生を享けて間もない赤ん坊は、口を開けたり、舌を突き出したり、唇をぐっと前に出したりするような、目の前の顔の動きを再現する。[3] 広汎に受け入れられている説は、この新生児の行動の触発が、運動的「感染」にその原因があるのではないかとしている。これは、たとえばあくびのように、生涯を通じて作用する運動的感染と同種のものだ。[4] 先に見た第一の型のミメーシス活動とは異なり、ここでは再現される行為と再現する行為のあいだに見られる類似は、「まやかし」の機能をもっていないということを言い添えておかねばならない。

しかしながら、これらの事象をミメーシス的因果関係と捉える解釈には異論が出ている。これらの事象は、意図という観点から捉えた「模倣」能力が、新生児の時期から存在することを示すものだと長いあいだ信じられてきたが、その考えに従えば、人間の赤ん坊は、生まれたときから他者の身振りの心的表象を作り出す能力を有することになる。だが最近の研究は、身振りを繰り返して身体化するというこの行為が、選択によるものではないことを示す傾向にある。たとえば乳飲み子と向き合い、口の前で鉛筆を前に出したり後ろに引いたりしても、その子どもはやはり舌を突き出して反応するのだ。誘導された行為（舌を突き出すこと）と誘導する行為のあいだには選択的関係がないという事実によって、これはほとんど区別されていない刺激に対する反射的反応だろうという解釈に傾く。舌を突き出すという反応が、だいたい生後二ヶ月に見られる新生児の運動的反射（たとえば自動歩行）と同時に消失するという事実も、この解釈にいっそうの妥当性を与える。[5] もしこの説明が正しいものであるのなら、再現された行動が再現する行動の十分な原因ではなくなるのだから、これを技術的な意味でミメーシス活動であるとすることができなくなるだろう。

一見すると、こうした些末な点は芸術的ミメーシスの問題となんの関連もないように見える。しかし実際のところ、この問題は、ミメーシス活動（模倣）と類似関係〔relation de ressemblance〕（相似〔similitude〕）の研究に大いに役立つ。生得的な触発メカニズムにあっては、さまざまに異なる刺激同士の類似関係を目の当たりにするわけだが、触発する刺激がこの関係を因果的に導くわけではないのである（別の刺激――鉛筆の運動――が同一の反応を引き起こすのだから）。それゆえ類似関係が見られるからといって、そこから模倣関係を自動的に導き出すことはできないということになる。つまり模倣することなしにyはxに似ることがありうるのだ。このような自明の理を言うことは少々気恥ずかしいが、ことが模倣となると、こうしたことがしばしば忘れられるのである。

(c)「模倣」の概念を用いるもうひとつの領域は、動物行動学で言うところの「観察による導入」（observational priming）である。この表現は、同族ないし同族集団の行動を、直接あるいは間接的に観察することで、観察者が同じ型の行動をするよう導かれる状況を指す。生得的な触発メカニズムに基づく事例とは逆に、観察による導入の現象は際だって選択的である。それゆえこれは、厳密な意味でのミメーシスの事例と言える。さらにこれらは蓋然性の論理に従い、おそらくはそのために、（生得的な触発メカニズムの場合のように）純粋に反応的な行動ループに由来するというよりは、動機づけと意志に基づくものであると言えよう。たとえば猿は自分の同族がココナッツを割るのを見て、同じ一連の行動に取りかかる傾向をもつだろうが、それを必然的に始めるわけではない。それゆえここで問題となっているのは単なる運動的感染なのではなく、ミメーシスとして動機づけられた行動なのである。このミメティスムの働きは次のように説明される。何らかの活動にいそしむ同族の者を観察すると、[6]

その同族の行動によって特定の刺激の弁別的プレグナンツが引き立たせられ、観察者のうちに同じ行動に身を委ねる傾向が誘発されるとされることを言う〔プレグナンツはゲシュタルト心理学用語。知覚された曖昧な刺激が、単純かつ規則的なかたちをとるとされることを言う〕。ここで言うプレグナンツとは、当の刺激によって自分のうちに「正常に」誘発された一連の行動を、観察者たる猿が今度は自分で選び取る確率を増加させるもののことである。同じような事例は人間にも認めることができる。ある一定の型の行動に身を投じた人々の集団の中にあるとき、われわれはそこから区別されるような行動よりも、むしろ同じ行動をとる傾向にある。「観察による導入」という表現が示すのは、まさしく他者の行動がわれわれ自身の行動のきっかけとしての役割を果たすということに他ならない。もちろん、きっかけとしての役割は行動そのものだけではなく、その効果によっても果たされる。たとえば友人が与えられた目標に達し、褒美を与えられたと知った子どもは、その同じ目標に到達することを望むようになるだろう。それは問題となる目的のプレグナンツを褒美が引き立たせ、するとそのプレグナンツが今度は対抗意識のメカニズムを作動させるからである。

私はここで、とくに社会的順応主義を生じさせるレベルで重要な役割を果たすメカニズム、つまり社会集団内での動機をよりいっそう均質に、それゆえよりいっそう一貫したものとするメカニズムについての詳細には立ち入らない。私にとって重要なのは、それらのメカニズムに共通の特徴、すなわち再現される行動は、すでに模倣者の行動レパートリーの一部となっているという状況が見られるということである。言い換えれば、他者の行動の観察を通じて、（観察者が）それまでしたことのない行動を模倣によって行うことにはならないということになる。そのことを確認した上で、二つの型の観察による導入を区別しなければならない。第一の型では、同族の行動の観察によって、観察者の行動レパートリーに属するその他の行動よりも、観察された行動を生じさせる確率が増えるにとどまる。それゆえ他者の行動の観察は、「再現する」行動の展開に因果的影響を及ぼすことなくその行動を発動させることに限られる。再現者の行為は、模倣活動に基づいて展開するのではなく、純粋に内的な調整作用に即してなされるのである。たとえば隣人が庭の草むしりをしているのを見た私は、自分でも同じ活動をしようと思う。しかし私がそれをする仕方ときたら、除草の時期も一定せず、また場当たり的に目についた雑草の上部を引っこ抜くというものであり〔私は花の咲いた植物を取ってしまうことにためらいを感じるので、私の除草はまったく効率的ではない〕、つまりは「最善は善の敵」〔完全を追求してすべてを駄目にするという意味〕という原則のいい加減な解釈に基づいた、私だけの手順に従っている。そしてこれは、私の隣人が用いる恐ろしく効果的な手順、つまりアッティラ〔フン族の王〕から想を得て、モンサントが開発したその名も「ラウンドアップ」と呼ばれる手順とはまったく無関係なのである〔モンサントはアメリカの化学メーカー。ベトナム戦争で用いられた枯れ葉剤を製造した。ラウンドアップはモンサント社で開発された除草剤〕。他方の第二の型の観察によると、観察された行動が同型の活動を引き起こすだけでなく、誘発された行動の展開そのものが、導入として機能した行動をなぞることになる。この例としては、ある時期になると子どもが自分の同類において観察する活動と同じことをするだけでなく、自分がとる一連の行動〔たとえば人形に食べ物をやる〕を、観察された行動そっくりに行うようになるということがある。しかしその子どもの行動レパートリーには、模倣する行動とは異なる手順があるのだ〔言うまでもなく、同様のことは成人の生活においても一定の役割を果たしている〕。

生得的な触発メカニズムでは、模倣のプロセスと言えるほどには二つの活動の関係が選択に基づいていなかったのだが、これとは違い、右に二つの型を区別した観察による導入では、誘発された活動に類似する行動は、明らかに原因としての役割を果たしている〔二つの活動のあいだの関係は選択に基づく〕。だが第一の型では、誘発する活動が原因としての役割をもつとはいえ、それが誘発された活動の展開を決定するわけではない。仮に誘発された活動の展開が、誘発する活動に類似することがあったとしても、それはこの活動の模倣によって引き起こされるのではないのである。反対に第二の型では、二つの一連の行動間の類似のレベルにおいても因果関係が作用している。誘発された行動がきっかけに似ているのは、それがこのきっかけとなる一連の行動を模倣しているからなのである。

(d) 認知心理学の領域では、「模倣」という用語を観察による学習（observational learning）と社会的学習〔social learning)[7]の諸現象を指すために用いる。「観察による学習」という表現は適切でないかもしれない。なぜならほとんどすべての学習に観察のプロセスが介入するわけだが、この表現が指すのはミメーシス的学習、すなわち獲得すべき性向を再び活動させるような没入による学習のことだからである。模倣行為に対し、いかなる認識上の効力も認めないプラトンが、暗黙裏に対象としているのもこの種の学習である。一方、『詩学』の48bにある一節、つまり「模倣は人間にそなわった自然な性向であり、子どもの頃よりあらわれる（模倣に非常に適した能力をもつという点で人間は他の動物と異なるのであり、人間が最初の知識を得るのも模倣によってである）」という一節を私が正しく理解しているとすれば、これが意味するのは、アリストテレスも同じ現象を念頭に置いており、ただしプラトンとは反対に、彼は模倣に積極的な認識上の効力を認めているということであろう[8]。理由こそ違え、模倣＝偽装と同様、模倣による学習は問題の核心に触れる可能性があるのだ。

観察による学習について語るためには、二つの条件が満たされねばならない。まず、再生産される行動はすでに獲得された行動のひとつの型を発動させることに限定されてはならず、模倣者たる個人のレパートリーには入っていなかった活動を獲得するという結果をもたらさねばならない。次に、獲得は再現される行動の観察によって生じなければならない。再現される行動の原因としての機能は、それゆえ行動選択のレベルにおいて、単にその行動を導入する役割を果たすにとどまるだけでも、また模倣者のレパートリーにその全体的構造がすでにあるような行動の模倣という結果をもたらすだけでもいけない。

獲得が模倣によって生じなければならないと言っても、それは模倣が必然的に唯一の原因となることを意味しない。生得の——つまりあらかじめ潜在的に存在している——ものだが、観察による学習を介してのみ発達する能力を模倣が活動させることもありうるのだ。模倣による学習のプロセスを経ることで発達するこの種の生得的能力の最も知られた例は、言語能力である。言語学習が生得的能力に基づいていることは、事実上認められているように思われる。とりわけ音韻弁別のレベルではそうだ。たとえばジャック・メレールは、新生児の時期から赤ん坊が音素間の弁別能力を発揮することを明らかにしている[9]。また、ピエール＝マリー・ボードニエールのチームが行った実験が示唆するのは、赤ん坊は生後一ヶ月ですでに音素を弁別するだけでなく、さらにそれらを選択的に模倣することが可能だという事実である。[10] だがその一方で、もしあらゆる言語的環境から切り離されると、赤ん坊は自分で話すことを学びはじめない。それゆえ観察による学習すなわち選択的模倣は、生得的な言語能力が活動するための必要条件であると思われる。

観察による学習の利点が最も明らかとなるのが、技術的能力の分野であることに異論の余地はない。もうずいぶん昔の研究になるが、ミラーとドラードはこの領域に固有の利点を明らかにしていた。「技術者というのは、特定の刺激と反応のあいだの大量の接続を、複合的な習慣として組織立てた者である。当の能力を獲得したいと望む者にとって、反応と刺激のあいだの正しい接続を確立するためには、ランダムな行動を通じてそれを発見しようと試みるよりも、コピーの単位（copying units）を介して行う方がはるかに容易である」。[11] このようなミメティスムによって獲得された能力は、実用的なノウハウで「しか」なく、「真実の」認識ではないと言いたくなるかもしれない。つまりこうした能力は事物がどのようなものであるかについては教えることなく、事物に対してどのように振る舞うかを示すことしかできないというわけだ。だがこのような反論が意味をもつのは、認識それ自体を思弁的あるいは「抽象的」な認識に（不当にも）同一視する限りでしかない。実際のところ、あらゆる実用的なノウハウは、事物が「いかなるものであるか？」ということに関わる認識を内に含んでいるのである。ただこうした認識は、思弁的認識の場合のように切り離されて存在するのではなく、ノウハウの中にはめ込まれているのだ。たとえば、釘を一本正確に打ち込むために、私――あるいはむしろ私の手の感覚＝運動プログラムをモデル化している表象構造――がしなければならないのは、金槌の重さ、釘の硬さや長さ、直径、釘を打ち込む材質の密度等々に関わる大量の情報を統合することである。これらの知を明確なかたちで命題にできないことや、そのほとんどについて言い表すことができそうもないことによって、誤りを犯してはならない。一本の釘を正確に打ち込むために、物理的に的確なパラメーターについて私が行う計算は、これ以外の条件をすべて同じとして、二次方程式を解く際に私が必要とする計算と同じくらい適切でなければならない。ただこの計算は、これを扱う心的構成単位《モジュール》ないし神経機能が異なるがゆえに、それぞれの場合において同じかたちをとらないだけのことである。つまり実用的認識が感覚＝運動的なプログラムにはめ込まれているのに対し、代数学的認識は明白に定式化され、意識的な想起の努力を通じて得られる規則というかたちをとるのである。

ミメームによる学習には二つの異なる形式が存在する。実際のところコピーは、行動の現象学（surface form of behavior）か、その組織に関わる構造のどちらかに関係しうる。第一の場合、コピーは、一連の行為を細切れにし、直線状に特定化したものに関わる。第二の場合には、（通常は意図的である）全体的な行動プログラムの階層化された組織に関与する。[12] この区別を導入したバーンとラッソンは、[13]（人間そして大型猿人類における）認知機能を帯びた模倣が、ほぼ常に行動の構造に関わっていることに注意を促している。すなわちコピーされるものは、複雑な意図のプロセスからなる組織なのであり、そこには連続的構造（全体の活動を構成する制御された一連の行動）、行為項のサブルーチン［sous-routine］であるさまざまな構成単位《モジュール》（ある同一形式の行為は、全体の活動において複数回現れうる）、そして運動調整図式（初歩的な行為のひとつひとつに、複雑な運動プログラムが対応する）が含まれる。このような模倣は、当然のことながら模倣者が行動を階層的に組織する能力、つまり高度に複雑化された中枢神経体系を必要とする能力を備えることを前提とする（バーンとラッソンに従えば、ゴリラは二つのレベルに階層化された行為の組織化しかできないということだ）。さらにとりわけドーキンスは、行動を階層的に組織することが、単なる直線的な行動の組織化よりもずっと効果的であることに注目させた。それには一方で、こちらの方が失敗した時の修正が容易であり、また他方では、さまざまに異なる連続的行動が、同一の構造的サブルーチンを共有できるためにより経済的だということがある。こうしてみると、なぜ一般的に模倣による学習が現象学的に外化した一連の行動よりもむしろその階層的構造に関わるかということは、本質的に有効性と（心理的）経済性という観点から説明されることになる。

連続的かつ現象学的な現れを模倣する際、本質的に目指されているのは知覚レベルでのミメーシス的一致である。つまりバーンとラッソンが「様式《スタイル》」と呼ぶ、知覚上で最もプレグナンツ的となる模倣される行動の細部を再現しようと努めるのである。[14] 行為項の「様式」概念については、これを表層的模倣と関係づけられるかどうか疑わしいので、また後で論じよう。いずれにせよ二人の論者は、この種の模倣にはとりわけ社会的機能が備わっていることを強調している。彼らはそれ以上のことを言わないが、表層的ミメティスムが行動信号の均質化につながること、またそのために人間関係がより円滑なものになることが推測できる。つまりコミュニケーションの形式を標準化することで、[15] 表層的ミメティスムは人間関係の不安を、また同時にある種の攻撃性を減少させるのである。

私の議論にとって、ミメーシスの二つのレベルをこのように区別することがもつ最も重要な意味は、このおかげで模倣が必ずしも表層的な同形性と等しいわけではないことが示される点にある。ある行動構造の模倣による獲得は、この構造が連続的に実行される際にきわめて多様なかたちをとりうること、つまりはこの構造の現象学的な現れと矛盾しない。「模倣によって観察単位の新たな連続の組み合わせが可能になる。だがそれを階層的にはめこむ仕方には複数の段階がありうるため、模倣は数多くの異なるレベルに介入しうる。そのため、観察可能な発現のレベルでは根本的に異なる帰結が生じることもある」[16]。模倣による学習が有効なのは、まさしく決して厳密には一致しないさまざまな状況からなる文脈においても効力を失わないからなのである。

バーンとラッソンはまた、純粋に連続的な模倣のプロセスは、きわめて稀にしか見られないことを指摘している。包括的行動を連続的ミメームへと単純に切り分けること自体、すでにして階層的模倣がある証左となっているようにも思われる。というのも、包括的モデルを連続的単位へと分解するためには、そもそもその包括的モデルを自由に使えなければならないからだ。とはいえ表層の連続的模倣と階層的模倣の区別はしておかねばならないだろう。たとえば私がある外国語の音を、その言語を学ぶつもりなしに真似るとき、私はその音素の判断モデルを構築しているわけではない。その意味で、真の意味での模倣による言語学習において生じていることと比べると、これは表層的な模倣である。同様に、ある人のジェスチャーを模倣する際、直接知覚可能な特徴にできるだけぴったり合わせようとして、それらを実現させているジェスチャーのモデルとの一致をあまり考えないとすれば、それはむしろ表層的な模倣であって包括する模倣ではない。とりわけ「現実の」模倣（模倣による学習において行われている模倣）と偽装についての区別を理解させてくれるこの問題については、後に再び論ずる機会があるだろう。実際、バーンとラッソンが表層的模倣の例をわずかしか見つけていない理由は、彼らが研究した模倣の型に直接由来しているように思われる。つまり彼らは、模倣＝見せかけ〔imitation-semblant〕よりも模倣＝再実例化〔imitation-réinstanciation〕を選んだのだ〔« réinstanciation » の基になっている « instance » は英語の同綴りの語からの借用で、「実例」「事例」を意味する。ただしシェフェールはプログラミング用語での「インスタンス化」、つまりあるクラスを定めたのちにパラメーターを指示して具体的オブジェクトを生成させるプロセスのことを念頭に置いているとも思われる〕。後に見るように、この区別はフィクションにおいて重要な役割を果たす。なぜならこれによってフィクション的モデル化（創造される世界）に属することと、遊戯的偽装のレベルに属することの領域を決めることができるからだ。

(e) 模倣の問題が大きな位置を占めている最後の領域は、人工知能、より正確にはシミュレーションの領域である。「シミュレーション」という用語は不幸にも誤解のもとである。なぜならこの語の伝統的な意味範囲には、装い、シミュラークル、まやかしが含まれるのに対し、人工知能の枠組みだとこの語が認知モデルの創造を指すために使われ[17]、それゆえまやかしの意図や（幻影という意味での）シミュラークルの要素をまるで含まない活動のことになるからである。認知的意味でのシミュレーションは「要求された構造的特性ならびにシミュレーションを望む実体の実行《オペレーション》原則[18]」を再現する。シミュレーションは現実の実体に対応しており、そのためバーチャルな経験を実現させるためにこれを現実の実体の代わりにすることが可能になる（しかしそれは、現実そのもののなかで後に再現可能であることによって最終的に認可される）[19]。現在、「シミュレーション」という用語を用いるときに通常考えられるのは、デジタルによるモデル化あるいは数学的モデル化（たとえばゲーム理論を用いて一定の住民が有する遺伝的特徴をモデル化すること）であり、それゆえ法則研究モデルとでも呼べるものである（モデルがモデル化された「対象」を抽象的生成規則として表すという意味で）。だが実際のところ、モデル化するシミュレーションの手順が、情報学や数学に特化して結びついているわけではまったくない[20]。つまりモデル化の第二型、法則研究的なものではなくミメーシス的なものが存在するのである。われわれにとってはこちらの型がとりわけ興味深いものであることは言うまでもない。ミメーシスモデルとは、類似関係を通じて、認識という目的に応じた相同〔homologie〕関係を設立するモデルのことである。たとえば土木工学や船舶工学の技師は、予測試験にかけるため、計画中のものを縮小したモデルをしばしば作ることがある。このように橋や高層ビルの縮小モデルを使うことで、当の建造物がどれだけの風に耐えられるのかを送風機のなかで研究できるし、あるいはまた試験水槽のなかで船体の縮小モデルを用いて、これから建造しようという船体の流体力学的抵抗力を試験したりするのである。同様に、ニューロンの電気活動をシミュレーションする場合にも、法則研究モデルとミメーシスモデルのどちらかを選択できる。法則研究モデルは、この場合数値的となるが、微分方程式を用いてニューロン活動を表現する。その際とくに用いられる変数は、神経細胞膜間のニューロンの電位と、シナプスのイオンチャネルの開閉からなる動力学的パラメーターである（ニューロンはイオンの交換を通じて相互作用する）[21]。他方、ニューロンやニューロンの集団、またその相互作用を電気回路によってシミュレーションした類比モデルを作ることもできる。こうしたモデルのミメーシス的適合性は、もはやこれらを生体のニューロンに直接接続し、ハイブリッドなニューロン網を作り出すところまで進んでいる[22]。

モデル化の本質的特徴は何だろうか。クロード・カドズが提示したデジタルシミュレーションの分析をいくらか敷延して[23]、四つの点を挙げることができる。

（i）具体的現実の観察から出発し、そこに隠れた構造やプロセスの再構築への移行が実現されるのであるから、モデル化とはそれ自体が認識の獲得である。それは「実現され、感じ取られ、あるいは計測された現象から、さらに根源的、統一的、そして普遍的な実体、すなわちその現象の原因、起源、深層の理由へと移行する方法である[24]」。注記しておかねばならないのは、先にミメーシス的学習の事例を提示したところでも見たように、このような構造的還元がミメーシスモデルにも関わってくることである。この学習は、ある行動を表層で現象学的に再現するだけではなく、その意図に関する構造や階層的な組織化にまで達するものであった。ここでアリストテレスによる歴史とフィクションの区別が否応なく想起されるだろう。(実際に起きたことを表象する)唯一の物事しか示さない表象がもつ認識上の力は、(ありそうなことや必然的なことの、より一般的な様式に従って事象を表象する)ミメーシス的モデル化の力よりも弱い。このことをはっきりと述べているという点で、ここで問題となる区別はアリストテレスの区別とまったく同様である。

(ii)モデル化は表象の割り当てという観点からある種の経済性につながる。現実を描く、または制御するために考慮されねばならないパラメーターの数を、これは知覚情報に比して減らすからである。

(iii)シミュレーションによって作り上げられたバーチャルリアリティは、実体あるいはシミュレーションの対象となるプロセスの代わりに、(実験のレベルも含め)認知的な操作が可能である。具体的に言えば、実体的ないしバーチャルなプロセスのパラメーターを変え、この変化の結果を「観察する」ことによって、現実の経験では直接的な影響を受けることなく、実際に操作した際に生じうる結果についての知識を得ることができる。

(iv)シミュレーションというものは、存在する実体をよりよく統御する目的で、そうした実体のモデルを構築するために用いることができるが、それだけではなく、それぞれ異なる現実の文脈に起源をもつミメームを結合させることで、純粋にバーチャルな対象、つまりいかなるオリジナルもそれに先だっては存在しない対象の表象を作り上げるためにそれを用いてもよい。後になって、こうしたバーチャルの対象が現実の対象を創造するのに役立つ、つまり通常の意味でのモデルとして機能しうることもある。人間の発明は、こうして生まれるものである。モデル化に先立たない対象のシミュレーションのこのような予測的利用は、モデルと現実のあいだにある、存在する実体の認知シミュレーションを統御する関係の逆転を含意している。すなわち、典型的な認知シミュレーションにおいては、バーチャルなものが現実を表象するのであるが、投射的シミュレーションとでも呼べるものにおいては、アクチュアル性とバーチャル性の因果関係の逆転が生じているというわけで、クロード・カドズの言うように「現実がフィクション的なものを表象する」[25]のだ。シミュレーションの二種類の機能をめぐるこの区別は、認識と（意図的）行動のあいだの伝統的な区別と多くの面で合致する。というのも行動とは、意図的原因の結果、つまりある結果についてあらかじめ作られた心的表象——心的モデル——が引き起こす現実の結果以外のものではないからである。[26] それはともかくとして、確認しておく必要があるのは、バーチャル的に作られた対象が、現実的実体を規定するモデルとなり、それを現実化させねばならないわけではないということである。このような対象は、純粋にバーチャルな現実という地位を保ちつづけ、場合によってはその他のやはりバーチャルなモデル化と関係をもつこともあるかもしれないのである。

先に私は、情報学的ないし数学的なモデル化のみが、認知的シミュレーションの領域を構成するわけではないと述べた。これらはまた、認知的シミュレーションの起源となる領域というわけでもない。事実、モデル化作用をもつバーチャル化、つまりいくつかの点でそれが代替する現実（どちらが先か後かは問わない）のように扱われうるシミュレーションを創造することは、おそらく人間意識の本質的能力のひとつなのだ。事実、心的表象を所持する能力として捉えられた意識が、周囲に適応する上で有している利点のひとつは、意識をもつ生物が、それのおかげで（世界、あるいは同族との）相互作用の段取りをシミュレートでき、また直接の経験としてはね返ってくる危険を冒すことなく、それによって起こりそうな結果をテストできるということにある。デネットは（特化された心的能力としての）意識の発達によって、刺激を知覚してから運動として反応するまでの時間的中断を次第に大きくできるようになると述べている。知覚の受容と反応までのこの潜時〔temps de latence 刺激と反応のあいだの時間を示す心理学用語〕は、主に予測可能なさまざまな反応の段取りを心的に踏査し、また入ってきた刺激の性質を考慮して、それによって起こりそうな結果をテストするために用いられる。[27] 話す前によく考えろという民衆の格言があるが、この根底にあるのもまさにこのような考えだ。この格言は、行動する前にはよく考えろというより包括的な教訓を、個別的に適用したにすぎない（話すことは行動の一形態なのだから）。そして「考える」ということは、ここでは「とるべき行動とそれによって起こりそうな結果についての心的表象を抱くこと」を意味するのであり、この文言自体はまたこうも言い換えられるのである——「とるべき行動を心的にシミュレーションすること」。

ミメーシス的事例の領域が非常に広くかつ多様であることを、確認することができたであろう。だが芸術という領域で見られる、時に矛盾する数多くのミメーシス概念の意味は、まさにこの多様性のおかげで識別できるのである。先に検討した事例は、三つの関係の型に分けられるだろう。まず、技術的な意味での模倣と言えるミメーシス、つまりあるものに似ているが別のものを作り出し、また模倣行為が模倣される行為の（全体的あるいは部分的な）再実例化であるという意味において、そのものをコピーするミメーシスがある。観察による学習は、ミメーシス関係のこうした種類の典型的な例である。第二は、偽装としてのミメーシスという事例の集合である。つまり再実例化するわけではないのに、それが模倣する対象そのものとして、それゆえそれらが類似するものとして受け止められるものを産出するというミメーシスだ。先に検討したミメーシス的事例のなかで、この関係を最もはっきりと表しているのはミミクリーの現象である。ミメーシス的事象の第三の種類は、表象としてのミメーシスである。つまり認識するべき現実を同型的に作図する方法に基づいた、それゆえ二つのもののあいだの（直接的あるいは間接的な）類似関係を利用した心的あるいは象徴的なモデルだ。この種のミメーシス的事例は、ミメーシス的モデル化のかたちをとるが、同様に観察による学習においても見られる。というのも観察による学習には、つねに模倣すべき行動の心的に同型なモデルの産出が含まれるからである。模倣による（心的あるいは象徴的な）表象の問いとミメーシス的関係の認知機能の問いは密接につながってはいるが、これらは少々異なった問題を提示するため、別々に扱うことにする。こうして今ここに挙げた三つの型のミメーシス的事例は、四つの型の問題を生じさせることになる。技術的な意味での模倣の問題、偽装の問題、模倣による表象の問題、そしてミメーシス的関係の認知機能の問題である。ところで、このように互いに還元できない違いがあるにもかかわらず、ここで検討したミメーシス的事例には共通点があることを見て取るのも難しくはない。それはすべてが類似関係や選択的模倣のプロセスを利用しているということであって、ただその目的が、模倣されるもののコピー

（あるいは再実例化）を作り出すことであったり、その見せかけを作ることであったり、あるいはその表象を与えることであったり、さらにはそれをモデル化するシミュレーションを作ることであったりするわけだ。それゆえ似ているということの関係を位置づける、より一般的な問いをここで立てることなしには、最初の問題、つまり模倣そのものの問題に取りかかることができないのである。

3　類似から模倣へ

今日では模倣がしばしば悪く言われるのだとしたら、その主な理由はこれが類似概念に基づいていると考えられているからである。あらゆる模倣には、模倣するものと模倣されるものとのあいだに、相互に似ているという関係が伴うのだから、そう考えるのは正しい。さらにミメーシス的プロセスを前提とする以上、フィクションも相似関係を利用することになる。それゆえこの概念と、とりわけその有効性について明確に把握することが重要となる。事実、ここでは立ち入らないが、歴史上の複雑な理由によって、芸術的観点からも（それゆえ創造の理想としても）、哲学的観点からも（それゆえ概念としても）、類似の概念はしばしばあやしいものとされている。ここで私が扱うのは、ただ概念とその認識上の有効性のみであり、模倣の芸術的実践としての「価値」は問わない。こ付け加えておかねばならないのは、「ミメーシス的幻想」を批判する人々によって通常明らかな標的とされるのが、模倣による表象（時に「類比的表象〔représentation analogique〕」とも呼ばれる）であり、相似関係〔relation de similarité〕そのものではないということだ。だがミメーシス的とされる表象の可能性を否定するためにこの種の人々が展開する議論には、類似の概念そのものに真なる対象が欠けているという前提がある。

これが驚くべき考えであることは、日常生活で相似の判断をいつも用いていることを思い起こしてみるだけでもわかるだろう。「そうそう、今日誰それに似た人に会ったよ」とか「おや、何か聞いたことのある音だ。しまった！　洗面所の水があふれている」、さては「この写真はぜんぜん似ていない」といった言葉がしばしば聞かれるのがその例だ。事実、数値上は区別される外的刺激を、似ているあるいは似ていないと見分ける〔reconnaître 後述するように、既知のものを再認するという含意がここでは重要になる〕能力は、人間だけでなく大部分の動物にとって生存のための条件である。(捕食者を避けるように)何かを忌避することや(食物を見つけるように)何かに引きつけられるという運動のすべては、yという刺激が以前に出会ったxという刺激と同じ(あるいは異なる)型であると見分ける能力を前提としている。要するに、知覚的な性質をもつあらゆる分類は、異なる刺激のあいだに相似を見分ける力という、より根本的な能力に基づいているのである。そして分類(カテゴリー化)にあてはまることは、特定のものを識別する判断、つまりある時点に与えられ、出会った刺激が、それ以前のある時点で出会ったものと同一であると再認する能力についてもあてはまる。事実、たとえばある人を再認〔reconnaître〕しうるためには、現在受けている刺激のまとまりと、それ以前に与えられた、もうひとつ別の刺激のまとまりについて記憶されている表象とのあいだに、形式上の類似(相似)が見分けられねばならないのである。[28]

それゆえ相似を見分ける能力が、あらゆる学習のプロセスにおいて絶対的に重要な役割を果たしているとしても、それは別段驚くべきことではない。このことは色、形、さらには音、におい、味の識別といった、最も基本的な学習の場合にあてはまるが、またクワインが指摘したように、言語学習のようなより複雑な学習についてもあてはまる。「われわれは直接提示〔ostension〕によってどのような現前を黄色と呼ぶのかについて学ぶ。言い換えると、われわれは語が見本に与えられるのを聞いて学ぶのだ。言うまでもなく、新たな事例と見本とのあいだの相似が、必要とされるすべてとなる。相似は程度の問題であるのだから、あるものについて相変わらず黄色であると見なしながらも、それがどの程度赤っぽい、茶色っぽいあるいは緑っぽいと言えるのか、試行錯誤を繰り返しながら学ばねばならない。黄色という語をあまりに拡大して用いたことがわかった場合には、これらの誤った事例を、黄色と見なすべきではない見本として用いることができる。こうして新たな事例が黄色かどうかについて、それが正しい集団のものと正しくない集団のもののどちらにより近いかを見ることによって、推測ができるようになる。こうした初歩的段階の学習においてすら、われわれは相似感覚をフル回転させて用いているのだ」[29]。それにしても相似関係がいかに機能するかについては、明確にするべきであろう。

第一に、クワインはじめ多くの論者が指摘したように、ありうるのは相対的相似のみであって、絶対的相似というものはない。yをaと分類する際、それがaという分類に受け入れられた見本のひとつであるxに「絶対的に」似ているからとすると、きわめて失望させられる結果がもたらされるだろう。この種の絶対的類似性の規準、つまり対概念的な関係に基づいた規準を適用すると、どちらにしてもおさまりの悪い、両極端のどちらかを選択する羽目に直ちに陥ってしまうからだ。その一方は、どんなものであっても二つの対象のあいだに類似の特徴があれば、それらを同一の分類に入れるのに十分だとするものである。そんなことをすれば、何らかの資格で互いに似通っているすべての対象を含んだ唯一の分類、すなわち措定された世界全体と同じ外延をもつひとつの分類しかなくなってしまう。というのも、角度をさまざまに変えてみれば、すべては似通っていることになるのだから。他方の選択は、類似であるとするためには、二つの物がすべての特性を共有していなければならないとするものだ。するとすべての特性を共有している二つの対象などは存在しないのだから、対象の数だけ分類ができることになってしまう。少なくとも時空間的座標によって、あるいは数のうえでの一致によって二つの対象は区別される。どちらの分類にしても、認知のうえでも実際的な側面から見ても、いかなる有用性をも欠いている。自分に近づいてくる大きくて恐ろしげな魚について、これは昨日自分を追ってきたあの魚とすべての特性を共有しているわけではないから鮫ではないと結論づける鮭がいたら、その鮭の命は長くはもたないだろう。だが逆に、昨日自分を食べようとしたあの大きくて恐ろしい魚とどこかが似ているという理由から、たとえそれが鰯であっても魚に出会うやいなや常に逃げる行動をとる鮭がいるとすれば、それが生き延びるのもやはり難しい。前者の鮭は鮫に食べられてしまうだろうし、後者は飢餓で死んでしまうだろう[30]。要するに、相似の規範が絶対的であったとしたら、ずっと昔に鮭は絶滅してしまっていただろうということだ。そしてわれわれも皆、この点において鮭と同様の状況にいる。なぜならクワインが記しているように、「誤った帰納的推論のなかで老い果ててゆく生物は、感動的かつ称讃すべきありさまで、自らの種が再生産されないうちに消滅する傾向をもつからだ」[31]。

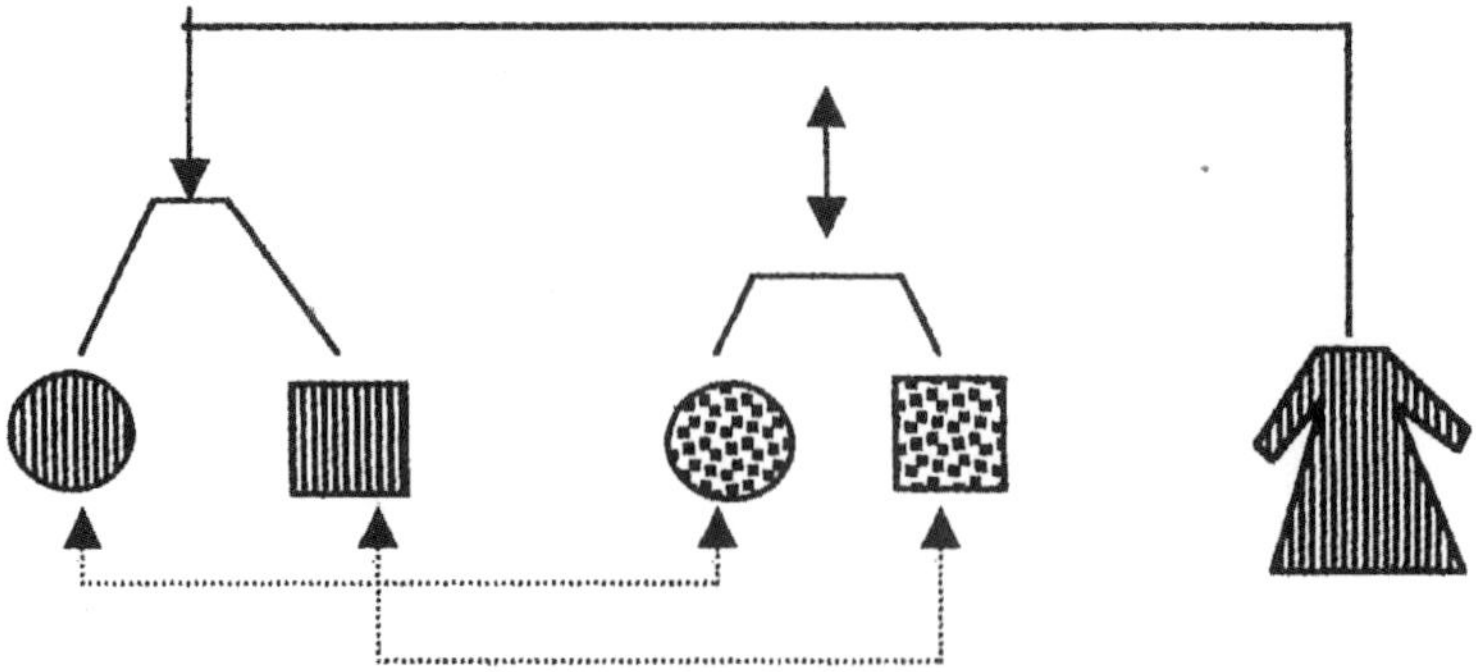

日常生活において認知のうえで有効な唯一の相似は、相対的相似である。xがすでに属している分類Aにyが属するということは、yが絶対的にxと相似していることを意味するわけではなく、yは当の分類Aに属していないことが知られている第三項qよりもむしろxに似ているということを示している。クワインの挙げる例を見てみよう。子どもが、黄色の球と黄色の立方体が黄色と見なされることを直接提示によって学ぶ。同様に赤い球と赤い立方体は黄色と見なさないことも学ぶ。そして彼がある黄色い衣服について、それが第一の分類と第二の分類のどちらに入るのかを述べなければならなくなると、その衣服が赤の球あるいは赤の立方体よりも、黄色の球と黄色の立方体に相似しているということを見いだして、第一の分類に入れるだろうと想定できる。この状況は上のような図で表すことができる。

だがクワインが考えた状況をさらに複雑にすることもできる。彼の例では、最初の二つの分類は、色の規準を基礎としていた。だがこれが形によって定義されたと仮定しよう。つまり子どもが学習したのは、一方に黄色の物体を置き、他方に赤い物体を置くことではなくて、一方に球を、他方に立方体を置くことであったと仮定するのだ。この場合、色を適切な分類の規準として扱うことを学習していないのだから、黄色い衣服を前にして、この子どもは相当困ってしまうだろう。このような状況において、子どもが行うことの可能性は二つある。ひとつには形式ではなく、たとえば機能に基づいた新たな分類を発明すること（ここでは人体を覆うものという機

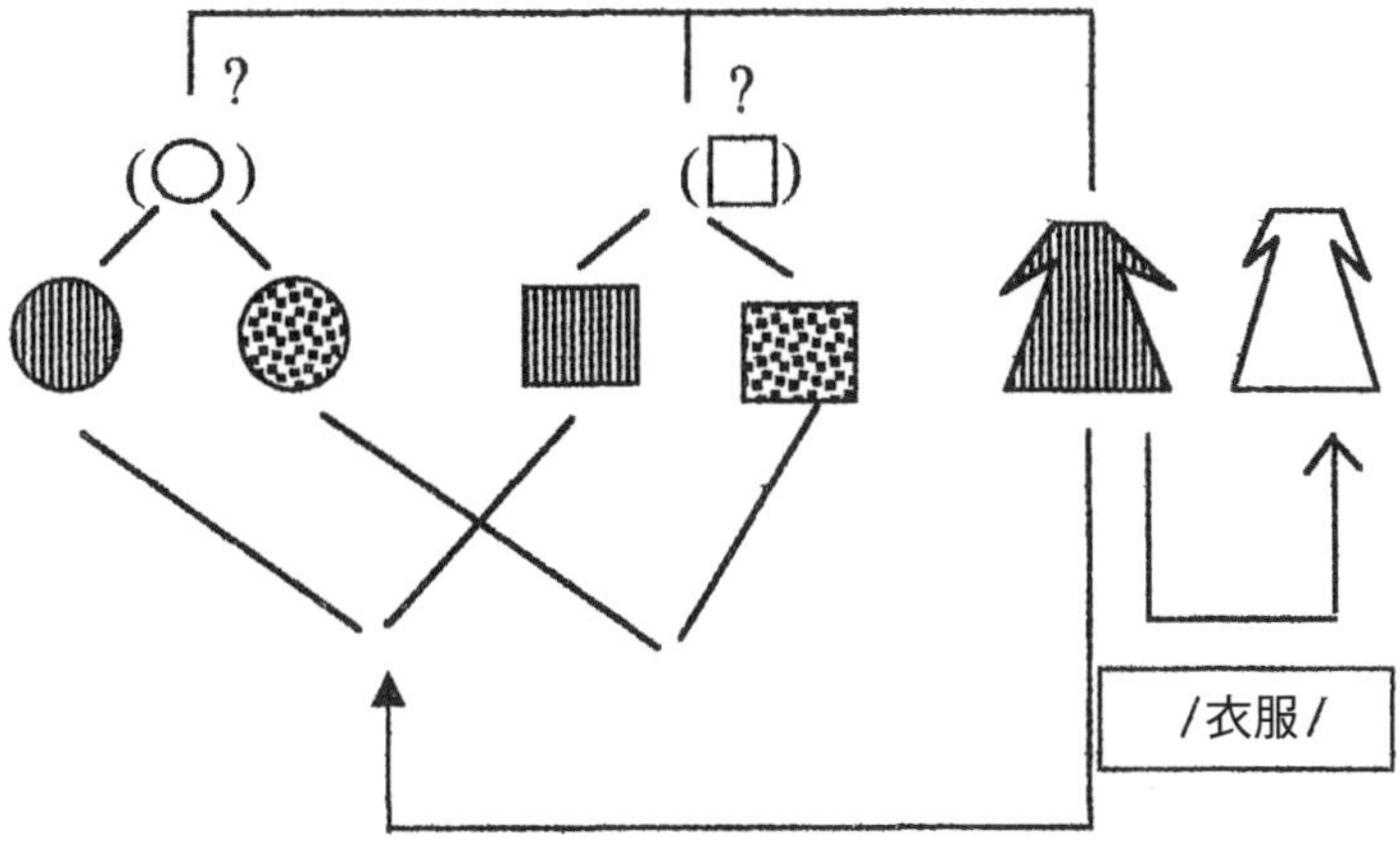

能）。もうひとつは、最初に（すでに分類された）対象を、形式ではなく色に基づいた分類へと新たに分類し直すことである。これは要素の交換を伴う。それゆえ上の図のようにこの状況は表される。

　この例は初歩的なものだが、これだけでもわれわれの分類、それゆえ相似の判断が、互いに独立したものでないことを明確に示している。こうした判断は、独自の歴史をもつネットワークをなしているために、ある同一の対象が、すでに認められた、つまりそれを分類するときに作られた相似のネットワークに応じて、まったく異なった類似の分類のなかに見いだされることもある。この意味で、相似を「見分ける」ことは、受動的でなく能動的なプロセスなのである。相似の判断は実際に対象に関わる特性同士を関係づけるとはいえ、それはあくまで人間が行う構成である。なぜなら世界の諸対象には解読しさえすればよいラベルが貼られているわけでもなく、また何らかの資格で似ている他の対象を指し示す矢印が付いているわけでもないからだ。二つないし複数のもののあいだに置かれる相似というものは、どんなものであっても、ある種の特性をその他の特性より重視させ、また目立たせる、注意《アテンション》の階層に由来しているのである。類似関係の中心的な認知機能を認めることは、それゆえ（たとえばグッドマン流の）構成主義的認識論《エピステモロジー》となんら矛盾しない。ただしそこには条件があり、われわれの行う類似のネットワークの構成で保持されるのは世界内で実行されうるもののみであり、その意味で、これらには世界による裏付けが与えられるということを構成主義は認めなければならない。それゆえ現実主義的観点——すなわち相似の判断は現実によって制限されているという考え——と構成主義的観点——相似の関係は自然の「内部に」は見いだせず、人間（そしておそらくはより一般的に中枢神経系を有するあらゆる生物）によって選択されているとする考え——とを両立させるよう「強いられて」いるように思われる。

この点について、クワインは類似の判断を可能とする条件に注意を促している。つまり生物、とりわけ人間にあっては、彼が言うところの「質的間隔化〔espacements de qualité〕」や「弁別的間隔化〔espacements différenciateurs〕」〔英語ではそれぞれ « spacing of qualires » と « distinctive spacing »〕。対象間の類似や差異の測定のため、性質の範囲を特定することを意味する〕、さらにはたとえば「赤い円は青い円よりも深紅の楕円に似ている」とさせる、刺激の質的間隔化が存在することである。[32] さらに彼は、このようにあらかじめ質についての間隔をつくることがなければ、われわれは認知反応の習慣をまったく獲得できないだろうと述べている。そうしなければ、あらゆる刺激が互いに似たり異なったりする程度が失われてしまうからである。こうした間隔の少なくともいくつかは、生得的なものでなければならない。そして考えてみるに、これらによって差異の学習が可能になるのなら、それ自体が学習されることはありえない。だが同様に、「われわれの帰納的推論の正しさが明らかになるためには」、これらがある程度「うまく、自然のなかで、機能的に関連するグループと」調和しなければならない。[33] こうした間隔が心的（あるいは神経的）特性であって世界内の現実ではなく、さらには世界にラベルなど付いていないとしたら、いったいどのようにしてこの調和が保証されうるのだろうか。予定調和的な「デウス・エクス・マキナ」や超越論的な先験主義（その正しさはどのようにしても認められない）に頼らないとしたら、進化論が提示する説明のみが可能であるように思われる。つまり自然のなかで機能的に関連するグループと調和した質的間隔が次第に支配的となったのは、自然的選択によるということである。そして調和のとれない間隔は、それを担っていた生物が消滅すると同時に少しずつ消えていった。これらの生物は、その行動に効力がないために、適切な間隔を担う生物に比べると繁殖が少ないのである。それゆえあらゆる人間的な知と同じく、相似の判断も人間と世界との相互作用から生じるということになる。これらの判断は、生物的であると同時に文化的でもある決定において、現実の制約と人間の脳の制約とをともに証するものである。最後にもう一度クワインを引用しよう。「ある個人による相似の判断は、彼の理論や信に依存しているし、またそうでなければならない。だが相似そのもの、つまり個人の判断がそれについての判断だと称しているものは、世界における客観的関係であろうとしている。これは世界に関わる理論的行動についての理論の主題ではなく、世界についての理論の主題となる」[34]。

相似という観点から世界を捉え、構造化する人間の能力は、このようにまったく根源的な条件としてあらわれてくる。またこれは、対象間の非相似すなわち差異を見分けさせる能力と相関関係にある。区別のためのこれら二つの型は、同一の事態の異なる二つの側面なのであり、切り離しては考えられない。言い換えると、類似概念が差異概念よりも問題含みだという通念があるが、これら二つの概念は互いに関係し合うことでしか意味をもたないのである。類似概念の有効性を否定し、差異概念を称讃できると信じているすべての人は、このことを忘れている。それに加え、われわれが生きている世界の構成の仕方を説明するにあたり、類似概念に、それを変質させることなくしかるべき位置を与えられるならば、芸術の領域における模倣批判も相当和らぐだろう。そうすれば、ミメーシス的プロセス（芸術的か否かを問わない）の基礎となる基本的関係が無効であるとはもう言えなくなるからである。もちろんこれだけで、表象の領域における反ミメーシスの議論を無効にできるわけではない。世界内のさまざまな対象が類似関係でつながりうるという事実、すなわち対象間の相似を再認する能力を用いて世界内での位置を定めうるという事実が、象徴的な表象とそれが表象するものとのあいだにも、（場合によっては）こうした関係が打ち立てられることの証明にはならないからである。とはいえこのことによって、反ミメーシスを掲げて進軍する人々は、その議論が有効である領域を少なくともより厳密に限定するよう強いられる。

目下の問題である相似関係と模倣の関係に立ち戻ろう。類似は模倣が生じうるための必要条件であるとしても、もちろん十分条件ではない。あるものが他のあるものに似ているからといって、一方が他方を真似ていることになろうはずもない。たとえば岩の輪郭がある人の横顔に見えることがあるが、だからといって岩が顔を模倣していることにはならない。言い換えると、模倣を規定する制約は、単なる相似関係の制約よりも強力だということである。生得的な触発メカニズムを紹介したところで確認したように、模倣と言えるためには類似関係が選択によるものでなければならない。観察による導入の現象を論じた際の結論を再び取り上げると、同じことを別の言い方で表現できるだろう。つまりx、y、zという特徴に似ている特徴であるx'、y'、z'が、x、y、zという特徴を模倣していると言えるためには、x、y、zがx'、y'、z'の存在にとって原因（あるいはむしろ原因のひとつ）でなければならないのである。さらにこうも言うことができる。aという対象の特徴であるx、y、zと似た特徴x'、y'、z'を備えたa'という対象が、この対象aを模倣していると言えるためには、aにx、y、zという特徴が備わっているために、a'がaに似ていなければならない。もっと簡単に言えばこうなるだろう。ミメーシス行為以前には世界に存在せず、その行為によって存在を与えられる類似の関係を生み出すことを、模倣というのである。

因果関係は少なくとも二つの形式を取りうる。「機能的」であるミメーシス的因果性と、意図的であるミメーシス的因果性である。具体化した表現型であるミミクリーの事象や、遺伝的にプログラムされたミメティスムが前者の例であり、後者の例は偽装的行動、観察による学習、模倣による表象そしてモデル化を伴うシミュレーションである。「機能的」なミメーシス的因果性はフィクションの領域に入らないから、ここではわれわれの関心を直接ひかない。フィクションは意図的なミメーシスによって生み出されるのである[35]。ここでは、この二つの形式を分かつ根本的な差異を記すに留めておこう。機能的因果性においては、類似の関係は事後的に模倣関係へと変質する（突然変異の過程から「偶然に」生じた類似の特徴の弁別的再生産を規定する自然淘汰の圧力による）[36]。逆に意図的ミメーシスの因果関係においては、最初からミメーシス的な目的をもって類似が生じる。前者の場合では、類似関係の存在が出来するよりも後になって選択が生じるが（機能的相似を事後的に「選択する」のは自然淘汰である）、後者の場合では選択によってミメームが産出されることになるのである[37]。

要約しよう。無関心なのに悲しいふりをすること、外国語の話者が発する音を繰り返してその言語を学ぶこと、あるサボテンがマミラリア属に属するか否かを「一瞥で」知るための知覚的つまりは図像的な図式を作り上げること、木をデッサンすること、写真を撮ること、さらには日記小説を書くこと。それぞれを区別する違いはあるものの、これらすべてには共通点がある。それらが実現する際には、看過できない条件として、ミメーム、つまり選択的類似関係の産出が伴うということだ。それゆえこうしたことすべてでは、類似関係の利用という同一の基本的能力に支えられていると言える。確かに相似を認める能力（これは認知能力である）を、相似を作り出す能力（これはミメーシス活動である）と混同するべきではない。世界の対象間に類似を認めることは、ミメーシス活動ではなく認知行為である。だがこう区別するからといって、類似関係の認知上の利用と「制作的〔poiétique〕」利用が両立しなくなるかと言えば、そんなことはまったくない。一方で、先に見たように、模倣による認識がある。つまりミメーシス活動を通じて（それゆえ相似関係の産出を通じて）実現する認知プロセス（それゆえ相似と非相似を認める能力に基づいたプロセス）がある。たとえば私が父の動作を真似て、釘を正しく打ち込むことを学ぶ時には、当の運動による行為の正確な実現のために必要な知識全体を、模倣によって身につける。他方で私は、ミメームを構成する際に、自分が模倣するものについての知識へといたっている。模倣の構築の際には模倣されるものの特性を選択する以上、模倣の構築は必然的に模倣されるものに関する知性の道具となるからだ。模倣による学習という事例の存在が、ミメーシス芸術の真の射程を評価するにあたって決定的に重要となるとしたら、それはプラトンの主張に反して、模倣の構築が常に模倣されるものを知るひとつの方法であるからだ。模倣は決して模倣されるものの（受動的な）反映ではなく、そのもののモデル、つまり模倣と模倣されるもののあいだの相似の選択をするグリッドに基づくモデルを構成することなのである。模倣行為というレベルにおいて、表象と現実の関係は相互作用の関係にあるという事実の新たな例に、ここで再び出会うことになる。ミメームは模倣されるものの特性によって制限を受けるわけだが、それを制限する対象の特性を発見できるのは、ただミメームを作り出すプロセスを通じてのみなのである。

4　模倣から偽装へ

あらゆる模倣は相似関係を伴うが、相似が模倣を常に伴うわけではないのと同様に、あらゆる偽装は模倣（それゆえ類似関係）を伴うが、偽装を伴わない模倣もある。私が（現実生活において）誰か他人の行動をそっくり写し取って行動する際、私はミメームをいくつか作り出している、つまりその人ないしその行動を模倣している。だがそのことは、私がその人のふりをしているということも、また模倣対象の行動のふりをしていることも意味しない。たとえば聖人やイエス・キリストを模倣する〔まねぶ〕信者が、聖者はおろか、イエス・キリストを装うということはない（それは不敬な行為となるだろう）。信者はただこうした威厳のある人々の生に似た生を送ろうとしているだけであり、彼らをモデルとしているのだ。これは模倣による学習に属する、社会的ミメティスムの一例である。すなわち私は模倣される人をモデルとし、模倣される行動を自分のものとするということだ。この区別は、芸術の分野でも見いだされる。偽作は模倣行為を伴うが、ある絵画を模倣することが、偽作を作ること、つまり模作された対象そのものとして模作を通そうとすることとは一致しない。修業中の画家が師匠の絵画を模写する行為は偽作ではなく、模倣による学習にあたるのである。同様に、巨匠の作品を模写する中国の書家は、偽作をなそうと思っているのではなく、自らが模倣する作品の人間的美質を内面化しようとしている。[38] この区別は、模倣が本物と識別できない模作に達したとき、すなわち模倣が事実上オリジナルのシミュラークルとして機能してしまうときにも妥当する。行動の模倣の領域においても同様で、（模倣の焦点が絞られる特性に関して）モデルと同一化したいという望みがあったとしても、それは偽装と区別されねばならない。聖フランチェスコを模倣するキリスト教徒が、聖人をモデルとして彼に似ることを望むだけでなく、さらにこの模倣を通じて自分自身聖人の地位に達しようと、つまり自分が模倣する者になろうとすることもありうる。だが、そのキリスト教徒が偽装をしていることにはまったくならない。この意味での模倣は、再実例化である。[39]

こうした区別は初歩的であり、容易に理解できる。これらのことが常に意識されていたならば、多くの誤った問題が避けられただろう。たとえばデジタル技術の発達をめぐる熱い議論のほとんどは、模倣と見せかけの区別を無視して交わされている。そしてそのことによってシミュレーション——アクチュアルな状況の（バーチャルな）モデル化を指す——の概念と、シミュラークル——現実として通る見せかけを指す——の概念が混同されたままになってしまっているのだ。アクチュアルな諸状況について、それを単純化しつつそれに適用可能な予測を産出しうる表象を構築するという目的をもった（バーチャルな）シミュレーションは、事実、デジタル計算機の主要な利用法のひとつである。計算機はそれゆえ異論の余地なくバーチャルリアリティを作成する。しかしこのような認知的シミュレーションは、語源を共有してはいるものの、それが代わりをするものに取って代わるという意味でのシミュラークルではないし、また本当はそれについての表象でしかないものが実際にそのものであると、誤った信に基づいて思いこませることを目的としてもいないのだから、偽装でもない。逆にバーチャルなモデルは、モデル化される状況と区別されているからこそ、（多かれ少なかれ首尾よく）その代わりをすることや、またそれに適用されることが可能となるのである。シミュラークルはこれとまったく異なる。それは現実として受け止められる限りにおいて、（同意の上であるかどうかはさておき、少なくともシミュラークルを被っている人の頭の中では）現実に取って代わり、それゆえ表象と現実のあいだにある関係を無視している。確かに二つの現象とも、ひとまとまりのミメームを作り出すという同一の操作に基づいている。それゆえ模倣と認知的シミュレーションないしシミュラークルのあいだには関係がある。だがこの関係は、ひとつの道具（模倣）とその複数の用法ないしは認知上のステイタスの二つを結ぶものである。つまり模倣とは技術であるのだが、他方でモデル化するシミュレーションとシミュラークルは、その技術の異なる二つの用法の定義だということだ。これら二つの用法は、ミメームと模倣される現実とのあいだのそれぞれ異なる関係に基づいて、異なる認知上のステイタスを生じさせるのである。つまりシミュレーションの場合は表象関係であり、シミュラークルの場合は代替関係である。

そのために、「バーチャルリアリティ」と偽装は、ますます同一視できないことになる。バーチャルリアリティ

――心的であるにせよ人工のものにせよ、模倣による表象――は、考えうる限りのさまざまな用途に供される「一般的道具」[40]なのだ。

模倣と偽装を区別することで、模倣はその対象と区別するのが難しければ難しいほど良いものだと考える必要もなくなる。なぜならそうしてしまうと、あらゆるすぐれた模倣の機能上の理想はまやかしということになってしまうからだ。だが模倣するものは模倣されるものの代わりとなるものだという考えからすれば、まやかしとは模倣関係の崩壊を意味することになる。少なくともその模倣を受け取る側からすればそのようになる。なぜならまやかしという概念は、模倣の問題を、その存在論的ステイタスではなく受容の角度から扱うからだ。まやかしとは模倣であるが、模倣として認められない模倣なのである。それゆえ模倣を模倣されるものと区別できないということは、模倣か否かを知るという問題と切り離して考えなければならない。よく知られたチューリングのテストがある。[41]それによれば、模倣ゲーム（imitation game）を行って、コンピューターが対戦相手である人間を定期的に打ち負かすようになると、それはものを考えていると言えることになる。ゲームの規則は次のようになっている。コンピューターと対戦相手の人間は、ともに審判（人間）の目の届かないところに隠れているが、審判とは二つのコンピューターの端末を通じて連絡が取れるようになっている。そして人間のプレイヤーは、画面に送るメッセージを通じて、自分が人間であると審判に判断させるよう努める。一方コンピューターも、同じことに成功するよう「努める」。チューリングのテストでは、もし審判が両者のうちどちらが人間で、どちらがその模倣者であるのかを言えなければ、その演算能力は、人間の脳の能力と（少なくとも）等しいということになるから、コンピューターは思考できるということになる。このテストの重要な欠陥は、模倣がその模倣対象の活動と区別されなくなるやいなや、両者のあいだで意味のある差異が失われると想定するところにあるように思われる。だが二つの事象を区別できないからといって、両者が同一であることにはまったくならない。[42]これと同様に、模倣とそれが模倣するものとを区別できないからといって、模倣関係が同一的関係に変わることもないのである。たしかにまやかし［おとり］は、まやかしとその模倣対象とが区別できない場合に限って効力を発揮するが、そこでの有効性とは見せかけの有効性である。たとえば蛾が猛禽類であったとしたら、猛禽類として捉えられる必要がなくなるどころか、むしろ猛禽類だと捉えられない方が有利となるだろう。

チューリングテストを人間の行う模倣と偽装の活動に応用すると、どうしても承服しがたい結論に達してしまう。ここで機械と人間の代わりに、カーテンの奥には二人の人間がいると仮定してみよう。ひとりは近親の者を亡くしており、もうひとりは近親者を亡くした人を模倣する役者である。画面による媒介は無視してもよいだろう。すると、どちらが本当に悲しんでいる人で、どちらが悲しんでいるふりをしている役者なのか審判が決めかねるという状況は容易に想定できる。だからといって、近しい人を亡くした人が実際に悲しいのであり、役者が悲しいふりをしているという事実には何の変わりもない。要するに、われわれが現実と見せかけを区別できないからといって、一方に現実があり、他方に見せかけがあるという事実は何ひとつ変わらないのである。ところでコンピューターを真の意味での意図の体系（人間）に取り替えるということが、些細な変化ではないことを付け加えなければならない。事実それは、ミメーシス的関係の存在論的ステイタスにおける変化、つまり、まさしく機能的まやかしから意図的偽装を区別する変化をもたらすのである。すなわちミメーシスを行うコンピューターは機能的まやかしなのであり、偽装行動に身を委ねる意図の体系ではないということだ(43)。それゆえシミュラークル、つまりは実際は似ているだけだがそれが似ている現実として通用している見せかけが存在するからといって、必ずしもそこに偽装があるということにはならない。それは単なる機能的まやかしかもしれないからだ。ここでおこう。偽装によってつくられた見せかけは、現実（見せかけがそれと見なされている現実）と同じくらい現実的であるが、ただその諸特性のうちには、見せかけが実際とは異なるもの、より正確にはそれが似ているものと見なされることに関して、一方に機能的特性（まやかし）と他方に意図的特性（偽装）があるということなのだ。たとえば幻覚は非‐存在ではなく、ひとつの現実である。だが実際にそうであるもの——つまり内因性の表象——としてではなく、他のもの——つまり知覚——としてとられたひとつの現実なのである。

誤解のもととなっているのは、これまで「模倣」という同一の語が、二種類のミメーシス的関係――模倣＝再実例化と偽装――を指すために用いられてきたことである。同じ用語であるせいで、われわれは、結局のところこれらが同一の活動であり、両者はただ機能面での方向性によって区別されるにすぎないと考えてしまう。だが、再実例化のためにある行動を模倣することと（たとえば学習プロセス）と、シミュラークルや見せかけを作り出すためにそれを模倣することのあいだにある差異は、最終的には同じものでありつづけるような同一の活動の機能的差異には還元できない。私が「現実に」模倣をするとき、私は自分が模倣するものと同型のあるものを作り出す。だが偽装のために模倣するときは、私は自分が模倣するものと同型のあるものを作り出すことを主張しつつ、実際それとは何か別のことを実現する手段として模倣を利用しているのである。[44] たとえばラ・フォンテーヌがイソップ[45]やファエドルスを模倣するとき、彼は自分が模倣するモデルと同種のあるものを成し遂げている。つまり彼は寓話を書いた、言い換えれば自ら模倣した文学形式の再実例化を行ったのである。だが他方でイソップ、ファエドルスあるいはラ・フォンテーヌが、事実の小話を紹介する様式を模倣するとき、彼らは指示的発話行為を行うことを（遊戯的に）主張しているのだが、実のところは、この場合ではフィクションの世界を作り出すという別のことを行うために、模倣のプロセスを利用しているのである。つまり模倣のプロセスそのものが異なるというわけだ。模倣される行動の再実例化とは、その全体（あるいは階層化された一連の行為への統合）が、模倣される行動と同じ存在論的クラスに位置する行動にゆきつく複数のミメームを作り出すことである。経験を積んだ猟師の動作を模倣する見習い猟師は、モデルと同じ活動に打ち込み、同じ目標を追い、その行為が同様の影響力をもちはじめる等々ということになる。他方、ある行動を模倣的に装うことも複数のミメームを作り出すことに変わりはないのだが、その全体は模倣される行動とは異なる存在論的クラスに位置する行動にゆきつく。〈ポローニアスを殺害するハムレット〉のふりをする役者は、その（フィクションの）モデルと同じ活動に打ち込むことはない。彼はモデルと同じ目標も追わないし、またその行為が同様の影響を持ち出すこともない等々ということになる。そして遊戯的偽装に当てはまることは、本気の偽装にも当てはまる。悲しいふりをしている偽善者は、彼が模倣している（本当に悲しんでいる）モデルと同じ活動に打ち込んでいるわけではないのだ。

模倣＝再実例化では模倣するものと模倣されるものが同一の存在論的クラスに属し、偽装にあっては異なるクラスに属するということは、両者においてミメームが同じではありえないということを意味する。このことは、見習い猟師の例を再び取り上げ、彼のミメームを最も優れた猟師を祭りで演ずる地方の物真似役者と比べてみると証明できる。物真似役者は、最も優れた猟師だとわかるような外見的特徴を模倣するだろう（歩きぶり、動作、身振り、弓の引き絞り方、目標に達したときの満足した目つき、獲物を仕損なったときの不満顔等々）。だが彼は、外見的特徴によっては誰が見てもそうだとわかる狩猟について、それを行うという一連の意図を引き受けはしない。だから彼が獲物を村に持ってくることはないだろう。逆に見習いの猟師は、先に見たように、一連の行為の階層化された構造、それゆえ同様に現実の目的を再実例化するだろう。彼の目的は「狩猟」という一連の行為の外見的特徴を再生産することではなく、これらの特徴を利用して、その下に潜む階層的な行動の構造に達することである。その構造のおかげで彼は狩猟に出て獲物を持ち帰ることができるのであり、それこそが彼の望みなのである。

偽装においては、ミメーシス活動が模倣されるものとは存在論的に異なる何かを作り出すための方法であるがゆえに、選択されるミメームは二重の条件を満たさねばならない。(a) 模倣されるものの間違えようのない信号として機能すること、(b) 模倣されるものを現実に再実例化してはならないということである。偽装の場合に、しばしばミメームは、模倣されるものの特徴を、比較行動学では「超正常まやかし〔leurres hypernormaux〕」と呼ばれるものにまでいたるほど強調するが、そのことは、喚起力のある信号が重要だということで説明される〔「超正常まやかし」と訳したこの用語は動物行動学者コンラート・ローレンツが発見した「超正常刺激（supernormal stimulus）」、すなわち現実にはありえないような強い刺激が、その動物に固有の行動をより強く引き起こす際に、その刺激のことを指す概念におそらく由来する〕。ところでこの「超正常まやかし」は、「超正常ミメーム」と呼ぶ方がおそらく適切であろう。「まやかし」概念はミメームの一形式というよりも、むしろその機能の一様式（ここでは模倣されるものがミメームに取って代わられるという様式）の特徴となっているからである。たとえば人形は、通常、模倣対象となる子どもの容姿を識別させる特徴に関する超正常ミメームとなっている。[46] 逆に、現実的模倣は模倣されるものを再実例化せねばならず、この場合に適切なミメームは、識別可能な特徴として機能するものではなく、再実例化を可能にするものとなる。先に表層的模倣と階層化された行動構造の模倣とのあいだにある区別を見たが、これといま問題にしている区別との親近性は注目すべきものだ。模倣＝再実例化はつねに階層化された行為構造の模倣を引き起こし、表層的模倣は付随的な役割しか果たさない。逆に模倣＝見せかけは、実際的な意図の構造の模倣を排除した表層的模倣である。この対立は完全な対をなしているわけではない。なぜなら模倣＝再実例化の方は、包括的な意図の活動から見て適切なミメームの表現であれば、あるいは少なくともそのようなミメームと矛盾しないのであれば、表層的模倣を含むことができるのに対し、模倣＝見せかけは、模倣される活動を再実例化してはならないからである。

寓話の例が示していたように、あるひとつの対象が、これら二種類の行動の結びつく場となることもある。そしてこのことによって、むしろ両者の違いが際だたせられる。たとえばラ・フォンテーヌがイソップやファエドルスを模倣したミメーシス的プロセスが、いかなる点においてイソップ、ファエドルスあるいはラ・フォンテーヌが、事実の小話の発話特徴を模倣するミメーシス的プロセスと異なるかを考えてみることができるというわけである。今までの分析によって、この問いに答えることができるはずだ。

ラ・フォンテーヌがイソップやファエドルスを模倣する際、それは模倣＝再実例化の状況を生む。この種の模倣はさまざまなレベルに介入するが、ここでは文体上の模倣に考察を限ろう。ジェラール・ジュネットが指摘したように、文体上の模倣に際しては、常に能力の母型《マトリックス》が構成される。「（……）模倣されるコーパスと（……）模倣するテクストのあいだには、この模倣の母型が必然的に介入する。この母型とは、能力モデル、あるいはこう言った方がよければ、ミモテクストの個別言語《イディオレクト》ともなるよう定められている、模倣されるコーパスの個別言語だ。（……）なぜならある単一のテクストを、その偶発的な単一性においてまさしく模倣するとは、第一にそのテクストの個別言語を構築する、すなわちそれに固有の文体や主題上の特徴を識別し、そしてそれらを一般化する、つまりそれらを模倣の母型あるいはミメティスムのネットワークとなるよう構築し、限定せず利用できるようにすることだからだ[47]」。模倣による学習に特徴的な二つの特質が、ここに再び見いだされる。まず模倣は階層化された構造に関わり（「ミメティスムのネットワーク」）、そして再実例化可能なモデルに何度でもたどり着く（「模倣は一般化することだ[48]」）。そしてテクストの文体《スタイル》に妥当することは、人間の様式《スタイル》にも妥当する。まさにこの理由によって、バーンとラッソンのように（ある人の）表層的模倣をその「様式《スタイル》」の模倣と同一視することは私には誤りであると思われるのである。ある人を表層的に模倣することは、むしろその人の癖、すなわちその人が知覚的に識別可能となるような、強く訴えかけるサインの総体を模倣することである。逆に、ある人の様式を模倣しようとするのなら、癖をいくつか模倣するだけでは済まない。より一般的に言えば、模倣される人が「公にしている」一連の行動をそのまま再現することではなく（これは表層的模倣の論理が要求するであろうことだ）、そうした行動を導く「人格」に到達することが重要となるのだ。さらに、（様式の模倣という意味での）芸術的模倣は、人間の「様式」を模倣するためのひとつの方法となりうる。中国の書道における模倣の機能は、ともかくそのようなものであるように見える。すなわちここでは様式の模倣が問題となっているのだが、その真の目的は、模倣される芸術的様式の持ち主である芸術家の精神的美質を模倣することである（もちろんここでは、様式が人間の精神的美質を表出するということが暗黙の前提となっている）。ヨレーヌ・エスカンドの記すところによれば、古典のモデルを模倣する書家にとって、「形式を外側から模倣すること」は論外である。「それには何の意味もないだろう。なぜなら創作行為を内側から再び生きることが本質だからだ[49]」。重要なのは外的な相似――「形式的類似[50]」――ではなく、模倣される芸術家の精神を再活性化することなのである。言い換えると、模倣は、模倣される芸術家の精神的様式への没入に（作品の模倣を通じて）いたらねばならない。なぜなら書道の本質的な価値は倫理的美質の表出にあり、模倣はそうした美質をわがものとすることを目指しているからだ。

　寓話に戻ろう。ラ・フォンテーヌが企てた文体《スタイル》上の模倣に関与するミメーシス関係――ここでは模倣される文体能力モデルを再実例化すること——は、イソップ、ファエドルスあるいはラ・フォンテーヌが事実の小話の発話特徴を模倣するときのミメーシス関係とは大きく異なる。後者の場合における模倣の機能が、偽装の次元に属することについてはすでに確認した。三人の作家の発話意図、すなわち彼らが自らの発言に託す機能は指示的ではない。彼らは指示的主張を行っているふりをする、言い換えると、フィクション世界を創造するために、事実の小話という発話の枠組みを利用しているのだ。それゆえ模倣＝見せかけはフィクション世界を誘導するものとして用いられているのであり、文体上の模倣＝再実例化の場合とは異なって、それ自体がひとつの目的として使われているのではない。ジェラール・ジュネットによれば、模倣＝見せかけのこうした道具的なステイタスは、異質物語世界的な物語フィクション（三人称の物語）全体に適用されるものである〔「異質物語世界的物語」は、語り手が、報告される状況や事象中の登場人物ではない物語、いわゆる三人称の物語に対応する。後出の「等質物語世界的物語」、すなわち語り手が、報告される物語世界の登場人物である物語（一人称物語）と対をなす〕。「（……）（フィクション的存在についての）主張を行うふりをしつつ、小説家は別のこと、つまりフィクション作品の創造を行っているのである」[51]。「主張を行うふりをしつつ」という文言を「自分ではない誰かのふりをしつつ」に代えるという条件を付ければ、この見立ては等質物語世界的なフィクション（一人称の物語）と、さらに一般化して、劇的様式《スタイル》（演劇）にも当てはまる。たとえば、エメの狼が悪者の狼のふりをするとき、その偽装は、「子どもたちを追いかけてむさぼり食う狼」という役の演技を通じてフィクション世界を創造するために利用されているのだ。

だが、模倣＝再実例化と模倣＝見せかけを区別するだけでは、偽装とフィクションとの関係を十分に明らかにしたとは言えない。この区別は本気の偽装という活動にも同様に当てはまってしまうからである。つまり嘘をつこうと思って、xが現実であると信じる（あるいは知っている）ふりをすることは、ここでは他人の信じやすさに付け込もうとする欲求という、右と異なる目的に対して道具的機能を有している。しかし赤ずきんちゃんのおばあさんのふりをしている悪者狼は、悪者狼のふりをしているデルフィーヌとマリネットの遊び仲間とは根本的に異なることを行っているのだ。そのため見せかけやシミュラークルという言葉でフィクションを定義するに留まっているあらゆるフィクションについての考え方は、嘘をつくことと寓話を発想すること、他人のアイデンティティを横領することとある人物を演ずること、報道写真に細工をすることとモンタージュ写真を作ること、ポチョムキン流の村作り〔エカチェリーナ二世の行幸に備え、貧しい実態を隠すために張りぼての村を作ったとされるポチョムキンの逸話に由来する〕とだまし絵を用いて舞台の書き割りを描くこととの、要するに裏工作的偽装と「共有された偽装」[52]との違いを説明することができなくなる。とはいえミメーシス手法の研究とも、フィクション装置の定義〔第四章の主題となる〕とも異なるこの問題についての分析は、次章に先送りする方がよかろう。

5　表象からミメーシス的表象へ

ロズリン・デュポン＝ロックとジャン・ラロは、『詩学』の翻訳で、アリストテレスにおけるミメーシス概念が、文脈によって模倣関係あるいは表象関係を指すことを強調している。前者の場合、ミメーシスはコピーと捉えられるが、表象関係の意味で取られた場合は、その起源（模倣されるオリジナル）を後ろ向きに参照するのではなく、逆にその（とりわけ語用論的）効果の方へと前向きに参照し、固有性を備えた意味論的対象として定義されるということになる。アリストテレスだけでなく、ほとんどの論者にあって、ミメーシス概念がこのような二元性を含んでいることは確実であるように思われる。だがデュポン＝ロックとラロがおそらくは考えているだろうこととは異なり、二つの考え方のあいだに矛盾はない。それは単純に、表象が模倣によって作用しうるからである。[53]ただし模倣による表象が、フィクション固有の問題ではないことは明記しておくべきであろう。これは単に、フィクションに興味をもつなら必然的に出会う問題であるというにすぎない。なぜならこの問題は、二つの経路を通ってフィクションに関わるからである。つまり一方で、ある種のフィクションの形式——たとえば描写〔depiction〕——は、記号とそれが表象するもののあいだの（直接的あるいは間接的な）相似関係を利用する象徴の諸体系のなかで具体化するということがある。そして他方では、あらゆるフィクションが遊戯的偽装の装置を伴う以上、そこには、世界に対する関係を表象する態度で、偽装として機能するものを導入しうる「形式的ミメーシス」(グォヴィンスキー)の要素が含まれるということがある。(54)

「模倣による〔あるいは「模倣を媒介とした」〕表象」という概念が一貫性を欠くとひろく見なされている以上、実際にはこの概念がミメーシス的関係の主要な用法のひとつであり、なおかつ再実例化による模倣にも、模倣＝見せかけにも還元できないということを示すことが私の主要な務めとなる。だがフィクションが模倣による表象のメカニズムを含んでいるとすれば、なおのことフィクションは表象のより一般的な領域に属するという前提が生じてくる。つまりフィクション的遊戯であれ典型的な意味でのフィクションであれ、あらゆるフィクションは表象なのだ。そのことの意味は、出来事、つまり表象とは別の出来事について、それを指示したり、表したり、描写したり、示したり等々する出来事がここでは問題になっているということである。それゆえ模倣による表象の問題にとりかかる前に、表象それ自体についてより包括的に領域を確定するよう努めるのが適切だろう。模倣的表象はその特殊な一形式にすぎないのである。

「表象」という語は少なくとも三種類の事象を記述するために用いられている。第一は、人間が現実に関わる様態である。われわれは現実についての認識を、その現実の「心的表象」を通じて得ている。この表象は、知覚経験によってもたらされるが、それだけでなく、公的に把握可能な象徴的表象としてすでに作られた無数の社会的知を、「ひとまとめにして」(専門用語を使えば「ホーリズム的」に〔全体論。心理学・社会学・生物学などで異なる要素の総和ではない独自の一まとまりなす存在として対象を捉えようとする立場〕)内在化することによってももたらされる。第二には、世界内の二つの実体間の関係に関して、特定の文脈において第一の実体が第二の代わりをするが、その存在様態が記号のそれとは同じ構成にならないものを記述するために用いられる。大使が自国を代理＝表象するとか、役者が登場人物に(フィクションとして)、具体的な人間の姿を与えるというようなことがこの例である。この種の関係を示すためには、「身体的具現化」とか「人格化」という語を用いることができるだろう。ただし、とくにそのための記号として扱われる実体が、必ず生物であるというわけではない。最後にこの表象という語は、人間が表象の方法として発明した、公的に把握可能な表象の方法を定義するために用いられる。ある図像について、それがある事物を表象する、またある命題について、それがある事柄の状態を表象するというのがこの例である。ここで問題となっているのは、他でもない「記号論的装置」の領域である。その第一は言語であるが、象形的かつ視覚的な表象のために作られたさまざまな図像的慣習の集合もここに含まれる。おそらく、第二のタイプと第三のタイプとの境界は曖昧であろう。とはいえ私にとって唯一重要なのは、心的表象と広い意味での象徴的表象、つまり人間の手が発達させた、公的に把握可能で共有しうる表象の方法全体のあいだにある境界である。ともかく三種（あるいは二種）のタイプは、その違いを越えてひとつの機能を共有している。それは、「意図的（志向的）」実体が問題となっているということである。この実体はそれ自体としては何ものでもなく、何か他のもの「についての」実体である。だからこそ、模倣による表象に固有の問題に取りかかる前に、表象装置の一般的概念を明らかにしておくほうがよい。模倣による表象は、その特別な一形式でしかないからである。

乱暴に単純化することになるが、人類の進化という観点から見れば、表象装置には二つの本質的機能が備わっていると言える。第一は、それによって人間が自らの心的表象の内容（そして様式）を伝達し合い、またそれを介して互いに働きかけることができるというものだ。だからこそ表象装置は常に心的表象を誘導するものとなる。なぜなら他のすべての条件が同じであるとして、発信者がメッセージのなかにコード化した心的表象と同等の心的表象がその伝達によって受信者のうちに導かれるのでなければ、メッセージの伝達は成功したと言えないからである。これに加えて、同様に重要な第二の機能がある。不揮発性〔non volatil　情報科学でいう「不揮発性メモリ（non-volatile memory）」、すなわち電源を供給せずとも記憶を保持するメモリを念頭においた表現と思われる〕物質による記憶媒体（図像、文字）の発明以来、人間は、個人の生物学的記憶からは独立した心的加工物を保存できるようになった。それゆえ表象の不揮発性媒体の発達は、人間文化の加速度的な発達という点で中心的な役割を果たしたと言える。だがそれは、象徴的加工物の不揮発性が文化の発達を可能にする条件であったからではなく（揮発的であろうがなかろうが、どんなものであれ公的な表象媒体が存在すれば文化は存在する）、人間の個人的記憶が情報を保存するときに避けがたく生じる歪みが、その不揮発性によって（かなりの程度）阻まれるからである。ところで、記憶の痕跡が安定していることは、人類が日一日と積み重ねてきた経験の効果が十分に発揮されるための条件である。抽象的な知識の領域ではその効果がとりわけ明白であるとしても、社会制度[55]や芸術的実践など、その他の領域においてもこの安定性が重要であることに変わりはない。それゆえ今日、現存するほぼすべての人間の共同体で不揮発的な記号媒体が取り入れられたという事実は、物理的世界にも個人の心的表象の世界にも還元しきれない文化的世界が指数関数的に発展したことを説明しており、それはこの千年紀の終わりに最も顕著な特徴のひとつなのである。

揮発的であると否とを問わず、「象徴的資材」（ヴァンサン・デコンブの著作『心的資材（*La Denrée mentale*）』の題名を少々変えて拝借する）[56]の存在は、人間を地球上に存在する他の生命体からきわめてはっきりと区別する特徴のひとつである。多くの動物が表象能力を有してはいるが、ただ人間のみが、公共的なかたちをとった表象装置を終始一貫して[57]（さらにはほとんど熱狂的に）生み出してきた。この「第三の世界」と心的表象の関係は二重である。一方で、前者は後者に全面的に依存している。なぜなら文化的事象が存在するのは心的表象の外化としてのみであり、またそれは人間が解釈しない限りは作用することもないからである。[58]だが他方、この世界は表象を誘導し、その潜在的可能性はいかなる個人の心的表象の総体よりも、さらにはある特定の時間に生きているあらゆる個人の心的表象の総和よりもはるかに大きい。それゆえ因果関係の観点からすれば、文化的世界の存在自体は心的表象に依存しているとはいえ、それはある固有の力学によって発展するものであって、その力学が、特定の社会の特定の時期にある個人が維持できる心的表象の大部分を事実上限定していることになる。換言すると、文化の発生と存在は、心的表象を発達させる神経能力を人間が有するという事実に根本的に依存しているにせよ、文化はそれ自体で発達可能な領域であると人間が見なしているという意味で、その発展については、非常に自己目的的な力学が獲得されたのである。このことは、文化的世界の主要な装置のひとつを成す典型的フィクションにもあてはまる。実際、ミメーシス芸術が、目下検討中のミメーシス装置に対して創発的〔émergent 進化論などで、先行する条件からは予測できない特性が出現することを指す語 émergence の形容詞〕に現実化したものであるのは、まさにそれが文化的事象に固有の二重の力学——依存と自己目的性——に従って発達していることによる。

とりわけフィクションの領域において、「表象」という概念が困難を引き起こす理由のひとつは、われわれがそれを真偽の観点で考え、さらにはその真偽の問題を指示的価値の問題に還元しがちだという点にある。簡単に言うと、心的表象が心的事象のひとつであり、人間の発明による表象装置は象徴的事象であると捉えるのではなく、むしろ表象概念全体を論理学的意味での表象に還元する、つまり、あらゆる表象を真偽判定の理念で、それゆえ表象能力の非常に限られた一用法を基準にして計ってしまうのである[59]。古典的な真理値表の理論の枠組みにせよ、様相論理学[60]の枠組みにせよ、フィクションを論ずる哲学的議論が、概して指示的価値の問題——あるいはむしろ指示的価値の欠如の問題——をめぐってなされてきたことは、おそらくこのような二重の還元という点から説明されるだろう。フィクションと指示的真理の関係の問題は次章まで扱わないが、あらゆる指示の理論、より一般的にはあらゆる真理の理論が、表象についてのあるひとつの考え方を陰に陽に前提としているのである以上、ここで私は自分の視座を簡潔に説明しておかねばならない。

簡単に言ってしまうと、表象の諸様相を真の表象と偽の表象の区別に還元することも、また真理の問題を指示的真理の問題に還元することも、私には正しいことのように思われない。たしかに、心的表象と象徴的表象が論理学的な意味での「意味構造」であることは否定できない。つまりこれらは常に「何かについて」のものだ。しかし、だからといって、表象の真あるいは偽の問題が、表象の機能の中心に位置するということにはならない。実のところ参照関係は（心的であれ象徴的であれ）表象の性質そのものに内在しているのであり、それは、表象が単に表象であるという理由から関係づけられる対象が、任意の指示の世界において超越論的に与えられる対象と実際に対応するかどうかということとは別個の問題なのだ。言葉を換えれば、真理の問題、いわんや論理学的意味での指示的真理の問題が議論になる以前に、表象は常に（それが指示する）対象を、表象された対象として、指定してきたのである。この構造はあらゆる表象に共通しており、何がその充足条件となるかということとは関係がない。

フィクション特有の表象の様相がある、または事実的様相とは区別される表象の様相があるという考えが正しいとは思われない理由は、こうして説明される。表象の様相はひとつしか存在しない。なぜなら表象能力は、人間の中枢神経が、外的環境ならびに人間の内的状態と接続されるインターフェースとして、自然淘汰によって形成されてきたものだからである。そもそも表象メカニズムの機能が単一であることを証明する徴《しるし》は多数ある。たとえば歴史物語を読むことで誘導される表象のオペレーションと、フィクションの物語を読むことで誘導される表象のオペレーションのあいだには、心理学的観点からするとほとんど違いはない。そうはいっても二つの経験が同一であるということにはならず、差異は誘導された表象の位置のレベルとは別のところにあるということは、次章で確認しよう。さらに、われわれが知覚に対してとる態度と、われわれに向けられた発話に対してとる態度とのあいだには、驚くべき並行関係があることを認知心理学の研究は示した。われわれが知覚に対してとる一般的な態度は、素朴な信頼である。この知覚上の素朴な信頼感は、ほぼすべての状況で実際に正当化される以上、まったく自然なものだ。ルース・ミリカンは、言葉を通じた学習についても同じことが言えると記している。「通常、言語的伝達経路を介した情報の獲得と、知覚を介して直接実現される情報集積は根本的に異なるプロセスであると想定されている。しかしながらこの違いはこれまで過剰に評価されており、実際のところ人が語ることをわれわれが無批判に信頼する習慣が、目で見たものを無批判に信頼するやり方と驚くほど似ていることを認めるに足る理由があるのだ。その例として、人によって語られることが直接的にわれわれの信へと変換されることを――ただしそれを妨げる認知上の作業を行わなければ――、つまり他の媒体によってわれわれが知覚するものの場合と同じ事態が生ずるということを証明する実験結果がある」[61]。このような対応関係は二つの理由によって説明されるように思われる。まず、知覚による経験と言語による世界へのアクセスは、互いに切り離された点を構成するのではなく、ひとつの全体として連結されているというものだ。第二の理由はより一般的なものである。それは、知覚や発話によって誘導された表象であっても、あるいは「想像」から生まれた内因性の表象であっても、まさにあらゆる表象が表象の内容を措定するという事実に由来する。ここで難しいのは、表象がそれに対応する「現実の」対象を有すると信じさせることではなく、逆にわれわれが見るもの、聞くものあるいは想像するものすべてに自ずと信頼性が備わるのを妨げることなのである。知覚と同様に想像についてもこれが妥当することを示してくれるのは夢である。内因的に作り上げられた純粋なフィクションであるにもかかわらず（あらゆるフィクションと同様、夢も「指示的」表象の素材を再利用しているとはいえ）、夢が現実と同じ様態で経験されるとしたら、その理由は単に、覚醒時の生において外因性の表象と内因性の表象の区別を可能にしている調整メカニズムの集合が、睡眠状態のせいで作用しなくなっているからである。哲学者のなかには、表象の適合性あるいは真実性をめぐって、自発的な信がこのように不調をきたすことをおおいに強調する者もいる。もちろんこのような不調は存在する。だが「見たこと」、さらには「聞いたこと」や「読んだこと」を通じて獲得した（そして獲得しつづけている）信のすべてを厳密な批判にさらさねばならないとしたら、（生物学的かつ社会的な）生存に不可欠となる日常行動を導くためにはどうしても必要となる数え切れないほどの信を、われわれは捨てねばならないことになるだろう。

最後に明らかにしておかねばならないことがある。それは、あらゆる表象に充足条件が備わることと、あらゆる表象が真偽の観点から判断されうるという理論とを混同してはならないということだ。真実とは、表象が事物に「対応する」とき、すなわち表象が「表す」あるいは「示す」通りに事物があるときに充足させられる特定の条件のことである。だがこの条件は、描写機能をもつ表象の場合にしか妥当しない。しかるに人間の表象は、その他多くの機能を満たす。それらの機能はそれぞれ固有の充足条件を備えており、それらを真偽の問題に還元することはできないのである。たとえば意志の状態を表明する表象には、世界と合致するという機能がない。むしろこの場合に問題となるのは、世界を表象に合わせることだ。さらに描写的関係はしばしばその他の機能のなかに組み込まれている。すなわち描写の成功は世界との適合性という観点からではなく、ただその描写を用いる論証に確信を与える信を誘導する力に応じて考慮されるべきである。この機能的組み込みのうちで最も研究されているのは、描写的表象に説得機能を与えるものだ（これが弁論術の研究対象である）。だがたとえばモデル化のための組み込みのような、その他の機能的組み込みも負けず劣らず重要である。モデル化の例がとりわけ見られるのが寓話だ。起源の物語が、自らが「根拠を与える」一般的規則に対して有する機能は、規則を具体化するモデル化の機能である。ここに見られるのは、物語装置の明確に認知的な作用の例であって、指示的真実性の問題は問われることすらない。なぜならある種の（物語的な）「思考実験」を通じて一般的規則を例示すること以外に、物語の機能はないからである。

模倣による表象に関するより特定的な問題は、多少駆け足ではあったものの、ここまで概略を示してきた表象の一般的問題と照らし合わせて考慮することがふさわしい。人間が発達させた表象方法には、記号とそれが表象する〔représenter〕もののあいだの相似関係を利用することで機能するという意味において、ミメーシス的関係に基づく表象の方法が確かに存在する。身体的具現化のいくつかの形式は、この模倣による表象に属している。自らが演ずる〔représenter〕対象を模倣する役者の演技は、その例である（彼が模倣する人間自身はフィクション的存在しか有していないとしても）。反対に、大使はその例ではない。彼は自らが代表する〔représenter〕国を身体的に具現化するのであるが、この代表の機能に、ミメーシス的関係はいささかも含まれていない。

相似関係を介する象徴装置、それゆえ模倣による表象として機能する象徴装置が存在しうるという考えが問題であるとかたくなに信じられているが、そのようなことはない。実際のところ、世界の対象間に相似が認められるのである以上、伝達される情報が類似関係に組み込まれるようにするために、つまり記号が、自らの指示する事物についての情報を、両者を関係づける類似関係のおかげで与えられるようになるために、ある実体に似てはいるけれども別のものである実体を作り出し、それを前者に関する情報を伝達するために用いることがどうして不可能なのか理解に苦しむ[62]。別の言い方をすれば、ミメーシス的記号を有効に活用するために、対象間の類似を認める一般的な能力に追加せねばならないような何か特別な能力を、人間は必要としないのだ。世界の対象間にある相似を単に識別することと、模倣による表象を認識することとの唯一の違いは、後者の場合、実際に存在する相似関係を、ミメーシス的実体と模倣される対象間の表象関係を媒介するものとして解釈せねばならないということである。[63] とはいえこのような条件はあらゆる種類の記号に妥当するものである。なぜなら記号は記号として認識されなければ記号として機能しないからである。

模倣による表象が特別な問題を引き起こすのではないかという考えは、私が思うに、ミメーシス的表象が問題となる際、表象するものと表象されるもののあいだに類比が直接的に作用するにちがいないとしばしば考えられることによって説明される。[64] 確かにこのような例は存在する。たとえば行為の身体的具現化は、表象（役者の演技）と表象されるもの（たとえばポローニアスを殺害するハムレット）のあいだの類似関係に基づいている。だがこの種の状況において、類似関係がそのまま表象関係であるということにはならない。類似関係が表象関係に変化するためには、この機能をそれに与える社会的約束が存在しなければならないのである。それゆえ、役者の演技がハムレットの行為に似ているという理由で、前者が後者を表象していることにはならない。相似関係は表象関係の原因ではなく、その方法ないし道具なのである。だがもうひとつの点はより重要である。類似や類比の問題が最も熱心に論じられる領域、すなわち視覚的記号の領域において、模倣による表象にとって適切な類似関係は、記号とそれが表象するものとのあいだの直接的な関係ではない。類似関係は、記号と、表象されるものを認識する知覚の様相とを結びつけるのである。二次元の具象的表象、あるいは写真は、それが表象する対象に直接類似しているのではなく、それを通じて当の対象を把捉する視覚という知覚の様相に類似しているのである。[65] 規約主義《コンベンショナリズム》〔科学の基本法則や数学的真理ないし論理学の公理や推論的規則は人間が取り決めた規約に他ならないとする見解〕を安易に際立たせる「図像表象は現実を模倣する」という確信は、知覚される対象と対象そのものを同一視しているということになる。「強固な写実主義＝実在論《リアリズム》」が行うこのような同一視は、額面通りにそれを受け取った場合、あるいは厳密な認識論的観点から見た場合は誤りとなるが、逆に予測的、実用的な意義という観点からすればまったく正当である。実際これは、人類に特有の「認知的地位《ニッチ》」〔「生態的地位（ecological niche）」を踏まえた表現〕に適合している。すなわち、類比的なイメージをそれがあたかも現実を模倣しているかのように扱うことは、例外的な場合を除いて正確な認知上の結果をもたらすのだ(66)。正当であろうがなかろうが、いずれにせよこうした同一視による認識は、われわれが現実に対する関係を構成している。そうであってみれば、（図像あるいは写真による）表象と表象される対象とのあいだに直接的類似があるという考えは、技術的には誤りであったとしても、結局のところ罪のない短絡的思考でしかない。人間の進化の枠組みを規定している自然的制約という観点からすれば、通常の場合、知覚される対象と対象そのものが同一視されうることは明白だという事実がこれを正当化するのである。

図像的表象と眼による知覚とのあいだの相似の問題は、対象の知覚が知覚される対象に類似しているという説、より一般的に言えば、人間の思考は知覚と対象のあいだにある類似関係あるいは同形性の関係によって外的対象を表象するという（アリストテレスにまで遡る）説とも区別されねばならない。相似関係に基づく象徴体系の存在を認めることが、そのまま認識ないし知覚のミメーシス説の擁護にはならないのだ。実のところ、眼の知覚が知覚される対象に似ているかどうかという問いは、単純に言って意味がないように私には思える。たしかに、現実について首尾一貫したモデルを構築するために、眼の知覚（耳の知覚も同様だ）が対象間の相似を認識する能力を活用するということならば言いうる。だがそうではなく、視覚と見られる対象とのあいだに類似関係がありうるなどという考えは、実に理解不能である。なぜならそれは、対象「それ自体」とその対象の視覚とを比較できる第三の審級を前提とすることになるからだ(67)。また、象徴的表象――たとえばある対象を二次元的に図像（または写真）で投影したもの――と、対象そのものの知覚との同形性の問題を、この説と区別することもさらに重要となる。世界の一対象の象徴的表象と、対象そのものの知覚的様相との関係というレベルで相似の問題を措定するとき、実際には三つの項からなる状況にある。その項とは、まず象徴的表象、次に見られる対象(68)、そして人間の意識であるが、相似を識別する能力を活用しつつ、見られる対象と描かれるないしは写真として写される対象とのあいだの類似の計測を可能にするのはこのうちの最後のものである。というのも絵画や写真は、それ自体が視覚の対象であるからだ。[69] 現実を絶対的に把捉し、また（人間的）表象が本質的にもつ相《アスペクト》の性質を免れるような「超意識」や「神の眼」などは、ここではまったく必要ない。[70] そもそも視覚的投射によって相似関係を解釈する領域におけるわれわれの能力が、最初の表象装置の発明とともに発生したものではないということを忘れてはならない。自然は常に、影や反射というかたちをとるこの種の装置を、人間に対して突きつけてきたのである。そしてこうした自然のイメージが、まさにそのミメーシス的な力によってどれだけ人々を魅了してきたかはよく知られている。ナルシスは自らの像に接吻しようとして溺れ、李白は湖水に映った月を手でつかもうとして、同じ運命をたどったのではなかったか。それゆえ視覚表象の人工的な装置を最初に構想し、作り出したとき、これらのイメージが認知モデルとして人間の役に立った可能性はある。なぜならそれは、表象と表象される対象間の間接的同形性という、本質的な特徴を共有しているからである。

模倣による表象という考えに対する反論として、それを他の種類の表象から区別するために適切な同形性の条件の領域を確定できないということがしばしば言われる。[71] まずきわめて一般的なこととして、同形性の条件は模倣による表象に固有の問題ではなく、相似関係自体に関わるということは注記しておく必要がある。それゆえこの問題は、たとえば知覚の分類という分野、またある同一の対象や人物等々が二つの異なる時点に出現したときにそれを識別するという分野、さらには種々の具体例を通じてある同一の型を確認する、たとえばある言語の音素を識別するためにわれわれが必要とする能力といった分野でも同様に生じる。[72] そもそもこの問題は、これらの分野すべてにおいてまったく同じやり方で提出されるのだが、その理由は単純で、認知メカニズムがどこでも同じだということにつきる。ところで知覚の分野、とりわけ知覚のカテゴリー化の分野で行われてきた研究が示す傾向にあるのは、知覚による識別メカニズム（二つの異なる時点における同一の対象、あるいはさまざまな場合を通じた同一の型の識別）は内因性のものであり、「認知的に把握不可能[73]」であること、つまりそれらは知覚の構成要素であり、自動的に作用するということだ。そしていかなる知覚的な識別メカニズムであっても相似を見分けるメカニズムに基づいている以上、前者に該当することはなおさら後者にも該当する。それゆえ相似の（認識論的な）基準を探しても無駄ということになる。なぜなら基準というものは、認知的に把握可能なプロセスについてのみ意味をもつからだ。そこで真に適切な問いは、相似による認知メカニズムはいかにして発達したか、それはいかなる経験的条件の中で活性化されるのか、そしていかにそれは機能するのかというものになる。これらの問いは、論理学あるいは哲学よりも、むしろ進化生物学や神経心理学、そして心理学に属するものである。

さらに注意を向けるべき点が二つある。第一は、模倣による表象が、少なくともその一部は認知上把握不可能な能力（知覚的相似を見分ける能力）のおかげで機能しているのだとしたら、それらの能力の（個人の成長という枠組みにおける）個体発生上の獲得は、その他の象徴能力の獲得に必要な学習プロセスとは異なる学習プロセスに基づいていると想定せねばならない。だがたとえば図像、写真あるいは映画によって表象された対象を正しく識別する能力は、実際のところ視覚的確認能力の単なる延長線上に獲得されるにすぎず、特別な学習をまったく必要とはしないのである（すでに一歳の子どもにしてから、何の問題もなく図像あるいは写真の表象を正確に識別する）。第二は、模倣による表象に基づいた象徴的表象装置が、文化を越えて一般化しやすいという点である。異なる絵画的伝統が維持してきた視覚的同形性の図式は互いに合致せず、文化の違いは時として非常に大きいことを、二〇世紀の初頭より美術史家たちは絶えず証明しつづけてきた。しかしながらどのような文化的背景であれ、われわれは自らに固有の表象図式と他の文化のそれとのあいだに同等性を直ちに見いだすのである。こうした同等性のおかげで、われわれは自らに固有の文化に由来する図像的イメージと同じように、そして自らの文化の枠内で獲得された類比を識別する能力の助けを借りて、たとえばエジプトや中国の視覚表象に触れるのである。このことは、たとえ文化によって異なっていても、図像的図式には互換性があることを示している。それゆえ最小限の共通した条件、おそらくは（人間という種における）相似による識別のメカニズムに備わる機能の限界によって課される条件に、あらゆる人は従うのである。

6　認識手段としてのミメーシス

ミメーシス的プロセスの認識機能を認めることは、多くの人の抵抗に遭ってきた（現在でもそうだ）。このような態度が生じているのは、主として二千年以上続いた哲学的合理主義の傾向のせいで、模倣あるいは没入による学習プロセスにまったく正当性が認められてこなかったからである。このような合理主義的観点からすれば、すべての人間の認識は、根拠を与えられる信、つまり明確に説明され、列挙される原因によって正当化できる信を生じさせる個人的学習のプロセスを通じて作り上げられることとなる。こうした考えは直ちに次のような帰結をもたらす。それは、この種の原因に基礎を置くことのできない信はいかなるものでも認識とはなりえず、せいぜいがひとつの臆見でしかないということだ。だが、ミメーシス的学習は、このような合理主義モデルとは対立する特徴を有している。ミメームを通じて獲得される認識は、環境的文脈あるいは合理的計算の審級による一切の直接的コントロールに左右されることなく、没入によりひとまとめに内面化されるのである。同様に、適切な状況となる文脈が現れれば、この種の認識は自発的に、つまりここでも合理的計算の介入なしに利用されるのである。[74]ちなみにこの事実を明らかにしたのは、俳優のイオンに向かって、自らのミメームについての合理的認識をもっていないと非難したプラトンである。さらに、ミメームによってモデル化される行動が調節されたもののように見えても、実際のところ、ミメーシス能力モデルの構築につながる心的プロセスは、個別事例から帰納的に抽出されるような規則をまったく作り出さない。そのようなプロセスは、運動ないし想像のレベルで真似られる例を、ホーリズム的に同化することで実行されるのである。[75]最後に、ミメーシス的に得られる能力にはサブルーチンが含まれるが、それらのいくつかは、それ自身の例となっているミメームから分離しえないという意味で、認知的に把握することができない。[76]だからといって、模倣による学習プロセスが無意識のプロセスであるとか、あるいはサブリミナルな刺激によって誘導されるものであるというわけではない。反対にこれは、非常に複雑な注意のプロセスを必要とするのだ。ただこれらのプロセスは、規則的抽象化や論証といった反省的活動によっては開発されないというだけのことである。こうしたすべての特徴のおかげで、ミメーシス的没入を通じて獲得される能力や認識は、合理主義の確立した認識論的規範を犯していることになる。それゆえ合理主義が、これらを真に認識と呼ぶにふさわしいものであると認めないことは、まったくもって理解できる。

だがそうであるものは仕方がない。ここで提示している分析が、少なくともその大まかな路線では正しいのであれば、現実に対するわれわれの関係を調整する学習の大部分は、例示するモデルの模倣によって、それゆえ没入によって内面化されるものであり、それはすなわち、こうした学習が合理的計算（insightful planning）[77]に基づいた個別の探究ではなされないことを意味する。ミメーシス的学習は、副次的あるいは二義的なものではまったくない。それは明示された知の文化的伝達、試行錯誤による個人的学習そして合理的計算とともに、四つの典型的な学習の型のひとつを構成しているのだ。さらに子どもの最初の学習においては、これが最も広く用いられる型ですらある。実際、認知心理学の研究が一致して示すところでは、子どもの根本的な学習のほとんどは、（ルソー主義的教育論が思うところとは反対に）試行錯誤による個人的学習ではなく、（哲学的合理主義が思うところとは反対に）合理的選択に基づく学習でもなく、模倣による社会的学習なのである。子どもらは例示するモデルの中に模倣的に没入する。これらのモデルは、模倣単位あるいはミメームのかたちで一度吸収されると、あとは意のままに再活性化されうるのである。[78]逆説的なことだが、社会的学習が占める割合は、他の動物においてよりも人間においてずっと大きい。つまり認知的観点からすれば、個人主義はそれが認められがちなところに見られないということだ。そしてわれわれ人間が（少なくとも現在では）地球上の他のほとんどの種を負かすことができたのも、まさに他の「進化した」動物に比べて、われわれが認知の上で個人主義的である度合いがずっと少ないからである。実際、選択という点で、社会的学習は個人的学習に比べて非常に大きな利点がある。なぜならこれにより、試行錯誤による探究――これは非常に犠牲が大きい（さらには危険な）学習様態のひとつだ――の割合を制限することができるからである。すなわち社会的学習のおかげで、われわれは先人たる同族の成功（そしてとりわけ失敗！）をうまく利用することができるのだ。別の言い方をしよう。象徴装置の発明によって可能になった知の明示的な伝達とともに、模倣による社会的学習のおかげで、遺伝的継承のレベルでは伝達できない（行動その他に関わる）性質が「継承可能」となるのである。[79] われわれが非常に複雑で、長い時間を要し、またすぐにはその恩恵に与《あずか》ることのない個人的な学習（科学的活動、哲学的思索、芸術的創作等々）に打ち込むのに十分な自由時間をもつことができるとすれば、それはただわれわれの認知的蓄えのほとんどが、このように文化的に直接継承されるという理由によるのである。リチャード・ドーキンスは、遺伝子と同じ条件（とりわけ自然淘汰のプロセス）の下に置かれたミームが[80]変質しながら自己複製をするという観点から、人間の文化そのものも本質的に理解できるという説を提唱するにいたったが、この立場によって、彼は、文化のすぐれて進化論的な原則を、模倣による学習のなかに見いだすこととなった。この考えは、遺伝的コードと心的カテゴリー化のあいだのあまりに単純化された類比をおそらくは基礎としており、また文化事象の複雑さを考慮していないかもしれないが[81]、人間が認知上のアイデンティティを構築するにあたって、ミメーシス事象が中心的位置を占めることを喚起するという点で無視できない利点を備えている。私はとくにここで、模倣による学習の有効性と同時に、他には還元できないその特性を示しうる四つの点に注意を引きたいと思う。

まず第一に、模倣の認識機能とミメーシス的モデル化との深い関係を強調しなければならない。ミメーシス的モデル化は、あらゆる観察による学習にとって中心となる段階である。（行動の表層的模倣とは反対のものである）階層的ないしは構造的模倣のレベルに属するあらゆるミメームは、模倣される活動の作動原理をモデル化する活動を通じて得られるのである。中国や日本の陶芸家の見習いは、師匠のやり方を見ながら着想を得ることで陶芸の技術を学ぶという例を挙げよう。そのために彼は、適切な手の動きについての心的表象を作り上げる必要がある。つまり彼が作り上げる能力モデルは師匠の手を導くものと同等のものでなければならない。この心的（それゆえバーチャルな）モデルを作り上げるために、彼は師匠が与える明確な指示（あるいは規則）に頼りはせず（極東の職人仕事では、師匠は通常指示を出さないものだ）、ミメーシス的没入のプロセスにはいるだろう。このプロセスはおそらく二重である。まず一方で、師匠の手や指の動きを統括する感覚＝運動プログラムを同化するため、見習いは師匠の動きを実際に再現してみるだろう。彼にとって同化の成功具合をはかる物差しの役割を果たすのが、主として彼自身の行為の結果と師匠の行為のそれとの類似であることは注記しておかねばならない。なぜなら認知的には「沈黙している」同化のプロセスそれ自体へと、彼が反省を通じて近づくことはできないからである。他方で彼は、模倣＝再実例化をバーチャルな模倣によって、つまり純粋に心的な模倣のシミュレーションによって補うことだろう（適切な動作を想像し、想像の中でそれを実行するだろう）。一九六〇年代に行われた実験――その結果はその後ひろく確認されることになる――以来、感覚＝運動の学習の領域に特有のこととして、想像上のシミュレーションが認知作用を非常に強力に及ぼしていることが知られている。たとえばある動作を学習するプロセスにおいて、これを想像の上で繰り返すのは、現実に繰り返すのと同じくらい効果的である。具体的な例を挙げよう。あるグループの被験者たちに、ある学習すべき動作を行っているところを繰り返し想像するように命じ、もうひとつのグループにはそれを繰り返し実際に行うことで学習するよう命ずる。そして何度か繰り返した後に両者の成果を比べると、上達具合に関して、二つのグループ間では、（現実にも心的にもいかなる練習も行わなかった群と比較して）ほぼ完璧な相似性が確認されたのである。これら二つの回路によって同化されるミメーシスモデルは、主として二つの、とはいえ密接に関連している機能を果たしている。学習者は、具体的な状況の要請に合わせ、モデルを変異させつつ個別化することによって、現実のなかでこのモデルを再実例化――実行――できるだろう。他方で彼は、具体的な技術上の問題に遭遇した際に、いくつかのありうるアクチュアル化のなかからの選択を可能にする心的シミュレーションを実行するため、モデルを純粋に内因的なやり方で再活性化することができるだろう。連続的構造、行為に関するサブルーチンのさまざまな構成単位《モジュール》、そしてさまざまに組み合わせ可能な運動調整図式を含んだ階層的組織をミメーシス的モデルは有しているが、ただそのことによってのみ、このモデルは文脈に従って変化する再実例化、そしていろいろな選択の幅をもつ心的シミュレーションを生じさせることができるのである。

第二の重要な点は、ミメーシス的認知において問題となる心的プロセスの特殊性に関するものだ。ミメームを獲得し、再活性化するメカニズムが、意識によってはあまり管理されないのは、生物学的進化だけでなく個体発生の観点からも、このメカニズムが、合理的計算より「古く」、また「基本的」な認知処理の構成単位を活性化しているからである。また付け加えておかねばならないのは、プラトン説の含意とは反対に、複雑かつ理屈では割り切れない能力の存在は、なにもミメームに限られないということである。世界に対するわれわれの知覚的関係は（それが前提とする複雑な構造化とともに）、非常に重要かつ連続した認知プロセスの劇場をなしている。だが一般的規則として、これはあらゆる合理的計算の外で行われるものである。実際、数多くの哲学者によって裏付けられた「現象学的幻想」が信じさせようとしていることとは異なり[82]、われわれが世界を知覚するとき、感覚を解釈して現実的原因をそこから抽出する必要はない。つまりわれわれは知覚を生じさせた対象を直接見て（あるいは聞いて）いるのである[83]。そもそもわれわれの最も根源的な知覚上の確信を合理的に説明せよと言われると、困惑してしまうのもそのためである。あなたが「今し方森のはずれで子鹿を見たよ」と言ったと仮定しよう。すると誰かが「あなたが見たものが子鹿であるとどうしてわかるのか」と反論する。「だって見たんだもの」と、こう言う以外にあなたはどう答えられるだろうか。網膜上に形成された「平面像」を奥行きとしての広がりをもった三次元の刺激へと変換すること、あるいは距離や照明の効果を無化する補正メカニズム、こうした最も基本的な視覚の構造化を、認知の上で把握することはできない[84]。このことを独自のやり方で示すのは、知覚の幻影である。われわれが視覚的幻影を被っているとき、それが幻影であることを（意識のレベルで）知っていたとしても、それによってその幻影の作用が止むことはない。それは単に、誤った解釈が行われている知覚処理のレベルには、どのような意識的矯正によっても到達しえないからである[85]。われわれの表象を築く特徴を認知の上では把握できないというこの性質を、フィクションのミメームも、フィクション世界を生じさせるミメーシス的没入の態度を誘導するために活用することについては、後に見る機会があるだろう[86]。

ミメームによる学習の注目すべき第三の点は、その経済的な特質にあるのだが、それはすでに組織された知を

（ほとんどは言語によるが、また図像によっても）明示的に伝達することによる学習と共通する性質である。つまり非常にひろい文化的な知のレパートリーを瞬時に効率的に内面化し、また保存できるようにするのだ。これにより、模倣による学習が可能な心的組織は、試行錯誤でしか行動できない心的システムに対して、（ダーウィンの用語の意味での）適応という点で、確実に優位となる。[87]バンデュラがこの点をとりわけ強調している。「（……）文化的構造を例示するモデルを介入させることなく、偶発的行動を選んで強化することによって、ある文化の言語、生の様式《スタイル》、そして制度的実践を、あらたな成員に教え込む社会的伝達のプロセスは想像しがたい」[88]。また、相互作用の複雑なレパートリーを備えた個体からなる種のみが、ミメーシス的学習に潜在する利点を十分に活用できることも付言しておかねばならない。この種の学習がもつ利点を例証するため、M・V・フリンとR・D・アレクサンダーは狩猟社会における狩猟能力の伝達を取り上げている。彼らによれば、（時間の経済性と効率という観点から）個人が上手く狩りをできるよう学習する最も優れた方法は、試行錯誤のプロセスを個別に行うことではなく、集団で最も有能な猟師の行動を模倣することにある。[89]彼らは模倣が包括的（あるいはホーリズム的）になる傾向があると付け加えている。というのも、模倣する者は、模倣される対象の猟師が行う数多くの行動のうち、どれが狩りの成功に因果的に結びついているのかをあらかじめ知っていないからである。もちろんこうするうちに、純粋に狩猟の効率という観点から見れば、情報のノイズである要素までも見習いは模倣しかねない。たとえば最も才能豊かな猟師が、狩りの準備をする際、まったくその人にしか関係しない「迷信的」行動にひとしきり耽る習慣をもつこともありうる。これらの行動は（おそらくは個人的な歴史にまつわる不安を軽減してくれる、といった理由から）、彼の個人的成功とは因果的に結びついているかもしれないが、狩猟上の有効性と因果的関係はない[90]。だが情報のノイズという観点から見たこの（生ずるかもしれない）代価は、試行錯誤による個人的学習によって要求されるであろう代価よりはずっと低いのである。ついでに記しておくと、このことは表層的模倣と階層的模倣の区別の妥当性を補強してくれる。なぜなら見習いの狩人は、行為の深層構造の観点から適切なことと、そうではないものとを、少なくとも学習プロセスの当初は区別できないからである。そのため彼は、行為の有効性という点からは実際のところ無意味な表層的事象を模倣しかねない。

狩猟術の学習の例から、模倣による学習は身体的、技術的な能力の領域に限られると結論してはならない。このことは、私の論ずる第四の重要な点につながる。それは、模倣による学習が社会的能力あるいは規範の学習において、中心的な役割を果たすということである。子どもの文化的適応は、主として規範の明示された伝達ではなく模倣による学習によって実現される。子どもは大人の行動を模倣し、同時にその行動に埋め込まれた暗黙の規範を内面化するのだ。現代社会においては、学校教育のせいで知の伝達が非常に可視化されていることから、われわれはこの点にしばしば目をつむってしまう。だが現代にあってすら、社会的、道徳的な学習（学校教育もそこに入るのだが）の本質的な部分は、規範や規則の明示的な学習というよりはむしろミメーシス的同化にその基盤をおきつづけているのである。明示的な学習はミメームによる学習の上に接ぎ木されるだけであるが、このことは、さまざまな理由によってミメームによる学習が失敗したときに、明示的な学習がほとんど功を奏さないことの説明となる。このことは道徳の分野でとりわけ顕著である。そのことを示すのが、子どもや若者の日常行動にすでに埋め込まれた社会的規範を頼りにできなくなる度に明らかになる、学校における公民教育の悲しいまでの無力さだ。このことの理由に神秘めいたところはほとんどない。その他多くの基礎的能力と同様、社会的知性と道徳的禁止は学習される（learnt）が、教えられる（taught）ことにはきわめて不向きな行動だということである。

ここで当然、模倣による学習と認知的シミュレーションにあてはまることが、フィクションの領域にも適用できるかという問いが立てられる。なぜならフィクションは再実例化や例示として捉えられる模倣にではなく、見せかけに属すると一般的には認められているからである。それゆえ、模倣＝再実例化とそれが前提とする心的モデル化が認識の道具であるからといって、その仮説をフィクションにまで拡大できるかどうかは自明でない。模倣＝見せかけにおいて、模倣する行動が生み出すのは、それが模倣するものの見せかけでしかないが、社会的学習において問題となるミメームは、模倣されるものの現実的再実例化へといたる。ここまでに見た例で言えば、一族で最も熟練した猟師を「真似る」子どもは、この同じ猟師を（現実的に）模倣する若者とは相当異なる活動に従事するということである。つまり子どもは実際に狩猟を行うことなく狩猟であると識別できる記号を模倣するるのに対し、若者は、現実的な狩猟活動の行為に関わる構造を内面化するのである。

純粋に見せかけだけの機能をもつミメームの産出にフィクションを還元しうるという考えが誤りであることが明らかになるのはもう少し後であるという理由ひとつとっても、今の段階ではまだフィクションの認識機能の問題に答えられるわけではない。それゆえ私はここで、仮にそのような事態であったとしても、フィクションはやはり認識を媒介するものだと示そうとするに留めよう。最後にもう一度、大人の狩猟行為を遊戯的に真似る子どもの例を取り上げることで、この点について検討することができる（もし読者諸氏が異国趣味をお嫌いになるなら、この子どもを小さな弟あるいは妹のおむつを替える母あるいは父の活動を真似る子どもに置き換えていただいて構わない）。子どもの遊戯的模倣は、現実に狩りに従事していないという点で見習い猟師の実際的な模倣と異なっていても、子どもは模倣をすることで猟師の動作のいくつかを現実に行うこととなる。それゆえ模倣によって子どもは、後に、つまり彼が自分の現実の行動をきわめて有能な猟師の行動に擬して行いながら、実際に狩りを習う必要が生じたときには有用となるであろう機械的な運動あるいは一連の行為の一部を獲得できるのである。換言すれば、模倣＝見せかけにはまた、技術的な意味でのミメームが、すなわち装われた行動のいくつかの側面を実際に再実例化することが常に含まれる。表層を単に現象的に模倣するだけでも、模倣されるものとの同型的なミメームが引き起こされるのである。もちろん、これら二種類の模倣のあいだの差異はそのまま残っている。遊戯的再実例化は、十全な意図的行為として生み出された行為構造には関わらないのである。だがこの違いによって、遊戯的ミメーシスの活動が、模倣による学習プロセスの一部となりえないわけではない。生物学的進化の観点から言えば、遊戯的偽装の最初の現れに認識機能があったことも否定できない。子犬や子猫、あるいは子猿が攻撃したりかみついたりして遊んでいるとき、その遊戯が可能にしているのは、自動的な動作や現実に捕食する一連の行為の一部を獲得することなのだ。だが同時に、これらの遊戯が遊戯的偽装であることも疑いえない。E・

O・ウィルソンの指摘によれば、こうした遊戯は、遊戯の相手に向けて、目下行われている行為が「ウソ」でしかないと告げる「メタコミュニケーション的」[91]信号を常に伴っている。ダーウィン（一八七二）はすでにこの点について記していた。「私のテリアがしばしば低くうなりながら遊びで私の手を噛むので、「ほらほら落ち着け」と言うと、犬は噛むのを止めないが、「安心しなよ、遊びなんだから」と言っているように尻尾をちょこちょこと振って答えるのである」[92]。この場合では飼い主の手を噛むことで伝達されるもうひとつの信号の意味を変化させるメッセージが伝達されることから、尻尾を振ることはメタコミュニケーション的な機能をもつ。このようなメタコミュニケーションの存在は、あらゆる遊戯的偽装が偽装として知らされる必要があることを示している。だがダーウィンのテリアの例は、動物においてすら、ミメーシス的学習だけが偽装の遊戯の唯一の機能ではおそらくないこともまた示している。実際テリアは生きている限り飼い主と遊ぶのであり、またよりひろく、犬や猫だけでなく馬やロバも、成長後に、つまり模倣される行動がとっくに自分の行動のレパートリーに組み込まれていても、遊戯的偽装の行動に身を委ねることを止めないのである。家畜が成長してからも遊戯的偽装を保っていることは、飼い慣らされることと関係があるのかもしれない。というのも、人間が人為的に行う選択は、概してネオテニー〔幼形成熟〕の現象、つまり若い動物に典型的な特徴――偽装の遊戯もその一部をなす――を優先的に保持してきたからだ[93]。野生種に関しては、もちろんこの原因は作用しない。純粋に快楽主義的な機能（運動的放出を自己目的とする快楽）がありうるという場合を除けば、野生種の成体におけるほとんどの模倣＝見せかけは、親としての機能（親は子と遊ぶ）ないしは、儀礼化された捕食（アオサギが雌に言い寄るとき、魚を捕る運動を行う）や儀礼化された逃走（多くの種の雌は、交尾を求めてくる雄に対して逃走の行動を真似る）といった、儀礼的機能に関係しているように思われる[94]。

それはともあれ、たとえこの種の遊戯を行う直接の動機としてはそこに期待される楽しみしかないにしても、人間においては、明らかに多くの遊戯的偽装が学習プロセスに位置する。ユーリー・ロトマンがこのことを強調しているが、彼によれば遊戯的シミュレーションは少なくとも三つの機能を有する。まずは現実によって直ちに報いを受けることなく、行動を学ぶことができるということ。次に、将来あらわれるかもしれない状況のモデル化を教えられるということ。最後が、現実世界において対峙せねばならない不快な状況に、少しずつ慣れてゆけるということだ（彼は死の例を挙げている）[95]。遊戯的シミュレーションの認識機能が最も明らかな領域のひとつは、社会的学習である。たとえば女の子（あるいは男の子）が人形遊びをするとき、その子は同時に、母親あるいは父親の役割を後に形づくることになる反応のいくつかを内面化する。同様に、戦闘が肉体的戦いを伴うのであれば、少年同士の遊戯的争いは、大人になってからの実際の戦闘の準備となる。さらにごっこ遊びによって子どもたちが獲得する、社会的相互作用という側面をもつ経験は、彼らを大人の社会生活にあわせて育成する。その大人の社会生活で、われわれは自分の置かれた状況に即してペルソナを変えるだけでなく、他人の立場に自分を置く、つまりたとえその人の反応を予想する（また場合によっては予防する）ためだけであっても、世界をその人の目から見ることができるようにならねばならない。それに加えて、この学習機能は幼児期に限られない。生涯を通じて続くのである。実際、人間以外の種の成体は遊戯的偽装の遊びに耽ることがほとんどないのであるが（先ほど引きあいに出した個別の状況、すなわち親子関係、人間の選択によるネオテニー、遺伝的に固定された儀礼的遊戯を除く）、人間はいくつになってもそのような遊戯を非常に重要であると考えるのだ。このことは、個体の成熟という次元での差異に関係しているようだ。人間以外の種にあっては、性的成熟後に新たな行動のレパートリーを学習する能力が劇的に減少するのであるが、人間ではその境界線がずっと目立たない[96]。人間の認識の特徴がネオテニー的な性質のものである、つまり新たな学習を行う能力が、性的成熟とともに失われないことにより、われわれは生涯を通じて、非常に異なる環境に適応できるようになるのである。それゆえ遊戯的偽装が、成人の生活においても、認識の上で重要な機能を果たしていることは、何ら驚くべきことではない。そして遊戯的偽装一般に妥当することは、とくに（作者の側から見た）芸術的フィクションについても当てはまる。この学習機能がフィクション的遊戯ないし芸術的フィクションの機能そのものであると言いたいわけではなく、ただ、模倣＝見せかけの関係に基づくものであるなら、こうした活動が認識を媒介しうると主張しておきたいのである。

そうは言っても、これまでの議論が問題解決にはほど遠いものであることはおわかりだろう。まずここに紹介した事象は、模倣を創造する者にとっては遊戯的ミメーシスが認識機能をもちうるということを示すにすぎない。つまりミメーシス的実践に身を委ねながらもイオンが認識を獲得できるということは証明したかもしれないが、プラトンによる反論のもうひとつの側面、つまりミメーシス的なスペクタクルは、それを見物する公衆にとっては認識の上で何のためにもならないという説には答えていない。換言すると、これまでの分析は創造者と受容者が一致するフィクション的遊戯には妥当するが、芸術的フィクションについては当てはまらないということになる。それは受容者がミメームを生み出すことがなく、他人が創造したミメームを再活性化するに留まるからである。さらにこれまでの分析では、フィクションについて、あたかもそれが見せかけないしはミメーシス的没入に属するものへと還元されうるかのように扱ってきた。だがフィクションに関心を寄せるわれわれの注意を引くのは、偽装よりもむしろそれによって導かれるもの、すなわちフィクション世界〔univers fictionnel〕である。観察による学習では、ミメーシス的没入が手段でしかなく、それゆえわれわれはそれによって習得しようとする行動構造を身につけるのであるが、それと同じくフィクション装置では、見せかけと没入がフィクション世界にいたるための媒介でしかない。フィクションが強い意味でミメーシス的学習のひとつの様態だと言いうるためには、それゆえフィクション的なモデル化が認識上の効力をもつということになる必要があるだろう。フィクションとは見せかけを通じて生み出されるものであり、また、すでに確実だと思われるが、フィクションが投影する世界はその投影行為自体の外に存在しないのならば、いかにしてそのようなことが可能なのであろうか。これらすべての問いはひとつに要約される。すなわち、フィクションとは何かという問いである。

第三章　フィクション

1　模倣、まやかし、偽装、フィクション

一九七七年、ドイツの作家ヴォルフガング・ヒルデスハイマーは、ただ『モーツァルト』と題されたモーツァルトの伝記を出版した。[1] この本は出版時に多くの論争を巻き起こしはしたものの、最終的には音楽家の古典的な伝記のひとつとして定着した。四年後の一九八一年、ヒルデスハイマーは『マーボット。ある伝記（*Marbot. Eine Biographie*）』を出版する。[2] これは一八〇一年に生まれ、一八三〇年に死去したイギリスの美学者であり美術批評家、アンドリュー・マーボット卿の知識人としての伝記である。倦むことを知らぬ旅行者であった彼は、時代を代表する文化人たちに出会うという幸運に恵まれた。ゲーテ、バイロン、シェリー、レオパルディ、ショーペンハウアー、ターナーそしてドラクロワ（しかもドラクロワは彼の肖像をリトグラフで描いている）。非常な知性と強靭だが人生に対して不思議なまでに無関心な魂を兼ね備えた人物という印象を、彼は会う人すべてに与えた。とりわけゲーテはそのような判断をしており、それはシュルツ（ゲーテの友人）の手紙やヒルデスハイマーが引用している『ゲーテとの対話』の一節からも知られるとおりだ。マーボットは一八三〇年に世を去った。彼の遺体は見つからずじまいだったが、多くの手がかりから、自殺という説が濃厚となった。死後発見された手紙や書類を見ると、母であるレディー・キャサリン・マーボットと彼が数年間近親相姦関係にあったことは疑いえないようだ。彼の（その可能性が高い）自殺は、この近親相姦と関係があるのだろうか。伝記作家によれば、マーボ

ットはむしろ、ショーペンハウアーとの出会いによって強化された、徹底的に悲観主義的な世界観から、実践的な結論を引き出したのであろうということだ。

この本が出版されたとき、ドイツの批評家の一部は、その悲劇的な人生だけでなく、美学理論の観点からも魅力を備えた歴史的人物を、忘却の淵から引き出したとしてヒルデスハイマーを称えた。二年後、この著作は『アンドリュー・マーボット卿』という題でフランス語に翻訳された。[3] 私の知る限り、フランス語版は長いあいだ絶版となっていたが、一九八九年、レ・アールにあるフナック〔書店〕の美術批評の棚に、古本で置かれていたのを幸運にも見つけた。実のところ私は他の本を探していたのだが、そこに『マーボット』を見つけて戸惑ってしまった。なぜなら美術批評のコーナーにこの本を探そうという考えは、私には思いつきそうになかったからだ。実は、知られざる思想家に注意を促したとして著者を称えた批評家たちや、この本を美術批評のコーナーに置いたフナックの店員が信じたはずのこととは異なり、アンドリュー・マーボット卿なる人物は、ただヒルデスハイマーが作り出し、読者が再構成した心的表象として存在したにすぎない人物である。別の言い方をすれば、表紙を飾っているジャンル指標とは裏腹に、『マーボット』は想像上の伝記、フィクションのテクストなのだ。

自著のための講演で、ヒルデスハイマーは多くの読者がだまされたことに驚いてみせた。「これほど多くの読者や批評家が私の偽装の罠[4]にかかったとしても、私にお答えできるのは、ただそれが、私のせいではないということです。確かに私の意図はマーボットに生を与えることにあったわけですが、そしてこの本のフィクション的性格の明かしかたがあまりにも見えにくく、また弱すぎたのだろうということを今になって理解したのではありますが、私は誰も惑わす（hintergehen、騙す、欺く）つもりなどなかったのです。これがフィクションだということは、第一に、本のカバーの折り返しに書かれたテクストに見られます。ここに、マーボットは一九世紀の文化史のなかにいわば織り込まれている（eingewoben）と書かれているのに、誰もこれを読まなかったようです。それから索引もあります。ここには現実に存在した人の名前しか記載されておらず、その点で本書の鍵となっているのです。細部にこだわり、繊細な精神を備えた読者たちがこのことに気づかないとはなんとも奇妙なことです。

彼らは索引からこの本の歴史性に問題があると結論できたでしょうし、それだけでなく『ブリタニカ百科事典』やエッカーマンの『ゲーテとの対話』、オティーリエの手紙、さらにはプラーテンやドラクロワの日記、ベルリオーズの自伝、カール・ブレッヒェンのイタリア旅行ノート、最後にクラップ・ロビンソンの手になる詳細な日記を参照して、マーボットが存在しないと確証できたはずなのです。彼らがそうしなかったということが、結局のところマーボットの存在の真実らしさの証拠なのです[5]」。

ある意味、著者が後からこのように驚いたことに、ただ驚かされるばかりだ[6]。彼が示している二つのフィクション性の手がかりはあまりに弱く、またあまりに巧妙に隠されているので、それらを発見するためには探偵的読者が必要となる。さらにこれらの手がかりは、現実の伝記を読んでいると読者に信じ込ませる大量の手がかりによって凌駕されている。ドリット・コーンが記しているように、「これは見事な変装〔déguisement〕[7]」なのだ。だが自分の目的は読者を騙すことでなく、単に自分の登場人物に「生を与える」ことだったと、あるいは前章で導き出した概念を使えば、自分の目的は本気の偽装に従事することではなく、想像世界への読者のフィクション的没入[8]を促すため、単に物語のミメーシス的要素を最大化することだったと主張するヒルデスハイマーを信じない理由はない。では、『マーボット』はフィクションなのか、まやかしなのか。あるいはフィクションでありかつまやかしなのか。まやかしとして作用するにもかかわらずフィクションなのか。あるいは作者の意図がフィクションを作ることであったにせよまやかしなのか。こうした問い（またそれに付随する問い）に対する答えがいかなるものであるにせよ、それらを取り上げることによって、『マーボット』はわれわれをフィクションの問題の核心へと直ちに導く。事実、前章で提唱した仮説に従って、フィクションというものが、それぞれに固有の力学が備わった、複数のいっそう「基本的」な構成要素間の相互作用に属するのだとしたら、フィクションの土台は、これらの構成要素を統合するやり方に見いだされると想定できる。だが構成要素はそれぞれ対立する力学を部分的にもっている以上、この統合について、一度与えられればそれきり変化しない構造をつくる統合であると想定してはならない。それはむしろ動的な平衡状態、また変動し、潜在的には不安定なホメオスタシスの統合なのである。『マーボット』が、少なくとも読者の側からすればこの統合に失敗したということ、作者の意図がフィクション的であったにもかかわらず事実のテクストとして受け止められてしまったということは、フィクション装置が機能しうるために満たされなければならない条件を、反対推論によって示してくれるはずだ。

『マーボット』の受容の様態を理解するため、自らの作品がフィクションであることを確信させる力を最大にするべく作者が駆使した方法をもう少し詳細に分析する必要がある。なぜならまさにその方法こそが、作品のフィクションとしてのステイタスを、逆に見えなくさせてしまったからである。それらを四つの見出しにまとめることができよう。作者の文脈、パラテクスト、[9]「形式的ミメーシス」[10]（すなわち伝記というジャンルの発話的模倣）、そしてフィクション世界による（指示的な）歴史世界の感染[11]である。

(a)作者の文脈。ヒルデスハイマーの著作一覧においては、『マーボット』が『モーツァルト』の直後に位置するということはすでに述べた。それゆえ多くの読者が、「ある伝記（Eine Biographie）」というジャンルを示す指標を信用したのは驚くことでない。さらにこの二つのテクストは、構造上も非常に似通っている。両方の場合とも、作者は主題ごとのまとまりによって登場人物の肖像を描きだし、そのおかげで伝統的伝記のように純粋に年代的な順序から、ある程度自由になることができている。現実の伝記とフィクションの伝記とのあいだに見られるこのミメティスムは、本の視覚的体裁というレベルでも作用している。たとえば作者の謝辞は同じ場所に入れられ、同じようなレイアウトを施され、そしてほとんど同じ人々に向けられている。さらにヒルデスハイマーが、『マーボット』刊行以前から、彼の登場人物を「その世界に」引き入れていたことを付け加えよう。一九八〇年、すなわち彼の物語が出版される一年前になされた音楽についての講演のなかで、実際に次のような語句が読まれるのだ。「英国の美術批評家アンドリュー・マーボットは、若きベルリオーズとの音楽談義を拒みました。彼はこう言ったのです。「音楽とは翻訳不可能な言語です。その文法については語れるでしょうが、私たちのそれぞれにとって、音楽は違った意味をもちます。仮に私たちが同じことを理解したとしても、それが明らかにするのは音楽よりもむしろ私たちの精神的親和性なのです」[12]。確かにこの講演の終わりの方で、彼はマーボットに関する手がかりを事典や何かの中に探してはならないと明言している。「なぜなら彼は私が作り上げたからです」[13]。だが無効化と取り消しは同じではない。つまり最も難しいのは、フィクション的実体を現実として受け取らせることではなく、現実として導入された実体をフィクションのステイタスに還元することなのだ。事実、固有名が現れるだけで、受容者はそれが存在するという説に傾く。だから固有名の用法そのものと不可分であるように思われる参照的投影そのものを妨げることはできないにせよ、少なくとも問題となる固有名が、（正しいかどうかは別にして）現実に存在しているとわれわれが想定している人々を指示する固有名と混同されないよう、それが関与する範囲を限定できるのは、ただフィクション性を明確に定めることによってのみなのだ。

(b) パラテクスト。偽装の戦略のために最も多く利用されるパラテクスト的要素は言うまでもなく、ここでは「ある伝記」とされているジャンル指標であり、これが副題の役を果たしている[14]。『マーボット』とは逆に、モーツァルトについて書かれた伝記はジャンル指標を伴っていないことを指摘できよう。この違いを説明するのは容易だ。歴史的人物を指示するものとしてのモーツァルトという固有名は、読者にとって既知のものであると推測されるため、その名を題名として冠した本が伝記であることをはっきりさせる必要がなかったのである。

第二の重要なパラテクスト的要素は図版である。それはまず表紙を飾り、ある顔を主人公の名と結びつけるマーボット（と推定された）の肖像画からはじまる。ここでもモーツァルトについての本との類似はほぼ全体にわたっているが、ただ微細な一点のみが異なっている。つまり音楽家の場合では肖像画がモーツァルトのものであることを示すテクストが皆無だが、フィクションの伝記の方は、タイトルページの裏側に、絵の人物ばかりかそれを描いたとされる芸術家も特定されているのである。実際、そこには次のような文句が書かれている。「表紙、アンドリュー・マーボット卿、ウジェーヌ・ドラクロワによるリトグラフの肖像（一八二七）、パリ、国立図書館」。画家とマーボットの出会いを記した物語のおかげで、この絵のモデルと作者の情報には当然のことながら信憑性が与えられる。さらにこの書物には、モーツァルトの伝記に倣って、中央部分に大きく図版のページが綴じ込まれている。その一部は絵画やデッサンの複製からなっており、それらは現実の作者に帰されてはいるものの、偽りの指示からなる構成要素が付加されている。たとえばマーボットの父母（と見なされている）の肖像画がそうで、それらはエディンバラのスコットランド・ナショナル・ギャラリーにある、ヘンリー・レイバーンが描いた二枚の絵ということになっている。アイデンティティを歪められたこれらの肖像画は、レオパルディ、トマス・ド・クインシー、あるいはヘンリー・クラッブ・ロビンソンといった歴史上の人物の現実の肖像画のなかに紛れ込んでいるのである。こうした歴史上の人物の肖像画があることで、当然のことながら偽りの肖像画の真実性が補強される。これに加え、マーボット家の邸宅を写したものとされる写真や、またマーボットが旅行中に見たとされ、それについて彼がつけた注釈が本文中に見られる絵画の複製がある。このような絵画の複製によって導入される現実効果は、主人公自身の存在論的ステイタスに有利に作用する。登場人物が注釈をつけているのが現実に存在する絵画であり、それに加えて作者がそれらを読者に提示しているのであれば、読者は登場人物にも現実的存在を与えずにはいられないのではないだろうか。

もうひとつの重要なパラテクスト的要素は、人名索引の存在である。これはたとえば「プレイアッド叢書」の「人間喜劇」や『失われた時を求めて』などの校訂版でもなければ、文学フィクションの領域ではほとんど見られない慣例である。この索引のステイタスは矛盾をはらんでいる。一方で、事実的伝記においては普通にみられる慣例を真似ているために、これはミメーシス的要素として機能する。だが他方で、ヒルデスハイマーはそれを逆にフィクション性の手がかりとしている。なぜなら彼は、物語に登場した人であっても単に言及された人であっても、そこには歴史上の人物のみを入れ、フィクションの人物は除いたからだ。だが『マーボット』では、ほとんどの固有名が歴史上の人物を指すために、そればかりが目立つような量的に大きな不均衡が生じてしまい、その結果、フィクション的外示をもつわずかな数の氏名が索引に見られないことなど、おそらくはほとんど気づかれなくなる。それゆえこの手がかりが役割を果たすことは難しい。さらに索引が、単に言及されるだけの歴史的人物と、行為者として物語に登場する歴史的人物とを一様に扱っているという事実は、現実効果をよりいっそう強化する。[15] 物語に登場する歴史的人物を通じ、フィクション世界による「感染」が歴史的世界に及ぶという意味で、これらの人物たちは没入装置における結節点としての役割を果たす。フィクションの登場人物と相互作用する歴史上の人物は、そのことによって創作された登場人物たちと関係をもつのであるから、「現実世界では」果たしえなかった行為を成し遂げるということになる。そのことにより、彼らはフィクション化される。だがその一方で、彼らの固有名が現実の人々に結びついている以上、彼らは歴史的世界とフィクション世界とを縫合する点となるのだ。

(c)形式的ミメーシス。ヒルデスハイマーが、現実的伝記の完璧な外観を作り出すため利用した、物語に固有のミメーシス的特徴の第一のものとして、発話態度が挙げられる。つまり彼は、伝記作家としての態度を完璧にとっているのである。とりわけトーマス・マン『ファウストゥス博士』のツァイトブロームのように、語り手が私=語り手（Ich-Erzähler）として凝固しないよう、あらゆる手を打っている。なぜなら語り手主体が人格として厚みをもってしまうと、その人物像が現実の作者から乖離し、それに伴って物語がフィクション化するからだ。したがって、『モーツァルト』と『マーボット』を一続きに読んでも、両者の発話態度にはなんら亀裂が見られない。さらにヒルデスハイマーは一貫して外的視点をとり、内的焦点化を差し控えている。たとえばマーボットのものとされる心的状態を描写する際、その描写は常に、公的にアクセス可能な素材に基づく心的推論として提示される。[16] しばしば引用に頼るのもそのためであり、その際、マーボットの手帳や手紙に由来するとされる文言であれ、現実に存在した作家に帰せられる言辞であれ、引用の出典は必ず明示される。またマーボットのテクストの「引用」では、彼が用いた原文の英語表現が時折括弧に入れられて付け加えられ、それが形式的ミメーシスを補足する要素となる学識（あるいは衒学趣味）を示す特徴となる。歴史上の人物に帰された引用については、さまざまな位置づけがなされる。いくつかの引用は純粋に本物である。マーボットを直接の指示対象としない引用はすべてそうだ。他方、明白にマーボットに言及しているものは、程度の差こそあれもちろん捏造である。また文脈によっては、ひとつの引用のうちに、引用される作家から引かれた実際の文と捏造された文とが結びつけられることもありうる。この例として、たとえば一八二五年一二月の日付をもつ『ゲーテとの対話』に帰せられるゲーテの引用が挙げられる。この引用の冒頭は実際に『対話』に見いだせるのだが、ゲーテがマーボットに言及している最後の文章は捏造されたものである。ヒルデスハイマーは概して捏造部分を限定しているため、たとえ読者が引用される一節を記憶していたとしても、捏造部分を見つけるのは難しい。引用の捏造を限定するという配慮は、歴史上の人物の方がフィクション化する程度を最小限に留めるという、より一般的な戦略の一部をなす。それは、歴史上の人物の方がフィクションの登場人物を自らの圏域に引き寄せるためである。

読書の力学という観点からすると、事実的伝記というジャンルの枠組みと引用には相乗効果がある。つまり読者は、自分が現実の伝記を読んでいるのだと考えるために引用を素朴に信じ込む。その一方で、引用は読者にとって既知である現実の作家たち（ゲーテ、プラーテン、ベルリオーズなど）を参照しているために、今度は引用の方が、自分が現実の伝記を読んでいるという読者の確信を堅固なものにするのだ。換言すれば、いわゆる解釈学的循環の歪んだ一変種によって、彼はミメーシス的まやかしの罠にはまるのである。

(d) フィクション世界による感染が歴史的世界に及ぶこと。引用のステイタスの問題は、おそらく形式的ミメーシスと並んで最も強力な偽装作用の部分的影響でしかない。その作用とは、ヒルデスハイマーの手によって、マーボットがよく知られた歴史上の人々と出会いを重ねるということである。注記すべき重要な点は、二つの世界のあいだの感染が、通常フィクションと結びつくものとは正反対の方向でなされていることである。フィクションのテクストにおける作り事と指示性の関係が問われる際、通常考えられるのは、大枠としては作り出された世界に指示的要素を導入することである。ここで生じるのは、それゆえフィクション内に現実が侵入することだ。というのも、現実効果を出すために最も広く使われ、そしてリアリズム的フィクションにおいて模範的に実現される感染の戦略は、歴史のみならず地理や時間などの指示的要素を、作り出された世界に導入するものだからだ。だが『マーボット』では、その逆の戦略が見られることになる。つまりヒルデスハイマーは、大枠としては指示的である世界の中に、作り出された要素（登場人物と行為）を導入するのである。たとえば物語の中に直接的ないしは間接的に登場する固有名のほぼ九〇パーセントが、歴史上の人物という存在論的分類に属することを指摘できよう。これは、一九世紀と二〇世紀のほとんどのリアリズム的フィクションに見られる割合を逆転させている。同様に、語られた、あるいは注釈を施された出来事の大部分、つまり絵画の描写と解釈、音楽についての省察、歴史的出来事への参照等々は、現実の歴史的世界に接ぎ木されている。ここで問題となっている戦略が歴史小説のそれとも異なることを指摘しておくべきだろう。歴史小説というジャンルは、歴史上の人物をフィクション化することによってできる。だが逆にヒルデスハイマーは、主人公を作り出しただけでなく、歴史上の人物をフィクション化する手続きを最小限に留めたのである。このように逆転的な特徴については、引用装置の用法の箇所ですでに指摘した。歴史上の人物と作り出された人物とが交わりあう規模を広げるよりも、むしろ歴史的な登場人物の数を増やしたということも、この特徴の根拠となっている。つまり歴史上の人物のそれぞれがフィクション世界と交差する点を限定することが――交差の規模とフィクション化の度合いは比例するのだから――、それによって可能となったのである。最後にドリット・コーンとともに、彼女がフィクション的歴史的伝記(fictional historical biography)と呼ぶもの――とりわけ『ウェルギリウスの死』がその好例となっている――と、『マーボット』がやはり根本的に異なっていることを記しておく必要がある。事実、物語技法のレベルにおいて、主人公の内的焦点化を徹底的に拒否することによって、『マーボット』はこのジャンルを完全に逆転させているのだ。すなわちフィクション的歴史的伝記では、「歴史上の一人物の生が、明らかにフィクション的な言説で語られる」のである[17]。逆に『マーボット』では、フィクション的人物像の生が、明らかにノンフィクション的(歴史的)な言説で語られる。彼女の結論はそこから導かれる。『マーボット』は「歴史化されたフィクション的伝記」[18]という新たなジャンルの最初の見本なのである。そもそもヒルデスハイマー自身が、彼の方法がもたらした結果を、マーボットとその家族が一九世紀の歴史に織り込まれている(« eingewoben »)と述べることによって完璧に要約している。事実彼らは現実の歴史にはめ込まれ、文化史にがっしりと結びついた世界の中で、ひとつの孤立したフィクション地帯を形成しているのだ。『マーボット』では、非現実性の中に現実性が侵入するというよりは、現実性の中に非現実性(つまり作り事)が侵入するのである。

ここで私の関心を引くのは、ヒルデスハイマーの本自体ではなく、フィクション装置の機能（あるいはむしろ機能不全）について、そこから引き出せる一般的な教訓である。その受容の変転が第一に示すのは、仮にフィクションが意図にまつわる特定の態度から生じるのだとしても、その態度だけでは、配置された装置が有効に機能することを保証できないということだ。そして『マーボット』の事例からここで問題となっているのは、読者の能力（あるいは能力の欠如）ではなく、それなしにはこの能力が空虚なものとなってしまう必要条件を作者が尊重していないということなのである。この物語は、フィクションからまやかしへと移行することで、（言語）表象のかなり逆説的な状況を例示している。つまりそれは、意図という観点からすればフィクションだが（これは偽物ではない）、公的なステイタスからすれば、フィクションとして機能しえないことが明らかになるという状況である。この失敗は明らかに、今まで検討してきたミメーシス的特徴に結びついている。つまりミメーシス要素を「過度に」強調した結果、ヒルデスハイマーは事実の物語として機能しはじめる物語を作ってしまったのだ。残る問いは、ミメーシスの段階をよじ登ってゆく過程で、何が余計な一歩だったのかを知ることである。

ドリット・コーンは、フィクションの伝統的諸ジャンルという観点から見た、『マーボット』の例外的性質を大いに強調している。ヒルデスハイマーが「歴史化されたフィクション的伝記」という新ジャンルを発明したと彼女が述べていたことを想起しておこう。しかし彼女はまた、この作家が発明したジャンルの例は、『マーボット』以外に永遠に現れない可能性が強いとも考えている。[19] 作品の語用論的ステイタスが根本的に不安定であることから判断するなら、この疑念には根拠があるように思われる。つまり、この書物の真に興味深い点は、作家が生み出しえたかもしれない突飛なジャンルというよりも、それがある実験的な装置を構成しており、それによってフィクションを規制する条件を研究できるという点にあるのだ。ドリット・コーンに従うなら、この装置の重要な側面は、形式的ミメーシス、それゆえ事実の伝記の模倣である。彼女の分析はケーテ・ハンブルガーの説に基づくものだが、それによれば現実的発話の偽装——一人称の非事実的物語にのみ当てはまる——と、三人称の非事実的物語に属する固有の意味でのフィクションのあいだには、ステイタスという点から根本的な区別がある。

『マーボット』は、もちろんこの説の反証となっている。なぜならこれは、明らかに、現実的発話の偽装に属する三人称の非事実的物語だからだ。近代的フィクションにとってはヒルデスハイマーの物語が例外的性質をもつことを強調するドリッド・コーンが正しいのは、統計的に言えばほぼ疑いない。だがその一方、彼女の言う形式的ミメーシスの最大化という特徴によっては、この書物の語用論的機能不全がほとんど説明できないようにも私には思える。つまりヒルデスハイマーが構築したフィクションの自己破壊的性格は、それが現実的発話を真似ているからではなく、読者がテクストを読み始める前に、自分がこれから読むのがフィクションであると認識できないことから生ずるのだ。そうしてみると、作者の意図だけではフィクション装置の正常な機能が十分に保証されないからといって、その決定的な基準をミメーシス的プロセスそのもののレベルに求めねばならないということにはならない。私は、フィクションからまやかしへの移行にとって、形式的ミメーシスが役割を果たさなかったと示唆したいわけではない。物語がまやかしとして機能しうるようになったのは、まさに形式的ミメーシスのおかげである。だが、物語がフィクションとして機能することを妨げたのは、形式的ミメーシスではない。というより、仮にそうであったとしても、それは「歴史化されたフィクション的伝記」に固有な規則の力によるのではなく、ヒルデスハイマーが作品の語用論的枠組みにまで形式的ミメーシスを拡大したせいであると言った方がよい。形式的ミメーシスも、物語に内在するその他のいかなるミメーシス的装置も、またヒルデスハイマーが事実の伝記というジャンルの「超正常ミメーム[20]」を作り出したという事実も、どれひとつとして決定的な要因ではない。決定的な役割を果したのは、語用論的ミメーシス、つまり出版上の枠組み一式——パラテクストの一式——が、事実の伝記のそれを模倣したということである。仮に自分の本がまやかしとして機能することを避けたかったとして、ヒルデスハイマーはテクスト内のミメーシス的特徴に指一本たりとも触れる必要がなかっただろう。彼のフィクション的意図と合致した受容を保証するためには、はっきりとしたパラテクスト上の指示ひとつで十分だったのである。あるいは前章で導入した区別を再び取り上げれば次のようになる。彼はミメーシス的技法の使用を、事実的伝記の表層構造の模倣＝見せかけに限るべきであったのに、作品の語用論的枠組みにまでミメーシスを拡大したせいで、事情を知らない読者は、必然的に事実的伝記の深層構造の模倣＝再実例化、つまり通常の発語内的力を備えた事実的伝記が例示されたものを読んでいると信じざるをえなくなってしまったのだ。ミメーシス論理を、フィクションが作用する空間を設定する語用論的枠組みにまで拡大することによって、ヒルデスハイマーは、フィクションの新たな形式を探求する代わりに、事情を知らない読者を（意図せず）まやかしの罠にかけてしまったのである。

2　フィクションの系統発生——共有された遊戯的偽装について

『マーボット』は、プラトンがフィクションに対して示した不信感に正当性を与え、ミメーシス的見せかけと現実のあいだの境界が安定しているというアリストテレスの仮説に反証をつきつけるように見える。事実、少なくとも一部の読者にとって、フィクション世界は、「実際にそうであること」と「実際はそうでないこと」に関わる「本気の」信の体系に寄生したのであった。それゆえフィクションによる現実の感染があったことは確実であるように思われる。だが少なくとも私の提示した分析が正しければ、実際の状況は相当異なってくる。つまり『マーボット』は、フィクション的なものと事実的なものとの境界をこじ開けたというよりも、むしろフィクションの手前で、ミメーシス的裏工作の領域へと落ち込んだのだ。ヒルデスハイマーの物語は、「現実的なもの」と「フィクション的なもの」との境界を不安定にすることに成功したフィクションではなく、フィクションのステイタスに達することに失敗した物語作品なのである。これによって没入の危険が実験的に証明されたというわけではまったくなく、反対推論を通じてあらゆるフィクションを構成する根本的な規則、つまりフィクション的没入に適した語用論的枠組みの設置という規則が明るみに出されたのだ。実際、本を読み終えた後、読者がマーボットの存在を信ずる仕方は、彼がフィクションの登場人物に対してとると考えられる態度とは根本的に異なっている。すなわち、ヒルデスハイマーの物語世界は、読者の歴史的信のレパートリーに寄生したわけだが、フィクションの物語ではそのようなことは行われない。そしてそれは、まさしくその語用論的な枠組みの力によるのである。

適切な語用論的枠組みとは、言うまでもなく「遊戯的偽装」あるいは「共有された偽装」（サール）[21]という表現で、通常示されるものである。これら二つの表現には問題含みに見えてしまうところがある――つまりここでは逆説的な要請がつなげられているのではないかということだ。遊戯的に、つまりは「ウソで」装っている人のことを、なお装っていると言いうるのだろうか。さらに共有された偽装はいかにしてなお偽装でありつづけるのだろうか。これによって創作家の意図だけでなく、『マーボット』が示したように、作品のコミュニケーション的ステイタスが問われているのだとしたら、この問いはなおのこと重大である。つまりフィクションの作り手に「ウソで」装うという意図があるだけでは十分でなく、さらに受容者がこの意図を認めることが、それゆえ作り手が受容者にそうできるための方法を与えることが必要となるのである。まさしくそのために、公的フィクションの制度を取り仕切る偽装は、単に遊戯的であるだけではなく、共有されていなければならないことになる。遊戯的というステイタスは、ただ装う者の意図にのみ拠って立つ。だからフィクション装置が配置されるためには、この意図が間主観的合意を生じさせねばならないのである。

二つの表現が一見して逆説的な性質を帯びているのは、偽装活動とフィクション状況の関係を、どのようにすれば考えられるのかという実際的な難しさのあらわれである。[22]このような関係の存在は疑いえない。というのも、『マーボット』が示していたように、フィクションは、それとして自らを認めさせることに失敗すると、たちまち偽装として機能するからである。この関係が手段という側面で結びつくということはすでにわかっている。つまりフィクションと偽装は、模倣＝見せかけという同じ手段を用いるのである。だがそれらの機能は同じではない。フィクションの場合、ミメームは想像世界として認められる想像世界への到達を可能にするのだが、偽装の場合には、ミメームがそれを被る人々を欺くものとなるのだ。二つの表現の逆説的側面は、手段と目的のあいだにあるこの区別をある種のやり方で言い表しているにすぎない。フィクションの手段は偽装の手段と同じなのだが、目的が違うのである。生物学的進化という観点からは「本気の」偽装が遊戯的かつ共有された偽装に先立つのだとすれば、さらに論を進めて系統的関係の仮説を支持することもおそらく許されるだろう。すなわち、フィクションの手段とは偽装から借用されたものなのだ。そうだとしたら、遊戯的かつ共有された偽装という状態の特性を研究することによって、人類の文化的獲得物として捉えられたフィクションの系統発生的な起源を明らかにしうる。少なくとも、共有された公的現実としてのフィクションの誕生について明らかにできるということになる。実際のところ、「私的」なフィクション、つまりその創造者と受容者が同一人物であるフィクションを記述する際に、「遊戯的偽装」という概念そのものがなおも妥当かどうかはまったくわからない。だがこれは、次節で取り上げる問題だ。目下のところは、公的かつ共有された装置としてのフィクションのみを考慮することにしよう。

共有された遊戯的偽装がいかに機能するのかを理解するためには、すでに述べた月並みな事実の確認から出発できるだろう。つまり私が本気で偽装しようとする際、私は自分の相手を実際に騙すという目的をもっているのである。他方で遊戯的な意図をもって偽装しているときはもちろんそうでなく、私は相手を騙そうと思っていない。間主観的な遊戯的偽装が成功するために統合されねばならない条件は、それゆえ、本気の偽装が要求する条件とは正反対のものなのである。本気の偽装が成功するのは、それが共有されていないときだけであり、一方で遊戯的偽装が成功するのは、それが共有されているときだけである。さらに言うまでもないが、これら二つの状況は第三の状況と区別されねばならない。それは誰かが、自分では真であると信じているものの、実は「誤っている」信（より一般的には表象）を他人に伝達するという状況である。別の言い方をすれば、嘘とフィクションだけでなく、（実際のあるいはそうであると思われる）錯誤とフィクションも区別しなければならないということだ。この三つの場合において、真と偽の問題の立てられ方は同じではない。嘘をつくときや「本気で」装うときに、私は偽りだと信じていることを真として提示している。また私が間違うことも、つまり私が偽りだと信じていることが、実は真だということもありうる。だがこのことは、表象とそれが表象するものとの実際の関係として真と偽を捉えることに比べ、意図的態度としての嘘の複雑さを明らかにするだけである。嘘というものは、二つの非常に異なる仕方で失敗しうる。ミメームがうまく働かないか、あるいはミメームの主題について、嘘をつく者が誤った信をもっているかである。錯誤に関して、それを定義づける条件は、嘘と反対である。私は誤った信（あるいは表象）をもっていなければならないが、同時にそれを真だと信じていなければならない。そしてこれから見るように、フィクションでは、状況がさらに大きく異なる。つまり、ある一定の仕方で（だがどんな仕方だというのか？）、表象の真と偽という問い自体が妥当しないように思われるのだ。

この初歩的な区別だけでも、「神話的」[23]表象や宗教、さらに一般的に言って、それを真だと見なす人々が同調する信や、あるいはそれを真だと見なさない人々が同調するのを拒む信に対しては、フィクション概念を適用できないだろうということが理解できる。事実これらの事象は、それらの発生の観点からしても、またそれらに同調する人々と同時に、それらへの同調を拒む人々の心的態度の観点からしても、共有された遊戯的偽装に属するものではない。確かに、「フィクション」の語はしばしば宗教的領域に適用されてきた。それは、競合する他の宗教を貶めようとする熱心な信者によって行われたことでもあるし、また、信仰心のない人が宗教そのものを貶めようとして行われたことでもある。遊戯的偽装の装置と宗教という、これほどまでに異なった二つの次元の事象に同じ語が用いられてきたということ自体が、西洋文化において反ミメーシスの立場がどれほど重要なのかを明らかにしている。だが虚偽・誤謬の同義語として機能しているような用法だと、フィクションの語は、ここでのわれわれの関心事とはほとんど関係がなくなってしまうこともはっきりさせておかねばならない。この語が今なお宗教的ないしは「神話的」表象に適用されているとしても、それは拒絶を示すためではないという点で、おそらく事情が異なると考えることも可能だろう。フィクションの語は、むしろ、こうした表象を、もはやそれに関わらない立場から再解釈するための記号だというわけだ。それならその意味はわれわれの関心事により近づくようにも思われる。そうかもしれないが、仮にこの語がフィクション装置の意味で用いられているとするなら、問題となっているこれらの事象にそれを適用することは余計に筋違いとなる。たしかにそれによって、われわれが同調しない信に対する「寛容」を示すことにはなろうが、しかしそのようなものは安く買いたたかれた寛容にすぎない。というのも、自分が賛同しない信であっても、その同調者と同じように、本気で受け取ろうというのなら、なすべきことはそれと現実に向き合うことであるのに、フィクションと呼ぶことで、その事態が免除されてしまうからだ[24]。しかしわれわれにとってより重大なのは、この語を真であると見なされた信や表象（そのように見なすのはそれらを発展させてきた、あるいは現在発展させている人々である）にまで拡大することで、フィクション装置の特殊性をつかみ損ねるかもしれないという点にある。この特殊性の大部分は、フィクション装置によって生み出される表象が、真（あるいは偽）と捉えられた信の規則には属さないことにあるのだ。

言うまでもないが、私はただ、当の表象を実際に真と見なしている文化的文脈に対してフィクションの語を適用することに異論を唱えているのである。『ギルガメシュ叙事詩』について、それがフィクションであると言うことは、真実に反する物言いだ。だがわれわれの文化においてそれはフィクションとして機能すると言うことはおそらく正しい。つまりわれわれが生きている社会では、この物語が通常では真ないし偽と見なされる信と結びつかないために、自ずとフィクション的な様態で読まれるようになるのである。現存する何らかの宗教に属している信者たちにしてみれば、『ギルガメシュ叙事詩』はすでに消滅した宗教のものなのだから、もはや彼らが同調する物語と競合しうるようなものではないだろう。また非信者にしてみても、もはや誰も『ギルガメシュ叙事詩』を信じてはいないのだから、これが偽りの信仰ともなりえないはずだ。それでもなお、フィクションとして機能するということで、元々の意図という文脈においてはフィクションに属していなかった表象の総体に、この語の現在の用法によって、フィクションの語用論的枠組みが与えられるのである。ジェラール・ジュネットは、このようなフィクションのことを「意図しないフィクション状態[25]」と述べている。意図しない状態というのは、「神話的」と言われる信が通用している社会では、そうした信がフィクションとしては機能しないからだ。しかしこうした表象がわれわれに固有の文化で再活性化されるやいなや、このフィクション状態は不可避ともなる。つまりフィクション化されることによって、それを美的満足を与える支持体として再利用し、またそれゆえ認知と情感という観点から役立つようにしつづけることが可能になるのだ。だがわれわれがフィクションとしてそれを読むという事実と、われわれがそれをフィクションとして定義しうるという主張とは、区別せねばならない。私の反対が向けられるのは後者に対してのみである。その理由は、それが、われわれの社会ではフィクションとして機能する以外にない一群の本気の信を生み出していた社会においても存在する、遊戯的偽装の状態——それゆえフィクション装置——の特性を、ないがしろにすることにつながるからである。いわゆる「未開」社会においては、真（あるいは偽）と見なされる表象とフィクションとの区別が存在しなかったのではないかという考えは、とりわけ古典的人類学がフィクションに無関心であったという事実に由来するものだ。どのようなものであるにせよ、フィクション遊戯は、われわれ自身の社会の子どものうちに観察できるものと同じようなかたちをとって、あらゆる社会に存在しているように思われる。[26] トマス・パヴェルは、「共同体の神話への信仰は義務である」のに対し、「フィクションに同調するかしないかは自由であり、その同調は時空間的に明確に限定されている」ことを指摘して、二種類の表象を見事に区別した。[27] 彼が強調するフィクションの二つの特徴——自由な同調と時空間的限定——は、共有された遊戯的偽装から直接導かれるものである。同調が自由だというのは、フィクション装置が例示するものが、ただ意志的基盤の上でのみ確立しうる遊戯的相互作用の様態だからである。またあらゆる遊戯と同様、フィクションは自らに固有の規則を作り出すことで、遊戯空間の外部では有効な規則の一時的（かつ部分的）な中断を引き起こすのである。「意図しないフィクション状態」という枠組みにおいて、「神話的」表象——当然のことながら「神話」とは常に他者の信仰でしかない——がわれわれの社会で得るステイタスは、まさにこうしたものである。

　注意して扱わないと、神話概念には、最初の点とはある意味反対の、もうひとつやっかいな点がつきまとう。それは、自らが研究対象とする社会における信仰の失墜を望まない神話学者の中に、真実と見なされた信仰と、想像上のフィクションとの当の社会における区別の妥当性を、否定するとは言わないまでも過小評価する傾向にある人々がいるということだ。このような人々は、同時に実は非常に興味深い事柄にも目をふさいでしまっている。彼らがいわゆる「神話」を再構成する基盤となる物語の集いには、語り手と聴衆によって「真実と見なされている」一連の語り（たとえば系譜の物語）と、明らかにフィクションとして提示されている一連の語りとが見事に組み合わされることがあるというのがそれだ。たとえばゴルドマンとエミソンは、パプア・ニューギニアのフリ族の物語（bi te）が真に語用論的なブリコラージュをなしており、語り手や聴衆が「本気で」同調する語りとフィクション的な作り事を組み合わせていることを示している。そして、われわれの社会とまったく同じように、フィクション性の慣習的指標の存在（紋切り型となった導入句、フィクション世界でしか用いられない固有名の一覧）のおかげで、聴衆はどのような時でも文脈がフィクションであるか否かを知ることができるのである。[28] 換言すれば、彼らが本気で信じていることの一部はわれわれが本気で信じていることと異なるにしても、フリ族はフィクション的想像力と本気の信とをはっきりと区別しているのである。しかしフィクション的状況と「本気の」信を分かつ決定的な点は、まさしく「実際の」真偽の次元にはない。われわれの本気の信の多くは、（自然的、社会的）現実に適応するために必要不可欠な知と遠くかけ離れた関係しか結んでいないので、それが真でも偽でも、実践的な面からすると結局同じことになってしまう。他方、（真であれ偽であれ）われわれが同調し、さらに現実原則に属する信（実際にはこの原則の影響を逃れる信があるとしても）と、この原則には属さない（あるいは少なくとも同じやり方では属さない）想像上の構成物とのあいだに境界線を引くことは、必要不可欠である。誤った信を組織的に産出してしまうといった、非常に深刻な認知上の不具合の場合を除き、真というステイタスを要求するものとそうでないもののあいだの境界は、実際に真であるものと実際に偽であるものとのあいだの境界よりもいっそう本質的なのである。

だがフィクションと誤った信ないし幻想を区別せねばならないにしても、フィクションがミメームを通じて作用する以上、それはまやかしと同じメカニズムを通じて作用しないわけにはいかない。事実、前章で主張した仮説が正しければ、表象的注意の態度には、ひとつの包括的論理しかない。つまり表象というものはすべてその内容を提示するのであり、そうするのはまさに、それが表象だという単純な理由からである。[29] 表象はすべて論理的な意味での参照構造を備えている。すなわち表象とは「何かに関するもの」であり、「何かについてのもの」だ。このような構造の存在は表象の本質に内在するものであって、単に表象であるという理由から表象が関係する参照対象と、指示された任意の世界内の超越論的対象が実際に対応するかどうかという問題とは無関係に、表象はそうした構造の存在によって規定されているのである。それゆえ一方ではフィクション的であり、もう一方では指示的であるような、二つの表象の様相が存在するという考えは捨てなければならない。存在するのはただひとつ、指示的な様相のみである。それは表象能力が、われわれの中枢神経組織と外界やわれわれ自身の心身の状態ないし行為とのあいだのインターフェースとなるよう、自然淘汰によって形成されたひとつの神経構造だという理由による。それゆえ、存在しない対象に向けられるからといって、表象がそれを存在しないものとして表象することはできない。なぜなら何かを（自分に）表象するというのは、結局そのものを表象内容として措定することになるからである。[30] さらにフィクション的表象が措定する指示対象のクラスは、外界や心身の状態ないし行為といった、一般的表象が措定する指示対象のクラスとまったくおなじである。このことは、表象の起源、それに到達する様態、あるいはそれらの存在様態とは無関係に、あらゆる表象にあてはまることなのだ。たとえば馬の表象と〈一角獣－の－表象〉[31]に（外示の観点からすれば）いかなる論理的な差異があるにせよ、これらは内容という観点からすれば等しい。[32] 確かに、私は（おそらく）現実の一角獣を見ることが決してできないだろうから、一角獣の場合には、その表象に到達する経路のいくつかは排除されている。つまり、私が一角獣について抱くいかなる表象も、ある特定の一角獣には由来しえない。また、先に見たとおり、表象されるものによって引き起こされる表象つまりは知覚と、表象の対象が原因とはならない表象――（なかでも）ミメーシス的自己刺激によって生じる表象はそうしたケースである――とを区別しうることの重要性は本質的である。とはいえ現実の一角獣を見られずとも、それを像《イメージ》で見ることは容易である。そしてここでもまた、この像を視覚的に把握し、またそれが対象とする実体を心的に構成するやり方という観点からすれば、これを馬の像と区別する点はひとつもない。つまり、心的表象に当てはまることは、像の表象にも当てはまるのだ。さらにもし私が一度も馬を見たことがなく、他方で一角獣の像には長いあいだ親しんできたとしたら、私は、馬に比べて一角獣についてずっと豊かかつ複雑な表象を形成するだろう。これらの例が示すのは、表象の内的構成というレベルでは、われわれが自らに表象するものの存在や非存在による違いが生じないということである。この構成は、表象内容の来歴というより、表象の伝達手段（知覚、想像行為、言語記号、類比的象形、音ないし触覚の刺激等々）によってむしろはるかに変化する。別の言い方をすると、フィクション的な作り事は、典型的な表象構造を利用しつつ、内在的参照関係と機能の上で相関する超越論的指示の問題を外すことによってのみ、その世界を構築できるのであるから、ここには偽装の「あたかも〜のように」という要素が含まれざるをえないのである。事実、フィクション的な作り事にあっては、心的表象の性質そのものによって措定されるこれらの指示対象は、典型的な認知による表象の場合とは違って、それらを構成する表象の因果論的源泉にはならず、また対象を産出する意図的原因になる表象の場合とも違って、それ自体で自らに対応する現実を産出しうる因果論的力になることもないのだ。表象とは、表象能力の自己作用の結果であり、この自己作用は、人間の表象能力の場合がそうであるように、表象組織が反省的プロセスに達するやいなや可能になるのである。そして遊戯的偽装の機能は、想像世界を創造し、受け手がその世界に没入するよう導くことであって、その想像世界が現実世界であると信じさせることではない。それゆえ遊戯的偽装という状況は、本気の偽装という状況とは根本的に異なるのだ。本気の偽装でのミメームの機能は、信すなわち現実との直接的相互作用を調節する意識の審級をまやかしに導くことである。だがフィクション装置におけるミメームの機能は、共有された偽装が以下の事実を前提としていることを承知の上で、（知覚的あるいは言語＝意味論的）表象の態度を始動させることにある。その事実とは、ここではミメーム、つまりこの表象態度によって生み出された世界に適した特別な用法を定める認識が問題となっていると、われわれが知っているということである。

ミメームと共有された遊戯的偽装の関係をもう少しはっきりと理解するためには、まやかしの問題から出発するのが有効だろう。『マーボット』の場合には、共有された偽装という状況がなかったがために、物語は事実的伝記のまやかし〔おとり〕として機能し始めた。そしてその効果は、(成功した)本気の偽装と同じものとなった。そのため、共有された遊戯的偽装とまやかしの効果は、両立しがたいと考えられるかもしれない。だが実のところ、二重の理由によって、その関係はより複雑である。つまり一方には、『マーボット』が証明してみせたように、偽装の意図がまったくないにもかかわらず、まやかしが存在しうるということがあり、他方ではまやかしが異なった心理的構成単位《モジュール》に作用し、それぞれの場合で結果が異なるために、まやかしにはいろいろなものがあるということになるからだ。

まず、偽装の意図がまったくないところにまやかし――つまりミメームとそれが模倣する現実のあいだの混乱ないし短絡――がありうるという事実から出発しよう。それがなぜ可能であるかについてはすでにわかっている。というのも偽装が意図的な事象であるのに対し、まやかしは機能的な事象であるからだ。あるミメーム(ないしはミメームの総体)の作用の仕方には独自の力学がある。それはミメーム作者の意図的態度から独立し、模倣と模倣されたものとの同形性の程度によって本質的に定められる。(33) この同形性が一定の閾を超えると、ミメームはそれが産出されたときにどのような意図が支配的であったにせよ、まやかしとして機能し始めるのだ。とりわけ類比関係を活用することで成り立ついかなる表象(つまり「模倣による表象」すべて)も、それに「適した」状況があれば、偽装の意図などまったくなくともまやかしに変化しうるのである。逆に、同形性の程度があまりに弱いと、仮に偽装の意図があったところでまやかしは機能しない。要は嘘のつき方を知っている者と、そうでない者がいるということだ。それゆえまやかしの産出という特殊なミメーシス関係と、(本気の)偽装の意図の区別が重要になる。

フィクションにおいては、(本気の)偽装の意図が存在しないにもかかわらず、フィクション的没入という状況がまやかし効果と結びついているだけに、この区別はいっそう重要となる。今日知られているあらゆるミメーシス的表象装置の中で、この種の効果を最も容易に生み出すのはおそらく映画だろう。ここで問題となるのは知覚的まやかしだ。(34) その可能性は映画装置のありように、つまりその準知覚的な類比的表象というステイタスに根ざしている。それゆえこれはフィクション映画とドキュメンタリー映画の区別の前段階に位置する可能性であり、またこの特性のおかげで映画そのものと映画フィクションの関係の研究も奇妙なまでに複雑になっている。[35]だがこの可能性を躍起になって利用してきたのはフィクション映画の方である。映画の起源から、映画技術のあらゆる進歩を牽引してきた主要な動機は、「忠実な再現」よりも、超正常ミメームで映画を満たしたいという意図であったように思われる。それは映像(光のコントラスト、輝き、あるいは色彩のコントラストなどの誇張)のレベルにも、また音響のレベル(ドルビーデジタルを考えれば十分だろう。その特徴は、現実効果を引き起こすため、音の反響効果と低周波数の振幅を組織だてて誇張することにある)にも見られる。ところで、映画の観客が時折体験することだが、このような超正常ミメームは、突発的に知覚的幻影として機能することがある。たとえば身をかがめたり、頭を後ろにのけぞらせたり、また目を閉じたりといった動作をもたらす短い反応のループを誘発することがその証拠である。しかるに、反射的性質をもつこのような反応ループは、前注意的な知覚処理の典型である。つまり誤りに導かれるのは、知覚的構成単位《モジュール》なのだ。それはすなわち、仮にミメームの代わりに模倣対象である現実の刺激であったとしても、それに適した反応を引き起こすに足るほどのミメーシス的な同形性が見られたということである。まやかしを誘発する刺激は、現実の状況においてその処理が有効であるために、前注意的様態で処理されるべき刺激の一部であり、ゆえにそれが意識に達するのは、すでに反応が起きてからでしかないということを注記しておく必要がある。[36]これは遺伝的にプログラムされ、(打撃を避けるため頭を後ろにのけぞらせたり、飛んでくるものを避けるために身をかがめたりするように)身体を無傷に保ち、あるいは(トラウマになるような知覚経験を避けるために目を閉じるように)心を保護するのに必要不可欠な遺伝のループなのである。

こうした知覚的幻影が前注意的特性を備えていることは、ここでの問題にとって興味深いことである。実際には、超正常的な映画ミメームのすべてが、通常なら反射型の短い反応ループを活性化するような刺激の再現となるわけではさらさらない。一方で、知覚的転移〔transferts perceptifs〕へといたるのは、この種の刺激を再現するミメームのみである。共有された遊戯的偽装とまやかし効果の関係を理解する際に、この事実がもつ重要性を適切に判断するためには、これに加えて明らかにしておかねばならないことがある。それは『マーボット』によって誘発されたまやかしとは異なり、ここで問題となる知覚的幻影は、重大な結果をまったくもたらさないということだ。クリスチャン・メッツの鋭い指摘にあるように、「知覚的転移」とそれによってもたらされる運動的反応は、実際のところ短時間のものでしかないのである。さらに彼は、運動的反応が生じること自体によってまやかしが中断されることを付け加えているが、私からしてみれば、これは決定的な点だ。彼は知覚的転移にある観客の状態と半睡眠状態とを比較して、次のように記している。「他ならぬこの行動［運動的反応］が、彼を覚醒させ、彼が一瞬落ち込んだ一種の睡眠状態――その行動の源泉はそこにある――から引き出す[37]」。さらに正確を期すなら次のように言うべきだろう。かたちをとり始めた反射的反応の自己受容的［propriocepif］フィードバックが意識に達する瞬間、同時に運動的反応が遮断され、知覚的まやかしが中断させられる。別の言い方をするなら、現実の行動がまやかしによってコントロールされることを防ぐ決定的な審級は、意識的コントロールや注意的認知の処理の審級なのである。すなわち、事態を把握し、適切な知覚的ないし心的態度、つまり共有された遊戯的偽装という態度を、またその結果として、見せかけへの没入という態度を再設定するのは、観客の意識であるということだ。逆に『マーボット』の場合では、読者の意識的注意がまやかしに導かれる。というのも物語の語用論的ステイタスを識別することは、意識的注意に属する決定だからである。先に見たように、ヒルデスハイマーの「失敗」は、形式的ミメーシスの超正常まやかしのせいではなく、語用論上の戦略が自己破壊的であったことによるのだが、そのことはこの事実と符合する。

映画における知覚的転移と『マーボット』という二つの状態の比較によって、少なくとも二つのことが明らかになる。まずこれは、遊戯的偽装という状態が、前注意レベルで作用する機能的まやかしの存在と両立することを示す。クリスチャン・メッツが研究した知覚的転移の最も重要な側面は、模倣された刺激のタイプを受けて信号処理を生じさせたのが、認知が入り込まない短い反応ループという枠組みの内部であるという点にある。それゆえ問題となるのは、前注意的なまやかしが存在することよりも、意識的コントロールの審級がショートするということであり、それは問題となるミメームのタイプに特定的な効果なのである。フィクション的没入への端緒として役立つ超正常ミメームが常に前注意的まやかしを作り出すということは、それゆえ大いに考えられることである。さらにミメーシス的没入がフィクションのそれとなる場合に、超正常ミメームがそのようなものとして機能することも考えられる。われわれを騙す意図などまったくもっていないにもかかわらず、フィクションの作り手が、受け手の前注意的な表象構成単位《モジュール》をまやかしへと導くことに成功しなければ、ミメーシス的没入の態度をとるよう仕向けられないこともありうる。つまり作り手は、自分が創造した心的世界にわれわれを到達させようとするときに、この世界を措定する表象をわれわれが自ら作り上げるよう導かねばならないのである。フィクション的没入の状況を理解するために私が検討しようと思っている仮説は、少なくともこのようなものである。今のところは、反対推論によるとはいえ、共有された遊戯的偽装という状態に関して、知覚的転移の状況が教えてくれることに限ろう。つまり「通常の」状態における映画の視聴に際しては、仮にミメームに相対する代わりに、それに対応する知覚がなされる状態に置かれていたなら、それに適した（運動的ないしはその他の）反応を命じたであろう心理的構成単位全体の無効化が付随するということである。それゆえ、少なくとも次の仮説を受け入れるなら、超正常ミメームの存在は、共有された遊戯的偽装という状態と完全に両立することになる。その仮説とは、（知覚的であれ言語的であれ）表象の前注意的処理を行う心理的構成単位は、われわれの信を統御し、表象のデータを特定の認識論的枠組みに統合する意識的コントロールの中枢に対し、相対的に独立しているというものである。

騙しや幻想がなくても、まやかしの効果に基づく力学が存立しうるということは、われわれの信を統御し、また表象データの認知的解釈を実行する意識的コントロールの中枢に対して、表象に関わる心理的構成単位が相対的に独立していることを認めさえすれば説明される。これら二つの心理的「構成単位《モジュール》」は、通常であれば結合しているのであるが、それを遊戯的偽装は機能的に切り離すのである。実際、通常の状況では、（知覚の様態であれ言語的外示の様態であれ）表象に関わるメカニズムによって処理されるものすべてが、われわれが生きている

「現実」の相《アスペクト》として、われわれの信というホーリズム的体系に入ってくる。しかしながら遊戯的偽装という状態は、この関係を断ち切ることを要請するのであり、そうなると表象に関する態度をとることと、通常ならその表象が誘発する効果がただちに中和されるという循環が、延々と続くことになるのだ。遊戯的偽装が（知覚的、言語的な）表象の心理的構成単位と、信の認知的構成単位とを切り離すという仮説もここから出てくる。「通常」の状態では、表象の構成単位によって処理されるものすべては（それが知覚の様態であれ、言語的外示の様態であれ）、認知上の価値（正しい、間違っている、大いにありそう、可能性がある、ありえない等々）を与えられ、そうしてわれわれが自分の生きている世界とのあいだで、認知上ないしは実践的な相互作用を行う際に直接利用できる信というかたちで、長期的記憶に保存されることになる。だが遊戯的偽装という状態はこの関係を断ち切り、表象に関する態度決定と、通常ならその表象が誘発する効果の中和という運動を延々と行うことを要請するのである。たとえば小説家が、指示的言語行為として識別できる記号を模倣し、しかしながら模倣された行為を再実例化させない場合に、ミメーム＝見せかけ〔mimème-semblant〕を生み出すことになるわけだが、これは現実的発話と同じ資格で、読者のうちに語られた対象や出来事の心的表象を誘発する。だがこうした処理は、遊戯的偽装という枠組みによって、読者が現実（この言葉を彼がどのように理解するのであれ）に関する信を作り上げている心理的構成単位の境界でせき止められることになるのである。

この違いを別の仕方で表すこともできる。一般的通念とは異なり、フィクションはフィクションであることを自ら暴かなくともよいが(38)、フィクションとして告知されなければならない。それはこのような告知機能が、ミメームによって導入される表象がフィクション装置によって模倣される「現実」の表象と同じように処理されることなく、シミュラークルが作用しうる遊戯空間の境界を定める語用論的枠組みを設置することにあるからだ。この告知がどれくらい明示的に行われるかは、文化的な文脈やフィクションの種類によって異なる。ある社会に深く根ざしたフィクション的伝統があり、作品がその伝統に強固に位置する場合には、フィクションを設定する行為が、極端な場合には暗黙裏になされることも、つまりコミュニケーション的状態の暗黙の前提に含まれることもあるのだ。たとえばわれわれは、映画フィクションの特徴を暗黙裏に知っているので、たとえ番組の途中でテレビをつけたとしても、そこに流れている映像がドキュメンタリー的性質のものか、あるいはフィクション映画かをたいていは直ちに理解する。もちろん、ドキュメンタリージャンルの形式的ミメーシスに基づいたフィクション映画（たとえばウディ・アレンの『カメレオンマン』のいくつかのシーン）の場合や、逆に、構成をフィクションに借りたドキュメンタリー（たとえばロバート・フラハティの『極北の怪異（極北のナヌーク）』）の場合は別である。[39] さらにフィクションであることが明示的に告知されるときも、その形式はフィクションの種類によって非常に異なっている。口承文学の場合、慣習に則った導入の文句がたいていはその役割を果たす。文字を使った言語的フィクションの場合、それを請け負うのはたいていパラテクストだ。それはジャンルの指示を明示的にすることもあるし、あるいはもっと控えめに、タイトルの種類そのものによって行うこともあるが、後者の場合には、当然、読者が当の文学的伝統に親しんでいることが想定される。[40] その他の形式のフィクションでは、語用論的契約が具体化するために、文字どおり物理的な枠組みのかたちをとるものもある。演劇の舞台はそのケースである。そのフィクション化の枠組みとしての有効性を理解するためには、これを路上劇と比較して、後者が引き起こす演技と現実の境界を画すための困難を考えてみればよい（言うまでもないが、多くの場合、これは路上劇の目的のひとつである）。また、映画館という会場やスクリーンもそのケースとなる。ただし映画フィクションの場合には、複数の層の枠組みがある。というのも、映画館ではフィクション映画だけでなく、ドキュメンタリーも放映されるために、この物理的枠組みだけでは十分でないからだ。ドキュメンタリー映画の数が少ないことから、この物理的な枠組みはそれなりに信頼できるものではあるが、それは題名、俳優や監督の名前、そして時に応じてはジャンルの指示等々といったパラテクスト（むしろパラフィルム）的指標によって確認される必要がある。

これまでに提示した仮説がおおむね正しいとするなら、共有された遊戯的偽装という状態においては、ごまかしがごまかしとして作用しないということになる。それゆえ「共有された遊戯的偽装」という表現を、字義通りに受け取ってはならない。フィクション装置と偽装とは、ミメーム＝見せかけの産出という同一の技法に頼るという点を共有している。そしてここで「遊戯的偽装」と呼ぶものは、ミメーム＝見せかけの産出と、意図的注意あるいは偽装の語用論的機能の切断によって特徴づけられる。そこから次の、たしかに多少なりとも思弁的な仮説が生じる。それは、系統発生的な観点からすると、遊戯的偽装それゆえフィクションは、まやかしを産出する作用と偽装活動――生物学的進化という枠組みでは、これと関連して遊戯的偽装が選択される――を切り離すところに生じるのではなかろうかという仮説である。人類の文化的獲得物として捉えられたフィクションの可能性そのものは、それゆえ少なくとも三つの条件の上に成り立つ。まず、ミメーシス的振る舞いとミミクリーの行動を切り離すことが要請されるので、そのような切断が可能でなければならない。この条件については問題がないだろう。なぜならミメーム本来の効果は、それらによって作動する機能や行動から独立していることがすでに確認されているからである。このことは、これらが互いに還元されない別個の事象であることを示している。第二の条件は、言うまでもなく少なくとも二つの特性を有する複合的な心的組織が存在することである。そのひとつは、前注意的なまやかしの効果が信のレベルに達しないよう防ぐことを可能にする意識的（あるいは注意的）コントロールの審級、もうひとつはホントウに値するものとウソに値するものとを区別できるまでに洗練された意図の組織である。それにより、ミミクリーの活動が意図的行動を備給してはじめてフィクションが生じたのではないかということがいっそう強く考えられる。第三の条件は社会的性質を帯びている。共有された遊戯的偽装という状態は、葛藤的関係よりも相互協力が大きな場を占める社会組織の枠組みにおいてのみ可能である。事実この状態が成立するためには、本質的には裏工作である関係性（捕食や自己防衛）にミメーシス技術が奉仕することを止め、逆にミメームの産出者と、遊戯に身を委ねるよう呼びかけられている者とのあいだに透明なコミュニケーションと相互信頼の関係が成立し、それに基づいた意図的注意によってミメーシス技術が再利用されることを必要とするのである。

3　フィクション能力の個体発生――ミメーシス的自己刺激について

　ここまで私が提案してきたのは、系統発生の観点からすると、フィクションは、ミメーシスの作用因《オペレーター》を、生命機能――これがかつては（そしてそれ以外の状況では今でも）「本気の」偽装のための手段として捉えられたミメーム＝見せかけの機能である――から切り離すことを前提とするという考えであった。これはもちろん思弁的な仮説だが、生物学的進化においては、本気の偽装の事例が遊戯的偽装の発生にはるかに先立っているということを考慮すれば、少なくとも是認できるものである。ともかくこの仮説によって、フィクションが共有された社会的活動として誕生したという説明がされることになると、どうすればこの説を「私的」な遊戯と見なされるフィクション装置にも適用できるのかがよくわからなくなってしまう。フィクションとは孤独な楽しみにもなりうるものであり、少なくとも幼児期には実際にしばしばそうである。人形遊びをしたり、ミニカーや鉛の兵隊で遊んだり、映画スターやスーパーマンになったところを想像してみたりというのは、「私的」なフィクションを作り上げることに他ならない。するとミメーシスの作用因と本気の偽装とを切り離すことでは、こうした能力の個体発生が説明されないのではないかということになってしまう。だとしたら、私がつい先ほどまであれほど重視してきた、共有された偽装という概念は有効でないことになってしまうのか。

　フィクション能力の個体発生という問題は、社会活動としてのフィクションの系統発生という問題よりも思弁的なところが（いくらか）少ない。とはいえわれわれは、真の争点を見失うような視点からこの問題を取り上げがちである。実際、フィクションのことを、単に現実を指示する関係の上に、それを規定するいくつかの条件を中和して接ぎ木されたものだとなんとなく考えてしまいがちだ。こうした仮定は、個人と非主観的現実とのあいだの関係の発生、より広くは幼児における認知と感情（両者はだいたいセットにされる）の発達に関する単純化された考え方と深く結びついている。事実この仮定が暗黙のうちに前提としているのは、新生児の脳とは外的現実がその徴を残すにつれて次第に指示的な知によって埋められる真っ白な紙のように機能するもので、そのすべてが赤ん坊の「自我」なるものに他ならぬ認識上の中枢的審級の管理下にあるはずだという考え方なのだ。このような見方に対しては、フィクション能力の誕生が複雑なプロセスを経ることのみならず、その能力を獲得することも、現実を統御するプロセスにおいて非常に重要な要因であることを示すいくつかの基本的事象を想起するべきだろう。別の言い方をすれば、想像活動――それゆえフィクション能力への到達口――は、本来的条件とされがちな現実への関係に寄生する余計な付属物などではなく、安定した認識構造を確立するために、すなわち自我と現実を区別するために重要となる要因なのだ。

学派の争いを超えたところで、発達心理学がまずは確実と言える方法で証明したことが二つあるとしたら、それは出生時から赤ん坊が構造化された自我を有しているという考えと、その初期状態の脳には現実世界に関してあらかじめいかなる構造も作られていないという考えが両者とも誤りだということである。赤ん坊の脳は白紙状態などではない。その脳には、認識という観点からすでに機能し、また適切な外的刺激によって活性化されれば、赤ん坊の初めての行動を自動的に導く構造組織が一定数備わっている。遺伝的に「あらかじめ接続された［précâblé］」このような組織――ダニエル・スターンはこれを「あらかじめ形成された心的構造」[41]と述べており、その研究が最も進んでいるのは視覚、言語獲得、反射運動に関するものだ[42]――は、前注意的なレベルに働きかけるもので、注意による（それゆえ意識による）要因によって変化が加えられることはありえないように思われる。意識ならびにその注意によるコントロールの審級がまだ発達段階にあるときに、この組織が効力を発するのは、まさにこのように前注意的な特質のおかげである。実際、ここでも通念と反することになるが、子どもはすでに構造化され、環境から区別されたものとして自ら措定できる「自己」を伴って生まれはしない[43]。子どもの生の経験の状態、つまり欲求やその満足の経験、快や苦に対する感覚、筋肉の緊張や弛緩の程度によってもたらされる感覚、そしてしばしば「動物意識［zooconscience］」と呼ばれるものに属する感覚刺激に結びついた状態のレベルでは、新生児は、世話をしてくれる人々を含んだ自分を取りまく世界に、自身の無限の延長しか認めないのである。それゆえ「自己自身」であるという意識が、新生児にはまだない。なぜなら人が「自己自身」になるのは、二つの世界、つまり主観的内面性の世界と客観的外面性の世界とを同時に生み出す分離膜を「分泌」することによってでしかないからだ。このプロセスのさまざまな失敗――それはときおり重大な結果を招く――が逆説的に示しているように、自己と世界のあいだ、われわれの内面に属するものと「外部」に属するものとのあいだにこのような安定した境界を打ち立てることは、ひとつの企てなのであり、その複雑さと同時に欲求不満を引き起こさせる性質――というのも幼児はこの段階で原初的全能感を喪失し、何かに依存しているという経験を被るのだから――は、いくら過大視してもしすぎるということはない。

認知の観点からして、幼児にとっての最大の困難と思われるものは、さまざまな原因に由来する信号に対し異なるやり方で反応することを可能にするきわめて複雑な前注意的能力を彼が有する一方で、その後でこれらの信号を処理する（そしてとりわけそれらを表象として保存し、カテゴリー化する）ことになる統合された意識の組織は、いまだ発達途中にあるという不均衡である。前注意的な道具立てはすでに十全に活動しているのだが、それを引き継がねばならない意識的コントロールが、まだその役割をしっかりと果たしてはくれないのだ。具体的に言えば、赤ん坊はあらゆるところから自分のところに流れ込む刺激を、それを生じさせるさまざまな原因に適切なやり方で配分することがまだできず、それゆえ自分の（意識的、意図的）反応をそれに適応させることもできない。シンガーが（その他大勢の心理学者に引き続いて）指摘しているように、赤ん坊にとって外因性の信号と内因性の信号を根本的に区別することはまったく自明なことではない。「事実、子どもにとっては次の二つのことを区別するのが必ずしも容易でないかもしれない。つまり、体験される刺激――再現的映像群にせよ、長期間記憶に保存されていたかつての会話の一部にせよ――のうちどれが根本的に内的で、どれが外的、すなわち直接的かつアクチュアルな環境に由来するものなのかを区別するということだ」[44]。幼児の状態を脱すると、前注意的感覚の幻影、病理的状態、あるいはあまりに強い感情的対抗備給さえなければ、心的内容をそれが由来するさまざまな原因に応じて、多少の失敗はあっても分類することができるようになり、そしてそれぞれの種類にふさわしい反応の様態を採ることができるようになる。だが、われわれはそのために、赤ん坊は存在論的ステイタスの大部分がいまだ定まっていない世界に生きており、また自らが体験する刺激と取り結ぶ認識的関係が、まだ根本的に不安定だという事実を軽視しすぎる傾向にあるのだ。

意図的（あるいは表象の）心的行為が、（知覚上、あるいは身体に根をもつ）外的刺激が突然やってくることによって始まり、その種の外因性情報がなくなれば止んでしまうような断続的現象ではないだけに、この不安定さはさらに大きいと言える。[45] 事実、心的行為の大部分は、刺激に依存しているのではなく、自己刺激の現象、つまり閉じたループの作用によるものである。このように閉じたループで作用するせいで、すでに記憶の中に蓄えられた外因性情報（そして過去の自己刺激の結果）を再処理（改変、組み替え、欠損など）することに由来する新たな心的内容が生じる。こうした自己刺激のうち、ミメーシス的モデル化のプロセスは大きな位置を占めている。だがこの点でもまた、最初の段階では、赤ん坊が次の二つの型のあいだに明確な境界を引くことはできない。そのひとつが相同的モデル化であり、そこにおいてはモデルについての構造的連関が、モデル化された事象のそれに、調節された関係に従って重ね合わせられることが可能でなければならない。これは、たとえば模倣による学習プロセスにおいて優位となる状態であるが、それが人間としての初期的能力を獲得するに際して、またとりわけ遺伝的にプログラムされた構造組織を活性化するにあたって果たす重要な役割については、先に指摘したとおりである。そしてもうひとつはフィクション的（あるいは想像的）モデル化である。これは表象の産出として捉えられるものだが、これにおいてはバーチャルなモデルと現実のあいだの関係が、全体的かつ局所的相同という制約に従わない。逆に全体的な類比関係が保たれてさえいればよく、局所的な対応関係は、類比的であっても相同的であってもかまわないのである。[46] 自己刺激が幼児の欲求と欲動に従って大量に備給され、またその結果、幼児は自ずとそれを不快や苦痛をもたらす刺激に対して差し向けられる対抗備給として利用するようになるだけに、幼児がこの区別を立てられるようになることがなおのこと必須となる。換言すると、不快な刺激を覆い隠し、それをより扱いやすく、また自分の欲求に見合った表象に取り替えるため、幼児は自己刺激を不快な刺激の上に投げかけるよういつも駆り立てられているということだ。そこから、フィクション的モデル化が相同的モデル化に寄生するという危険が生じる。これにより相同的モデル化が効果をもたなくなり、同時にフィクション的モデル化が固有の心的態度として形成されることが妨げられてしまう。この種の機能不全のよく知られた例が虚言症だ。この症状は、二つのモデル化がまだほとんど差異化されていないがゆえに、子どもにあっては普通にあらわれる。逆にこれが一定の年齢を超えても残ってしまうと、しばしば重大な結果を伴う認知的（そして社会的）障害となってしまう。それゆえここには、幻想的性格を備えた自己欺瞞〔autodéception〕の事象からフィクション的没入を区別するという、重要な問題が存しているのである[47]。

自己刺激の感情的備給ということでは、私がこれまで無視してきたもうひとつの事実に注意せねばならない。私の説明ではややもするとそう思われてしまうかもしれないが、赤ん坊は認知機械ではなく、欲求と欲動によって動かされる有機体である。おそらく、大人も根本的に異なる状態にあるわけではない。だが赤ん坊と比べて、大人は自分の欲求や欲動をより容易に自らの手段で満たすことができる。実際のところ、赤ん坊は大人に対して根本的に依存しているのであるが、この現実の状態は、少なくとも最初のうちは大人が赤ん坊の意のままになることから赤ん坊がもつようになる幻想的全能感と、はっきりとした対比をなすのだ。それゆえ子どもの世界にできる最初の安定的要素や、永続的なかたちで結晶化する刺激の初期的配置といったものが、彼の生の欲求を満たしてくれる人々であるということは、驚くべきではない。それが母親（ないしはその代わりをする人）であり、またより広くは「育ての親」に属する人々ということになる。こうした人々は、赤ん坊には統御不能な、さらには攻撃的ですらある刺激（強すぎる光、音、抵抗する物体等々）の知覚領域を構成するものとして姿を現す一方で、彼のあらゆる要求に完全に応えてやることから、赤ん坊にとって特別な地位を占めることになる。つまり子どもが示す欲求に対する反応によって、彼らは「外」においては（あるいはむしろ「外部」として構成されることになる刺激の集合体の中では）、子どもの統治下にある内因的世界と最も類似したものとなるのである。このことから、内と外との差異化において、また現実の受け入れにおいて、彼らは中心的な役割を果たすことになる。彼らはいわば、外的現実として結晶化する手の付けられない要素の中で、子どもの「自己」の代理人となるのだ。それゆえ子どもと世界のあいだの単純な関係の結果として、内的主観性と外的現実が次第に区別されるわけではない[48]。その区別は子どもが母あるいはよりひろく育ての親たちと取り結ぶ関係によって媒介されており、こうした人々は、二つの世界のあいだにあって、感情あるいは認知上の緩衝材という役割を果たす。彼らは長期にわたって、認知的人工器具とでも言うべき役割を担い、子どもは「あること」と「ないこと」を区別する際に困難に出会うと、これを使うようになるのである。そうしてみると、自己刺激によって導入され、没入の様態で経験されたミメーシス的表象にいかなるステイタスを与えるべきかという問題を解決する際に、彼らの役割がとりわけ決定的となることが理解されるだろう。幼児からすれば、「ホントウのこと」と「ウソのこと」の区別は大人たちが保持しているのである。要するに大人は、子どもが生きている世界を認知的に安定させてくれる者であり、また同時に忍び寄る認識上の構造喪失と存在の不安定から彼を守る者でもあるのだ。

この段階で理解しておくべきことが、自己充当〔auto-affection〕としての、意図的で反省的な態度としての、そして自分を相手に遊ぶ遊戯としての遊戯的偽装の発生であることを想起しておこう。それゆえ問題は、もはや遊戯的に「〜であるかのようにする」ことと「本気の」偽装活動との関係ではなく、一方でミメーシス的没入のフィクション版と、他方で内因的に機能するまやかし（たとえば幻覚）や自己欺瞞ないし自己操作（憑依の儀式はそのひとつ）のあいだの安定した境界の発生となる。そのために私が「フィクションの第一の系譜学」と呼んだものの、つまりフィクションの起源は憑依や自己操作という状態に見いだされるのではないかという理論[49]に通底する問題系に再度出会っているのだと考える向きもあるかもしれない。だが実のところは、幻覚、憑依状態（ここでは自己操作によって誘発されたもの）とフィクション状態のあいだに系譜学的関係はない。あるのはむしろ、ミメーシス的自己刺激活動のさまざまな種類の作用なのである。さらに儀式において意図的に誘発される憑依と、意図せずして被る幻覚とを注意して区別すべきである。後者は心的機能不全に由来する。つまり幻覚は日常的現実の世界を知覚的に構成する際に寄生するという点で、まさに認知的病理である。それゆえこれは、一般的に重度の社会的障害にいたる。ただし稀な例外として、たとえばキリスト教の伝統に見られるいくつかの神秘体験のように（とはいえ幻覚として見られるのが悪魔ではなく聖人であるという僥倖に恵まれなければならないのだが……）、幻覚が事後的に社会集団によって見神にまで引き上げられることがある。一方憑依状態は、初めから社会的に正当化されている。その起源は意識的な自己操作にあり、またそれは儀式という文脈に備わる規則に従うのだ。実際、憑依状態は、これが社会的また個人的な生活における世俗的時間には侵入しないよう、枠組みの中に入れられている。これら二つの点から、憑依状態はフィクションに近づくのだが、そこには憑依状態と普段の生活の信のあいだの関係が、現実とは二重のものであり、その二つのレベルのあいだには（社会的に聖別された）通過点が存在するという考えによって媒介されているという注意すべき違いがある。だがこの違いにもかかわらず、両者の類縁性はかなり強い。ミシェル・レリスが「生きられた劇」という概念を用いて分析した状態に見られたように、フィクション的没入と儀礼的憑依のあいだには、不安定な状態や相互的移行がありうるほどなのだ。

現実との直接的相互作用というループに入る情報を内因性のミメームから区別する境界の必要性に直面する心的活動は、意識的な自己刺激だけではない。夢も似たような状況におかれている。夢とフィクションとのあいだには、もちろん大きな違いがある。それはフィクションが意識的に作り上げられるのに対し、夢は意識的自我のあらゆるコントロールを逃れるからだ[50]。われわれは夢の表象を知覚として認める。そのため夢の状態は「現実」の状態として生きられる。人間は実のところ二つの現実を生きており、二つの生、すなわち白昼の生と夢の生を送っているのだという多くの社会に広まった信仰は、ここに由来する[51]。この信仰と、もうひとつの信仰、つまり憑依状態の経験を俗界の経験と両立させるために、二つの現実という次元を措定するという信仰とは、そもそも非常に親近性がある。多くの民族にとって、夢の現実と憑依された人に開かれる現実とは、同一の世界なのである。それはさておき、表象を産出する様態の問題を除けば、夢とフィクションのあいだには驚くほどの並行関係がある。というのも、フィクション同様、夢もまた、（直接的な）知覚の源がまったくない状態で表象を生み出す内因性の刺激システムを活性化させることに存しているからだ。さらに、意識的に産出された想像上の刺激と同様、夢の表象もまた感情の備給を強く受けている。とりわけ生物学的進化が夢の場合に「解決」せねばならなかった問題は、想像上の自己刺激に関して赤ん坊が直面せねばならない問題と類似している。それはつまり、いかにして純粋に内因的な表象が、環境との関係をコントロールする反応のループに感染しないようにするかという問題である。[52]夢にはこの危険が存在する。なぜなら夢の表象は内因的な活性化と結びついているのだが、それは感覚システムを動かすだけでなく（これを証しているのが逆説睡眠［レム睡眠］、つまり夢の最も顕著な兆候である急速眼球運動［rapid eye movement］だ[53]）、運動を命ずる神経域も活性化させるからである。夢の光景は現実の光景を真似ているが、その程度は、模倣された光景に対応する運動神経インパルスが、夢の光景にも関連づけられるほど大きい。それゆえ没入は表象のみならず、少なくとも潜在的には行動にも関わる。だからこそ、夢見られた「行為」に対応する運動システムの興奮が、現実の運動を伴う活動に変換されないようにする対抗メカニズムがなくてはならないのである。実際、夢の表象の場合には、成功した運動活動にとっての本質的な条件のひとつ、つまり知覚的フィードバックが欠けている。そして実際に、ミシェル・ジューヴェが「エンジンブレーキ」と呼ぶところのやり方で作用する、きわめて精妙な生物学的メカニズムが存在するのだ。つまり夢みる人の脳は抑制信号（実際には化学的な情報伝達要素）を発し、それが一連のバーチャルな行動によって誘発された運動信号を、それが現実の行動に変換される前に抑止するのである。この抑止機構の最も目に見えて明らかな兆候は、逆説睡眠の特徴である筋肉の無緊張（アトニア）である（これは「通常の」睡眠段階には見られない[54]）。ジューヴェの研究は、この「エンジンブレーキ」の非常に重要な役割を、実験を通じて明らかにした。つまり、たとえば体位無緊張を命令する神経領域を破壊する神経毒素の注射などによって、問題となる対抗メカニズムの活動を妨げると、逆説睡眠状態にある（それゆえ夢を見ている）動物は、実際に運動を行うことが明らかになったのである。このとき、通常なら動物の基本的活動に合致する一連の典型的な行為が見られる。たとえば猫であれば、視覚的（睡眠中は知覚の取り入れが活動していないため、実際の視覚ではない）、運動的な一連の探索行動、捕食（たとえば待ち伏せの姿勢をとる）、身繕いの運動、また恐怖や怒りによる反応などが観察されるということになる。[55]逆説睡眠のあいだには、猫が耳をぴくぴくさせたり、ひげをひくつかせたり（あるいは犬が足を動かしたり）するのが見られるが、それは、おそらくは特別強力な運動信号によって、運動の遮断が不完全となるからである。[56] 私は、夢の自己刺激と意識的に行われる想像的自己刺激の活動とのあいだに、系統発生的かつ神経学的関係があるかどうかについてはまったく知らない。それゆえこれらの比較が及ぶ範囲について取り違えてはならないだろう。これら二つの活動は、脳の機能の異なる様態——一方は睡眠であり、他方は覚醒して意識的な生である——にそれぞれ関わっており、それらのコントロールメカニズムも大きく異なっているのである。逆に問題の根本的な条件は同じである。それは、フィクション能力の発生においても、現実との直接的な相互作用を統御する認知的表象が想像的シミュレーションによって感染されないための、「ブレーキ」の設置が前提とされるということである。[57] 想像的自己刺激は抑えることのできない心的活動である。合目的化された認知機能とはまったく無関係に、覚醒時（夢想）であっても、睡眠時（夢）であっても、われわれはこの活動を拡大するようにそれに没頭することが、そのことをよく示している。それだけにこのような「ブレーキ」がいっそう重要になるのである。要約すると、想像的自己刺激が自由に行使される空間や領域をしつらえることは必要だが、とはいえそれが、現実との「基本的な」相互作用を統括する認識調整機構——認知のモデル化もそこに含まれる——に感染しないようにせねばならない。言い換えると、子どもは自分の欲望や情感そして意志を備給できるような経路に沿って、想像的自己刺激活動を導くことを学ばねばならないのだが、その際自己欺瞞、虚言癖等の病理的状態に落ち込まないようにせねばならないということである。

　このようなフィクションの空間や領域は、どのようにして成立するのであろうか。幼児の感情や認知の発達についての研究者は、フィクション能力、「〜のように」、あるいは「ウソ」の誕生が、遊戯的行動の誕生に対応していることをそろって認めている。それゆえフィクションは遊戯空間として、つまり現実の規則が宙づりにされる場というこの非常に特殊な現実の一部において誕生するのである。そのためにフィクション能力は、想像的自己刺激——これは遊戯領域という中立的な領域、すなわち想像的自己刺激が内因的現実というステイタスを利用しつつ外在化された、あるいは外在化による現実的な影響を被ることなく外在化された様態で経験される領域で展開するよう導かれる――の定着によって獲得されるという特徴をもつことになるのである。ところで、主観的アイデンティティが根本的には関係性によって形成されるという性質のものなら、この中立的領域は子どもの自給自足的な成熟によってではなく、大人との、より一般的には他者との相互作用によって画定されるということになる。なぜなら、赤ん坊にとって「他者は自己を調整する者[58]」であるからだ。フィクション領域を産出する取り決めの発生について、ぼろ切れやぬいぐるみといった移行現象や対象のモデルを通じて、最も説得力のある仮説を提出したのはウィニコットだろう。「移行対象と移行現象は、個々の人間に、その人にとっていつも重要になるものを初めからもたらす。それは嫌疑を突きつけられることのない、経験の中立的領域である。移行対象について、「あなたがそれを思いついたの？　それとも、これは外からあなたに示されたの？」という質問をわれわれが絶対にしないことが、われわれと赤ちゃんのあいだでの合意事項であると言える。重要な点は、この点について何の決定も期待されないということである。このような問い自体が立てられるべきではないのだ[59]」。このような契約が関与する自己刺激によって誘発される事象は、もちろん狭い意味での対象〔モノ〕に限られず、言語活動や運動活動でもある（そもそもウィニコットは移行現象についてより一般的に語ってもいる）。右の引用文が示しているように、子どもの自己刺激が外在化されたときの行方に関して、母（あるいはその役割を果たしている大人）と子のあいだにできる合意をウィニコットが描写する様子は、典型的フィクションの領域、つまりこれまた「移行空間[60]」として設定された領域にまで作用する遊戯的偽装の契約と意義深い対応を示している。ここから次のような仮説が導き出されるが、もちろん、これを提唱するのは私がはじめてではない。それは、言語的注意ないし知覚的感知に対して差し出される表象の真実性や指示性の問いを留保するものとしてフィクション状態を捉えると、その（個体発生的な）誕生の場を構成するのは、最初の移行的出来事や対象をめぐってなされるこうした合意なのではないかという仮説である。やはりウィニコットが記しているように、この領域は純粋に内的な幻想の領域（それゆえ潜在的には自己欺瞞ともなりうる領域）でもなく、また純粋に外的な現実の領域でもない。「移ことなく自分だけが生きることのできる世界を生じさせる「潜在空間」なのである。

行対象は決して内的対象のように魔術的コントロールの下にあるわけでもなく、現実の母のように、コントロールの外にあるのでもない」[61]。これは、公に共有されることが可能でありながら、かつそのステイタスを問われることなく自分だけが生きることのできる世界を生じさせる「潜在空間」なのである。

だが、遊戯的活動の領域で自己刺激を定着させるのが母親（あるいはその他最初の目印となるような人）だとしても、相互作用的な力学の材料が赤ん坊に由来することは注記しておかねばならない。「移行対象」として最初に機能するのは、子どもの純粋に内因的な自己刺激による産物である。だが当初、子どもには、それが内部に起因する対象の外在化したものであることが「わからない」。すなわち子どもはそれを、情動によって与えられ、自分が手探りしているまだほとんど構造化されていない世界を満たす表象の集合のひとつだと考える。だからこそ、大人の役割はかくも重要となるのだ。なぜならこのように外在化した想像に対して大人がどのように反応するかによって、自己刺激による活動の成り行きばかりか、子どもの成り行きの少なからぬ部分が決まるのだから。何らかの理由によって、大人が適切な仕方で反応することができない場合、すなわち外在化された想像のステイタスを、子どもの助けになるよう固定してやる「対抗遊戯[62]」によって反応することができない場合、子どもが現実それ自体を統括する能力が危険にさらされかねないのである。なぜならまだ遊びと認識されていない子どもの遊戯と、それを遊びとして認識させる大人の対抗遊戯の相互作用を経ることによってのみ、（たとえば夢想といった）「孤独な」想像活動にも一定のステイタスが与えられ、その行き先不明の活力を封じることができるからである。たしかにフィクションのステイタスを得る表象は内部にその起源をもつのだから、このような表象を生み出す能力、すなわち想像的な発明と呼べるようなものの確立は、移行対象を中心に形成される、共有された偽装に先行している。しかし自己刺激に誘発されて作り出された内的原因を有する表象を、子どもが想像力による発明として経験するためには、誰かが表象にそのようなステイタスを与えてやらねばならない。それが行われるのが、結果として共有された偽装という領域の確立へといたる相互作用の場である。それゆえ共有された偽装の領域は、私的なフィクションに先立っている。というのも、私的フィクションというカテゴリーを識別する条件を作るのがそれだからだ。私的な心の行為としてのフィクションについてはこうも言えるだろう。つまりそれは、内因性の自己刺激の投影――それは大人の対抗遊戯によって設定される共有された偽装の合意が、定着させると同時に正当なものとして認めるものである――を、再び内面化した結果生まれるものなのである。「アイデンティティの構築は、主体をそれ自身に送り返すような孤独な行為ではない。それは相互作用のひとつであり、主体を他の主体や集団、制度、身体、対象物、言葉と関係づけるのである」[63]と、ナタリー・エニックは指摘しているが、フィクション能力の発生が、このように相互作用的な特徴をもっていることは、それを示すさまざまな証拠のひとつである。

ここで問題となっている意図的プロセスの複雑さを考慮すれば、外的なフィクション世界、すなわちフィクション作品を支配する能力が、能動的能力の後で、つまりは相互作用的ないし内的なフィクションを構築し、それに注意を向ける能力の後になってはじめて発達するのだとしても不思議ではない。ここまで見たように、フィクション領域は、共有された偽装を基礎として個体発生上の定着をみるわけだが、とはいえ内的フィクション世界は外的なフィクション世界に先行するものである。能動的能力が受動的能力に優先するというこの事実は、とりわけ次のようなことにもあらわれている。四歳になった子どもは、自分が関わっている相互作用的活動のうち、どれが現実的な行動で、どれが遊戯的偽装なのかはっきりと理解しているにもかかわらず、映画や物語に接したときには、「これはホントウなの、ウソなの」と聞くのを、それからしばらく経っても止めないのである。このずれが生じる理由はもうわかっている。内因的な心の刺激が純粋に想像からなる現実として引き受けられるのは、共有された偽装という領域を生じさせる相互作用的契約によって制定される「原初的」な行動の偽装を内面化することによってであるからだ。そして遊戯的な「〜であるかのようにする」のメカニズムを次第に内面化することによって、その次にフィクション作品のフィクション世界、いわば鍵を手にした状態で手渡されるフィクション世界を再構築する能力が生み出されるのである。

4　フィクション的没入

ミメーシス的没入がフィクション装置の中心にあることを示したのは、プラトンの功績である。フィクションが「うまくいく」ためには、(描かれた)景色を見たり、(映画化された)強盗に立ち会ったり、(描写された)家庭生活の模様を(追)体験したりせねばならない。またわれわれは、失敗したフィクションについて、「この映画には入って行けない」、「この物語はまったく心をつかまない」、「この人物は存在していない」、「この人物描写にはまったく生命がない」などと言う。こうした言い方をみれば、没入が中心的な役割を果たすことは明らかである。しかしこのような考えは、フィクションが文化的に(とりわけ哲学的に)評価される際にはアキレス腱ともなる。なぜなら没入が、「無反省な」行動の一様態と思われるものや見せかけに分かちがたく結びつけられるからである。さらにプラトンは、没入の力学が作品の受容だけでなく創造に際しても作用すればするほど、フィクションの評価が危うくなることも忘れずに指摘した。創造と受容とが対になっていることは強調しておかねばならない。なぜなら奇妙にも、歴史を通じて、両者が切り離されるにいたったからである。つまりフィクション作家の想像的な力が称讃される一方、受容様態としてのフィクション的没入は貶められているのである。だがこの区別は、言葉の幻影である。「想像的な力」とは、創造的なフィクション没入プロセスを、それゆえ能動的なフィクション能力を言い換えたにすぎないからだ。能動的能力と受動的能力は同じ物事の二つの側面である。実際、フィクション装置の個体発生が、子どもの遊戯と大人の対抗遊戯のあいだの相互作用に基づくなら、フィクション空間は意図的能力の発達によって獲得されることになるのだが、この能力というのは、想像的生産の能力(自己刺激)と、遊戯的偽装の相互作用のなかで得られたミメームを、再活性化する能力とが分かちがたく一体となったものなのである。たとえばプルーストは、『読書の日々』の冒頭で、「〈読書〉とよばれる独創的な心的行為」の記述を通じて、〔物語世界を〕再活性化する、創造的ではないフィクション的没入がどのようなものか、描き出している。だが彼が明らかにしたまさにその特徴こそが、ジオノが『ノア』の物語を通じて提示した創造的な没入にもまた見られるのである。それゆえ、フィクション的没入の状態全般についての目立った特徴の基本的な描写をすることから出発するのが良さそうである。私の考えでは、この現象学は以下に示す四つの点をめぐって構成されている。

◉フィクション的没入の特徴は、世界内の知覚（より一般的に言えば世界内への注意）と、想像力活動との上下関係を逆転させることにある。「通常」の状態においては、世界内への注意に、想像的活動があたかも周囲のざわめきのようなかたちで伴うのに対し、フィクション的没入という状態では、その関係が逆転する。『ノア』の語り手は、オリーブの木の上に陣取って、オリーブを摘みつつフィクションにフィクションを重ねてゆくが、そのときこの語り手は、すぐ近くでやはりオリーブを摘んでいる妻と娘のことを完全に忘れてしまう。たしかに世界内への注意が消え去ることはない。たとえばプルーストにおいては、読書中の少年が周囲のざわめきをきちんと記録している。だが刺激を意識に到達させる警戒の閾は、「通常」時よりも高くなっている。それと同様に逆説睡眠の段階、すなわち夢を見ているときは、その他の段階においてよりも覚醒の閾がより高くなっているのである。映画をめぐって、クリスチャン・メッツは観客の状態を眠っている者の状態と比較するに及んでいる。「普通の条件で映画の上映が行われたとき（……）、映画館の暗い胎内から、どぎつい光に包まれているホールに突然放り出された観客のなかには、眠りから覚めたときのような放心した表情を（幸福そうなときもそうでないときもあるが）している者があるのを、上映が終わって誰しも見たことのあるはずだ。映画館から出ることは、起床するようなものである。つまり、いつも簡単にいくわけではない（映画にまったく関心を引かれなかった場合は別である）」[64]。〔映画と睡眠の〕こうした比較は、それぞれの状態に対応する心的（神経的）現実という観点からすれば行き過ぎにはちがいないが、それでも発見的な役割を備えている（メッツにしても、そのような発見的役割にしか価値を見いだしていない）。映画の観客は皆、フィクション的没入の状態にあるとき、現実の知覚対象に対する注意の閾が「通常」の状態より高くなっていることを確認できる。たとえば、視界の周辺領域に記録される刺激が、視覚を用いる力学に作用する影響は、没入していないときに物事を知覚する状況に比べるとずっと小さい。同様に聴覚のレベルでも、音源や響きがサウンドトラックの流れと一致しない音の刺激は、部分的に中和される（物語のなかに入り込めないなど、没入の状態にない映画の上映に立ち会うと、そこではじめて周囲の雑音がしばしば相当なものであることに気づいて驚かされるものだ）。プルーストが描く年若い読者は、女中から呼ばれ、「声から失われていた日常生活の外観と、暴力的にならざるをえない。それゆえ注意力の序列を通常の状態に戻すためには、返答にふさわしい抑揚を与える」ため、「自分の声を遠くから連れ戻し」、「それを引き出さ」ねばならなかった。[65]

◉注意が分割されることで、現実に周りを取り巻く世界と、想像された世界（映画では視覚自体が二つに分割されるように思えるが、そのようにたとえ知覚行為を通じて想像された世界であっても）という二つの世界とが、各々独自の基準をもって共存するにいたる。一見、二つの世界は排他的であるように見える。たとえばプルーストも現実空間、つまり本を読む少年の部屋とフィクションの空間とを、次のように区別している。読書が彼のうちに「解き放った」、「喧噪」を鎮めるため、彼は部屋の中を歩き回る。「目はいまだにどこか一点に釘付けになっていたが、そのような一点を部屋の中や外に探しても見つからない。なぜならそれは、魂の距離としてしか、他のもののようにメートルやリューで測られるような距離とはちがう距離のひとつとしてしか位置づけられないからだ」。[66] ジオノが描くのはより複雑な状況である。それはむしろ地と図の関係、あるいはパランプセストの関係にある。彼は、『気晴らしのない王様』の情景と人物が、作者の意識の中で、自分の書き物机や家、そしてマノスクの町という現実の空間とどのように重なり合っているのかをきわめて具体的に示している。なぜなら「作られた世界は現実の世界を消しはしなかった。それは重ね合わされたのである。その世界は透明ではない」[67]〔この文は『ノア』からの引用〕……。そして『ノア』では、フィクションの人物たちが現実の場所に押し当てられ、その場所に感染するかのように場所の特徴のいくつかを取り入れるほど二つの世界は入り組んでいる。「西側の窓に私は（……）ティム夫人を置いた。（……）それはこの窓が、ユカタン半島、キューバ、フロリダ、ジャマイカ、ハイチ、プエルト・リコ、草木の生い茂ったアンティル諸島があって、さらにその大きな空には青空とタールが煮え立つような色とを交互に見せているメキシコの地図と対をなしているからであり、またユルバン・ティモテがメキシコで一財産なし、ティム夫人はクレオールであって、彼女にはまだ私が一言も述べていない娘が三人いるからである」[68]。プルーストとジオノの描写が異なるのは、プルーストが〔すでにつくられたフィクション世界を〕再活性化する没入を描いているのに対し、ジオノの方は創造的力学を問題としていて、そこでは没入がより細分化され、そのために知覚される世界がいっそう強く立ち現れるからだと考えられるかもしれない。とはいえ実際にプルーストが示しているのは、存在論的な差異があるにもかかわらず、二つの世界が緊密に結びついているということである。つまり彼は、子ども時代の読書についてわれわれが抱く記憶が、その内容だけでなく、読書が行われる〔現実の〕状況にも関わっていることを喚起しているのだ[69]。このことは、フィクション的没入が際立っているあらゆる経験に妥当するように思える。周囲を取り巻く現実の状況と、フィクション的没入による世界との相互浸透によって、フィクション装置が導く表象と、背景で把握される現実の刺激とのあいだに、きわめて安定した記憶上の関係がつくられるのである。それはあたかも、現在の状況がその瞬間には主題としての位置を占めないにしても、「添付ファイル」のようなかたちで記録され、当のバーチャル世界と固く結びつけられた状態をとりつづけるようなものである。だがさらに論を進める必要がある。フィクション的没入の程度は、その時知覚している環境から与えられる注意と常に反比例するとはいえ（もちろん没入の媒介となる知覚は除外する）、そのためにミメーシス的刺激からなる世界が、アクチュアルな現実との相互作用によってできる心的表象のレパートリーと切り離されることにはならない。事態はまったく逆であり、むしろわれわれの現実的経験の記憶からなる痕跡と常に結合していなければ、ミメームは不可解きわまりないものとなるだろう。陳腐ではあるが、このことがとくに意味するのは、ミメームの再活性化は、いかなる場合にも、受け手が自由に使える表象のレパートリー、つまりは彼の「世界」に基づく以外ないということである。前章で導入したクワインの用語を用いてより一般的なかたちで言えば、ミメーシス的再活性化は、受け手においてミメーシス的認識格子として働く質的間隔化と、作り手がミメームを創造した枠組みである質的間隔化とがあまりに異なりすぎない限りにおいて生ずるのである。

別の言い方をすれば、与えられたミメームは、そこに到達する人間が、共有された「諸現実〔des réalités〕」のなかで（すなわち現実というもの〔le réel〕の表象のなかで）生きている限りでしか、没入によって共有されないのである。このような共有は決して完全ではありえないだろう。なぜならどんな者でも二人の人間の「世界」が全面的に照合することはありえないからである（そのようなことが生ずるためには、二人の人間が遺伝的に同一であるのみならず、まったく同一の経験をもたねばならなくなってしまう）。他方、まったく共有されないということもまた稀である。というのも質的間隔化は、たとえば視覚的ミメームのレベルなどでは常に共有される可能性がなければならないわけで、かなりの程度、人と人とのあいだで一致するからだ。

◉フィクション的没入は、ホメオスタシス的活動である。すなわち遡及的なループによって、それ自身を調整する。想像的自己刺激の場合にフィクション的没入を育むのは、フィクション的没入自らがそれ自体を創り出すという期待である。双方向的な遊戯的偽装の場合にそれを維持するのは、役割や言葉を交替しあうことから生じる力学だ。最後に受容の状態においては、提示されたフィクション世界が（推定上）完全であることと、想像による再活性化が、常に不完全な性質をもつこととのあいだに存在している緊張によって、フィクション的没入は再始動させられる。幼少期には延々と続くフィクション遊戯に魅惑されるのは、これらの理由によっている。子どもはこうした遊戯のいくつかを、夜には一度止めるが朝になると再開する。こうして夏のバカンス全体を遊戯が占めることになり、秋に新学期が始まって学校に戻ってくると、意外な子どもが実は最もエキゾチックな旅行をしたなどということになるのである。また、もう少し後になって、大河小説ないしは（『人間喜劇』や「バーセットシャー物語」のような）連作小説、（書かれたものでもテレビでも）なかなか終わらない連載もの、そして続き物の映画（『エルム街の悪夢1』にはじまり、『エルム街の悪夢n』を待ちながら現在は『エルム街の悪夢6』までできた）に対する嗜好もまたそこに由来する。さらにプルーストが記しているように、すべてが終わったときに感ずる恨みがましい気持ちもそこから出てくる。「どうか書物がなお続いてくれればと、もしそれが不可能なら、すべての登場人物について他のことを教わりたいとどれだけ願ったことだろう……」[70]。創造する側からは、自己自身を更新してゆくフィクション的没入の能力がさまざまな形を取ってあらわれる。たとえばフィクション物語の場合、一人ないし一群の登場人物の運命の上に物語の終わりを刻印すると、端役たちの運命がそれぞれ宙づり状態となって現れてくる。この意味で、あらゆる終わりは潜在的な始まりでもある。『気晴らしのない王様』が、ラングロワの自殺で幕となるのは、この行為によって、その人物が「その運命の果てまで……導かれた」からである。しかしこの自殺を見届けたばかりのデルフィーヌが、まだその運命の果てに達したとはまったく言えない。そこからフィクションの力学を再び発進させようという誘惑が生ずる〔『ノア』は『気晴らしのない王様』が終わったところから始まるという設定となっている〕。「小さく繊細な短靴をはいたデルフィーヌが、この殺戮を最後まで見届けるのをきみが待っている限り、泥の水たまりのほとりでするように、ラングロワの血や脳みそが散らばった上でスカートをまくりあげるデルフィーヌを、きみが描こうとする限り、デルフィーヌが生きつづけるのがきみには見えるだろう。だとしたらきみは終えていないわけだ」[71]。それゆえ『ノア』の語り手（ここではジオノ自身）も、「ここから離れるという断固とした目的のもと」、マルセイユに向けて旅立つことを決意する。ここで言われる「ここ」とは、もちろん一九四七年のマノスクではなく〔一九四七年は『ノア』が発表された年。ジオノは生涯のほとんどを出生地マノスクで過ごした〕、「一八四三年の雪の日からだいたい一九二〇年まで、私が今し方生きてきたばかりの国」、つまりは『気晴らしのない王様』の世界であり、それは彼が、〔『悪霊』のなかで〕シャートフがスタヴローギンに向かって投げつけた驚きの言葉を引きつつ、自分の登場人物に向かってこう語るほどに取り憑いているのである。「しかしどうして、私はあなたをいつまでも信じることを余儀なくされているのですか？」[72]

◉フィクション的没入の状態で体験された表象は、通常、感情的に満たされている。このような感情の備給は、複数のレベルで作用する。典型的フィクションは通常美的行動の枠内で消費されるため、受容の状態では、まず美的判断という「通奏低音」が存在する[73]。その評価の印象は、ミメーシス的再活性化の活動そのものに結びつく満足の指標によって変化するのであり、それゆえフィクション的没入がどのように機能するかに直接関わることとなる。言うまでもなく、このレベルの感情的備給は、フィクション的没入の状況に限って生じるわけではない。これはフィクション的没入の状態に備わる美的機能のひとつの効果にすぎず、ミメーシス的ではない芸術においても見られるものである。それゆえこれを、ミメームとしての、すなわち現実の状況配置を装うものとしてのフィクション的ミメームによって導かれる、感情的関与から区別する必要がある。このように、感情が関わる現象を考える際に最初に思い浮かぶのが、肯定的なものであれ否定的なものであれ、登場人物への感情移入である。はやくもプラトンは、吟誦詩人を聴く者たちが「表現された感情を分かち合う」[74]と述べていた。そしてプルーストは、「わたしたちが実人生の人びとに対する以上の関心と注意や愛情を向けていたあの者たち、どれだけ愛しているのかを容易に言えないような（……）、またはらはらさせられたり、涙を誘われたりしたようなあの者たち[75]」について語っている。フィクション物語や演劇、映画における登場人物へのこうした感情移入力学の重要性は、偶然の産物ではない。没入のプロセスが機能するためには、登場人物とその運命とがわれわれの関心を引かねばならず、またそのためには、われわれが現実に行っている感情の備給と登場人物たちが響き合わねばならないのである。いつの時代でも、どの場所でも、物語的、劇的なフィクションによって動員される基本的な感情がほぼ同じであるという事実、そして異なる文化的伝統に属するフィクション世界にも驚くほど簡単に入り込んでしまうという事実は、人間の基本的情感が普遍的で、そのレパートリーがむしろ限られていることを示している。とはいえ登場人物へのこうした感情移入は、ミメーシス的表象による感情の備給をめぐる一般的な問い――前者は後者の一特殊形式でしかない――とは分けられねばならない。また、登場人物のいないフィクションも存在する。風景描写――たとえば心地よき場《ロクス・アモエヌス》――が、小説の登場人物への感情移入行為と同じくらい強烈な感情的反応を引き起こすこともありうる。われわれの現実の生において、知覚される世界が決して中立的なものではありえず、常に感情によって強力に構造化されていることを考慮すれば、そのことになんの不思議もない。より一般的に言うと、視覚的フィクションにおいて感情が満たすのは、われわれの視線そのものである。没入は、表象されたもの（たとえそれが人物であっても）に対するわれわれの感情移入を通じてというより、むしろそれを眺め、見つめ、証人の位置にいる主体（覗き見る人の場合も時にはあるが）への同一化を通じて生じることがきわめて多いのである。クリスチャン・メッツが、映画を観る者の姿勢を、ヒーローやヒロインへの同一化よりはむしろ窃視欲動、それゆえ見る快楽と関係づけたのもこの故である。またより身近なところに照準を合わせたディヴィッド・フリードバーグは、宗教的図像とポルノグラフィの版画が、ミメーシス的没入の観点からすると、かなりの程度同じように作用するということを示した（両者の文脈と目的とは大きく異なるのであるが）[76]。つまりどちらの場合でも、現実において強い感情的反応を引き起こしうる人物なり事実の配置なりの表象であるという条件が付くことはもちろんなのだが、表象を生気あらしめるのは視線だということである[77]。別の言い方をすれば、没入の導入因としてのミメームは、模倣された現実によって引き起こされる感情的反応から、その大部分の力を得るということになる。非常に重要な事実がここから帰結する。それは、この力がミメーシス上の「忠実さ」――あるいはむしろ表象の要因という観点から言えば豊かさ――のみならず、それとまったく同じように、表象されたものに結びついている感情的な負荷にも拠っているということである。これら二つの力学は、おそらく相補関係をなしているだろう。表象されたものによって導入される感情的負荷が強ければ強いほど、ミメームが「忠実」である必要は少なくなり、逆に、ミメームが忠実であればあるほど、表象される対象の感情的負荷が大きくなる必要がなくなるのである。

フィクション的没入の現象学を真に展開しようというのであれば、これらの点の各々について、より分析を推し進めるべきだろう。さらにその他いくつかの側面についても考慮に入れる必要があろう。だがここでの私の目的は、この点に関する確実な実態が何かということと、それがフィクション装置において果たす中心的な役割について注意を促すことだけであった。それゆえこの側面についてさらに詳述するよりも、フィクション的没入が機能する様態をよりよく理解するために役立つはずの諸問題に集中したい。考察に値する三つの点があるだろう。まずは没入とまやかしの効果、そして信の関係という点、次にフィクションを産出する状態における没入と、受容の状態における没入の区別――フィクション遊戯とフィクション作品の違いのみならず、芸術的領域において、芸術家による投影的没入と、受け手が行う再活性化する没入の違いを理解するために重要な区別である——という点、最後に没入と「同一化」の関係の問い、あるいは、没入の媒介（すなわち遊戯的偽装の型）次第で没入が異なる態度を導き、それゆえ没入がさまざまなかたちをとりうることを考慮すると、むしろ二つの問題を区別する必要性についての問いである。この最後の点は、種々のフィクション装置の比較研究に直結する問題である。それゆえここでは、没入の概念が心理的同一化の概念に還元されえないことを示すに留めよう。というのもフィクションに対してわれわれがとる態度の特性が、「登場人物」への同一化にあるという主張がしばしばなされているからである。

ここでまやかしと没入との関係にもう一度立ち戻らねばならないのは、フィクション装置が作用するためには見せかけの効果を要すると記しながら、まやかしとフィクションを対立させたからだ（『マーボット』の分析がその例である）。実際には世界に到達する何らかの典型的様態をアクチュアルにすることなく、そうするふりをした刺激によって表象の態度が生じることに、ミメーシス的没入がフィクション的没入となる契機が存するのであれば、あらゆるフィクション的没入には見せかけ効果が必要だということになる。その一方で、映画における完全な没入の瞬間に言及した際、クリスチャン・メッツが提案した「知覚的転移」の概念を利用しつつ、私は、前注意的なまやかしの効果を、遊戯的まやかしの語用論的枠組みやその枠組みに関する信から区別した。そこからフィクション的没入状態と、信の引き受けを区別することが重要となる。この区別は、実のところ情報処理の二つのレベルを区別することである。まず表象が信へと翻訳される以前に、没入は表象に到達する。だがフィクション的に模倣された表象によって、それらの表象が「正常に」導入される信と相同的な信へと変換されることは、高次の認知レベルにおいて、つまり当の刺激がミメーシス的な自己刺激ないしは共有された遊戯的偽装に属するという情報を得た意識的注意においてせき止められる。それゆえフィクション的没入という状態は、前注意的なミメーシスのまやかしが存在しながらも、意識的注意のレベルではその効果がせき止められ、そのまやかしの中和が付随することによって特徴づけられる。

この中和が存在することは、いわゆる「幻想」と比べた際に、フィクション的没入の特徴となるものだが、それはたとえばまやかしが非常な力で作用するあまり、意識的コントロールの審級をショートさせてしまうような短い反応の回路を導き出す状況など、一時的にフィクション的没入が失敗するときにとりわけあらわれる。クリスチャン・メッツが見いだした、映画での知覚的転移もその例である。実際、この転移は短い反応の回路、つまり知覚と反応の相互作用が、完全に前注意的なレベルに位置する状態において生じる。このことは、思わずやりかける運動的な反応が、概して防御的な反射であることの説明ともなる。つまりこの種の反応が、仮に意識的コントロールの審級をまず通過せねばならないのなら、その効果が失われるおそれがあるというわけだ。反応の遮断がその直後に起こるのは、このようにしてやりかけられた一連の運動が意識に届くと、その行為の原因となった刺激がミメームであることをわれわれが知っているという事実が再稼働するからである。こうして幻想が中和され、運動的反射が中断される。それゆえ現実と見せかけを混同する瞬間はたしかに注目すべきものなのだが、とはいえそのような事態が比較的稀であり、またそれが生ずる時間が非常に短いということも、同様に一考に値する事実である。というのも、それによって、遊戯的偽装の語用論的枠組みのためになされる意識的コントロールの強さもまた明らかになるからである。他の言い方をすれば、遊戯的偽装という状態が、世界との「通常の」相互作用を構成する長い反応の回路（つまり意識的注意のコントロール下にあるもの）全体を遮断することを、知覚的転移は逆の側面から示しているということになるだろう。没入には欠かせない表象ないし知覚の態度を導く、前注意的なまやかしを安心して働かせておけるフィクションの枠組みの中にわれわれがいられるのも、（意識的な）信に由来するこの遮断の効能なのである。

それゆえ没入状態とは、分割された心の状態、ユーリー・ロトマンの言葉を借りれば、「二面的行動」[78]ということになる。この仮説は、二つの状態が互いに排除し合うと考えるゴンブリッチの説とは対立する。後者によれば、あるイメージを眺めるとき、われわれは表象されたものを見ているか、イメージと化した支持体のどちらかを見ているのであり、双方を結びつけて見ることはありえない[79]。ただし、ゴンブリッチがここで自説を例証するために持ち出している状態は、没入とはいかなる関係もないことを記しておかねばならない。それが、ウィトゲンシュタインもかつて用いた、ジャストローのあの有名な例、ウサギの表象ともアヒルの表象とも見ることのできるあのデッサンである。だが、彼の説がこの状態によって補強されることはないだろう。なぜならそれは分割された（二面的）状態の問題――フィクション的没入対表象意識――ではなく、どちらも可能だが両立不可能な二つの表象ないし二つのミメーシスを識別することにまつわるジレンマの問題だからだ。つまり彼が示しているのは、表象されたものと表象する媒体とを同時に見ることの不可能性ではなく、同一の表象を、同時に二つの異なったやり方で識別すること、あるいは二種類の異なる没入行為のために、ひとつしかないミメーシス的端緒を同時に利用することの不可能性なのである。だからといってゴンブリッチの説が誤っていることにもならない。この説は、その見た目とは裏腹に、分割された心の状態という観点からの分析と矛盾しないのである。つまりゴンブリッチが述べているのは、表象された対象と媒体とを同時に見ることはできないということだけであり、そのこと自体は、双方の知覚を構成する仕方が根本的に異なっていることを考慮すれば、賛同できるように思えるのだ。しかしこのことが不可能だからといって、ミメームを見ていると知りつつ表象された対象を見る可能性が排除されるわけではない。そして二つの説を両立させようと思うのならば、知覚による没入の前注意的な諸側面を、信のレベルと区別するだけで足りるのである。この区別さえすれば、要するに表象されたものを見ている状態と、たとえば絵画を見ている状態のあいだでわれわれが揺れ動いていることを想定するゴンブリッチの提唱になる解決策に甘んじなくてすむのである。「ケネス・クラークは（……）ベラスケスの大作を観察しながら（……）、画面から離れてゆくと、塗られた絵の具が一転して現実の変貌したヴィジョンへと変化するのが見えるこの瞬間に何が起きているのかを見ようとしていた。だが近づいたり離れたり、どんなことを試みても、彼には二つのヴィジョンを同一の瞬間において同時に生じさせることはできなかった。そのために、このヴィジョンの変化がどのように起こりうるかという先の問いには答えられないように感じていた」[80]。もちろんこの種の状況は多数あるが、それらがフィクション的没入の特徴をなす分断された状態に相当するわけではない。ゴンブリッチが記述しているのは、表象の内容に払われた注意と表象の方法に向けられた注意という、二つの知覚的な注意のあいだで揺れ動くことの力学である。他方、フィクション的没入の場合、二元性は表象の内容面に内在している。すなわちこの内容は、表象の前注意的な処理と注意的な処理との分断によって特徴づけられる「二面的」な心的状態の枠内で考慮されるのである。フィクション的没入の状態は、幻影だと知りつつ知覚的な幻影を被っているときの状態と比較できるだろう。実際、技術的な意味での知覚的幻影（つまり前注意的知覚の構成単位がエラーを出すことで生じる幻影）は、たとえ自分がこれは幻影だと完全に意識しているとき、つまりこの幻影が（誤った）知覚上の信に変容するのを妨げられるときですら作用しつづけるのである。[81] 自分の知覚器官が幻影を被っていることは避けられないとしても、それが幻影であることを知りさえすれば、私は前注意的なまやかしを、それに取って代わられている「真実」の知覚と同じように処理したりはしない。ところでフィクション的没入の場合では、いわば定義上——つまり共有された遊戯的偽装であることに同意しているという単純な事実から——、私は自分が見せかけを前にしていることを知っている。ただこれだけで、没入状態で経験されたミメームが、語用論的な「エンジンブレーキ」を欠くことによって、それらが模倣しているにすぎない表象としてそれらを扱ってしまう心理的構成単位へと移行するのを妨げることができる。それゆえフィクション的没入がまやかしないし幻影を伴うか否かという問いには、二重の答えがでてくる。それは、フィクション的没入は前注意的な性質をもつまやかしの有効性を前提とするが、意識と信のレベルでは、あらゆる幻影の状態を除外するというものである。あるミメームが誤った信を導き入れるやいなや、また、われわれの意識自体がまやかしにとらわれるやいなや、われわれはもはやフィクション的没入の状態にではなく、通常の意味での幻影の中にある。また同時に、フィクションの領域からも出てしまうのである。

没入のレベルと信のレベルを区別するという仮説を認めれば、二つの非常に厄介な点を回避できる。ひとつには、そうであるか否かを問題にする命題的信の世界を、「フィクション的信」の世界に重ね合わせて、その世界の論理的ステイタスを、少なくとも私にはそう思われるように、否定によって定義する以外にないという事態に陥らずにすむようになる。もうひとつには、この仮説によって、知覚的転移（より一般的には表象的転移）だけでなく、感情的転移についても説明できることになる。この区別を考慮しないことで生じる困難は、ケンダル・ウォルトンの考えをいくつかの角度から見ることで明らかになる。[82] 彼の「メイク＝ビリーブ〔ごっこ遊び〕」の理論は、実のところ存在論的二元論に行き着くものだが、その立脚点にはフィクション的な態度によって、世界に対するあらゆる本気の態度が二重化されるという考えがある。フィクション的命題、フィクション的に恐怖を抱くこと、はたまたフィクション的に同情すること等々について彼が語る仕方にそれがあらわれている。この分析の第一の問題は、このようにして特徴づけられると、事実のステイタスについてはたいしたことがわからなくなる点にある。われわれが知りたいのは、フィクション的真実とはいかなるものか、あるいは「ある態度をフィクション的に保持する」ということは何を意味するかである。ウォルトンはこれに対し、「メイク＝ビリーブ」と答えるわけだが、「メイク＝ビリーブ」という状態が、他ならぬフィクション的命題あるいはフィクション的態度の記述によって説明されるということになり、これではあまり前進したとは言えない。第二の側面はより重要であるように思われる。ウォルトンによれば、フィクションによって導き入れられるあらゆる効果は、「メイク＝ビリーブ」の態度に由来する。それゆえ彼は、映画の観客がほんとうに恐怖を感じるという考えを拒んでいるが、その説は、知覚的転移の存在によって、否定されるように思われる。同様に、読者や観客の感情的反応を記述する際に、彼はフィクション的に同情しているのだとか、フィクション的に悲しいだとか、つまるところ準＝感情しか感じていないと述べることは、心理学的観点から説得力をもたない。[83]（クリスチャン・メッツの言葉を借りて）「良き観衆」の一員たる観客が、『タイタニック』のあるシーンを見て涙を流すとき、その人はフィクション的な涙を流しているのでもなければフィクション的に泣いているわけでもない。彼は現実の涙、たぶん葬式でも流すであろう涙と同じ涙を流しているのであり、また現実に悲しいという意味で、現実にその涙を流しているのである。単にここでもまた、反応が生ずるのが、このときは感情的な性質をもつ前注意的な転移からだということなのである。彼は、勇敢な主人公が、愛する女と現実に別れるところに、現実に立ち会っていると信じて泣いているのではない。表象された感情の配置が、前注意的な感情の衝動を導くから泣いているのである。この状態は、なにもフィクションの文脈に限られるわけではない。表象により惹起させられた感情的反応は、意識のコントロールを大きく逸脱するのだ。フィクション的状態——あるいは夢——がわれわれの感情生活を彩る力が、まさに(否定的な意味でなしに)感染効果と言えるほど、没入状態から脱した後も長く残りつづけることがしばしばある理由は、おそらくこれによって説明されるだろう。この感染効果はとりわけ子どもに(それゆえ真のフィクション愛好家すべてに)顕著である。幽霊や盗賊を描いたフィクションを語る(あるいは読んでやる)と、多くの子どもは現実の恐怖によって反応する。そしてその恐怖が物語の終わった後も残るのは、たとえば暗闇に対する恐怖のように「現実」生活で不安をもたらす状況によって、それがしばしば再活性化される事実に示されるとおりである(暗闇は漠然と広がり明確な対象をもたない不安の型そのものであり、フィクション的没入として経験された状態が、しかるべき時にこれを満たし、具体化するのだ)。

私は、フィクション装置が感情のシミュレーションを利用できないなどと言うつもりは毛頭ない。ミメームの創造というレベルに身を置いてみると、とりわけこのようなケースに出会うように思われる。よく出されるのは、役者の例だ。劇の終了後、観客にブーイングで迎えられれば役者は怒るかもしれないが、怒っている反応のふりをする役者がその意味で怒っているとは確かに言えない。舞台に立っているあいだの彼は、怒りのふりをするに留めているのである。だがこの説明は間違いでないにしても、部分的でしかないように私には思われる。プロの役者にあっては、レリスが研究した生きられた演劇の場合と同じように、意識的なシミュレーションは通常意図的な端緒にすぎないのであって、その目的は(この場合には行為に関係する)ミメーシス的没入状態——前注意的レベルでの感情的反応もその一部をなす——を導き入れることなのである。確かに、意識的シミュレーションと前注意的感情移入の割合は、おそらくミーム〔シェフェールは「ミメーム」と同義の語として用いている〕によって変わりうるだろう。というのも、アリストテレスが記しているように、「詩作は、恵まれた天分か、それとも狂気か、そのどちらかをもつ人がすることである。天分に恵まれた者は、さまざまな役割をこなすことができるし、狂気の者は自分を忘れることができるからである」[84]。だが二つの態度間の割合が人によって変わりうるとしても、常に両方が関係している。役者は「自らをモデル化する」と同時に「自己自身から抜け出す」ことができねばならない。

実はこの問いを通じて、第二の問題、つまり創造の次元でのフィクション的没入の力学とフィクションの受容を支配する力学の違いという問題に立ち至っている。フィクションを創作する者の場合にあっては、没入は自己‐作用の結果でしかない。フィクションの創作者は、自分を没入状態に入れうる端緒を、自分自身で作り出す。逆に受容者はすでに形成された端緒を前にしており、その中に「滑り込む」なり、それに「捕らえられるがままにする」なりすればよい。非常に簡単な例をひとつ挙げよう。人形遊びをしている子どもが初めにしなければならないのは、自分を没入状態に入れることができる端緒として機能しうるミメームを作り出すことである。最初にこれを作ることは、意識的なシミュレーション行為でしかありえない。しかし端緒が正しく機能したら、彼がその後作り出すであろうミメームの本質は、フィクション的没入の力学の結果、つまり前注意的まやかしを含んだ事象から出てくるものとなる。こうして、死んでしまったわが子を前に泣き濡れる母親を意識的に模倣しはじめた子どもは、自分が人形と遊んでいる最中であることを自覚しながらもついには現実に泣き出し、感情的転移の状態において喪の悲しみの場面を経験するのである。同様に役者も、始めるときは意識的に怒れる人のふりをするとしても、この最初の端緒によって人物と一体化し、それゆえ没入、とりわけ前注意的な感情移入に特徴的な効果をうまく利用できなければ、多くの場合人を納得させられるミメームを生み出す（つまりフィクション的没入のプロセスを観客に引き起こさせる）ことはできないのである[85]。おそらく創造という状況にあっては、何らかの意識的シミュレーションによって、没入の推進力を「補給しながら」、それを再始動させねばならないことがしばしば生じるのであろう。〔受け手がミメームを〕再活性化する没入に比して、役者の没入の力学が非連続的なのは、そこに原因がある。この違いは驚くべきことでない。フィクションの受容者は、（原則として）すでに存在し、没入の力が最適化されたフィクション世界に参加する。一方作り手（遊びを行う子どもであれ芸術家であれ）

は、自らがその内に没入する世界を次々と作り出している。それゆえ受容者より作り手において、没入の推進力がせき止められることが多いのは普通なのだ。相互作用的なフィクションの遊戯においても、同種の非連続性を観察することができる。エントロピーのリスクは、参加者の数に従って増大し、フィクション契約を再び取り決めること(fantasy negotiations)がそのために繰り返し必要となる。それが役割に関することなら、ミメーシス的観点からすると不完全な小道具を慣習的に機能させること(たとえば「この石を警察署ということにしよう」)や、一連の行為ないしはフィクションの全体的文脈が必要となる。[86]だがこの違いは、没入プロセスそのもののあり方に、何らの変化を加えるものでない。単に受容状態の方が、創造状態に比べ、没入の条件が容易に集まるということにすぎない。

ここまで私は、没入をあたかも単一の状態であるかのように扱ってきた。事情がより込み入っていることは、次の章で検討する。しかしこの複雑さが見過ごされがちなのは、没入概念を同一化概念に引きつけて考えがちだからだ。フィクションが惹起する感情的反応が、登場人物への感情移入に還元されないのと同様に、没入も登場人物との同一化プロセスを必ずしも経るわけではない。たとえば映画では、没入の媒介となるのは登場人物(たち)への心理的同一化ではなく、ある知覚的態度を受け入れることである。映画の観者が同一化しているとしたら、それはせいぜい自分自身とであることを、クリスチャン・メッツとともに言えるくらいであろう。「観客は要するに自分自身と同一化する。この自分自身とは、(目覚めや警戒のように)純粋な知覚行為だけを行う存在(……)、知覚される対象が知覚されるのに必要な条件としての存在である(……)」。[87]しかし実のところ、同一化の概念(たとえ自己同一化であっても)が、この種の没入を記述するのに適当であるかどうかは疑わしい。それよりは観者が知覚の態度を採用する、つまり映画のミメームが彼を促して、ミメーシスの刺激が現実のそれであった場合に「普通なら」とるであろう態度を彼にとらせたと言う方が、より正確であるように思われる。同一化概念は、没入する世界が主観的内面性によって構成される状態を記述するために取っておくべきであろう。たとえば女優がアンティゴネーに同一化し、子どもが泥棒に、物語フィクションの読者が場合によっては語り手に(つまり没入の媒介として、語り手の態度を採用する）それぞれ同一化するというようなことである。すると先に言及したように、フィクション世界が導く感情移入から、没入要因としての心理的同一化を区別する必要もまた生じてくる。感情移入は、日々の現実でわれわれがもっている態度のレパートリーを、フィクション世界に対する関係においても活性化させるよう促すという限りで、没入効果のひとつとなる。だが感情移入は（積極的なものであれ消極的なものであれ）、この態度のレパートリーに恒常的に備わる一要素である。それゆえこれが、没入に固有の特性であるとはまったく言えない。逆にフィクションが感情移入を活性化させうるという事実は、ミメームの、それゆえ没入が効力を発揮していることのしるしとなる。具体的な例を挙げよう。映画フィクションとは、観客に没入効果をもたらす準知覚的な見せかけだ。というのもこのフィクションによって、観客は日常生活で自分たちがもつ知覚的態度をある程度とるからである。だが私が映画を見に行くとき、私の関心を引くのは、この没入効果を通じて接することのできる世界である。私は「物語を見たい」のだ。別の言い方をすれば、私の関心の中心にあるのは、ミメーシス的没入のおかげで接することができるもの、つまり行為、出来事、感情等々の総体としてのフィクション的モデル化ということになる。〔没入とモデル化という〕フィクションの二側面が混同される原因となるのは、まずそれらが不可分であるということだ。後でも触れるが、簡単に言えばこういうことになる。フィクション的モデルは、ミメーシス的没入を通じてのみ（再）活性化されうるのである[88]。もちろんこう述べたからと言って、ただミメーシス的没入のみが、フィクション作品について物事を知り、学ぶことを可能にする唯一のやり方であると示唆するつもりはない。とはいえ、フィクションがフィクションとして機能するのは、何らかのミメーシス的没入プロセスを通じてそれが内面化される限りにおいてでしかない。学校で生徒たちが『異邦人』の一節を分析するとき、彼らがとるように求められる心的態度はミメーシス的没入のそれではなく、カミュがそのフィクション世界を構築した方法を明らかにしようとする者がとる、分析的な態度である。これはおそらく、とても有用なことだろう。それでも作品のフィクション世界はその前に一度吸収されていなければならない。そのことが意味するのは、物語がまずはフィクション的没入の様態で、それゆえ「これは何を物語っているのか」という次元から引き出される喜びや効用という様態で読まれねばならないということである。不幸なことに、この条件が満たされることは次第に少なくなってきている。というのも文学は、今日の若者のフィクション文化において、もはや周辺的な存在でしかないからである。いまや文学フィクションを死せる言語として教えねばならないようになってきた。というのも、フィクション作品に接するためには、(ミメーシス的モデルと見なされる)創造された世界の中に入る必要があり、またこの世界に入るためには、フィクション的没入より他の道は存在しないからである。

5 フィクション的モデル化——フィクションと指示

没入はフィクションの中心的役割を果たすものだが、そのステイタスが手段であることには変わりない。つまり没入とは、あらゆるフィクション装置の真の目的である「フィクション世界」(トマス・パヴェル)の受け入れを可能にするものなのである。別の言い方をすれば、没入の役割とはフィクション的ミメーシスのモデル化プロセスを活性化ないし再活性化することにあって、没入はそれを、仮にわれわれがミメームによってその見せかけが作られている状況の中に現実にいたとしたらとるであろう態度(心、表象、知覚、行為の態度)を(ある程度)とるように仕向けることによって行うのである。だからこそ没入とモデル化を区別することが重要になるわけだ。フィクションを軽蔑する者たちが、常々フィクションなど没入の力学を導入しうる見せかけを構築することにすぎないと主張しており、他方で擁護者たちの方は、逆にそれが見せかけやシミュラークルに属する力学とは相容れないことを示す以外、フィクションを救出する道はないと信じてきただけに、その重要性はいっそう大きくなる。こうした考えから出てくるのは、ミメーシス概念を模倣=見せかけの手法か、あるいは逆に「模倣的」構成要素を一切含まない表象の技法に還元する傾向である。[89] フィクションをめぐって両立せず争っている二つの考え方のあいだにある対立と通常見なされているものは、実のところフィクション装置の二側面を単に区別することだと解釈しなければならない。それがつまり、フィクション装置が用いる手段、すなわち没入と、この方法が提供する目的、すなわち何らかの事象の状態（知覚経験、行動の状態、出来事についての物語、世界内の状態など）のフィクション的モデル化へと到達することである。最後にもう一度繰り返そう。確かにフィクションは、前注意的なまやかしを通じて実行される。だがその目的は幻想を抱くことや、見せかけや幻影を作り上げることではない。フィクションが作り上げるまやかしは、単にフィクションがそれを通じて自らの真の目的にいたるための媒介なのだ。そしてその目的とは、われわれをモデル化行為に参加するよう導くこと、より簡単に言えば、フィクションの中へと導き入れることなのである。

とはいえ、フィクションの手段と目的が混同されているというだけでは、フィクションのモデル化する力、つまりフィクションが認知に作用するという事実を認めることがどうしてこれほど困難なのかを説明しつくせない。この混同はまた、フィクションとその他の表象の様態（知覚、指示的信、抽象的知識、反省など）の関係という問題、それゆえわれわれが生きている現実にフィクション装置がどのように関連づけられるかという問題を通常扱うやり方からも生じている。第一の問題は、フィクション的表象と指示的断言との関係の問題に還元されがちである。そして第二の問題の源は、フィクション的実体と物理的現実の実体のステイタスの違いにあると考えられがちである。そのためフィクションの分析は、多かれ少なかれフィクション的命題の外示のステイタス（あるいは映画や写真のフィクションのように、命題構造をもたないフィクション的表象が前提するとされる命題のステイタス）がどのようなものかという分析や、フィクション的実体の存在論的ステイタスの分析に帰着しがちである。[90] この見方は、二〇世紀に提示されたフィクションをめぐる哲学的定義に、長いこと影響をふるってきた。こうした定義のほとんどは、語用論的な要因が存在することを考慮に入れることがあったとしても、断固として意味論的な枠組みに位置していたのである。フィクションの定義それ自体が意味論的ではなく語用論的でしかありえないという考え、別の言い方をすれば、フィクションを表象のその他の様態から区別するのは、それが表象のある特殊な用法を前提とすることであるという考えが受け入れられるようになるためには、サールによる決定的な貢献を待たねばならなかった。フィクション的表象を固有の仕方で特徴づけるのは、それらの論理的ステイタスというよりも（実際それは非常に多岐にわたりうる）、それらの使い方なのである。

意味論的定義のすべてに共通する出発点は、次のように言い表すことができる。言語の発話はさまざまな機能を満たす。その機能のひとつは、世界を指示することである。この指示行為は記述文ないしは平叙文によって実現される。ところで言語学的観点からすると、フィクション的言説もまた記述的言説であるが、それらの文が「現実の」指示対象を参照しないという意味で指示的言説から逸脱する。それゆえフィクション的言説は、それらの指示的辞項の外示価値の特徴によって定義されなければならない。このようになされた問いに対する「古典的」な答えは、ゼロ外示としてフィクションを定義することであった。事実的言説においては外示的価値（確定記述、固有名、指示詞、指呼詞など）を有していた言語的構成要素が、ここではその外示を虚しくするのである。フレーゲの立場がすでにこれである。彼にとってフィクション的言表は意味（Sinn）をもつが外示（Bedeutung）をもたない〔フレーゲの用語としては、Sinn に「意義」、Bedeutung に「意味」の訳語があてられるが、ここでは文脈上、Sinn（フランス語では sens）を「意味」、Bedeutung（dénotation）を「外示」とする〕。「たとえばわれわれが叙事詩に耳を傾けるとき、耳に快い音調の他に魅了するのは、ただ文の意味であり、またそれらによって喚起されるイメージや感情である。だがそこでもし真実性の問いをたてたとしたら、美的快楽を脇に置いて、科学的観察の方へと向かうことになろう[91]」。一見したところ、思考と外示を区別することで、フィクションの場をしつらえることができるようにも思える。だがこの印象に騙されてはならない。フレーゲの「真実性」概念が意味するのは、実のところ「外示的真実」、さらに正確を期せば「科学的真実」、つまり実験的あるいは概念的にその有効性を確証する厳密な手続きによって真であることが認められた真実である。ところが真実が外示と同一視された瞬間に、フィクション固有の認知空間は存在しえなくなるだろう。というのも、外示的な次元がなくなると、意味は唯一その「支え」となるものを失うように思えるからだ。この点を強調したのはジャック・ブーヴレスなのだが、彼は、指示対象がもはやないのに、どのようにしてなお指示対象を与える特殊な様態が存在しうるのかわからないと記している。[92] それゆえフレーゲ以降のフィクションの意味論的定義は、のきなみこの袋小路から抜け出す試みであると考えられる。提案された解決策は多数あるが、それらは大きく三つのグループに分けられる。

最も過激な解決策であり、カルナップ流の検証主義的厳密主義〔rigorisme vérificationniste〕を受け入れる者すべての賛同を得たものは、真実と外示を厳密に同一視するというフレーゲの考えを保った上で、意味が付与される命題を外示の基準を満たす命題に還元することにより、意味と指示対象の区別という問題を厄介払いするという案である。するとフィクション的命題は偽命題でしかありえなくなり、そこから必然的に、フィクションによる認知作用はありえないという帰結が生ずる。この種の定義のうちで最も有名な例が、オグデンとリチャーズの感情主義理論である。彼らは、文学的発話がフィクション的性質をもつという事実から、それを主観的態度を表明し、純粋に感情的機能をもっている偽命題とする説を擁護した。[93] この説は非常に明確であるという利点をもっている。だがその利点を得るために、その間違いがあまりに明白であってたいした数の人々を納得させられなかったという代償を払った。確かにフィクション的命題のステイタスがいかなるものであれ、それらの文法が感情、より一般的には主観的態度を表明する命題の文法であるということはない。さらに、ゼロ外示がフィクション的命題に必要な要件のひとつであるとしても、[94] それは十分条件ではありえないだろう。なぜなら仮にそうであるとすれば、あらゆる誤った発話や嘘もフィクション的発話となってしまうであろうからだ。フィクションを錯誤や嘘と区別できない定義にいかなる有用性もない。最後に、ゼロ外示がフィクション的命題の必要条件であると仮定したところで、たいした進歩にはならないということがある。というのも、あらゆる発話がゼロ外示の発話であるようなフィクション物語はめったにないからだ。たとえば歴史小説の魅力は、物語の全体的枠組みをなすゼロ外示の発話の中に、いかにして外示の力をもつ発話をはめ込んでゆくかという点に多くを負っている。このことから、フィクションのステイタスという問いは、フィクションを構成する最も根源的な要素（命題であれ他のものであれ）とは別のレベルで問われなければならないということが示される。この点については後に再びふれることになろう。

認知主義でないフィクションの定義が数々の問題に出くわすことから、哲学者たちは別の解決策を探すにいたった。それは指示説をとる意味論の内部にフィクションの場をしつらえることで、ゼロ外示説を保持できる解決策である。それは指示概念を、字義通りの外示関係がもはや下位関係のひとつでしかなくなるほどに拡大することであった。テクニカルな形式をとるこの考え方は、多くの批評家たちに支持されたが、論理学的観点からそれを最も野心的かつ正確に定式化したのは、疑いなくネルソン・グッドマンだろう。近年、この理論は幾度も発表されているため、ここではテクニカルな細部に入ることなく、手短に要約するに留めたい。フィクション言説は字義的に外示ゼロであるという考えを保ちつつ、グッドマンは指示概念を拡大し、そこに隠喩的外示と非外示的指示の様態を含めた。こうして字義的に読まれれば外示ゼロの断言も、隠喩的に読まれれば真となる（つまり指示の力をもちうる）。ドン・キホーテは存在しないので、彼についてのあらゆる断言は字義的に偽となるが、隠喩的に捉えれば、この固有名は多くの男たちにぴったりとあてはまる。ドン・キホーテ的行動についても同じことだ。さらにフィクションのテクストでは、字義通りの外示がないことによって、読者は例示と表現という他の型の指示的関係を活性化するよう促される。たとえば『失われた時を求めて』は円環型の物語構造を例示していると言えるだろう。読者が今ちょうど読み終えた本を書くという、主人公マルセルの決意でこの本は閉じられるために、物語の終わりは語りの始まりにつながるのである。さらにこの構造は、ある型の芸術と時間の関係を表現（つまり隠喩的に例示）する。本の最後が始まりに通ずることは、芸術作品が時間を無化するというプルーストの信念の隠喩なのである。別の言い方をすれば、グッドマンによると、内在する文学的特質と表現的価値は、外示と同じ資格で象徴システムの指示構造の一部となる。ある作品が外示をもたない、それゆえフィクション的であるからといって、それが指示の次元をもたないことにはならないのである。このグッドマンの定義は、フィクション的命題が字義的には外示の力をもたないという説を保ちつつも、それらに指示の力を認め、さらに芸術的意味作用をめぐる神秘的理論に頼らずに済むという点で非常に優れている。一方その欠点は、字義的外示の問いを排除することで、同時にフィクションの「かのように」をも排除してしまうことにある。つまり問いを解決するというよりは迂回しているのである。[95] たしかにフィクション愛好家であれば、誰もが隠喩的外示、字義通りの例示（つまり作品の形式的性質）、そして表現（つまり文彩的な解釈）に多大な注意を払う。フィクションの世界の相《アスペクト》という性質は、この世界と切り離せないからである。とはいえ、こうした特性がフィクションについて満足のゆく定義を与えてくれることはないだろう。まず、グッドマンの理論そのものに従えば、指示のこうした諸類型に向けられる注意は、フィクションに対する関係に特有のものではない。それはさらにひろく、美的関係の諸々の徴候なのであり、それゆえどのような対象に対してもとりうる態度なのである。さらに根源的なことを言うと、関心を引くフィクションの定義をするためには、フィクションとは世界の表象＝（再）提示［（re）présentation］であり、それゆえフィクションの相の性質とは最も典型的な意味における表象のそれであるという事実が説明されねばならない。だからといって、フィクションがいかに作用するのかを理解するために美的態度についての問いが重要ではないということにはならない。[96] ただその場合には、美的注意が払われる対象が、創作されたフィクションの世界であるということになる。しかしそれならこの世界のステイタスはどのようなものになるのかという問いになると、グッドマンはゼロ外示説を再び取り上げるに留まる。つまり結局のところ、彼は消極的なフィクションの定義しか提示していないのである。

（字義通りの）ゼロ外示理論を擁護する者は皆、現実はひとつしか存在せず、それはわれわれが生きている（物理）世界であるという、私にはきわめて良識的に見える仮説から出発している。彼らはまた、やはり賢明なことに、存在する事物しか指示できないと考えている。そこから生じるのが、ある文が外示的であるのは、それがこの物理世界の一部をなす実体を選択するときだけであるという結論だ。私がここで注意を向けるフィクションをめぐる第三のタイプの意味論的定義は、第二の仮説を受け入れつつ、第一の仮説、つまり存在論的立場については疑うというものである。これは最新の説でもある。この説の擁護者は、フィクションに認知的な働きを認めつつも、だからといって（字義的外示以外の意味論的関係を統合するために）指示概念を拡張すべきだとは考えない。彼らは逆に、指示可能な「事物」の領域を拡大することを提唱する。これは当然ながら、命題の真理関数のステイタスの問いが、実体の存在論的ステイタスの問いに移ることを含意する。このような指示の領域を拡大するという提案が通常立脚しているのは、「可能世界論理学」の名で広く知られるようになった、様相論理学の特殊な哲学的解釈である。命題の純粋な計算技術として構想された様相論理学が、フィクションの問いに関心をもつことは当然ながらない。その企図は、様相的な演算子（「〜は可能である」、「〜は必然的である」、「〜はありえない」）と反実仮想的演算子（「仮に x であったのなら、y である」）を含む命題（また帰納的命題の連鎖）の定式化というまったく異なるものである。だが可能世界論という哲学的装いをまとった様相論理学が、フィクションの意味論的定義を探究する批評家や哲学者たちの興味を引いたことは、容易に理解できる。実際、物理主義的な意味論に比べ、様相論理学の方がフィクションに対してはるかに開かれているように思われるのである。たとえばこの論の枠組みでは、事実に反する命題は、外示的に空虚だと言われるのではなく、ある可能世界、つまり現在の世界がその一員でしかなくなるような（とはいえクリプキの理論によれば、特権的な一員ではあるが）、より全体的な存在論的解釈の構造において、現在の世界のオルタナティヴとなる世界を参照するとされるだろう。フィクションについての意味論的定義が、この種の非常に鷹揚な存在論から得ることを期待できる利点がどのようなものかはおわかりだろう。現実というものが現在の世界に限られず、複数の可能世界をも含むということになると、フィクション世界のステイタスが、可能世界のそれと同じであることさえ示せば、フィクション世界も固有の存在を得られるというわけだ。そのために、この可能性を最初に利用しようとしたのは、二〇世紀のフィクション理論家たちではない。実際、可能世界理論はライプニッツ（より正確には彼の「神の観念における可能世界の無限性」という説）に遡るのである。[97] そして一八世紀の批評家の幾人かは、すでにフィクションの問題にこれを適用していた。その例がドイツ語で書いていた二人の重要な批評家、ブライティンガーとボドマーである。ボドマーは、ヴォルフ哲学の枠組みで詩学を練り上げながら、たとえば、詩的創造は「現今の世界よりも可能世界からその模倣の素材を取ることを好む」[98] と述べていた。可能世界理論を用いてフィクションを定義する幾多の批評家や哲学者――ファン・ダイク、ルイス、ウィナー、マルティネス＝ボナティ、パーソンズ、ウォルターストフ、ドレジェルといった人々[99]――が行っているのも、結局はこの考えを再び取り上げることでしかない。実際、彼らがボドマーやブライティンガーよりもテクニカルな定式化を行うとしても、根底のところではこの二人によって唱えられた説、すなわちフィクション的発話は選択可能な複数の現実を参照するという考えにゆきつくのである。この種の定義の強みは明らかである。そのひとつは、これによって純粋に否定的でしかないフィクションについての考え方から逃れることができるというものだ。さらに「フィクション世界」という概念が、否定しがたい以下の事実に注意を向けさせるという利点を有しているということもある。すなわち、フィクション装置がフィクション的命題の総和（全体のフィクション性は、単に個々のフィクション的命題を合計したものであるという考え）に限られるのではなく、現在の世界の「ような」世界、そして、現実の世界でそうしている「ように」、そのなかにわれわれが浸っている世界を産出するという事実である。とはいえ、これらの利点を得るための代償も大きい。まず、この定義の基盤となる存在論に正当性を与えようとすると、神学的な用語を使わざるをえないように思われる（実際、ライプニッツにおいてはそうであった）。だが幸いなことに、ここではこの問題に拘泥せずともよい。他方（フィクションの理解という観点から）まことに困難であるのは、可能世界とフィクション世界を同一視することで生ずる問題である。それは、この説の擁護者たちによっても示されている。たとえばデイヴィッド・ルイスやロバート・ハウエルらは、フィクション世界が可能世界を律している論理に従わないことを指摘する。[100]可能世界は拘束的な解釈構造の枠組みにおいて見いだされるのに対し、フィクションは自由に、少なくとも厳密な形式的制約の手続きをひとつも踏むことなく作られる。たとえば、可能世界は角形の円というような矛盾した実体を排除するが、フィクションの場合にこの種の制約は存在しない。さらに、やはり可能世界とは異なって、フィクション世界は不十分な世界であり（マクベス夫人に何人の子どもがいたかという問いに答えられないのは、このためである）、また少なくともいくつかのフィクション世界は、複数の内的焦点化を行うフィクション世界（たとえば黒澤明の『羅生門』）が示すように、意味論的に同質ではない。[101]要するに、フィクション世界の概念を、可能世界という論理学的概念に還元することはできないだろうということだ。もちろんこの概念が無効だというわけではない。ただその概念の重要性は、それが果たそうとしている役割、すなわち論理学的意味論の制約と矛盾しないフィクションの意味論的定義を提示するという役割には見いだされないのである。

意味論的定義にはさまざまあり、それぞれ長所も短所もあるが、いかなるものにせよこれらすべての定義には三つの不具合があり、そのせいで、フィクションの機能を理解するという観点からはたいして役に立たないものとなる。第一の不具合は、アーサー・ダントーによって見事に要約されている。『ドン・キホーテ』という本が、弱々しくアクチュアルにもならない一人の男を、しかも意味論的理論に介在されなければまったく知る由もないような存在の領域において取り上げているだけなのだとしたら、あるいはこれが単に（それが存在しないと分かっていて）ドン・キホーテ的なことをする x やら、私の世界ではない諸々の可能世界の総体やらについてのものであったり、あるいはまた、一次的な指示のレベルではこれが何についてのものでもなく、二次的なレベルでギュスターヴ・ドレの版画を集めたような類の実体についてのものとなるのだとしたら、たとえすばらしい理論であっても、どうして読者として私がこの本にわずかでも興味をもちうるだろうか」[102]。言い換えれば、意味論的諸理論では、われわれがどうしてフィクションに興味をもつのかを説明できないのである。第二に、これらの理論には、フィクション的表象のステイタスを、言語フィクションのそれに還元する傾向がある。その理由は、これらの理論が、その出自である問い、つまり指示対象をもつ命題から存在しない実体についての命題をいかにして区別するかという問いの枠組みから完全に解放されてはいないということにある。グッドマンの理論は、明確に象徴体系〔systèmes symboliques　グッドマンの用語としては、symbol を「記号」と訳すことがある〕についての一般理論として提示され、またとりわけ言語的記述〔description verbale〕と描写〔dépiction〕とを区別しているところから、例外と見なせそうでもある。だがわれわれが文化的に構成された象徴体系の総体を通じてのみ現実と関係するという彼の根本的な仮説は、私からすると、論理学的骨組みにまで還元された言語学モデルを不当に一般化することで成り立っているように思われる。表象プロセスについてこの種の純粋に慣習主義的な考え方をすると、ミメーシス的次元に属する事象の居場所が失われてしまう[103]。こうしたことのために、グッドマンの理論は、言語の領域から離れるにつれて適用することが難しくなるのである。たとえば彼の分析に、映画はほぼ出てこない[104]。グッドマンが映画にほとんど注意を払っていないという事実は、その働きを理解する道具立てを、彼の分析手法がほとんど提供していないことと関係しているように思われる。というのもこの観点からでは、類似による表象の問題を真面目に取ることを最初から拒否する分析を通じてしか、（フィクション装置としての）映画の特性が出てこないからである。知覚的転移の存在ということだけとっても、映画を考える際に没入の問いから逃れることも、それゆえミメーム、また模倣と類比的な類似の問いから逃れることもできない——それなのにグッドマンは、こうした要因すべての妥当性を、全力で否定しているのである。フィクションについての意味論的定義がもつ第二の不具合は、これらの最も良くできた仮説であれば、フィクションの必要条件を述べるにいたることがあるとはいえ、そこからは十分条件を引き出すことはできないことが明らかだという点である。実際、フィクションと嘘、錯誤の区別ができない理論に逆戻りしないため、これらの定義では突如として語用論的条件を導入せねばならなくなっている。すでにフレーゲが、われわれは科学の中に求めるものと同じものをフィクションの中に求めはしないと記していたが、これが言わんとするのは、結局のところ両者の領域を区別するものが、意味論ではなくわれわれの意図からなる態度に由来するということだ。ネルソン・グッドマンもまた、フィクションの場合、記された文字が空虚であるという事実は、「符号がそれに対応するものをもたないという明示的な取り決め」[105]に拠っていると述べている。可能世界意味論の枠組みでフィクション理論を展開しているニコラス・ウォルターストフもまた、最後にはこう述べている。「フィクションの本質は、示された事実の状態の性質にも、その状態の真偽にもない。それは、人がとる様相的態度（mood-stance）に存する。（……）フィクション作品が参照する事実の状態が偽である必要はなく、また作者がそれらを偽であると信ずる必要もない。実際のところ、作者はこれらすべてについて真であると信じ、またこれらすべてが真であってもよい。そうした事実の状態を断定することなくただ提示するに限ることで、作家はフィクション作家となるのである」[106]。こうした発言はすべて、フィクションが意味論的なレベルでは定義できないと認めることに帰着する。しかしながら、ここで問題となっている著者の誰一人として、この結論を引き出した者はいない。このとき是非とも必要になっていた見方の変更、すなわち意味論的な問題構成を語用論的定義に取って代えることを、最も断固としたやり方で実行した功績が帰せられるのは、私の知る限り、哲学者ではジョン・サールである。一九七四年に発表されて以来、「フィクション的言説の論理的ステイタス」があれほど多くの議論を巻き起こしたのは、まさしくサールが、そこで「統辞論的であろうが意味論的であろうが、あるテクストをフィクションの作品と識別することを可能にさせるテクスト上の特性は存在しない」こと、そしてただ「作者がとる発語内的態度」のみが重要であることをまったくもって明瞭に述べたからである。[107] たしかに彼の分析は文学フィクションに限られているが、[108] その中心概念である「共有された偽装」は、非言語的フィクション装置においていかなる種類の偽装が効力を発するのかを決めれば、フィクション全体に妥当するのである。一方、サールでさえも、「不信の宙吊り」と「ミメーシス」の問いを最初から退けてしまっていることには注意せねばならない。[109] だが、いくらか秘密めいた仕方で彼が語っている「水平的慣習」とは、不信の宙吊りに、あるいは少なくともこの仮説がひとつの答えとなるような問いに結びついているのである（答えが不十分であるとしても、問いを正確に認めたという利点がある）。さらに言えば、偽装という用語でフィクションを定義することは、ミメーシスの問題系に入ることにもなる。だが細部がどうであれ、語用論的定義、とりわけサールによる定義の決定的な長所は、それがフィクション的命題の外示とフィクション的実体の存在論的ステイタスの問いを、無駄とは言わずとも二次的なものであると示したことにある。というのも、ジェラール・ジュネットの言葉を借りれば、フィクションは、それが「真偽の彼方にある」[110] ことによって、つまり指示の価値やそれによって導入される表象の存在論的ステイタスについての問いそのものを、括弧に入れることによって特徴づけられるからである。[111] だからといって、フィクション的命題の外示や、フィクション的実体の存在論的ステイタスが無駄な問いであることにはならない。しかしこうした問いは、フィクション装置の理解にとって重要な問題に着目させるというより、哲学にもフィクションの問題があるという事実を示しているという意味で、哲学固有の問いなのである。

フィクションの存在は、真理関数をめぐる認識論と、物理主義的存在論とを受け入れがたくするための議論であると示唆するつもりは毛頭ないことを付言しておくのも無駄ではなかろう。残念ながら（あるいは幸運にもと言うべきか）、存在するのは唯一の現実、すなわちわれわれがそのなかに生まれ、また死んでゆく物理的現実[112]しかないということも、また十分ありそうなことなのである。さらに慣習主義が席巻している現在にあってなお、ついつい私は、真理とは合意の問題なのではなく、またある命題が真であるためには、われわれが属しているこの現実の条件を満たさねばならないと考えてしまう。つまり単純に、心的ないし象徴的表象の機能がすべて真理関数的な性質をもつことはなく、フィクション装置のステイタスの問題は、副次的にしか認識論や存在論に属さないということなのだ。再びウィニコットの言葉を用い、フィクションが以下の事実によって特徴づけられるのなら、このことはさほど驚くべきではない。すなわち「「あなたがそれを思いついたの？　それとも、これは外からあなたに示されたの？」という質問をわれわれが絶対にしないことが（……）合意事項であると言える。重要な点は、この点について何の決定も期待されないということである。このような問い自体が立てられるべきではないのだ」。

意味論的諸定義に割かれた議論から、フィクションがノンフィクション的現実と取り結ぶ関係の問題は重要でないと結論づけることも避けるべきだろう。だがフィクションとノンフィクションの区別が語用論的な次元に属することを認めさえすれば、フィクション的表象と記号（言語的なものもそれ以外のものも）の指示機能との関係の問題や、フィクション的実体と現実に存在する実体のステイタス上の違いの問題を探究の中心に置くことが、もはやほとんど適切とは言えなくなる。共有された偽装によってフィクションが制定されると言ってしまえば、こうした問題の重要性は大部分失われるわけだ。というのも、どんな場合でも、フィクション装置に入り込む者が、論理学的な意味での指示の問いにかかずらうことはないからである。次に、フィクションと現実の関係を問う前に、フィクションそれ自体はいかなる種類の現実であるのかをまずは問わねばならない。実際のところ、フィクションと現実の関係に集中するあまり、フィクション自体もひとつの現実であり、それゆえ現実そのものを構成する一部であることが忘れられがちである。別の言い方をすれば、主要な問題はフィクションが現実ととりもつ関係なのではなく、むしろいかにしてフィクションが現実の中で、すなわちわれわれの生の中で作用するかということなのである。

この最後の点に対する全体的な答えは、すでに与えられている。つまり（あらゆる形態の）フィクションは、ミメーシス的なモデル化という様態で作用するということだ。それには少なくとも三つの異なる様態がある。まずあらゆるフィクションは、心的内容という形式をとって存在するということである。そしてそのうちのいくつかは、身体的に具現化した人間的行為という形式をとって、あるいは公的にアクセス可能な表象（言葉、書かれたテクスト、動かない図像、映画的な流れ、音声資料など）という形式をとって存在する。フィクションの心的な存在様態は、それが（夢想や、より一般的には想像活動という形をとる）特定的なフィクション装置の実現形態となるだけでなく、その他二つの様態の基礎となる。このことは、フィクションが語用論的な現実であるという事実、さらに正確に言えば、それがある特定の心的態度（想像的な自己刺激の態度、あるいは公的フィクションの場合では、共有された偽装の態度）の確立を要するという事実から直接導かれる。人間的活動あるいは公的にアクセス可能な表象は、適切な心的態度と結びつく限りにおいて、フィクションという存在様態をとる。換言すれば、フィクションは、ある特定の意図的態度に基づいている。ところで、サールが説得力をもって示したように思われることだが、意図的事象であることに固有の性質をもちうるのは、ただ心的状態のみである（サールが公的表象の志向性を「派生的な志向性」[113]と形容した理由がこれである）。もちろん、フィクションというものはすべて、（少なくとも）心的な内容として存在しているからといって、その逆が真であることにはならない。想像的自己刺激あるいは共有された偽装というものに備わる語用論的な枠組みによって境界を定められ、フィクション的没入の様態で生きられた（あるいは経験された）心的内容（より一般的には心的状態）のみが、唯一フィクションとなるのである。

フィクションの意味論的な定義を受け入れるのを止めると、当然のことながら、フィクション的モデル化の特性は何かという問いが中心となる。これに答える方法を手にするため、まずは簡単に、ここまで寄せ集めることのできた一般的要素を統合してみようと思う。まずはここまで見てきたなかで最も一般的な区別である、法則研究モデルとミメーシス的モデルの区別から出発する。[114] 前者はせいぜいそれとの比較によって、ミメーシス的モデルの特徴を浮き立たせることができるというくらいで、さほど重要なものではない。私には、これら二種類のモデル化の本質的な相違が、認知上の制約のレベルに存しているように思われる。法則研究モデルは、一般化可能になる相同性の条件を満たす必要がある。つまり無限数の具体的な事例に、モデルがそのまま適用されえなければならない。多かれ少なかれ、これらのモデルが法則や抽象的な規則のかたちをとるのはこのためである。逆に、ミメーシス的モデルは、それが表象しているものの（顕在的な場合もあるが、たいていは潜在的である）再実例化である。それは、これらのモデルが一般化可能な次元を有していないということを意味する。学習プロセスという観点から考えると、これらは「例による学習」（instance learning）[115] としばしば呼ばれるものの下位区分のひとつとなる。あるいは、少し手を加えた上で適用できるように思われるグッドマンのカテゴリーを取り上げるなら、ミメーシス的モデルは、それが表象しているものの例示ということになる。

とはいえ状況は複雑である。なぜならミメーシス的モデルの領域は、互いに非常に異なる二つの下位のタイプにさらに分けられるからだ。心のミメーシス的自己刺激の事象を扱った議論に際して、この区別をすでに見ている。そこで私が力説したのは、相同性の制約に従う自己刺激と、それには従わない想像的な自己刺激のあいだに境界線を引けるようになることが、子どもには必要だということであった。この区別はあらゆるミメーシス的なモデル化に一般化できる。すなわち、ミメーシス＝相同的モデルとフィクション的モデルの区別をせねばならないということだ。ミメーシス＝相同的モデル化には、法則研究モデルともフィクション的モデルとも交わる地帯がある。ミメーシス＝相同的モデル化が法則研究モデルと共有するのは、認知上の制約である。すなわちモデルとモデル化されるものとの関係は、相同的性質を帯びる、つまり、局所的構造における等価性を保つ必要がある。だがすでに見たように、ミメーシス的相同性は、一般的規則あるいは抽象化によって抽出された法則のかたちを

モデルの型	法則研究的	ミメーシス的	
		ミメーシス＝相同的	フィクション的
認知的制約	全体的相同性	現実の再実例化あるいは心的シミュレーションによる相同性	全体的類比
獲得と再活性化の方法	合理的計算	ミメーシス的没入	フィクション的没入
例	数学的ないしデジタル的モデル	観察による学習等	偽装遊戯、夢想、芸術的フィクション等

とらず、それが表象するものの（現実的あるいはバーチャルな）例示に存する点で、法則研究モデルとは異なっている。（幾人かの論者が言うように）ミメーシス的モデルのなかでは、規則――さらに言えば構造――が、例のなかにはめ込まれており、それと分離不可能になっていると述べても同じことだろう。ミメーシス＝相同的モデル化がフィクション的モデル化と交差する点は、その両者ともがモデルとモデル化されたものとの相似関係の上に成り立っており、没入によって作用するという平凡な事実にある。このような仕方での作用は、モデル的例示と構造が切り離せないという事実から直接帰結することだ。というのも、ミメーシス的表象のモデル機能へは、ただ例示そのものを再活性化させることによって到達されるからである。ミメーシス＝相同的モデル化が、フィクション的モデル化と区別される主要な点については、これもすでに確認済みである。すなわちフィクション的モデルが従うのは、全体的かつ局所的な相同性の制約ではなく、それよりもずっと弱い、全体的類比の制約だということである。フィクションが（全体的な）類比の関係によって現実とつながっているはずだという考えは、伝統的なものであるが、まったく正しいと思われる。ただし、その考えが正確には何に及んでいるのかを見ておかねばならない。だがそれを行う前に考えを固めておくため、（きわめて簡単に）考察したモデル化関係の類型論の結論として、これまでに確認された区別の要点を上図に提示しておくのも無駄ではないだろう。

　フィクション的モデル化の認知的な制約を「全体的類比」と表現することは、少しばかり曖昧さを招きかねない。というのも、そもそもミメーシス的モデル化自体が、表象としてのミメームを、それが目指すものと関係づけることを可能にする媒介項として、類比関係を利用しているからである。翻って目下の文脈で適切な組み合わせは、類比的なものと「慣習的なもの」（ある語をそれが表象するものに結びつける関係が純粋に慣習的な関係であるという意味で）との組み合わせではなく、類比と相同性のそれである。たとえば生物学では、進化的相同性と進化的類比とを区別する。すなわち、二つの種のあいだに（たとえば形態的な）類似点があるとして、それが同一の原因によるとき（同一原因からは同一の結果という原則に従って）、相同的であると言われる。逆に、（形態的）類似が、異なる原因が二つの種に作用した結果であるとき、それは単なる進化的類比だとされる。ミメーシス＝相同的モデル化とフィクション的モデル化の区別が依拠しているのも、同じような型の違いである。ミメーシス＝相同的モデルにおいては、表象のモデル化からなる事物の状態にその事物の特性が備わっているがゆえに、表象にもその特性が備わっている。つまり、モデルの特性は表象されたものの特性と対応しており、それは局所的なレベルと同様に全体的なレベルでもそうなのである。局所的な対応が「全面的《オール・オーバー》」に見られるという条件が満たされねばならない。なぜなら、観察による学習の研究に際して確認したように、それのみが構造的相同性を保証するからである。投射的なミメーシスモデル（たとえば技術的なものであれなんであれ、発明がそのケースだ。このときモデルはモデル化される対象に先立っている）の場合においては、因果関係がもちろん逆転している。（心的な、あるいは公的にアクセス可能な）表象が、所与の事物の状態の投射的モデルでありうるのは、モデルそのものに備わる特性が原因となって、この事物の状態にもそのものの特性が備わる限りにおいてである。[116] だがいずれの場合でも、ある因果関係が存在する。それは、二つの極の片方が（局所的かつ全体的な）特性 n をもつがゆえに、他方も（局所的かつ全体的な）特性 n' をもつことが、相同条件によって求められるということである。フィクション的モデル化の場合はそうでない。それが成立する条件として、フィクション的モデルの局所的特性と、それがモデル化するものとのあいだに、因果的な関係が求められないのである。もっと簡単に言うと、ミメーシス的モデルがフィクション的モデル化としての価値を有するためには、それに備わる局所的特性が、それらの特性を備えた事物の状態が世界のどこかに存在するという事実に由来している必要はないということだ。むろん、このような事物の状態が実際に存在することもありうる。だが、このような照応関係が存在したとしても、それは認識上の関係としては有効でないのである。おそらくハドリアヌス帝は、マルグリット・ユルスナールのフィクションが彼に与えた特性の一部を備えていただろうが、『ハドリアヌス帝の回想』がフィクション的モデル化であるためには、ハドリアヌス帝が有していた諸々の性質が、ハドリアヌスという登場人物に与えられる性質の原因であるという条件を満たす必要がないのである（たとえこのような因果関係が、ユルスナールによって提示される遊戯的偽装のミメーシス的没入を媒介する一要因であるとしても）[117]。事実に基づく伝記の場合、事情は異なってくる。このときには、モデルがあれこれの特性をハドリアヌス帝に付与するなら、それは皇帝が当の性質をもっているという事実から生じるということが、満たすべき本質的な条件となるのである。同様の違いは、投射的モデル化においても観察できる。『二〇〇一年宇宙の旅』がフィクションであるからといって、将来軌道上に、映画と寸分違わない宇宙ステーションを建設することも、ハルの特性をもつコンピューターを開発することも妨げられはしない。だが、それが行われようと行われまいと、フィクション的モデル化としての映画の妥当性は、少しも揺らぐことがない。他方、軌道上の宇宙ステーションのバーチャルなミメーシス的シミュレーションは、モデルに当の特性が備わるために、実際に建造される宇宙ステーションにもその特性が備わることになる限りで、相同的な投射モデルとなるのである。

フィクション的モデル化が満たす条件が全体的類比であるということは、それが（表象の）心的能力、つまりわれわれが現実を自らに表象する際に用いる能力、より正確に言うなら、もしフィクション世界がわれわれの生きている世界であったとしたら利用していたはずの能力を用いて全体的な類似を獲得するにいたるものであると言うことに帰着する。注意しておかねばならないが、この制約は語用論的な合意から生ずる慣習ではない。それは、フィクション専用の表象能力が人間には備わっていないという事実がもたらす直接的な結果なのである[118]。フィクション的モデル化に到達するためにわれわれが利用できる唯一の能力は、他のところでも利用している能力である。こうした能力が影響しないようなフィクション世界は、表象ではないだろうから、フィクション世界でもないだろう。同時に、先ほど指示を問題とすることが不適切であると述べたことについては断定的な言い方を改めねばならなくなるが、フィクション的モデルは、事実上常に現実世界のモデル化なのである。事実、われわれの表象能力とは、われわれが属している現実についての表象の能力である。というのもそれらは、絶えざる相互作用のプロセスを通じ、この現実自体によって選ばれたものだからだ。確かに存在しない実体を提示するモデルを形成することも、さらにはこのうえなく空想的な世界を作り出すこともわれわれにはできるが、どのような場合でも、われわれの表象能力は、その能力自体を選択し、その中で生きている現実と常にあらかじめ関係づけられているのだから、こうした実体やら世界は、われわれにとって「現実であること」が意味するところに違反しない変種なのである。換言すれば、フィクション能力の特性は、われわれが自らに表象可能な「現実」の型の特性と切り離しえない。このことは、その表象が相同性の様態であろうが、あるいは類比のそれであろうが変わらない。それゆえフィクション的モデル化は、「非現実的」とか「存在しない」とか言われる世界を表象するという点で相同的モデル化と区別されるからといって、その表象内容が、相同的表象において主題化される表象内容と、そのステイタスにおいて異なることにはならない。相同的モデル化と同様、フィクションもまた、何らかの様態に従って現れる現実を主題化したものなのである。どうしても「非現実」の概念に固執するというのなら、モデル化の活動が「かのように」の論理を設ける共有された偽装の枠組みの中に位置するという点で[119]、その活動自体に対し「非現実」という概念を適用することくらいしかできない。この意味で、便利な短縮表現であったとしても、「フィクション世界」という概念を字義通りにとるわけにはいかない。事態の本質まで見極めたいというのであれば、フィクション的モデル化が相同的モデル化と区別される理由については、それがフィクション世界を表象するからと言うべきではなく、むしろそれが「事実的」世界のフィクション的モデルであるからと言うべきである。つまりこの両者のモデル化は、それぞれが参照する点においてというよりはるかに、それらの関係の型（類比的対相同的）において異なるのである。フィクションが「真偽の彼方」にあり、相同的モデルの枠組みでは提起されるような指示の問題をさしあたり問わないからといって、フィクション的モデルが現実と関係づけられる（それゆえ全体的な類比という意味で指示的である）ことの妨げにはならない。というのも人間にとって表象モデルが存在しうるのは、われわれの表象行為が参照しうるもの、つまり最も一般的《ジェネラル》（かつ最も総称的《ジェネリック》）な意味での現実に属するものを参照する限りにおいてであるからだ。

フィクションモデルの認知的制約とはわれわれの表象能力自体の制約でしかないということから、なぜフィクション世界においては、真理に関する関係の原則が内的一貫性の原則に取って代わられると言いうるのかが説明される。内的一貫性と呼ばれるものは、言ってみればフィクション諸要素間の局所的関係が、表象固有の制約に適合することに他ならない（これらの制約は、場合によって、視覚の制約、行為の論理の制約、語りの制約等々となる）。他方でこのことから、内的一貫性の原則が、指示の原則と真に対立することはありえないだろうということも理解される。この状態を逆説的なやり方で定式化するなら、フィクション領域において、一貫性の原則は指示の原則ゆえに維持されるものだということになるだろう。というのもそれは、表象可能性自体を構成する制約、すなわち人間にとって理解可能な「〜について性（aboutness）」関係の構成そのもの、それゆえ表象可能性自体の形式的条件を統御する制約に対応するからである。つまりこれら二つの様態のあいだに存する違いは、両者が互いに排除し合うような違いではなく、むしろ表象可能性そのものを包括する制約と、相同関係の枠内における表象能力の用い方を規制するより厳しい制約とを区別する違いなのである。

その上で言えるのは、人間の創造になるフィクション世界が多種多様であることが示しているように、単純な一貫性の制約は、実際のところ非常に縛りの少ない制約だということである。それにより、フィクション的モデル化を可能にする条件としての表象の一貫性と、ミメーシス芸術の評価の原則としてしばしば前面に出される類いの一貫性とを区別する必要があるということにもなる。たとえばフィクションの物語が単一の行動を表象せねばならないというアリストテレスの考え、またその現代版である、物語が最初の調和から、途中に不調和な状態を経て、最後の調和へと進む構造に従わねばならないという考えは、表象が理解可能となる制約とは関係がなく、成功したフィクションならそうあるべきだと考えられている個別的な（とはいえ大多数の人々によって共有されている）理想と対応するものである。こうして、ある物語が調和を回復することなく終わったり、またポール・リクールが西洋的物語の規範的基盤をなすとする「不調和な一致」という解釈学的図式に従わないからといって、その物語がフィクション的モデル化として機能しうるかどうかが問題になることはまったくない。「回復された調和」に価値を置くことに対して非常な説得力をもって反対しているライナー・ロホリッツは、「もはや必ずしも筋のモデルに従って構造化されていない」数多い現代の文学的フィクションに対した時、こうした価値観では行き詰まってしまうと述べている[120]。さらに表象の理解可能性の制約がすなわちフィクション的モデル化の制約なのだとすれば、この理解可能性がひとたび保証されるや、フィクション的モデル化が存在するための条件が満たされることになる。こうした理解可能性の条件は、フィクション固有の特性ではなく、表象を作り出す一様態としてのフィクションが前提とするものである以上、フィクション装置が満たさねばならない最小条件とは、単にわれわれが自らに現実を表象するやり方を構造化する条件ということになる。フィクションは、これらの条件と合致するなら一貫性を備えるということになるのである。物語の領域においては、クロード・ブレモンがこの点を明らかにした。彼はとりわけ、行為項の可能性の論理を、物語の実際の構造化から区別する必要性を強調した。行為項の可能性は、行為の表象可能性の制約と対応している。しかしこれらの制約を踏み越えなければ、語る者は、あれやこれやの筋に対する公衆の（多かれ少なかれ安定した、あるいは変化のある）好みによって制限づけられることを除けば、自由に動き回れるのである（それぞれの筋は、行為項の可能性の特定的結合に対応する）。さらにブレモンは、行為項の可能性が、行為の表象を担うフィクション物語にとっての可能性である前に、（意図的構造としての）実際の行為にとっての可能性であることに注意を促している。かくして彼は、ある種剝き出しの事象と言えるような「それ自体」としての出来事だとか、行為「そのもの」を構造化することに物語の論理はないと述べるにいたる。「語られることとは、その秘められた組成のなかにある語りの法則とは異質の法則に従って組織された出来事や役割の複合体ではなく、物語可能なものの組織をすでに役割〔rôle〕の形にし、「編入〔enrôler〕」したもうひとつの物語なのである」[121]。換言すれば「思考する意識によって措定されるものとしての」（人間的な）出来事すべての主題化を規定する「人間の能動〔agir〕と受動〔pâtir〕」[122]を表象可能にする条件とは、同時にフィクション物語のモデル化を可能にする条件でもあるということになる。[123] 実際、能動と受動の論理は、いつでもすでに物語の論理であり、また物語的なフィクション世界が生起する諸々の条件は（物語的でない世界も存在する）、ミメームがこの論理と合致するやいなやひとつにまとめられるのだ。さらに単純化して言おう。フィクション物語を作り出したり、あるいはそれを理解できるようになるためには、自らが意図的な行為に取りかかったり、受動という様態で影響を及ぼす出来事を理解したり、さらにはこの二重の領域を、やはり無数に存在しているこうした（二重の）様態には属すことなく理解可能な事象から区別できればよいのである。ところで、文化や年齢、個人的信や文脈に応じて、能動と受動の論理に従って構造化される事象の領域が変化しうるとしても、[124] 人間なら誰しもこの論理を適用するために必要な能力を備えている。同様に、人間なら誰しも物語フィクションを作り出したり、それを理解したり、反復したり、また変形したりすることもできる――その際に満たさねばならない唯一の追加条件は、彼が共有された遊戯的偽装の態度もとれるということなのだ。

　ここまでの分析は、ミメーシス＝相同的モデル化とフィクション的モデル化の違いが、使われる表象の素材にも、モデルを構築する要素となる土台の真理関数のステイタスにも由来するものではないという考えを補強するように思える。小説家があるフィクション世界を創造するとき、とくにそのために発案された表象の素材ばかりを使っているわけではない。その割合は半分にすら満たないかもしれない。彼は、長期的記憶に保存された素材を再利用したり、自分が行う機会を得た知覚的経験を固定するためにノートをとったり、経験した状況を記録し、（歴史書、科学書等々の）すべてが事実からなる内容の本に資料を得たりする。仮にあるフィクション物語を構成するひとつひとつの命題について、それに備わる外示的効力をほんとうにわざわざ分析するなら（だがそれはやるほどの価値もないが）、おそらく純粋な発案というにはほど遠く、これ以上ないほど真正な外示的命題がその大部分を占めているということが明らかになるだろう。物語フィクションに当てはまることは、映画フィクションについても言える。仮にある西部劇を分解し、世界内事象に対応する信号と、フィクション的に産出されたという資格でのみ存在する信号とを分離してみると、実のところ映画の刺激の大部分が、まったくもって凡庸な外示的効力を備えていることに気づくことだろう。映画を満たしている生物や無生物は、フィクションの外でも現実の存在を営んでいるのであって、それは（自然の中で撮られた映画の場合）風景をはじめとするその他さまざまのことについても同じである。風景の場合などは、そのものとしてではなく、フィクション世界の要素としてのみ価値があるとすら言えない。コロラド川はコロラド川であり、デスヴァレーはデスヴァレーだ。同様にウディ・アレン映画のニューヨークは現実のニューヨークである。たしかにフィクションの登場人物は、一般的に（とはいえ必然的ではないが）非現実的実体である。しかし彼らに与えられた特性、彼らを取り巻く状況等々は、現実の人々が備える現実の特性や、作者の記憶に記録された現実の状況にしばしば対応している。そうしてみると、それらはフィクションの登場人物に関係づけられているからフィクション的であると言えるのか、あるいは実際に存在する属性と対応しているから指示対象をもつと言えるのかという問いに対する答えは、ひとえにその際選ばれる存在論的パースペクティヴ次第ということになる。たとえば、実体の存在論的問題をそれらの実体の属性に移すマイノング流の存在論を選び取るなら、パーソンズとともに[125]、これらの属性を用いて述べる諸命題は、まったくもって通常の指示的価値をもつと言える（なぜならフィクション的実体に付与されている属性それ自体は、ほとんど常に現実世界で発見できる属性であるからである）。いずれにせよ、フランソワ・ジョストが映画について述べたように、「フィクションは現実的要素や属性を含むことができるが（……）だからといってドキュメンタリーになるわけではない[126]」。また彼は、きわめて正当にも、この命題が逆の意味でも有効であることにも注意を促している。ドキュメンタリーは「フィクションを構成する手法（たとえばマッチ・カット〔二つのショットをつなぐとき、アクションが前後で矛盾したものにならないようにする編集〕）を含みうるが、だからといってフィクションに属するわけではない[127]」。

ここで二重に確認されたことは、あらゆるフィクションについて言える。またそれは、フィクション装置が意味論的ではなく、ただ語用論的なレベルでのみ定義されることからの直接的帰結でもある。フィクション装置が共有された遊戯的偽装という枠組みに依存しているのなら、ある表象のフィクション的性格は、全体的モデルから創発的に現れる属性、つまり、このモデルが組み合わせる局所的な諸要素が外示的であるか否かということの総合効果に還元されえない——そこから導き出されることもない——ある属性となる。ジェラール・ジュネットは、この状態を見事に要約して、フィクションにおいては「全体が（……）そのそれぞれの部分よりもフィクション的なのだ」と述べている。[128] フィクション的モデル化と相同的モデル化を明確に区別するのがこの特徴だ。というのも後者においては、全体的モデルの認知価値を、それを構成する諸要素の真理価値と区別することができないからだ。ミメーシス＝相同的モデルの真理関数的価値は、それゆえ創発的に現れる属性ではない。このことは、ミメーシス＝相同的モデルが、等方〔isotrope〕システムとフォーダーが呼ぶもの、すなわちその中では、ある単独の要素（単独の命題）の認知的価値と、この要素が属している全体的システムの真理価値とが、厳密に相伴って変化するシステムのひとつであることに拠る。[129] 逆にフィクションは等方的ではない。それはフィクションのステイタスが、それを構成している諸要素の真理価値の総和に還元されることはなく——そこから導き出されることもなく——、モデル全体にのみ属する一条件に依存しているからである。そしてこのことが、フィクションとその他の表象の関係のありかたに、特殊な制約を課すのである。もちろんフィクション装置の使い方はさまざまであり、またどうやってわれわれがそれらを手にするかもほとんど予期できない。とはいえ、フィクション装置を使うあらゆるやり方は、少なくともひとつの否定的条件を共有している。それはフィクション的モデル化が、（記述機能をもつ相同的モデルとは異なり）指示機能をもつ表象としても、また（投射的な相同的モデルとは異なり）実際に即したシナリオとしても、さらには（規定的モデルとは違い）価値論的な命令としても使われないということである。そしてこのことは、仮にフィクション的モデル化を構成する表象のいくつかが空虚でない外示をもったり、実現性のある実際的なシナリオを例示したり、あるいはまたわれわれの生において通用している規範から取った価値論的規則を提示することがまったく可能な場合であっても変わらないのである。フィクション装置の使い方が右のようなものとならないのは、単に、表象の認知的制約が自由なせいで、そうした使い方には対応できないからというにすぎないのである。

推論という観点からこの状況を分析することもできる。たとえばデイヴィッド・ルイスは、仮にわれわれがミメームによって導き出された（命題的）世界の中で動き回っているのではなく、装いの対象である世界にいたのだとしたら行っていたはずの推論を、それらの表象が遮断するという事実に、フィクション的表象の特殊性を見いだしている。仮に現実の世界で某氏がベーカー街二二一Bに住んでおり、さらにベーカー街二二一Bが銀行であることが真ならば、そこから某氏は銀行に住んでいると推論できる。だが某氏をシャーロック・ホームズに置き換えると、「ベーカー街二二一B」という表現の二つの生起が同一の意味論的解釈の世界に属さなくなるため、この推論は有効でなくなる。[130] しかし、だからといって推論の完全な遮断が、フィクションを特徴づけるわけでもない。たとえばウォルターストフが正しく強調しているように、フィクション的命題に由来する推論は、どんなものでも合法的である。[131] 事実、ミメームの総体がフィクション世界を生み出しうるためには、その受容者が絶えず――まさに現実で行っているように――推論的活動に従事せねばならないのである。そうなると、あらゆる混合的な推論が、すなわちフィクション世界に結びつく命題と「現実」世界に結びつく命題との論理的結合から生ずるような推論が、遮断されると考えたくなるかもしれない。しかし私の考えは、推論の連鎖の方向性に従って分けねばならないというものである。フィクション世界から現実世界へと向かう推論はすべて遮断されるように思われるとしても、逆方向はそうではない。フィクションから現実へと向かう推論が遮断されるのは、現実にそうであるものとそうでないものに関係するわれわれの信が、フィクション的表象によって感染されてしまいかねないからである。実にこのことは、すでに三度も取り上げた――遊戯的偽装の分析、フィクション的自己刺激の発生の研究、そして夢のミメーシスについての議論――問題の一特殊形式にすぎない。すなわちミメームが反応のループを形成したり、誤った信や自己欺瞞へと導いたり、さらには（夢の場合に）運動の放出にいたったりせぬよう妨げることを可能にする「エンジンブレーキ」の問題である。他方でシャーロック・ホームズの例が示すのは逆方向の感染であり、それは見かけとは裏腹に例外的なものである。たとえばコナン・ドイルの小説は、ロンドンの地理への指示を数多く含んでいるが、それらは、シャーロック・ホームズの住所の場合とは異なり、単に有効なだけではなく、場合によっては物語の理解にとって必要不可欠な推論の連鎖を生じさせる。ルイスが提示した例が特別なのは、推論がフィクション世界と衝突する結論にいたるという点である（読者はホームズが銀行に住んでいないことを知っている）。そうしてみると、現実世界からフィクション世界へと向かう推論の方向において遮断されるのは、フィクション世界と衝突しうる推論のみだということになるかもしれない。さらにフィクション愛好家の大部分が、この種の衝突に対して厳しい判断を下すことも指摘できる。私には西部と古代を舞台にしたスペクタクル映画を愛してやまない友人がいるが、彼のあまりに鋭い眼は、飛行機が空を通ったどんな跡でも、丘の後ろから突き出ているどんな電柱の先端でも、また地平線のあたりに見えるどんな舗装道路でも瞬く間に見つけ出してしまうのであり、そのせいで、彼の眼からすれば、映画の信憑性がただちに失墜するのである。アーサー・ダントーも同種の例を挙げている。「ある友人が小説を書いたが、その書き出しは五番街を車で北上する人々の描写であった。しかしこの通りは、北から南への一方通行である。そこで私は、それ以上読むことができなくなってしまった。現実感覚がこんなにも乏しい男を、より繊細な心理的事実に関して──小説の作者ならそれに忠実であるとされているものだが──必ずしも信頼できはしない[132]」。

フィクション的モデル化の特性については、おそらく言うべきことがまだたくさんあるだろう。しかしここまでの分析で、前章の最後に宙吊りにしておいた二つの問いのうち、第一のものの主要な点については、答えられているように思う。それは、仮にフィクション世界が、心的表象としてのみ存在するとしたら（たとえその表象が、公的にアクセス可能な表象の支持体によって実現されるとしても）、いかなる点においてこれが認知の媒介となりうるのかという問いである。理論上、私には第二の問いが残っている。遊戯的偽装とフィクション的モデル化が、（たとえば子どものフィクション遊戯は社会化のプロセスで何らかの役割を果たす行動実験であるという意味で）これらの偽装やモデルを作り出す者にとって認知上の作用をもたらすとしても、同じことがフィクションの受容者について言えるだろうか。というのもフィクションの受容者はミメームを作り出しはしないのだから。実のところ、ミメーシス的没入について学んだことに照らしあわせてみれば、この問いにはきわめて簡単に答えられる。

ミメーシス的モデルにおいては、規則（あるいは基底の構造）がその実例化と切り離せないがゆえに、それはただ、ミメーシス的没入自体の再活性化を経ることによってしか獲得できない。フィクション的没入の現象学的記述は、創造的没入と受容的没入が同一の力学の異なる二つの様態であるという意味で、この場合もやはり同じことが言えるということを示していた。つまり第二の問いは、ほんとうの意味での問いではなかったことになる。

しかしながらここまで提示してきたミメーシス的モデル化の分析は、少なくともひとつの点において、つまりモデルとわれわれがそれに到達する仕方の関係という点において補足される必要がある。ここで想起せねばならないのが、フィクション世界には、常にそれを提示する相《アスペクト》、すなわち表象の態度を導くミメーシス的端緒の特徴となる様態に組み込まれた相の性質を通して到達するということである。(133) たとえば『マリアンヌの生涯』を読む私がフィクション世界に達するには、マリヴォーの遊戯的偽装を再活性化せねばならない。つまり、物語るマリアンヌ自身にフィクション的に同一化するか、あるいはマリアンヌという名前の人物がその生涯を私に語ったとしたら私がとったであろう態度をとらなければ（一人称的フィクションにおいて、この二つの型の没入は両立する）、私はフィクション世界に達しないのである。この確認は一般化される価値を備えている。すなわちあらゆるフィクション世界は「遠近法的（特定の視点から特定の見方によって捉えられるという意味）」世界だということである。そうしてみると、先ほどは没入とモデル化の区別を重視したが、それと同様に、それぞれ別のものであるとはいえ、両者が切り離せないと強調することもまた必要となる。フィクション世界には、そこにいたらせる表象的偽装に特有の相を介することなしには、決して到達できないのである。「内容」こそがフィクションに興味を抱かせることが真実だとしても、この内容が、それと切り離すことのできない固有の「形式」を介してのみ与えられることもまた真実である。分析上の理由から、両者の相を区別せねばならなかったのではあるが、フィクション装置がいかに機能するかという観点からすれば、それらを切り離すことはできない。そうしてみると『マリアンヌの生涯』のフィクション世界は、純粋内容としてではなく、ただ特殊な没入の様態、つまり自伝的物語の遊戯的偽装という様態を介して導かれることで、はじめて存在するということになる。

もちろん、相はフィクション的表象に特有の性質ではない。あらゆる表象が遠近法的である。唯一フィクションに特有なのは、相の性質が提示された世界から切り離せないということである。これはフィクション世界が表象としてのみ存在するという事実から導かれる結果だ。他方、フィクション的でない表象は、常にそれについての表象を作り上げる活動から独立して存在する現実に向けられた視点からなる。それゆえに、対象とされるものは、それを対象とする際の相と切り離すことができる。また、切り離すと言っても、それはただある遠近法を別のものに取り替えることでのみ可能になるのだが、相の性質を変化させつつ同一のものを対象とし続けられるという単にその事実こそ、対象とされるものが、それについて提示される表象から独立して存在することを示す徴なのである。フィクション世界はそうではない。というのもこれらは相の態度そのものによって創造されるのであり、そこに達するために、われわれはその態度をミメーシス的に再活性化せねばならないからだ。だからこそ、フィクションでは内容と形式が不可分なのである。

さらに、相の態度――『マリアンヌの生涯』の場合は、自伝的な物語行為とその諸様態――の再活性化を経てミメーシス的没入が生じるという事実は、ミメーシス的端緒というレベルそれ自体が認知の作用となることを示している。マリヴォーのフィクション世界へと、その発語内的偽装に特有の相の性質の効力によって達することで、私は、生を直視するための方法でもある物語的な役どころを遊戯的に実践しているのである。私は、出来事に対して自分の位置を定める独自のやり方をわがものと――実験し、思い描く――する。私はある個別的な物語の呼吸の中にそっと身を滑り込ませる。それは、やはり個人的な心の転調の型を例示するものであり、その最も注目すべき特徴は、たぶん、それが実存にまつわる誇張の一切を急に打ち切るやり方――(フィクションの)発行者によるマリアンヌの物語の短い紹介を閉じる結びが、見事に要約している態度――にある。「これが『マリアンヌの生涯』なのである。マリアンヌというのは、婦人自身、物語の冒頭で自分をそう呼んでいるからである。次いで婦人は、伯爵夫人という肩書きをつける。婦人は、女友達に語っている、その友達の名は空欄だ。それだけである」。マリアンヌの語る声に固有の様態を介して、私がミメーシス的に到達するもの、それは「それだけである」というこの短調の調子で語られるひとつの生の物語である。この調子は、マリヴォーのテクストの物語的、文体的な特質において最高度に具体的なかたちをとる。これら形式的とされる性質は、表象される内容と同様に認知の媒介としてのみならず、さらにその内容と切り離せないものとしても姿を現す。フィクション物語に言えることは、その他のフィクションの形式にも妥当する。たとえば映画を観るとき、私の視線はフィクション世界を設定する準知覚的な経験の中に滑り込む。カメラの眼に特有のこの相の性質は、ここでは知覚的体験という次元において、それ自体が認知上の作用となる。だからフィクションは、いかなる時でも内実〔fond〕と同時に形式に関わるものなのである。

第四章　いくつかのフィクション装置について

1　遊戯、夢想、芸術

子どもは（身振りや言葉による）遊戯や夢想を通じてフィクション世界に入ってゆく。大人や仲間たちとの相互作用的フィクションであれ、（人形、ミニカー等々による）ミメーシス的端緒をもつひとり遊びであれ、心の中の劇場での想像的情景であれ、フィクション能力の中核をなしているのはこうした活動である。彼が後に芸術的フィクションを利用し、そこに喜びを見いだし、さらには自分でもそれを作ることができるようになるのは、こうした活動のおかげなのである。これら遊戯的かつ想像的な活動が、子どもの心理的発達に必要不可欠な要素であり、とくに文化的な学習をまったく必要としないところから、いたるところにそれは存在すると想定することができる。別の言い方をすれば、フィクション能力は文化的慣習ではなく、普遍的に与えられる心理的条件、人間的な志向性〔intentionnalité〕の基本的様態のひとつであると考えられるのである。この種の活動が人間精神のある特定の機能的様態に対応していることを示した神経心理学や発達心理学の研究結果を受け入れさえすれば、心的自己刺激のステイタスはたしかにそのようなものとなる。子どもがどこでもフィクション的遊戯に身を委ねているという事実は、想像的自己刺激があらゆるフィクション的遊戯と不可分であるという意味で、この仮説の正しさを間接的に証明している。フィクション装置と現実の信の区別は、一般的な所与の条件でなく、文化によって変化するものだという今日では広範に認められる考えは、それゆえ誤っているように思われる。この考えがこれほどもっともらしく見えるのは、おそらく二つの問いを混同しているからだ。すなわち、共有された遊戯的偽装という状況と「本気の」信が作り出される状況を区別することが、人間学的条件であるかどうかという問いと、これら二つの領域のあいだで表象の内容をいかに配分するかは文化によって変化するという問いである。第二の問いは表象の、さらに言えば信の意味論に属しており、表象の語用論的ステイタスに関する第一の問いとはまったく関係がない(1)。

たしかに、フィクションの領域自体が相互作用的に、つまり子どもと大人の関係を通じて制定されるという意味では、その内容には初めから子どもが育つ社会の特徴となる諸要素が組み込まれる。実際、私が使うことのできる表象能力がたしかに自分のものだとしても、私の表象内容の起源において私が占める部分は、結局のところわずかなものだ。その理由は、試行錯誤を通じた手探りの経験によってなされる最初の学習（それゆえこの学習を導く表象）が限定的であって、その大部分は、すでにつくられた公的表象の（ミメーシス的、また当然ながら言語的な）同化によってなされることによる。われわれの文化的レパートリーの本質的な部分は、自分自身の努力に由来するものではない。そうではなく、人間文化の最も顕著な特徴のひとつをなしている知的分業という原理によって、全体として吸収する行動の構造や「明白な」信というかたちで内面化されるものである(2)。それゆえ心的自己刺激を作り出すもととなる表象の素材や公的なフィクションは、常にその大部分が、われわれが属している社会において流通しているものなのである。そのことはこれらの内容を組織する原理についても一部あてはまる。表象を理解するための最低限の制約（われわれの種にとっての制約）には背反しないさまざまの組織化の型の中から、個々の文化はその好みに応じた選択をする。これらの選択は、それによって構造化される表象内容にはめ込まれ、それゆえその内容と同時に伝達される。こうして、最も孤独なフィクション活動ですら、決して独我的ではないということになる。大部分が確立した文化的レパートリーに属した表象の素材を用いて作り出されるのであるから、それは初めから（部分的には）共有された現実なのだ。想像的自己刺激は、たとえ最も私的なものであってもこれを集団的遊戯や芸術フィクションへと翻訳しうるという事実は、心的表象の大部分が共有されているという性質の直接的な結果なのである（夢の内容についても同じことが言える）[3]。

とはいえ、われわれのフィクション活動の内容が本質的には自分自身の生きている社会で流通しているものであるからといって、文化を変えればその内容が必然的に変わるというわけでもなければ、それぞれの内容同士に共通点がないわけでもないことは、はっきりとさせておかねばならない。表象一般、とくにフィクションが文化的に変化するという問題を信仰箇条のように扱うべきではない。これは単に事実の問題なのであり、それについては、私の調査方法をはるかに越えるものであるとしても、一言述べておかねばならない。本章の主要な部分をなすいくつかのミメーシス芸術をめぐるささやかな指摘は、この問題の枠組みの中に置き直すことで、はじめて意味をもつからである。

フィクション遊戯については、文化が異なっても非常に安定した状態を予想できる。それは、一方で遊戯がきわめて複雑な意図的能力の統御を前提とするからであるが、他方ではその能力が早期に獲得されるからでもある。別の言い方をすれば、フィクション装置というものはたいへん複雑なので、仮にそれが特定の文化的慣習によるものならば、つまり幼児が自分の生きている文化世界からそれを取り入れねばならないという外的な習得によるなら、あれほど早いうちから幼児がそれを習得することは不可能であろう。すでに指摘したように、この状態は言語獲得を喚起する。仮に言語獲得が「接続済みの」心的構造を利用できないとしたら、すなわち子どもが言語技能（とりわけ文法的、発話的能力）を得るために頼りとなるのが、ただ自分の耳に聞こえてくる言語的生起を起点として行う推論活動しかないのだとしたら、子どもが実際に行っているような早さで話し出すことはあきらかに不可能であろう。

不幸にも、いくつかの例外を除いて、人類学者たちは子どものフィクション遊戯には十分な関心を払っておらず（夢の事象についても同様だ）、そのためこの普遍主義仮説に決定的な確証を与えられるような検証がなされていない。しかしこれまで幾度か言及したゴルドマンとエミソンのすばらしい研究は、少なくともわれわれフランスの社会とパプア・ニューギニアのフリ族の社会というまったく異なる二つの社会において、この能力が同一であることを示している。事実、この二人による分析は、フリ族の子どもの「社会演劇的遊戯」[4]が展開されてゆく様子が、あらゆる点において西洋の子どもたちが行う遊戯的偽装に等しいことを明らかにしている。すなわち子どもたちは自発的にフィクション活動に加わり、フィクション世界の語用論的枠組みを画し、その領域における偽装された相互作用を、現実のそれと分けるために、（言葉あるいはそれ以外の）標識を用いる。また子どもたちが模倣する活動は、大人の生活に含まれている活動である。子どもたちは絶え間なく、そしてやすやすとミメーシス的没入と遊戯的偽装の語用論的枠組みを行き来する。彼らは指令的なト書きやプロンプター（prompts）の指示のようなものを用いて、行うべき行為や発するべき言葉についての説明を、他の遊戯者《プレイヤー》に対して出す。時折、遊戯は中断され、想像上のプログラムがこの先どのように展開するかをめぐる取り決め（fantasy negotiations）や、またとりわけフィクションの筋書き（explicite fantasy proposal）がそれに取って代わる。フィクション内的言語行為から場面の指示やフィクションに関するプログラムの提案への移行は、通常は声の調子や響き等々の変化によって示される。すでに述べたように、フリ族の社会とわれわれの社会ほど離れた社会的世界を探すのはおそらく困難だろう。それにもかかわらずこの二つの社会の子どもたちがフィクション世界を同じやり方で創るということは、普遍主義仮説の正しさを訴えかける。さらに「直感的」なレベルでは、アフリカやアジアの子どもたちが遊んでいるのを見た人なら誰でも（現実に見ても、単にドキュメンタリーで見たのであってもよい）、これと同一の結論しか導き出さないだろう。とはいえフリ族のケースはより強力な議論となる。なにしろこれは、「近代的」世界と最近までほとんど接触のなかった社会なのであるから。

ある意味、子どもたちの遊戯的なフィクション活動もまた常に「技芸《アート》」である。少なくともこの語を字義通りに、すなわちモノや出来事を産出する能力を、調節した上で利用することだと捉えればそうなる。実際にどこかで実現しているかどうかは知らないが、子どもの遊戯が唯一のフィクション的活動であるとされる社会を構想することすらできるだろう。いずれにせよ、たしかに社会生活の中であれ、芸術活動というより限定された領域の中であれ、さまざまな人間の共同体は、ミメーシス芸術［アート］を同じように位置づけているわけではないように思われる。ただしミメーシス芸術の実効的役割という問題を、それらの社会的正当性という問題から切り離す必要もある。実際、高尚な文化と土着文化を区別する社会にあって、フィクションはしばしば社会的正当性の問題に突き当たるのだが、これはフィクションが果たす実効的役割についてはほとんど確かなことを教えてくれないのである。思うに、誰もが共有している能力にフィクションが立脚し、また誰もが理解できる受容の様態を活性化するからこそ、しばしばフィクションには社会的正当性が欠けているということになるのではないだろうか。つまり、社会的「ディスタンクシオン」〔社会学者ピエール・ブルデューの用語。階級などを背景にした、他者に対する文化的な差別化や卓越化を意味する〕としてフィクションを用いることが困難になるというわけである。他にもたとえば宗教的次元にあるような要素が問題となることもある。前近代（だいたい一八世紀まで）のキリスト教ヨーロッパにおいて、フィクション物語《レシ》（これはしばしば詩的芸術から除外され、とりわけ女性に対する有害な影響を告発されていた）、とりわけ演劇が正当なものとされなかった理由は、本質的に宗教的性質をもつ疑念に由来している。だがヨレーヌ・エスカンドが指摘しているように、文人たちの文化がフィクションや文学の想像力を排除している中国では[5]、その理由はおそらくまったく違っているだろう。実際、古典期の中国において唯一強い意味での宗教と言いうる仏教は、さまざまな種類の物語《コント》のきわめて豊かな源泉であったのだ。フィクションが排除された理由のひとつは、むしろ文人たちの「社会的スノビズム」であったように思われる（文人たちの画と職業的な画が区別されたのもこの同じスノビズムによる）。フランソワ・ジュリアンはもうひとつの、より概念的な理由を明らかにした。それは、古典中国文化がミメーシス的な概念を通じて芸術を思考したのではないということだ。さらに道教という「異端」を除くと、この文化は、想像力や非凡なことを重要視しなかったのである[6]。だがヨーロッパと同様、社会的正当性が欠けていることをもって、人々の生活の中でフィクションが果たす実効的役割を測る基準とすることはできない。事実、中国の土着文化には幻想的物語、さらに一般的にはフィクション作品が豊かにある。さらに、明朝と清朝を通じて、文人たちは、「公式」にはフィクションを軽蔑していたにもかかわらず、演劇と小説的物語の発展に決定的な役割を果たしたのである。

いずれにせよ、過去の文化的差異がどのようなものであったにせよ、現在の西洋的テクノロジー文化によるグローバリゼーションは情勢を変えてしまった。というのも、このグローバリゼーションは西洋において発明された視聴覚フィクション装置のグローバリゼーションでもあるからである。たとえばアメリカ映画の世界的な成功が示しているように、フィクションに対する愛はほとんどの人々によって公平に分かちもたれている。この現象を文化的帝国主義として説明することがしばしば試みられるが、結局のところ誰も映画を観に行くよう強いられているわけではない。世界中で『ジュラシック・パーク』や『タイタニック』を観に人が押し寄せるというのであれば、それはおそらく、彼らがそうした映画を気に入っているからだろう。この趣味を共有しなくてもよいが、この事実は少なくとも、フィクションに対する関心がわれわれひとりひとりのうちに容易に芽生え、それが文化的出自とは関係ないということを示している。より決定的な論拠は、さまざまに異なった文化が映画装置をどん欲にわがものとし、固有の視聴覚フィクションを発展させたことである（たとえばインド、エジプト、日本、中国、ブラジルあるいはアフリカの映画を考えればよい）。要するに、「指示的幻想」への嗜好は、すべての人々に共有される「自発的隷従」であるかのようなのだ……。

もちろん、子どもたちのフィクション遊戯と芸術的な意味でのフィクションのあいだには、これら二つの型の活動が位置する社会的文脈が大きく異なるという理由だけによっても、大きな違いがある。すでにアリストテレスがフィクションの複数の原因を区別していたが、その中に模倣に対する人間学的な性向と、最も成功する模倣の文化的選択とでも呼べるものがある。子ども時代のフィクション遊戯を説明するためには前者のみで十分だ。だが、ミメーシス芸術の歴史的展開やその変化、ならびにそれが次第に多岐にわたるようになることについては、後者を考慮に入れなければならない。どのような模倣が最も成功するかは時代と場所によってさまざまに異なるが、この文化的な選択のみが、ミメーシス芸術が固有の現実としていかに発展したかを説明できるのである。おそらく第二の（とはいえ文化的選択の原則と結びつく）要因を付け加える必要がある。それはフィクション装置を再生産する方法に関連したものだ。子どもの文化の伝達は、垂直的にではなく水平的に行われる。つまり、例外を除けば、大人は自分らの子どもに自分自身が子どもだった時の遊戯の伝統を伝えない。伝達は子どもたちのグループ内において行われ、年長者が年少者を遊びに加えてやることで、彼らにその遊びの文化を伝えるのである（これはミメーシス的没入による文化学習の一例である）。フィクション能力の発展が心理的に根付いていることもそうだが、この水平的伝達ということが、その実践の仕方というレベルも含め、子どもたちのフィクション活動の非常に「保守的」な性質に一役買っているのだろう。逆に、（ミメーシス的なものもそれ以外のものも）芸術は通常垂直的伝達において再生産される。つまり、その再生産のサイクルは世代のそれであり、そのサイクル自体が大人社会の伝達全体を規定しているのである。二つの方法のあいだの違いは、単に短いサイクルと長いサイクルのあいだの違いというだけではなく、連続的リサイクルと継承による伝達のあいだの違いでもある。子どもの遊戯的実践の再生産の特徴をなす連続的リサイクルは、いかなるものであれ過ぎ去った状態の結晶化を拒むが、こうした結晶化こそが、現在の実践から離れることを可能にし、また再活性化するためであれ変化させるためであれ、この過去の状態に（遊戯的であろうとも）手を加えるための対象となりうるのである。他方、「世代的」継承による垂直的な伝達は、再生産のサイクルを長引かせ、同時に、昨日の実践と今日の実践とのあいだに、時間的かつ相対的な非連続性を導入する。たとえばそれは、老人の物語と若者の物語、師の芸と弟子の芸とのあいだに見られる非連続性である。このために、活動が世代ごとに再び結晶化するのであり、こうした結晶化――ここではフィクションの大きな形式――が、意識的かつ（それに参与する個人のレベルでは）目的を備えた発展の争点となるのである。

この発展がとる特殊な形式は、もちろん社会的再生産のその他の側面と切り離せない。たとえば、口承文化は文字を持つ文化とは別のやり方で自らを再生産するであろうし、この違いはフィクションの領域、第一には言葉によるフィクションの領域にも関わる。安定した作品という観念そのものが口承伝統の文化にほとんど適用されないことは、しばしば指摘されてきた。同様に、ミメーシス的没入による習得に基づいて技能の社会的正当化がなされる社会は、反省的で理論化された知として技能が正当化される社会（産業社会がこれである）とは別様に自らを再生産する。今日絵画はもはやアトリエではなく学校で習うものであるが、そのことは、ミメーシス的造形能力の非常に特殊な伝達様式を前提とする（もはやほとんどそのような状況ではなくなっているようだが、このような伝達がいまだに目的と考えられる限りにおいて）。この種のさまざまな要因が（ミメーシス的であれそれ以外のものであれ）諸芸術の発展そのものに及ぼす重要性を、大きく見積もりすぎることはないだろう。そもそも、何かの実践が社会的生のその他の側面の影響を受けやすいということは、それが結晶化することの――それゆえそれが重要であることの――指標である。（とくに制度的な）結晶化がどれほど生じるかということは、それがどれほど影響を受けやすいかということに直接比例してさえいる。なぜならそれが社会的可視性というものであるし、可視化されるもののみが、生のその他の側面との、（調和であれ葛藤であれ）意識的相互作用の争点となりうるからである。

本書の目的はフィクションの諸形式の歴史を提示することにはないため、ここではこの種の仕事に取り組もうとしたら、考慮に入れなければならないはずの多様な要素の例をひとつ挙げるにとどめる。それは、とくに子どもたちに向けられたフィクション作品である。一般的規則として、子ども向けのフィクション作品は当然のことながら子どもらによって作られるのではなく、大人たちによって作られる。それゆえその展開は、垂直的伝達ならびに世代を単位とする再生産のサイクルに属する。そのことは、単に作品の創作のみではなく、受容にも当てはまる。古典としての地位を得た非常に稀な作品（フランスではジュール・ヴェルヌやベカシーヌ〔田舎の女中を主人公とする漫画、一九〇五～〕、ドイツではカール・マイ〔一九世紀の小説家〕やヴィルヘルム・ブッシュ〔一九世紀の風刺画家〕等々）を除いて、子ども向けのフィクション作品は世代が替わるごとに新しくなる、すなわち子どもたちは親が子どもであったときとは異なる本を読み、映画を観る。さらに、これらの作品の形式は一般的に大人の形式から翻案される。そうしてみると、とくに子どもに向けられた劇形式――人形劇であろうが役者の出る作品であろうが――を持つのは、大人向けの劇的フィクションを発展させた社会においてのみであるように思われる。それゆえ社会全体の存在と再生産に関わる条件に影響する変化に対する非常な敏感さが、子ども向け作品と大人向け作品の両方に共有されるのは不思議ではない。たとえば子ども向け絵本の躍進は、（挿絵）印刷術の発展なくしては考えられない。われわれにとってあまりに「自然」なこの形式の子ども向けフィクションが、人間の進化の過程において現れたのは、しかしながらつい最近のことでしかない。同様に、（書かれた）言葉の子ども向けフィクションは、人口の多くに識字教育が施された結果がなければ発展しえない。この条件は、大人が子どもに読むための物語にも、識字教育を受けた子どもが手に取ることのできる物語にも、一様に適用される。非常に大きな役割を果たすもうひとつの要素は、技術的発明である。第二次世界大戦の終わり以来、レコード、次いでカセットが発達したことで、大人たちあるいは年長の子どもたちによる生の声の朗読が相対的に衰退し、あらかじめ録音された物語を独りで聴くようになるという事態が生じた。だが、母、父、姉や兄、あるいは祖父母によって語られるフィクションは、誰とも知らぬ者の録音された声が持ちえない親密さと近さという特徴を備えている（録音された声は家族の声にはないその他の性質を持っているだろうが）。さらに最近では、どれだけ幼い子どもでもわかる（アニメや子ども向けドラマといった）テレビフィクションが指数関数的に増加し、専ら子ども向けテーマにしぼったチャンネルが発達していることにより、さらに大きな変化がもたらされた。絵本や漫画は存在したものの、これまで子ども向けの芸術フィクションの中心にあったのは、言葉によるフィクションであった。だが、視聴覚フィクションのせいで、これは中心的役割を失いはじめている。この変化は後戻りできないものかもしれない。というのも、現在のデジタルフィクションの発達により、言葉によるフィクションの相対的な位置は下がる一方であるからだ。

しかしながら、フィクション世界に到達する方法の次元で見られるこうした重大な変化は、フィクション世界の構造を主導するテーマの次元におけるしばしばおどろくほどの連続性によって埋め合わされる。たとえばシナリオ、利害関心の源泉、上演される争い、例示される心理的緊張、雰囲気等々という点から見て、かつての口承物語と現在のある種のビデオゲームとの距離は、実はあまり大きくない。時間的には非常に離れたこの二つのフィクションの形式は、さらにもうひとつの注目すべき特徴を共有している。物語が子ども固有の文学になったのが、それほど昔のことでないことは知られている。きわめて長いあいだ、物語は家族共同体全体に向けられていたのであり（たとえば団らんの時など）、各々の年齢層がそれぞれ自分に関わることをそこに見いだしていた。このことは、物語の解釈学的な複雑さを説明している。つまり良い物語はさまざまな理解のレベルで同化され、評価されえなければならないのである。ほとんどのビデオゲームも、年齢という点では区別されない公衆に向けられており、その成功（あるいは失敗）の基準のひとつは、まさしくそれらが持っている（あるいは持っていない）、さまざまな年齢層の人々の関心を惹起する力にある。『MYST』が世界的に成功した大きな理由は、ゲーマーたちが「生み出す」ことのできるフィクション世界が、異なる年齢にそれぞれ見合った複雑さのレベルにおいて展開しうるからであろう。

形式上の可変性とテーマ的一貫性について二重に確認したことは、ミメーシス芸術一般にも拡大することができる。しばしば正しく指摘されることだが、フィクションの形式は歴史的、文化的にきわめて多種多彩である。だがそこで生み出されるフィクション世界に目を向けてみると、あるいはむしろこの世界において議論されている問題に目を向けてみると、文化的区分や歴史的時代がどうであれ、表層的なテーマの違いを越えれば、問題構成がしばしば同一であることに驚かされる。言葉によるフィクションの領域について、トマス・パヴェルがこの点を強調している。「常にあらゆるところで、われわれの主要な社会的ないしは実存的気がかりを含んだ、多少なりとも完全なテーマ的集合が見いだされる。生、愛、死、成功と失敗、権力とその喪失、革命と戦争、財の創出と分配、社会的ステイタスと道徳、聖と俗、適応不能と孤立の喜劇的テーマ、埋め合わせのファンタジー等々、これらは最古の神話から現代文学にいたるまで、フィクションの全歴史を貫いている。趣味と関心の変化がこの一覧に与える変化は二次的でしかない[7]」。フィクション的表象によって発展させられた「想像の人間学[8]」が、歴史的、間文化的に驚くほど安定している事実は、フィクションの活動が、人間の存在とその最も深い現れにおいて取り結んでいる関係の緊密さを示すもうひとつの徴である。これはまた同時に、人間的条件の（心理的、感情的な）存在の諸条件が、しばしば考えられがちであるほど社会や時代によって異なってはいないということも示している。

だが仮に現実がひとつであっても、われわれがそれを生き、経験するやり方は、われわれがそれに関与しうる様態と同じくらい多様である。この力学はフィクションの領域にも見いだされる。『ロリータ』の世界にナボコフの小説を通じて到達するにせよ、キューブリックの映画を通じて到達するにせよ、われわれはつねに推奨できたりできなかったりする幾人かの人々の行為や振る舞い、すなわちひとまとまりの出来事の類比的モデル化によってそこに導き入れられるのであり、その出来事が仮に現実であったら、それらが生起する場所はわれわれが「現実」と呼ぶものに他ならないのである（その現実が現在、過去、未来のどのものであろうが、現世的なものであるか否かは重要ではない）。この関係はフィクションの型に拠るものではなく、また模倣された事実の歴史的ないし文化的な近さや遠さによっても変化しない。それが構成されるのは、フィクション装置それ自体からである。というのも、フィクション装置は、そうでなければ現実のものとして生きられ、働きかけられ、感知されなどするものの遊戯的な模倣として生じるからだ。だがわれわれが現実に到達する様態は多様で、それらは互いに還元不可能である。フィクションがこうした様態のミメームを産出する限りにおいて（フィクションはその様態をミメーシス的端緒として利用する）、まさに多様性がフィクション装置のレベルでも見いだされる。それゆえフィクションは、言葉による物語、演劇作品、マイム芸、ラジオフィクション、漫画、絵画、（ときには）写真、映画、アニメ、（造形芸術での）インスタレーション、マルチメディア、バーチャルリアリティシステム等々、それを具体化させる象徴の支持体に従って、きわめて異なる存在様態をもつと認めることが重要になる。これらの違いは「単なる」形式的違いではない。フィクション世界とその相《アスペクト》の性質――それを通じてフィクション世界は存在する――が切り離せないという特質のおかげで、没入の様態（それゆえ遊戯的偽装の型）のレベルでの違いは、互いに還元不能なフィクションの経験へと翻訳される。私が『ロリータ』を読むとき、その経験はこの小説を脚色した映画を観るときの経験とは大きく異なる。また、二つの作品が「同じ物語《イストワール》を語っている」からといって、これら二つの経験が互いに翻訳可能なわけでもなかろう。二つのフィクション装置を把握する様態は異なるのだ。

前者の場合は言葉によって、後者では視覚（さらに広く言えば知覚）によって、作品へと到達するのである。これら還元不能な違いは、「現実的現実〔réalité réelle〕」への到達を助けるさまざまな相が互いに還元不可能であることの「遊戯的」等価物にすぎない。ある出来事をお話ししてもらうことは、展開している最中のその出来事を見る（知覚する）こととは異なる。[9] そしてこうした相の知覚は、現実の生において互いに還元不可能なのだから、ミメーシス的媒介としてそれらを用いるレベルでも、やはり還元不可能なのである。

2　没入の媒介と態度

あらゆるフィクションは同一の意図的構造（共有された遊戯的偽装の構造）、同一の実行《オペレーション》の型（ミメーシス的認知を実行する要因のこと）、同一の認知的制約（モデルとモデル化されるものとのあいだの全体的類比関係の存在）、同一の世界の型（フィクション世界は何らかの資格で「現実」であると考えられるものの類比物〔analogon〕である）を共有している。他方でフィクションは、われわれがこの世界に到達する方法、すなわちフィクション世界がミメーシス的没入のプロセスにおいてとるかたちの様態によって相互に異なっている。

それゆえ、最も重要なフィクションの諸装置とそれらを差異化するものについて、少なくとも大まかな観念をもっておくことが重要となる。もちろん私は、ミメーシス芸術の類型学を作成しようなどとは思っていない。ここではただ、最も重要ないくつかのミメーシス芸術が、どのような様態の下に特定のフィクション装置を利用するのかを、ここまで展開してきた分析を通じてどれほど理解できるか考えてみる。それゆえ私のより強い関心は装置に向けられるのであり、それを用いる芸術にではない。また私は、ここで挙げることがすべてであるとは思っていない。最後に、しかじかの装置にしかじかのミメーシス芸術を割り当てることについては、後に述べる理由から、額面通りに受け取ってはならない。

分析のために、私は二つの概念を用いる。没入の媒介〔vecteur〕と没入の態度〔posture〕である。没入の媒介とは、フィクションの創作者たちがフィクション世界を生み出すために使い、そして受容者にその世界をミメーシス的に再活性化させることを可能にする遊戯的偽装、ミメーシス的端緒である。没入の媒介は、この世界にわれわれが入ってゆくためのいわば鍵である。そして没入の態度とは視野であり、媒介がわれわれにあてがう没入の光景である。特定のアクセスキー、つまりは没入の媒介によってわれわれが世界に入ってゆくということから、その態度は、われわれの前に現れる世界がどのような相《アスペクト》の性質ないしは個別的な様相をとるのかを定めることになる。没入の態度は多様であり、それぞれにひとつの没入の媒介、つまり個別的な模倣＝ふりの型ないしはミメーシス的端緒の型が対応している。没入の態度を、純粋に心的な没入（フィクション物語によって導入される没入）から世界内的状況への没入（劇場における役者、あるいは多少異なる様態になるが、バーチャルリアリティのシステムに「入る」者の没入）にいたるまで配分してみると、まずだいたいのところ、後で確認するという条件付きで、七つの装置を選り分けることができる。その装置のそれぞれについて、それらを、やはり大まかにではあるが、最も一貫して用いているように思われるミメーシス芸術のひとつ（あるいは複数）の型を示すつもりである。最後に、叙述を単純にするため、私は受容状態のミメーシス的没入に限ることを述べておく。だがあとで考慮に入れるつもりの複雑化を除けば、創造的な没入状態の様態と、それに対応する受容的な没入状態の様態のあいだには厳密な対応関係があるので、この限定によって重大な結果がもたらされることはない。

内面的な想像から身体的具現化へと向かう軸の上で、最初に登場するフィクション的没入の媒介は、心的行為の遊戯的偽装である。この媒介によって作り出される没入の態度は、主観的内面性という態度である。ジョイスの『ユリシーズ』の結末にある、モリーの有名な「自律した独話」（ドリット・コーン[10]）を例に取ろう。テクストは（言葉による）意識の流れを装っているため、没入の媒介は、心的行為の偽装となる。ベッドのなかで夢想しているモリーの思考がミメーシス的に再活性化されることで、われわれ自身の心的な生が没入の態度として与えられる。つまり、われわれはモリーの思考を思考するのだ。これらの思考が言葉による思考でしかないことを注記しておくべきだろう。その理由は単に、「言葉によるミメーシスは言葉のミメーシスでしかありえない[11]」からである。ここでわかるのは、われわれがフィクション世界に到達するための相は、どのような没入の媒介を選択するかによって決定されるということである。たとえば映画は（言葉によるミメーシスの要素が組み込まれれば）言語的な思考のみならず、心的映像も模倣できることが、その没入の媒介の特性から理解されるだろう（ブニュエルにおける夢の情景を見ればわかるように、映画ではそれが禁じられてはいない）[12]。言葉による心的状態のシミュレーションを起こす没入の媒介を用いて全体が構成された、等質物語世界的な文学フィクションはたしかに存在するが、とはいえその媒介を用いる物語の大半では、他の媒介によって変化が与えられている。ジョイスの『ユリシーズ』がまさしくそうであるように、異質物語世界的なフィクションにおいてこの媒介が見られること自体、言語的性質を備えた没入の媒介の区分と、物語の大きな区分とが必ずしも重なり合わないことを示している。

没入の第二の媒介は、発語内的偽装、すなわち言語行為の偽装のそれである。そもそも言語を拠りどころとするフィクションの大半が物語的であることから、偽装される行為は叙述的な言語行為となるが、とはいえすべてが宣言あるいは疑問の偽装である言語行為からなる言語フィクションの制作は、まったく禁じられていない。叙述的な言語行為の偽装に対応する没入の態度は、「自然な物語」の態度である。われわれは、声、より広くは現実の事実を語ると主張している語り手の視点を通して、フィクション世界に到達する。たとえば、以下のような言葉で物語をはじめる語り手がそのようなものとなる。「リュシアン・ルーヴェンは、外出禁止のある日、折悪しく散歩に出たとの廉で、仲間もろとも理工科学校を追放された。それは一八三二年ないし一八三四年の六月、四月、あるいは二月のある有名な日の時代であった」〔スタンダール『リュシアン・ルーヴェン』〕。内的焦点化が生じるやいなや、すなわち物語が、ミメーシス的世界の「フィクション的私＝原点」（ケーテ・ハンブルガー）として構成される登場人物の視点をとるやいなや、状況は複雑になるのではあるが[13]、このようなかたちでフィクション世界に到達する様態は、典型的に異質物語世界的な言語フィクションのものである。

第三の没入の媒介は、語りのアイデンティティの入れ替わりである。これは等質物語世界的フィクションの一部、より正確には、フィクション的自伝の場合のように、偽装が言語行為以前、つまりは語り手という人物のレベルに位置するテクストのすべてに見られる。この媒介に対応する没入の態度は、やはり「自然な語り」のそれであるが、ここでは物語行為から語り手のアイデンティティの方へと重心が移っているという違いがある。語りのアイデンティティの入れ替わりによって導入される没入の態度と、心的行為の偽装によって導かれる態度は、双方ともに等質物語世界的な視点に属する（ジョイスのように異質物語世界的な物語にそれがはめ込まれているものであれ）としても、大きく異なっている。このことは、没入技術のレベルに関する差異が、物語の大きな区分と常に重なり合うわけではないという仮説を補強する。この点については後で立ち戻ろう。

第四の没入の媒介とともに、言葉によるミメームによって導入される純粋に心的なミメーシスの再活性化から、世界へと知覚的に到達するミメームの領域へと移行する。類比的表象を活用するミメーシス芸術が利用する、フィクション的没入の媒介を正しく分析すると、ある特別な問題が生ずる。それは、描かれた図像や写真が、それらのフィクション的性質の有無を云々する以前にすでにミメームであり、それゆえ常にミメーシス的没入のプロセスによって内面化されているということだ。そこから、ミメーシス的支持体自体と切り離すことのできないミメーシス的没入に属するものと、共有された遊戯的偽装という枠組みの中でミメーシス的支持体が利用されるために、フィクション固有の没入となるものとのあいだに区別を設けることが難しくなる。しかし私はこの問題を後で取り上げたい。現段階では、相同的ミメームをフィクション的ミメームから分ける原理的な区別を引き出すのみで十分である。図像ないし写真という支持体を用いるフィクションが利用する没入の媒介は、相同的な視覚表象の偽装である。別の言い方をすると、共有された遊戯的偽装という状況においては、フィクション的な視覚表象が、それが相同的、ゆえに外示的な視覚表象である「かのように」扱われることになるのである。他方、これが絵画や写真の領域において、フィクションの状況を相同的ミメーシスの状況から区別することを困難にする一因でもあるのだが[14]、フィクション的没入の態度は、相同的な視覚のミメームの場合とまったく同一となる。つまり、知覚的没入である。

第五の没入の媒介は、それが固定された像ではなく、動く像を支持体として持つという点においてのみ（そう言って良ければ！）、第四のものと区別される。これは映画やその他すべての動画を用いるフィクション技術が作用する際の媒介である。ここでもまたフィクション的ミメーシスが、像の流れ自体を構成するミメーシス的プロセス、つまりこの場合では知覚的（視覚的、また通常は聴覚的でもある）没入と重なりあう。これに対応するフィクション的没入の媒介は、像の流れを、あたかもそれが見せているものに由来しているかのように扱わせる共有された遊戯的偽装である（ドキュメンタリーの場合は実際にそうなる）。つまり自分の見ているものについて、本当のところそれはわれわれに見られるためにだけ生じたことであるのに、われわれは、それが起きたがためにそれを見ているかのように扱うのである。カメラはなにがしかの行為を、それが生じたから記録しているのではない。その行為は共有された遊戯的偽装という様態に従い、カメラによってそれが見られるようになるために生じているのである。注記しておかねばならないのは、実際の記録映像であれ、アニメーションであれ、あるいは合成映像から作られる映画であれ、フィクション的没入の媒介は根本的に同一だということである。このことは、知覚的没入を導くのが刻印的関係よりも像の流れの現象学であるという事実によっている。フィクション的機能という観点からみれば、『バンビ』と『ベイブ』のあいだには、一方がアニメで他方が「実写」であるとはいえ、たいした違いはない。このことはまた、『ロジャー・ラビット』のように二つの媒体を合成してつくられた、混成的な映画の世界をたやすく受け入れられることの説明にもなる。この点は、本気の偽装という状況と共有された偽装という状況の区別を明確に示しているため、重要である。像の流れを用いる本気の偽装は、（映画の）指標的《インデックス》［この語については二五三頁を参照］な像を「流用する」ことによってしか有効にならない。なぜならここでは、われわれの知覚のメカニズムを（前注意的なレベルで）騙すことではなく、本気の偽装によって、誤った信――現実の出来事が見せられているのだという信――をはぐくませるよう導かねばならないことが問題となっているからである。そこに到達するためには、前注意的なまやかしは不十分なだけでなく、極端に言えば余分である。むしろ、以前に私が写真について、「始原《アルケー》」の知と呼ぶよう提案したものを活用せねばならない(15)。つまり（本気の）偽装は、自分が目にしているものが刻印、それゆえ写真あるいは映画による記録であるとわれわれに信じさせねばならないのだ。遊戯的偽装の枠組みではそのようなことは起こらない。アニメや合成映像にしても、それが映写記録と同じ没入の態度を導くことができさえすれば、十分に機能してしまうからである。だからといって両者が交換可能だと言うつもりはもちろんない。というのも、おそらく映写記録は、超正常まやかしを用いることで、アニメーションよりも強力な前注意的知覚のまやかしを拡張できるからだ。とはいえこのことによって、事態が根本的に変わるわけでもない。この媒介が導入する没入の態度は、やはり絵画の像や写真の場合と同様、知覚的没入なのである。ただし、固定された像の場合では没入が純粋に視覚的で、またミメームによって飽和させられていないのに対し、映画の場合では、没入がミメーシス的に飽和させられており、また（少なくともトーキーの発明以降は）視覚的かつ聴覚的なのである。映画フィクションの場合、私は知覚的流れの中に、つまり語の完全な意味での知覚的経験の中に没入する。他方固定された像の場合、（網膜細胞内部に運動がないということだけでなく、網膜細胞自体が運動していないということによって）飽和させられていない視覚的端緒は、その没入を本物の視覚的ミメームに備わる持続と可動性にいたらせるため、想像力の積極的な介入を要求するのである。このように、想像上では生命が通っていないため、「絵画が生み出す存在は、あたかも生きているかのように立っている。しかし問いかけられても厳粛な姿勢をとったままで、沈黙を保っている[16]」。

第六のフィクション装置は、没入の媒介として世界内の出来事のシミュレーションを用いる。それゆえ、それが満たす現実の空間に現実の人々を置くが、ただしこの現実の空間、現実の人々にミメーシス的な機能を与えるのである。これが支配的となる状況は、もちろん劇場である。ここでの没入の媒介は知覚の流れのシミュレーションではなく、出来事のシミュレーションであることを注記する必要がある。舞台空間はフィクション空間であるにもかかわらず、また装飾はミメームであるにもかかわらず、このフィクション空間は物理的空間を占め、物理的なものを含み、そしてもちろん実際の人間によって満たされている。劇を観る者はジオノが描写した状況に似た状況に身を置くことになるが、ただし劇の場合、重なり合う二つの世界（現実の世界とフィクションの世界）は、両者ともに同一の空間、つまり現実の空間を占めるという点が異なる。劇の没入の媒介が知覚の流れのシミュレーションによって構成されていないとしたら、それを観る者の没入の態度もまた、複合＝知覚的経験の態度ではないということになる。演劇において私は、知覚的経験を装うミメームではなく、出来事と行為に没入するのである。確かにこれらの行為や出来事は、知覚行為を通して知られる。しかしミメーシス的没入の媒介を構成するのは、こうした知覚行為ではなく、非常に現実的な行為である。つまり没入の媒介は、出来事を見るまたは聞くことによってではなく、出来事に臨むことによって構成されるのだ。別の言い方をすれば、遊戯的偽装が与えるのは準知覚的ミメームではなく、出来事それ自体ということになる。もちろん、映画的フィクションでも観者による現実の知覚行為が必要であるが、こうした現実の行為は、スクリーン上の光の痕跡へと行き着くばかりである。ミメーシス世界、それゆえフィクション世界（映画的ミメームがフィクションである場合）へと到達するためには、これら光の痕跡によって模倣された知覚経験へと没入せねばならないのである。観者の「映画を眺める」ことを引き受けている部分［＝身体］は椅子に座り、スクリーンに視線を合わせているが、「物語《イストワール》を見る」部分——ミメーシス的没入（ドキュメンタリーの場合）、あるいはフィクション的没入（フィクション映画の場合）の状態にある部分——は、フィルムという領域の準知覚的な焦点化によって、あるいはそれを通じて視線の焦点が定められることによって、カメラという人工的網膜にはりついている。[17] 反対に演劇では、現実的だがフィクション的でもある三次元空間において生じる、現実的で物理的だがフィクション的でもある出来事を、観者は現実に知覚しており、そしてそれを、（共有された遊戯的偽装のために設置された）準知覚的なミメームを通じてではなく、彼自身の現実的知覚行為という相の性質を通じて知覚しているのである。さらに彼は、自分の視覚的注意を向ける人物あるいは舞台の部分を自由に決めることができるが、そのことも、知覚行為のミメーシスを介してフィクション世界に到達するわけではないことを示している。映画の場合だと、カメラが真似た知覚の相を通じてより他にフィクション世界に到達する手段はない。映画作家がひとりの人物しか見せない場合、他の人物を見る手だてはひとつもないのである。そこから視界と視界の外のあいだでの弁証法が重要になるのだが、それは演劇にはないものだ。[18]

しかし同時に、映画を観る者と同様、演劇を観る者もまた、少なくとも共有された遊戯的偽装の契約が、彼に「役者」として介入することを「禁じている」限りで、目の前で起きている出来事からは排除されている。それゆえ、映画を観る者の知覚的態度と比較したうえで、その没入の態度の特徴を理解することが残されている。確信の持てる仮説ではないが、演劇を観る者の没入の態度に最も近い現実の態度は、観察者の態度ではないかと思われる（フィクション世界内の観客と言えるものを表していた古代のコロスが、行為に介入せずそれに注釈を付けることしかできなかった理由が、おそらくこれで説明される）。典型的な演劇フィクションの没入の態度は、それゆえ日常生活にまったくありふれた態度を遊戯的に模倣していると言える。それは両親の口げんかを目の当たりにする無力な子どもから、国が漂流するのをやはり無力なまま目の当たりにする市民にまで当てはまる態度であるが、その両者のあいだに、日常生活で思いがけず起きた喜劇を楽しむ観客、町中での諍いを多少なりともいたたまれない気持ちで見てしまった人、あるいは幻滅して人生の舞台を眺める者、そして、すべてに無関心になって、あるがままの現実に騒音と熱狂にみちた舞台のみを見てとる者がある。こうした比較にそれ以上の価値があるわけではないが、少なくとも劇の観者によるフィクション的な「参加」は、おそらく映画の観者のそれとは別のレベルに位置することを理解させてくれるだろう。クリスチャン・メッツが見事に記したように、映画を観る者は知覚的主体に還元される。つまり彼は知覚でしかないのだ。彼がフィクション世界と反応する「インターフェース」は、知覚的様態のレベルに位置している。彼はなによりもまず、自分の知覚において発見される、あるいはむしろそれに押しつけられるものによって満たされたり、心を鎮められたり、呆然としたり、当惑させられたり、ぎょっとしたり、圧迫されたりするのである。演劇の観者については事情が異なる。劇場で知覚的転移は存在せず（知覚のシミュレーションがないのだから当然である）、現実の文脈からフィクション世界へとわれわれを移行させるポイントは、知覚行為のレベルよりもいわば「高次の」の認知レベルに位置する（なぜなら、映画で生じていることとは異なり、知覚処理はフィクション世界の一部となっていないからだ）。重要となる反応のインターフェースは、より「洗練された」志向態度のレベル、つまり知覚行為そのものによって導かれる反応よりも上に位置する。

そこで問題となるのが、たとえば困惑、恥、熱狂、誇り、怒り、尊敬などの感覚——別の言い方をすれば、現実の出来事に居合わせる際に感じられる反応の型である（出来事とは単なる知覚の連続以上のものだ）。とはいえ、これら二つの状況のあいだに交差する地帯がないわけではない。最も明らかなのは、たとえば涙のような感情移入による諸反応、さらには笑いのような緊張緩和の反応といった、意識的コントロールから逃れる反応の地帯である。また、没入の媒介の特性に由来する反応のレベルで違いが見られるからといって、これら二つの型のフィクションにおいて、より高次のレベルでの認知処理がほぼ同じ道を辿ってはならないということにもまったくならない。というのも、創造されたフィクション世界は、どちらの場合でも世界内的状況のモデル化だからである。具体的に言うと、フィクション映画を理解するのに当然必要となるのは、現実という文脈とフィクション世界のあいだのインターフェースを構成する準知覚が出来事として解釈されることである。そのために準知覚もまた、演劇に関して挙げた反応の型のような複雑な志向的反応を生じさせる。それでもやはり、両者の場合においては即時的な仲介を行う地帯が異なり、そのために基本的反応が同一の志向的、心的状態の階層に属さないことには変わりがない。

第七の、そして最後のフィクション装置を挙げてこのリストを閉じよう。それは、没入の媒介が身体的アイデンティティの入れ替わりに存するフィクション装置である。それゆえこれは、人格的同一化と行為のミメーシスの両方を前提とする。ここで演劇においては性格と行為のどちらが大切かという、アリストテレスに遡る長い歴史を有する議論が思い出されるだろう。実際のところ、身体的アイデンティティの入れ替わりとは表出〔外化〕のことなのだから、この入れ替わりは行為的なものでしかありえない（とはいえこれらの行為のほとんどは実際のところ言語行為だが[19]）。人格化と行為に関するミメーシスはそれゆえセットになる。つまり、行為を通じてでなければ、性格を公に把握可能なものとすることができないのである（たとえその行為が純粋に言葉によるものだとしても）。出来事について言うと、志向性（それゆえ内面性）を備えた主体に関係づけられなければ、それは行為として構成されない。このミメーシス的媒介に対応する没入の態度は、異なる主体への心的かつ行動的な同一化という態度である。おそらく、この媒介と態度がフィクション遊戯のそれらと同じであることはすでに気づかれたであろう。それゆえ、ミメーシス芸術という領域において、それを役者の芸術という形式で見いだすことは当然なのである。古典的ミメーシス芸術は、創作者の極と受容者の極の区別の上に打ち立てられていたため、この没入の媒介は、受容に対応する極を見いだすことなくフィクション装置の創作者によってのみ用いられてきた。ここに、創造的没入と受容的没入とが対応するという規則の例外が見出される。遊んでいる子どものように、劇や映画における役者たちは、行為に関してアイデンティティが入れ替わるふりを（遊戯的に）する。だが当然のことながら、観客はそうでない。演劇や映画作品の観客は、他者の行為的アイデンティティにではなく、知覚的（映画）、あるいは出来事の（演劇）ミメームへとミメーシス的に没入するのである。事実、観客であるのは、まさしく行為（そして遊戯）から除外されているからに他ならない。デジタルフィクションが大いに興味深いのは――完成した芸術とは言わずとも、すくなくとも潜在的な芸術としてこれを考えることが許されるのなら――、今までミメーシス芸術と切り離せなかったこの役割分担をこれが変えるという点にある。事実、『トゥームレイダー』のようなアドベンチャーゲームで、私は行為する異主体へとフィクション的に没入する。というのもララ・クロフトは私が行わせる行為を行うからであり、だからこそフローベールの感嘆に倣って私も叫ぶことができるわけだ。「ララ・クロフト、それは私だ！」バーチャルリアリティ装置はまだ芽生えたばかりであるが、その現状から敷衍できる限りでは、これと同じ論理にさらにはっきりと結びつくことになる。というのも没入の媒介は現実的状況の配置を偽装することで構成され、プレイヤーはその偽装の内部に投影されるからである。この投影を可能にするのが（現実の）視線の方向をフィクション的に翻訳し、腕の運動に対応する行為をフィクション的に実行し、現実の足の動きに対応して（バーチャルな環境の中で）フィクション的に移動をさせる（プレイヤーはベルトコンベヤーの上を歩くが、それは現実空間での運動の結果を無に帰し、フィクション的行為が現実的結果を伴うことを妨げる「エンジンブレーキ」のように作用する）ミメーシス的端緒なのだ。バーチャルリアリティ装置に没入するプレイヤーは、それゆえ「伝統的」なフィクション遊戯を遊ぶ者に近い状況にあると言える。ただ異なる

	第一の装置	第二の装置	第三の装置	第四の装置
没入の媒介	言葉による心的行為のシミュレーション	発語内行為のシミュレーション	語りのアイデンティティの入れ替わり	相同的ミメーシス表象のシミュレーション
没入の態度	言葉による主観的内面	自然な物語	自然な物語	視覚
	第五の装置	第六の装置	第七の装置	
没入の媒介	準知覚的ミメームのシミュレーション	出来事のシミュレーション	身体的アイデンティティの入れ替わり	
没入の態度	複合知覚的経験	観察者の態度	異＝主体への行為的同一化	

のは、そのプレイヤーが、相当程度予測不能であり、ゲームの進行に応じてのみ見いだされる「リアリティ」の中で動いているという点である。

すでに述べたように、このリストが網羅的であると主張するつもりはなく、またさまざまなフィクション装置としかじかのミメーシス芸術の関係について述べたことを、すべて額面通りに受け取ってはならない。上の表は、節度を持って使用して欲しい。

ここに示した基本的な分析には、いくつかの限定が付けられる。たとえば、表で示されていることとは裏腹に、媒介が同じ記号的支持体を用いるなら、同一のフィクション装置がいくつかの異なる没入の媒介（それゆえ態度）と両立することがある。たとえば私は、異質物語世界的フィクションが叙述的言語行為の偽装という媒介を通じて伝わり、フィクション世界は語り手の声、さらに広くはその視野を通じて理解されると述べた。しかし実際のところ、自然な物語という没入の態度は、発語内行為のシミュレーションと語りのアイデンティティの入れ替わりという二つの没入の媒介にまたがっており、またこれら二つの没入の媒介は、三人称のフィクション物語と等質物語世界的物語の双方で両立するのである。この可能性が示すのは、フィクション的論理という観点から見ると、第二と第三の装置の区別が単に強調するポイントの違いでしかないように思われるということである。事実ジュネットが示したように、異質物語世界的フィクションを特徴づける発語内行為のシミュレーションは、作者と語り手の非同一性を自動的に含意するわけだが、[20] それは、たとえ〈作者が〈登場人物＝語り手〉であることを装う〉等質物語世界的フィクションとは異なり、入れ替わりが関与する物語の審級が物語外的なものであるとしても、この種の偽装がやはり語りのアイデンティティが入れ替わる場となっていることを意味している。[21] 先に提出した仮説、つまり没入の媒介のあいだに見られる違いが物語の大区分と一致しないということを、これは確証しているように思われる。私が無視したもうひとつの点は、あらゆる物語行為が二つの極、つまり語り手と受け手を設定することにある。その帰結として、読者は場合によって自らを受け手としても語り手としても振る舞うことができる。どちらを選ぶにしても、彼は当然のことながら言語行為的偽装という媒介か、語りのアイデンティティの入れ替わりという媒介のどちらかを再活性化させねばならない。それは、フィクション世界へと入り込むことを可能にするのが、これらの媒介のみだからである。しかし彼には、物語の声を自らに向けられた声として響かせることと、自分自身が語りの声として振る舞うこと、あるいは——おそらくこれが最もよくある状態であろうが——これら両極のあいだで揺れ動くことの可能性がある。彼の選択にとりわけ影響するのは、おそらくテクストの語りの様式だろう。たとえば、語られる出来事よりも語る行為に強勢を置く物語は、語りの声との同一化を導く傾向にあるのではないかと想定することができる。とはいえ特異体質の介入は排除できない。物語を語ることが好きな者、あるいは語り部気質を備えた者は、どちらかといえば語り手の中に入ってゆき、逆に人に物語を語ってもらうのが大好きな者は、むしろ受け手の立場を選択するだろう。

私の分析のもうひとつの限定は、映画に関わる。まず私は、映画の視覚的な側面のみを考慮に入れ、その言語的な側面、つまり対話については考慮していない。サイレント映画には、挿入される字幕や弁士が存在するとはいえ、(22) それを理解するための本質的な重点は、行為の論理を視覚的に把握可能にする様態に置かれている。だがほとんどの映画は「トーキー」であり、その理解は対話と映像の双方に同じくらい依存している(言葉がわからず、しかも字幕もついていない映画を観ればそのことは容易にわかる)。しかしながら、言葉を考慮に入れても没入の媒介に関しては何も本質的に変わらないのではないかと思われる。言葉自体も観客がそのなかに没入する複合的知覚領域の一部をなしているという意味で、没入の媒介が知覚的経験のそれであることには変わらないからである。例外を除き(ボイスオーバー)、トーキー映画におけるせりふが、字幕(あるいは弁士)の機能に取って代わることはない。せりふのおかげで、登場人物が、自分が活動中の状況や関係を明らかにすることができるため、映画フィクションには技術的な意味での物語がなくてもよいのである。[23] もうひとつの考慮に入れなかった側面は、映画フィクションを作り出す知覚の偽装が、少なくとも二つの形式、つまり「客観的」な知覚領域の形式と、主観的な知覚領域の形式をとりうるということであり、さらにこの後者は、この領域が外因的（感覚可能な知覚）であるか内因的（たとえば記憶や幻想の心的映像）であるかによって二つの異なる型に分けられるということである。実際多くの映画フィクションは、主観的なカメラで写されたショット（あるいは情景全体）と、「客観的」なシークエンスを交互に用いている。前者の場合、観者は登場人物が見るものを見る。それは、偽装がフィクション内的知覚行為の偽装であることを意味する。観客はいわば登場人物の知覚経験に自分を投影するのである。他方「客観的」な様態で撮影されたショットの場合、観者は「他者」の知覚に自分を投影するというよりは、非人称的な知覚経験を取り込む——そもそも、まさにその経験が非人称的であるがゆえに、またその視点がまだ何によっても占められていないために、観者はそれを自分のものとしうるのである。それゆえ、複合的知覚経験の態度を、主観的な様態と客観的な様態という二つの様態に区分することが適切となろう。主観的な様態の場合、観者は登場人物のひとりの心的行為、この場合は知覚行為を通じて世界を見る。つまり彼は、フィクション世界の一部を成している知覚経験に没入しているのである。しかし客観的な様態の場合、観者がとるとされる没入の態度は、フィクション行為を外部から知覚している誰かの態度である。[24] しばしば指摘されているように、この違いは、異質物語世界的な物語《レシ》における内的焦点化と外的焦点化とに対応する。

没入態度の様態が変化しうることは、芸術的フィクションの認知的な豊かさをなす最も重要な要因のひとつである。なぜならこれにより、多様な視野（あるいはアクセスポイント）を備えるフィクション世界の創造が可能となるからである。このことは、この能力が幼児期より存在しているだけに、いっそう特筆すべきである。それを示すのが、たとえば複数の役割を独りで行うフィクション遊戯であり、そこで子どもはあるひとつの人格から別の人格へ移行したり、さらには行為の身体的具現化と物語的態度を入れ替える、すなわち同一の遊戯の最中に没入の媒介を変えたりするのである。これと同様の変化の可能性が、集団的フィクション遊戯においても観察される。フリ族の子どもの遊戯の場合でとくに驚かされるのは、いくつもの没入の媒介のあいだで揺れ動く様子である。子どもは物語る状況を装い（bi teという物語の集い）、同時に登場人物を模倣する。その結果「発話者はフィクション的行為者と語り手という二重のアイデンティティを同時に有している」(25)。

本章の残りは、ここまでに区別した個別のフィクション装置に関する諸問題の議論に割かれる。すなわち、言葉によるフィクション、演劇、静態的な視覚のミメーシス（具象絵画、写真）、映画、そしてデジタルフィクションである。すでに述べたように、このリストはまったく網羅的ではない。ここで考察から外れているフィクション装置として、とりわけオペラが挙げられる。それがないのは、複雑であるからだ。フィクションの物語、歌、音楽が切り離しえないせいで、オペラは分析困難な装置となっている。とくに音楽的構成に関して、その純粋に形式的な要素、いくつかの構成にみられる指標《インデックス》的価値、またいくつかの進行のミメーシス的価値、そして表現性の価値といったものを考慮することは非常に難しい(26)。こうした問題のすべてについて真面目に研究することは、本書の目的も、また告白すれば私の能力も超えている。実際、この後に続くのは、検討の対象となるミメーシス芸術の特徴についての正式な研究というよりは、むしろ、さまざまな問題をめぐってなされる、重要性も長さもバラバラで、行き当たりばったりの考察である。とはいえこれによって、私がここまで時には苦心して組み立ててきた仮説が、ミメーシス諸芸術におけるフィクションのありようをいくらかは理解させてくれるのかどうか見ることができるにちがいない。いずれにせよ、この節で素描した分類の諸限定を改めて検証する機会は与えてくれるだろう。

3　フィクション物語《レシ》

あらゆるフィクション装置のうちで、最も広く研究されているのは疑いなく言葉による（異質物語世界的・等質物語世界的）物語フィクションである。文学研究がその対象に特別に適した方法論を発達させ、蓄積可能な知識を生産できる領域があるとしたら、まさにこれだろうとすら思われる。そもそも、その他のフィクション形式を研究する者があれほどしばしば言葉による物語を対象とする研究に想を得るのはこのためである。こうした研究はしばしば成功を収めるが、ときには後で述べる理由から、議論の余地のあるものとなる。いずれにせよ、フィクション物語を対象とする研究が取り扱う諸問題は非常に多様かつ複雑であり、用いられる方法論もきわめて洗練されているので、ここで私が提案するようなフィクションについての一般的な分析が、真に足場と呼べるものを見つけることはできない。それゆえ二つの副次的な考察にとどめよう。

第一の点は、かつて熱心に議論された（そして今でもときおり現れる）、文学フィクションとミメーシスの関係という一般問題に関わる。つまり、文学フィクションは生を「模倣」しているかどうかという問題だ。この問いに対する素朴な答えは、肯定である。だがこれについては、「模倣」という語を技術的な意味にとれば、あるテクストはその他のテクストをしか模倣できないという反論が可能である。まったく有効なこの反論が、しかしながらときにあまり効果のない解釈を生むこともある。たとえば素朴な立場を「指示的幻影」と呼ばれるものと同一視し、技術的な反論については、あたかもフィクションテクストでは「〜について」という関係が、純粋に間テクスト的な関係のみを許容するものであるかのように解釈するというのがそれにあたる。しかし実を言うと、素朴な見解への反論をこのように解釈してしまうと、この見解自体と同じように、没入手段としての模倣とモデル化するミメーシスの区別ができなくなるのである。この混同はルネッサンスにまで遡るものであるが、文学フィクションがミメーシス的か否かを問う議論の大半がそれによって歪められてきた。ありうる限りの、また想像しうる限りのイデオロギーによって、この議論はとことん利用されたため、その論点が完全に見失われてしまったのである。こうして間違った選択肢、つまり物語フィクションは現実の反映でありその複製であるという考えと、逆に物語フィクションはそれ自身で自足する構築物で、その他のフィクション的構築物としか関係をもたないという説が出てくることとなる。[27] しかし、この議論を片付けるためには、模倣とモデル化があらゆるフィクション、それゆえ文学的フィクションをも定義する二つの相《アスペクト》であることを受け入れさえすればよい。技術的な意味で作家が模倣できる唯一のものはもちろん言葉の事象であり、その事実をはっきりと確立したことは、言語的偽装という語用論的なフィクション物語の定義をきわめて強力に正当化している。しかし他方、物語フィクションが状況や行為のモデル化を作り上げる、あるいは読者がそれを読みながら描写された状況や語られた行為を想像するという意味にとるなら、「物語フィクションは生を模倣する」と言うことは、まったくもって可能である。というのも、他のあらゆるフィクションと同様に、（物語であれ劇であれ）言葉によるフィクションの目的、そしてその成功と失敗をはかる真の基準は、世界のモデルを創造することにあるからだ。模倣＝見せかけはこの世界に私たちを引き入れるための端緒でしかないが、読書に覚える快楽と、そこから引き出しうる効用を常に決定するのは、最終的に、（所与の読者にとっての）フィクション的モデル化のもっともらしさなのである。

模倣とモデル化の関係の問題は、「真実らしさ」をめぐる議論のかたちをとることで、しばしばミメーシス的没入の作用因《オペレーター》の効力をめぐる問いと同一視されてきた。同時にモデル化、すなわちフィクションの表象としての性質は、幻影として考えられた「現実効果」に還元され、それゆえ通常否定的な意味を付与された。たしかにミメーシス的端緒の問題は重要であり、「現実効果」についての研究のおかげで、とりわけ写実主義的ないし自然主義的なフィクションにおいて、ミメーシス的没入を作用させる要因の複雑さが明らかになった。しかし真実らしさの基準、より一般的にはもっともらしいこと、ありうべきこと、考えうることなどの基準は、作り出されたフィクション世界のレベルにおいてその根本的な基礎が見いだされる。つまりそうした基準は、ミメーシス的端緒の有効性に関するのみならず、（所与の読者から見た）フィクション的モデルの有効性、それゆえ読者がこのモデルと彼にとって現実のものとのあいだに、全体的類比の関係を織り成すことができるかどうかという点にも関わっているのである。

ここで展開した分析によって明らかにできるかもしれない第二の点は、より技術的であるが、またより興味深い。私はフィクションを共有された遊戯的偽装と定義した。この定義があらゆるフィクション装置に妥当すると主張するのであれば、フィクションの物語にももちろん適用されなければならない。しかるに、物語分析の領域では、二つの競合する考え方が存在し、それらはまさにこの問いにおいて決裂する。第一の考え方は、とりわけジョン・サールやジェラール・ジュネットによって展開されたものであり、明言しなかったものの私もフィクション的没入の媒介についての研究でとった立場であるが、これは、異質物語世界的、等質物語世界的であるとを問わず、あらゆるフィクション物語は偽装に基づくという考えである。たしかに、両者における偽装は同じではない。たとえばサールは、作者が真実の断言をするふりをしている三人称の物語（異質物語世界的物語）と、作者が真実の断言をしている誰かのふりをする一人称の物語（等質物語世界的物語）とを区別する。[28] 物語フィクションの語用論的定義をめぐる思慮を欠いた解釈は、この定義によって、言葉によるフィクション全体が本気の言語行為の偽装に基づくという主張が行われていると想定しているようだが、そんなことはない。厳密に言えば、この説は異質物語世界的フィクションにしか妥当しないのである。等質物語世界的フィクションもたしかに偽装に基づくが、それは物語行為それ自体ではなく、むしろ語り手のアイデンティティに関わる偽装である。とはいえ、ミメーシス的没入という観点から分析されれば、両者の相違が絶対的ではなくなることも指摘しておく。異質物語世界的フィクションもまた、少なくとも潜在的には語りのアイデンティティの入れ替わりに関わる没入の媒介を動員しているのである。

ケーテ・ハンブルガーによって展開され（そしてとりわけドリット・コーンによって受け入れられた）、これと競合する考え方は、フィクションが偽装を前提とすることを否定する。事実ハンブルガーは、言語の二つの型の遊戯的（非事実的）用法を根源的に区別することを提案している。すなわちフィクションと偽装である。彼女によれば、言葉の領域では、[29] ただ異質物語世界的な物語と劇、物語詩〔ballade narrative〕のみがフィクションに属する。[30] この考えを突き詰めると、フィクションは、いかなる本気の言説も模倣しないので、偽装を少しも含まないということになる。つまり、ここで導入した用語を用いるなら、フィクションは物語的な型のミメーシス的端緒を拠りどころとしない。それは自律的提示構造とでも説明できるものを構成するのである。これは語り手を持たず、「現登場人物である「フィクション的私＝原点」を通じて全体的に構成される。他方、等質物語世界的物語は、「現実的発話」を模倣するという意味で偽装に属する。言い換えると、形式的ミメーシスの事象が生じるや、偽装の領域に入ってゆくことになる。逆に、異質物語世界的物語が偽装に属さないのならば、当然のことながら形式的ミメーシス（つまり事実的語りの模倣）の要素はひとつもあってはならない。

この二重の制約は、ハンブルガーやその他の人々（とりわけローランド・ハルヴェーグとアン・バンフィールド）が研究したフィクション性のあらゆる言語的指標が、偽装された物語に典型的な特徴、それゆえ形式的ミメーシスの手法と両立しないと見なされていることの説明になっている。三人称の物語のフィクション性は、そこに見られる形式的ミメーシスの痕跡に反比例するのだ。最も知られた手がかりを手短に想起しておこう[31]。

◉物語の発話者以外の人に、内的過程を示す動詞（考える、反省する、信ずる、感じる、希望する等々）を割り当てること。われわれは自分自身の内面にしか接しえないため、これらの動詞は、フィクションの外ではとりわけ一人称に適用される。

◉自由間接話法と内的独話の使用。さまざまな技法によって、第一の例と同じ結果に行きつく。つまり人物が内面から見られるのである。

◉先行詞を欠いた照応的表現の使用（たとえばヘミングウェイはしばしばいきなり代名詞を使って登場人物を導入する）。

◉時間的に隔たった出来事、あるいはそれが生じた状況が相対的に決定されない出来事に関連する発話において、状況動詞（たとえば起きる、行く、座っている、入る等々）を使用すること。〔バルザックの〕『あら皮』の冒頭はこの技法の良い一例である。「一八二九年一〇月末の頃、賭博場が開かれようとする時に、ひとりの青年がパレ＝ロワイヤルに入ってきた……[32]」〔バルザックの原文は「一八二九年一〇月末（Vers la fin du mois d'octobre 1829）」ではなく、「去る一〇月末（Vers la fin du mois d'octobre dernier）」となっている〕事実的な物語であれば、このような発話はほとんどありえない。状況動詞の使用が、状況の曖昧な性格とうまく折り合わないのである。

◉対話の膨大な使用。とりわけそれが、物語の発話行為の瞬間とは時間的に離れた瞬間に生じたと考えられる時。

◉第三者に関連づけられた空間的デイクシス〔指呼詞。発話をそれが産出される時空間などの状況や発話主体に結びつける言語的要素〕の使用、そしてとりわけ時間的デイクシスが単純過去、大過去と結合すること。事実的談話であれば、空間的デイクシス（「ここ」、「あそこ」等々）は、発話行為者（「私」）に関係する限りでしか用いられない。だがフィクション的物語では、それがしばしば三人称に関連づけられる（「彼は木々の下を歩んだ。ここはもっと涼しかった」〔「ここ」がデイクシス〕）。同様に、たとえば「今日」のような時間的デイクシスが汎過去と結びつけられたり（「今日はさらに寒かった」« Aujourd'hui il faisait plus froid »）、「昨日」が大過去と結びつけられるのも（「昨日は寒かった」« Hier il avait fait froid »）、フィクション的な談話においてのみである。

◉単純過去の非時間化。ハンブルガーによれば、フィクション的（異質物語世界的）物語において、「単純過去」はもはや過去を示すという文法機能をもたない。それをとくに示すのが時間的デイクシスの非文法的な用法である。フィクション的な登場人物は、今ここにおけるフィクション的私＝原点として構成されるが、それは「未完了を描写するのに用いられる動詞の未完了的な意味を無に帰する」。この意味で、異質物語世界的なフィクション物語は無時間的であり、そのため「叙事的単純過去」は、ある意味で物語領域におけるフィクション性の署名となる[33]。

ハンブルガー自身認めているように、ここで問題となっているのは、厳密な基準というよりはフィクション性の指標である。実際のところ、事実的物語もしばしばこれらの技法のいくつかに頼っている。古代以来、歴史家たちは第三者の意図的状態を特徴づけるため、態度を提示する動詞をよく用いている。同様に対話も利用している。たとえばスエトニウスがドミティアヌス帝の最期のときをどのように描いているのか見てみよう（ハンブルガーの理論によるとフィクション性の指標となる語彙素を強調しよう）。「死の前夜、トリュフを送られた彼は、それを翌日まで保存しておくように命じ、こう加えた。「もしそれを食べることが私に許されるなら」、それからそばの人々に向き直って述べるには、「次の日は月が水瓶座の中で血の色に染まるだろう。そして世界中ですべての人の口に上る出来事が生ずるだろう」。夜更け頃、彼は物凄い恐怖にとらわれ（ita est exterritus）、寝台の下に飛び降りた。（……）額にできていたとても腫れたできものをあまりに強くかきむしったところ、血が滴りはじめたので、彼は言った。「どうかこれで終わりとなってほしいものだ」。そのとき彼が時間を尋ねると、彼が危惧していた（quam metuebat）五時ではなく、わざと六時と答えられた。これら二つの状況によって悦び（laetum）、また危険がこれで去ったと信じ（His velut transacto iam periculo）、彼は身繕いをするために急いで（festinantem）去ろうとしていた……」[34]。さらに対話は、民族誌的な物語でもきわめて広汎に用いられるが、それは民族学者が録音技術を使い始める以前から見られることである（ハンブルガーの認識論モデルの制約を受け入れるのなら、対話の使用は録音技術によってのみ正当化される）。より示唆的だと思われる現象は、多少なりとも「ニュージャーナリズム」に属する書き物において、先行詞のない照応的表現や、自由間接話法、さらに一般的には内的焦点化の技法といった手法が存在していることである。これらすべての現象は、フィクション的な物語技法と事実的な物語技法の関係が一方通行的でないことを示している。フィクション物語が事実的言説から借用するのとまったく同様に、事実的言説もフィクション物語の形式的手法を借用するということになるこの解釈は、経験主義的な認識論ではなく、機能的、それゆえ語用論的観点からフィクション物語と事実的物語との対立を扱うべきだということを示すさらなる徴候となる。

ハンブルガーが明らかにしたフィクション性の指標のいくつかは、事実的物語の領域で用いられる技法にも見られるが、逆に、そこで挙げられたフィクション性の指標を用いないばかりか、どのような論理においても「事実性」の指標と呼ばねばならないようなものを利用する非事実の異質物語世界的物語も数多く存在する。形式的ミメーシスに属するあらゆる技法がそれである。ハンブルガーはこれらの技法には興味を示していないが、それは理解できる。実際、それらはフィクションと偽装のあいだの「論理的」区別を損なうのである。（彼女の理論にとって）不幸なことに、フィクションと見なされる異質物語世界的物語の大半は、程度の差こそあれかなりこの種の技法に頼っている。周知の理由から『マーボット』はおそらく最良の例ではないが、しかし少なくとも異質物語世界的なフィクションの物語が、等質物語世界的なフィクションとまったく同様に現実的発話を緊密に装えることを示している。だがこれほどまでに類い稀な例をわざわざ探すには及ばない。そもそも一九世紀前半までは、内的焦点化を一貫して特権化した異質物語世界的物語――「フィクション的私＝原点」から生み出される物語モデルと対応するのがこの種のミメーシス的な相《アスペクト》の性質であるのだが――は、ほぼ存在していなかったのである。同様に、遊戯的偽装の枠組みを制定する次元で、歴史的あるいは伝記的な物語のモデルを持ち出す三人称のフィクションも数え切れない。確かに、厳密な外的焦点化を行うフィクション物語は少ないが、それと同じことが厳密な内的焦点化についても言えるのである。実際のところ、三人称のフィクション物語のほとんどは、二種類の焦点化を混ぜている。この事実を論理的に突き詰めると、ハンブルガー説を支持する人々は、ほとんどの非事実的物語がフィクションと偽装の混合物であると主張せざるをえなくなるだろう。さらに論を展開することもできる。いかなるものであれ、つまりそれがフィクション的であれ事実的であれ、異質物語世界的物語のほとんどは、二つの視点を混ぜているのである。こうした状況を説明する理由はきわめて一般的なものであって、フィクションの問題と特別な関係をもつわけではない。つまりわれわれと他者の関係、われわれが同類を見る仕方は、決して行動主義的な記述に限定されず、常に心的状態の推測を利用しているのだ――まさにこのような推察があるからこそ、私は自分の眼前に単に外面的に似た物理的身体ではなく、もうひとりの人間を見ているということになるのである（あるいは心的状態を与え、それゆえ「他者」という概念に属する実体の集合に分類するなら、それが動物であってもよい）。言い換えるなら、内的焦点化は、フィクションだけに使われるものではまったくなく、現実生活においてきわめて普通に用いられる解釈戦略のひとつなのである。

他方、等質物語世界的物語が現実的発話の偽装にのみ属しているという説も見直されねばならない。ある種の一人称語りが、異質物語世界的物語よりも大きく形式的ミメーシスを用いているのは事実だが（ここでもまた、一九世紀と二〇世紀の異質物語世界的フィクションに限っている）、それがすべてにあてはまるわけではない。たとえばフィリップ・ルジュンヌは、自伝的フィクションがしばしば登場人物の経験に焦点を合わせることを好む一方、事実的自伝は通常語り手の声を特権的に扱い（語り手と登場人物は、存在という観点からは同一であっても機能的に異なる）、またこの二つのジャンルがしばしば文体論的次元で異なることを示した。[35] 事実的自伝とフィクション的な自伝とで、同じような焦点化がされないのは、おそらく以下の事実によるのだろう。すなわち、（フィクションの創造という状況では）フィクション的没入が、作家の表象態度を、出来事の語りから語られた出来事を想像的に活性化することの方へとずらす傾向にあるのだ。この点はケーテ・ハンブルガーによって指摘されたことでもある。とはいえ彼女は、その範囲を異質物語世界的物語に（誤って）限っているのであるが。「（……）ミメーシスへの傾向は叙事芸術の主要な要素なのであり、意識の態度として、またそれ自体が目的となる状況としての語りはそうでない」[36]。ハンブルガーが、これを「叙事芸術」に含まれる必然性であるとほのめかしているのは事実だが、それはおそらく言い過ぎというものだろう。彼女の主張とは逆に、行為としての語りを強調することを妨げるものは何もないのである（たとえばスターン、ディドロ、ヌーヴォーロマンのいくつか等々）。とはいえ、疑いなく重要となるのは、フィクション的没入の態度そのものによって導かれる「自然的傾向」である。この態度がとられるとき、語る行為それ自体は媒介でしかなく、心的行為の到達点ではなくなる。ルジュンヌが自伝について行った研究を、対をなすその他のテクストにもしなければならないことは、言うまでもない。たとえばフィクションの日記対現実の日記、書簡的物語対現実に交換された書簡、フィクション的告白対フィクションでない告白等々。古典的な文学に留まる限りで、ここで問題となっている対のすべてに適用される一般的な相違があるように思われる。それは物語の編成全体に関わるもので、すなわち等質物語世界的なジャンルのうち、（古典的な）フィクションのジャンルは、ほとんど常にアリストテレス的な行為の論理によって密かに導かれてきたということである。こうした特徴は、それらに対応する非遊戯的なジャンルにおいては欠如しているか、少なくとも非常に弱い。注目すべき例外は、訓話〔exemplum〕としての機能をもつ自伝的物語である。たとえば一八世紀の敬虔派の告白は、通常、非常に強力な目的論的構造化の原理を有している。すなわち、真理と宗教的な正当性とを次第に発見するという原理であるが、このモデルは（しばしば異質物語世界的フィクションという形式をとる）

教養小説の中に、「世俗化された」形式で再発見される。近代文学になると、確かにこの違いはいくらか消える傾向を見せ、形式的ミメーシスがより推し進められることとなる。その理由は、等質物語世界的フィクションを書く多くの作家たちが、より開かれ、目的論的ではない形式をめざして、アリストテレス的行為モデルから逃れたいと考えているからかもしれない。

異質物語世界的フィクションが語り手を有しているという考えを拒絶したということが、ハンブルガーの見解に関してとくによく取り上げられる。字義通りに考えれば、彼女の理論にはほとんど納得できない。しかし、この説の範囲を内的焦点化を行う物語に限り、物語機能（ハンブルガーはこの種の機能の存在を否定していない）と人物形象《フィギュール》としての語り手を区別するという条件をつければ、彼女の見解は重要な点を指摘している。すなわち、厳密な内的焦点化の領域においては、異質物語世界的な意味での語り手という人物形象に帰されうる意味論的指標は存在しないという点だ。だがジュネットが示したように、厳密な内的焦点化の領域にある文あるいは文のまとまりは、意味上の等価性を保ちつつ、一人称に言い換えられる。それゆえ厳密な内的焦点化による部分は、実のところ間接的な等質物語世界的物語の場面、より正確には（語りのアイデンティティの入れ替わりという形式で行われる）自然な物語の模倣ではなく、心的状態の模倣に属する場面として考えられるように思われる。そうすると、等質物語世界的物語の領域で行った二つの没入の媒介の区別が、ここでもまた妥当なものとしてあらわれる。さらに、これが間接的な等質物語世界の状況であるという仮説は、ある登場人物の内的な言葉を三人称で書き写しながら表象する自由間接話法の存在とも合致する。厳密な内的焦点化の領域において、三人称の発話を維持することは、ひとつの視点から別の視点への移行をよりスムーズにするという機能を持っているのかもしれない。別の言い方をするなら、三人称の維持は、テクストの全体的構造が物語る構造であることを示すものとして捉えられ、またこの人称は、厳密な内的焦点化の部分においては物語る行為の空虚な場所を示すにすぎず、それが再び、さまざまな種類の混成的な焦点化――ほとんどの異質物語的フィクションは絶えずこれらを交代させながら用いている――のうちのひとつによって担われるのを待っているのである。ハンブルガーがフィクションと偽装の対立として築いたものは、それゆえより単純に、可変的な没入態度として理解することができる。内的焦点化によって物語が進行しているあいだ、読者は先に分析した第一の没入態度へと移行する。すなわち主観的な相《アスペクト》の性質に彼は同一化し、その相のもとにフィクション世界が主人公に対して現れるのである。自由間接話法の部分を読んでいるとき、読者は同時に二つの没入態度をとっている（遊んでいるフリ族の子どものように）。それは、自然な物語の態度ならびに登場人物の内面へと心的に同一化する態度である。外的焦点化にテクストが移行すると、物語の声に同一化するにせよ、物語の受け手としての態度をとるにせよ、読者は自然な物語の態度をとる。もちろん、この解釈を受け入れるためには、（間接的な）等質物語世界的物語の場面が、異質物語世界的物語構造にはめ込み可能だということを認めなければならない。しかしこうした没入態度の変換がフィクション能力の一部をなすことが、子どもたちの遊戯にこの種の状況があることで示されるのなら、芸術的フィクションの領域からそれらを排除する理由はまったくない。このような視点から再解釈してみれば、ハンブルガーが提案した「浮遊する物語機能」という表現はまったく適切である。この意味で、内的焦点化の諸技法、とりわけ自由間接話法は、作家たちの創意工夫と並んで、没入の態度が変化しうる事実を利用しようとする彼らの意図を証しているといると言える。作家は、認識論的な厳密さを犠牲にしても、自分のフィクション世界をより複雑かつ多声的にするためにそれを行っているのである。とはいえ、共有された遊戯的偽装という契約は、まさにこの厳密さをたいして重要でないものとする。というのも、フィクション的モデルは、相同の次元ではなく、全体的な類比の次元で、モデル化の力を最大にすることを目的としているからである。

偽装と物語の問題をこのように再定式化すると、一方に語られないフィクションがあり、他方にフィクション的でない偽装があるという、大きいけれどもあまり説得的でない対立を逃れることができる。あらゆる物語フィクションは、共有された遊戯的偽装を含み、その力によって作者は出来事を報告すると主張する（第二の装置）か、別の誰かであると主張して、出来事を報告する（第三の装置）か、あるいはある種の心的状態を経験する（第一の装置）のである。これらの共有された遊戯的偽装のそれぞれに、ひとつのミメーシス的媒介と特定の没入態度とが対応する。しかし、作品全体を貫いて同一の没入の媒介を選び取り、それゆえ一貫して同一の型の偽装の下にありつづけることは、まったく要求されていない。どのような結合でも可能なのであり、それは、われわれが皆、幼年期よりフィクションを活用しつつ没入態度を変化させることを学習してきたからなのだ。一作品全体を通じてあるひとつの同じ没入の媒介の制限を維持すること、それゆえ唯一の型の形式的ミメーシスを利用することは、小説家に与えられた数多くの選択肢のなかのひとつでしかないのである。

4　演劇フィクション

演劇フィクションという状況は興味深い。なぜならテクスト、舞台での上演、演技のどの側面から取り上げるかによって、それは三つの異なるフィクション装置にそれぞれ対応するからである。この多様性が十分に考察されたことはなかった。たとえば演技（第七のフィクション装置）は、ほぼ常に演劇理論では無視されてきた。思うにその根本的な理由は、演劇理論が現在知られているような演劇にのみ関心を抱いてきたからであろう。例外があるとはいえ、これらの理論は、儀礼的あるいは遊戯的な演劇性に属するものすべてを排除してきたのである。これら二つの演劇的状況における演技者と公衆の区別は、典型的形式を持つ演劇における両者の区別と一致しない。儀礼的演劇においては、通常、上演に立ち会っている成員自らが「演技」に入ってゆく可能性が準備されるため、この区別が相対的でしかないのである。こうしたプロセスは憑依の集会においてとりわけ広く見られる。そこではプラトンが明らかにしたミメーシス的感染が、しばしば最大限に作用するのだ。遊戯的な演劇、たとえば子どもの遊戯においては、遊戯をする者と観客との区別は通常単に存在しない。演劇理論家とは異なり、子どもの遊戯に深い関心を抱いている人類学者たちは、儀礼的行為に大きな注意を払っている。それゆえ、それらの演劇的次元にも注意を向けることを忘れてはいない。だが不幸なことに、このことによって彼らは、典型的な演劇フィクションと儀礼的な演劇性との違いを軽視する傾向にあった。後者――「生きられた演劇」（レリス）――

は、演劇フィクションの典型的形象のひとつであるというよりは、演劇フィクションと儀礼的パフォーマンスとのあいだを不安定に移動する一点である。実際、演劇フィクションと異なり、生きられた演劇は、人格化を伴わない儀礼的パフォーマンスと同様に、現実の生における直接的効果を目的としている。さらに真の意味での共同体的儀礼に参加することが、個人の裁量に任されていることはほとんどない。参加しない者は、共同体の周縁に身を置いている（あるいは置かされている）のである。劇的相互作用のモデルに照らして、演劇フィクションのステイタスについての解釈が、アーヴィン・ゴフマン、ヴィクター・ターナー、さらにはクリフォード・ギアーツによって展開されたが[37]、これも私には問題含みに見える。たしかに、社会的役割と劇の脚本という観点から諸個人間の社会的相互作用を解釈することは、われわれの社会的行動についての重要な側面を明らかにした。だが逆に、これらの範疇を演劇についての考察のなかに再移入することには問題があると考えられる。その理由は、これらの〔演劇的〕範疇を社会関係の次元に移行させるにあたって、人類学者が行ったのは、演劇的相互作用におけるフィクションというステイタスを宙吊りにすることに他ならなかったからだ。彼らが研究する「役割」や「社会的ドラマ」といった類型は、遊戯的ミメティスムではなく、社会的ミメティスムに由来するのである（社会的「遊戯＝演技〔jeu〕」の能力は、ミメーシス的学習に基づく）。だが遊戯的ミメティスムには、「社会的役割」という観点から記述されるものには存在しない、語用論的な中断〔décrochage〕が含まれるのである。たとえば、ヴィクター・ターナーが「社会的ドラマ」[38]のモデルを利用して、人間共同体の内部にある社会的葛藤がいかに展開し、また解消するかという動態的なプロセスの分析を提示する際、彼は社会生活の重要な一側面を明らかにしている。しかし彼の分析を演劇に適用するときには[39]、フィクション装置として、それゆえ共有された遊戯的偽装に基づくものとして、演劇によって構成される社会的事実が、争いの領域ではなく協調の領域に属していることが軽視されがちである[40]。またナタリー・エニックが示したように、われわれはフィクション的モデル化のおかげで「役割」を利用できるようになり、それを社会生活に再投影する、つまり「演ずる」（あるいは「演ずる」のを拒む）ことができるようになるとしても、（現実の争いで）動かされている社会的役割と、この役割のミメーム（演劇的遊戯の場合がこれである）のあいだにある、語用論的なステイタスの根源的違いについても同様に見失ってしまうおそれがある。[41] 以上のような留保をつけなければならないのは事実だが、それでも演劇的遊戯の側面を演劇フィクションについての考察に再導入し、それゆえ現在知られているような演劇も、実はそれぞれ固有の論理を持った異なる装置に起因していることを理解させてくれる点で、人類学者たちによる分析が大きな功績であることに変わりはない。

演劇フィクションを構成するその他二つのフィクション装置、すなわちテクストと上演についての正しい理解は、演劇をテクストに還元することを主張する説と、その反対に、舞台で行われていることにこれを還元しようとする説とが、意味のない対立を繰り広げてきたために、難問であり続けた。この対立の非常に明確なかたちをプラハ・サークルに見ることができる。これは、文学的構造主義の諸潮流のなかでも、おそらく最も演劇に注意を向けたグループである。たとえば舞台中心説を擁護するオタカル・ジフによれば、劇作品は、「その舞台上での実現をもって初めて真に」存在するものであり、テクストはその「不完全かつ不十分な」代用品でしかない。反対に、イジー・ヴェルトルスキーは、テクスト中心的観点をとり、テクストが舞台上演を「あらかじめ決定」し、完全な意味で劇作品となると主張する。[42] フランスでは、古典的な演劇理論がテクストを重視していた影響からか、最も広がっていたのは疑いなくテクスト中心主義であった。フランスほどではなかったが、ドイツでもやはり同様であり、ワイマールの古典主義が擁護した非常にテクスト主義的な考え方（ゲーテはシェイクスピアの悲劇について、文学作品としては傑作だが、上演は不可能であると考えていた）が、長いあいだ劇芸術という範疇を決定づけていた。[43]

フランスでは、古典的演劇理論家は皆テクスト中心主義者であった。ドビニャックの例を挙げよう。一見すると彼は、二つのフィクション装置に等しい位置を認め、釣り合いのとれた考え方を擁護しているように思える。というのも次のように書いているからだ。「基本的に劇詩は上演されるために作られており、扮する人物がなしたであろうことに類似したことをなす人々によって演じられる。また何も見ずとも、詩句の力によって、作中の人物や行為をあたかも書かれているかのようにすべて実際に起こったものと想像に浮かべる人々によって読まれるためにある」[44]。とはいえ、「劇詩」という概念を選ぶことによって、演劇フィクションに固有の場についての決定を、彼はすでに下している。すなわちテクストである。それゆえ、彼が劇的フィクションを言葉によるフィクションのある特定の様態というステイタスに還元するのを見ても、さして驚くことはない。彼によれば、演劇が物語フィクションと区別されるのは、単に「作者が登場させる人物のみが語り、作者はまったく介入せず、また役者が真実その扮する人物と化す（……）以上、劇の筋に作者が現れることはない[45]」という点においてなのだ……。それゆえ、フランス古典演劇は、読書のなかにスペクタクル的なものを「必然的に解消」することを前提としていると記すフランソワ・プロドロミデスは、おそらく正鵠を射ているだろう[46]。この「テクスト主義」的還元は、ラ・メナルディエールによって見事に要約されている。さらに彼は、この考え方を正当化する古典の権威をついでに示してもいる。「私はアリストテレスとともに、こう考える。部屋で読むだけで聴き手の精神の情念をかき立て、さらに心を震わせ、涙をもぎ取るまで聴き手を揺さぶらないものであれば、作品は不完全である[47]」。

英語圏の国々で優勢なのは、舞台中心主義的な考え方である。たとえばそれを、ネルソン・グッドマンに見ることができる[48]。彼は、音楽と同様に、そして文学とは反対に、劇作品はただ演劇パフォーマンスにおいて十全に存在するのであるから、劇芸術は二つの位相を持つ芸術であると考えている。「（……）劇作品あるいは音楽作品は、演じられねば存在しない[49]」。グッドマン流の用語で表現するなら、その他の文学ジャンルのテクストとは異なり、劇的テクストは、それが参照する対象よりもむしろその上演を準拠物〔グッドマンは、演奏が楽譜に準拠するという意味で、この語を用いている〕とするということをこれは意味する[50]。劇的テクストの準拠物はその上演であると決めることによって、グッドマンははっきりと舞台中心主義の立場をとるのだが、この立場は劇芸術が「文学〔literature〕」である以前に「舞台〔theater〕」であるとする英語圏の伝統に、しっかりと根ざしているのである（シェイクスピアは自作の印刷された版に関心を示していなかったが、このことは、とりわけフランス古典主義者たちが自作品の版を重要視したことと比較してみると、劇芸術が本質的に演劇であるとする考えの徴候となっている）。

二元的な対立ではしばしばそうなのだが、二つの考え方が部分的に正しく、それゆえ部分的には間違っていることが、事実によって示される。言い換えると、争いが起こる理由はないのだ。つまり劇的フィクションはテクスト的なフィクション装置であると同時に演劇装置としても存在しうるのであり、これらの形式は各々で自足するのである。このことは、対立している二つの考え方が演劇を理解するためには必要不可欠であるということを意味する。ただし、両者の一方について、演劇フィクションの唯一正統な状態の記述とするそれぞれの陣営の主張は無視せねばならない。

舞台上演としての演劇をもう一度問い直すことはしない。第六のフィクション装置の範型、すなわち出来事のシミュレーションとして、すでにそれを分析したからだ。だが、演劇をテクストとして受容する際に使われる没入の媒介の問題については、少し立ち止まって論じてみよう。これは、フランス古典演劇の理論家たちによる分析が有用となる点でもある。演劇装置それ自体を定義するという彼らの主張、すなわち複数の演劇的なフィクション装置を、作品を読む（そして書く）際に用いられる装置に還元するという意図を留保すれば、彼らの分析はテクスト状態での演劇フィクションの作用を見事に析出している。その分析によって明らかになる諸要素が示すのは、ここで問題となっているのが先に述べた第六の媒介、すなわち世界内的な出来事のシミュレーションの特異な一形態であるということである。テクスト的な演劇装置の特性は、出来事世界がバーチャルな形式で、つまり純粋に心的な次元で活性化されることに存するのである。先に引用した一節で、ドビニャックは、第六の装置のバーチャルな一形態を完璧に定義している。読者は「何も見ずとも、詩句の力によって、作中の人物や行為をあたかも書かれているかのようにすべて実際に起こったものと想像に浮かべる人々」である。確かに一見したところでは、この同じドビニャックが、ト書きの使用についてはためらっているのが奇異に感じられるかもしれない。逆にト書きをたいへん重視しそうなものだとも考えられるだろう。実際、ト書きが心的舞台にとって空想の取り決め（fantasy negotiations）として作用するのであれば、「作中の人物や行為をあたかも書かれているかのようにすべて実際に起こったもの」として想像に浮かべることをト書きが容易にするにちがいないと思われるかもしれない。ドビニャックが自分のためらいを正当化するために持ち出す理由は興味深い。「……このト書きが、脚本を読む流れを中断し、論理のつながりや感情のうねりを断ち切り、読者の精神の集中を逸らせて、詩句を理解した読者の心中に形成されつつあるイメージをかき消し、注意力を冷まし、興味を大いに殺ぐ」[51]。別の言い方をすれば、ドビニャックは、ト書きが注意を分裂させるがゆえにフィクション的没入を妨げると考えているのだ。子どもでさえやすやすと注意の態度を変えられることを知っているわれわれとしては、彼の危惧が杞憂であると考えたくなる。とはいえそのためらいは興味深い。なぜならそれは、彼の考え方の中心にはフィクション的没入があることのみならず、彼が読者の没入を、舞台のフィクション装置によって導入されるアクチュアルな没入のバーチャルな等価物として扱っており、物語行為《ナラシオン》の等価物としては考えていないことを示しているからである。プロドロミデスは次のように記すことによって、この等価性のもうひとつの側面を指摘している。すなわち、演劇においては「作者の構造的不在が二重にある。「語りの審級」として作品本体に存在しない作者は、また、劇詩が実現される（……）スペクタクルにおいても不在である」[52]。それゆえ、ドビニャックの立場は、ト書きが物語的要素、それゆえ潜在的に物語的な声を導入する事実に由来すると言えるだろう。彼がとっている純正主義的観点からすれば、このようなことは、バーチャルな演劇装置の単一性を危うくしかねないのである。とはいえ読者がト書きを物語的没入の様態で読むかどうかは定かでない。先に示唆したように、バーチャルな演劇の舞台を構成することを可能にさせる指示――空想の取り決め〔fantasy negotiations〕――として扱うこともまたできるのである。実際のところ、二つの態度のうちどちらを選ぶかはト書きの性質によるところが大きいように思われる。たとえば、ワグナーオペラのしばしば圧倒的なト書きは、通常物語的没入に適し、さらにはそのような態度を要求するだろう。『ワルキューレ』の冒頭からただひとつのみ例を挙げよう。ジークリンデが登場し、（ゲルマンの英雄かくあるべしといったように）熊皮の上に横になっているジークムントがいるのを見つける場面である。「ジークリンデは後ろの部屋につながっている扉から入る。物音を耳にして、夫が帰ってきたのだと思ったのだった。暖炉の前で見知らぬ男が身を横たえているのを見て、彼女の顔は驚きを示す」[53]。ワグナーのト書きが内的焦点化の手法、とりわけ命題的態度の動詞〔欲求や信念などを表す動詞〕、感情を示す動詞などをきわめて頻繁に用いることを示す例は、いくつも挙げられるだろう。より一般的に言えば、彼のト書きは、フィクション世界（場所、登場人物）を重点的に記述するのであって、この世界が表象されるやり方はそれに比べて軽んじられる。もちろん演出家は、これら物語的な記述を基に舞台上における指示を引き出せるのだが、明らかにワグナーは、物語的没入の態度をとって、これらの大部分を書いているのである。

しかしながら、ト書きを物語化しうるからといって、それゆえ、劇作品を読む際に、世界内的出来事のバーチャルなシミュレーションに没入する状態から、一時的に、物語的な没入態度へと移行することがありえるからといって、特別なカテゴリーを導入する必要が生ずるとは思われない。というのも、いずれにせよこれらの変化は局所的であるし、またとりわけ、物語フィクションでは逆方向の現象がきわめてよく見られるが、それと対をなす現象が劇的テクストにおいて生じているにすぎないからである。実際に、物語フィクションが物語部分よりも対話を優先させるやいなや、自然な物語という没入態度は、演劇作品を読む際に支配的な没入態度に取って代わられる。すなわちわれわれは劇的フィクションに対応する没入態度をとるため、物語的な相の性質を一時的に無効にするのだ。第六の没入（世界内的状況へのバーチャルな没入）の媒介のバ、ー、チ、ャ、ル、な一形態と、物語的没入とは、両方とも同じ基礎、すなわち想像活動に基づいているだけに、どちらの方向へ移行するにしても容易であることは注記しておく必要がある。

しかしながら、テクスト状態としての演劇に、第六の装置のバーチャルな一形態を見て取ることは自明でない。むしろ、第三の装置を割り当てるべきではなかろうか。演劇フィクションのテクスト状態は、実際のところ純粋に言語的な支持体である。そして、言葉が模倣できるのは言葉だけだという原則を認めるならば、言葉は世界内的出来事のシミュレーションとしては作用しえないように思われる。それゆえ演劇テクストは、むしろ語りのアイデンティティが入れ替わるある特殊な形態として記述するべきではないだろうか。演劇作品の読者がとるのは、登場人物の語りのアイデンティティだろう。このとき等質物語世界的物語との違いは、（ある人物から別の人物へと移行することで）読者が常にアイデンティティを変えつづけるという点にしかない。私はこのような観点からなされる分析の可能性を排除するための決定的な議論を持ち合わせていない。結局私がここで分析しようと試みているのは、志向的ないし心理的な態度、それゆえすぐれて柔軟かつ可塑的な現実なのであり、その解釈は常に不確かである。しかしながら、先に私が提示した仮説に有利となる二つの議論を持ち出すことができるように思う。第一の議論は純粋に否定的なものだ。等質物語世界的フィクションを特徴づけるアイデンティティの入れ替わりは物語る次元にある。偽装は単に発話だけではなく、語り手という人物形象に及ぶのである。だが演劇テクストの人物は語り手ではなく（彼らが物事を語ることもあるとはいえ）、相互作用のうちにある行為主である。テクストの次元で演劇フィクションに触れているとき、これらの相互作用は言葉の相互作用に還元されるにせよ、そこで創造されるのは言葉の相互作用空間なのであって、物語的態度ではない。この考察を延長すれば、第二の議論につながる。それは、純粋に言葉による偽装が、それでもなおどのように出来事の偽装でありうるのかを理解させてくれる。演劇作品の読書の際に創造されるものが、言葉による相互作用の空間であるなら、実のところ言葉による偽装は出来事的な相互作用――出来事は言葉の出来事に還元されるとはいえ――の偽装となる。さらにすべてではないとはいえ、ほとんどのト書きが叙述的というよりはむしろ指示的な様態（場所や行為の想像を指示する）で読まれることを認めるとすれば、心的にシミュレートされたこの出来事的な相互作用が、言葉による相互作用に必ずしも限定されることすらなく、最も広い意味における世界内的出来事のバーチャルなシミュレーションということになる。ただこのシミュレーションは、フィクション的没入という状況と、空想の取り決め〔fantasy negotiations〕の考慮――これはもちろんフィクション世界の外にある――とのあいだを、往ったり来たりすることを含意する。

正しいか否かはさておき、もう一度繰り返しておけば、私の解釈は、私の手になる没入態度の表がまったく相対的な価値しか持っていないことを示している。つまり、演劇フィクションは、第三、第六、第七の装置のあいだに位置させるか、あるいは第六と第七の装置のあいだに位置させるかせねばならない。ただし後者の場合では、第六の媒介について、純粋にバーチャルな一形態がありうるということを導入する必要がある。私は第七の装置において、二つの形式、すなわち実際の形式とバーチャルな形式（バーチャルリアリティ装置の例を出した）を区別した。それだけに、この種の二重性の可能性を、もっと考慮に入れるべきだったかもしれない。だが、もう少しだけ事情を込み入らせよう。演劇フィクションのテクスト状態のうち、少なくともいくつかの特別な例では、身体的アイデンティティの入れ替わりという第七の装置をバーチャルなかたちにしたものを通して、フィクション的没入が生じる。劇的テクストを読む際、ある観察者の眼前に広がる出来事のシミュレーションというモデルに基づいて劇の世界を構築しなくてもよい。想像のなかで主人公や女主人公と同一化し、身体的アイデンティティのバーチャルな入れ替わりという相《アスペクト》の性質を介して世界を再活性化することすら可能なのである。たしかにこの時、現実の役者と異なり、自分の登場人物と相互作用可能なその他の演技者の協力をあてにすることはできない。その限りで、人物へのバーチャルな入れ替わりを次々と増殖させるか、あるいは、こちらの方が経済的だが、他の登場人物たちをミメーシス的没入の態度から除外し、彼らの言葉を空想の取り決め〔fantasy negotiations〕の様態にしたがって扱うかのどちらかをせねばならない。たとえば私はベレニスに同一化し、他の登場人物が介入する度に自分の没入プロセスを中断しつつ、「彼女の目を通して」フィクション世界を構築することができる。「〔ベレニス〕さあ参ろう、フェニス。／するとティチュスはこう言うだろう。「おお天よ！　そなたはなんと非道な」／〔ベレニス〕お戻り下さい、お戻り下さい、畏れ多い元老院のもとへ」〔ラシーヌ『ベレニス』第五幕第五場。もちろん原作ではベレニスの台詞とティチュスの台詞が並置されているのみである〕等々。私はこの没入態度がとくに広がっているとも、十分であるとも思っていない。とはいえ、この態度が重要になるように思われる状況が少なくともひとつはある。それは台本を手に、誰も自分に言葉を返してくれる人がいない状態で役を学ぶ俳優のそれだ。そのとき彼は、自分の登場人物に没入すると同時に、その他の登場人物との相互作用も考慮せねばならない。

　実を言えば、（アクチュアル／バーチャルという）この二重化において問題となっていることは、演劇のみに関係しているわけではない。身体的媒介を用いるあらゆる没入の媒介は、純粋にバーチャルな媒介によって二重化されうる。その理由は、単に、われわれが常にアクチュアルな事実から、（心的、想像的等々の）バーチャルなミメームを作り出す可能性を有しているからである。たとえば、単に映画フィクションが好きなだけでなく、映画フィクションの技法〔アート〕を好む者なら、映画のシノプシスを読むことによって、表象された出来事を直接的に想像するのではなく（これは演劇テクストの読書の典型的な没入態度となる）、これらの出来事の映画的表象を想像することも大いにあろう。つまり、映画のカット、カメラの動きを想像し、第五の没入の媒介がバーチャル化された様態を通じてフィクション世界に到達するのである。

　ことはこのように複雑であるのだが、それでもなお最初に挙げた三つの演劇的装置を演劇フィクションの範型と見なすことが適していると私には思われる。今まで見てきたより複雑な没入の状況は、どれをとっても、マージナルとは言わずとも比較的稀な状況であるからだ。それゆえこれら三つの装置の本質的要素を要約することで、この考察を締めくくることにしよう。

◉演技としての演劇は子どものフィクショナルな遊戯と同じ語用論的な枠組みを有している。そもそも俳優の演技は、子どもの遊戯を延長したものだ〔「演技」も「遊戯」もともに«jeu»という語〕。両者の場合とも、没入の媒介は行為者のアイデンティティの入れ替えということであり、没入の態度は異主体への同一化である（第七の装置）。違いは、典型的な意味における芸術的演劇では、役者同士の相互作用が最終的な目的ではないということにある。彼らは観客の前で、またそのために演じているのであって、そのことにより、フィクション世界の構成に内在するものではないが、その世界を演技に関与しない人々にも到達可能にするという特有の制約が導入される。別の言い方をするなら、演劇に固有の慣習の一部は、演劇的遊戯〔演技〕というフィクション装置に直接由来する制約ではなく、古代演劇（あるいは能）の仮面、イタリア式の舞台、舞台装置や舞台装飾における超正常まやかしの発達等々といった、観客のミメーシス的没入を容易にするために整えられた制約なのである。[54]

◉演劇芸術がテクストとしてのかたちをとる次元では、典型的な没入の態度が観察者ないし証人という態度のバーチャルな一種となるがゆえに、没入の媒介は世界内的出来事のバーチャルなシミュレーションということになる。この態度と役者の態度のあいだにある本質的な違いは、読者が出来事からなる世界――表象された人物たちはその要素でしかない――を直接的に想像するのに対し、役者の方は、この同じ世界を、登場人物を通じて見られ、働きかけられるものとして想像する（第七の装置）ことに存する。とはいえ先に確認したように、役者の用いる媒介、つまり（単一のものであれ複数のものであれ）行為者のアイデンティティの入れ替わりという媒介を、その入れ替わりがアクチュアル（身体的に演じられる）にならずバーチャルだという違いはあるものの、読者も作動させることができるのである。

◉舞台での上演という次元において、演劇は劇的テクストの読書と同じ没入装置を作動させる。両者の相違は、単にバーチャルであるか、あるいはアクチュアルであるかの違いでしかない。両者のうちどちらかのフィクション装置に論理的な優先権が与えられることはないと認めるならば、舞台上演がテクスト的フィクションの実現であると言っても、劇のテクストが舞台上演のバーチャル化であると言っても、どちらでもよいということになる。もちろん現実では、常にどちらか一方となる。このように考えれば、シェイクスピアの劇作品が、一般的に舞台状態のあとでテクスト状態になるということも認められる。この点は、シェイクスピアがまずなにより劇団のリーダーであり、エリザベス朝の演劇が部分的に即興を認めていたことを考え合わせても説明される。他方、フランス古典悲劇の舞台状態は、すでに存在するテクスト状態をアクチュアルにするものなのである。[55]

5　視覚表象とフィクション

視覚的諸芸術におけるフィクションの問題は、プラトン以来、諸説が入り混じったミメーシス概念にわれわれが立脚しているがゆえに、いくらか特殊なものとして措定される。文脈によって、この語は固有の意味でのフィクションを指すこともあれば、ミメーシス的な視覚表象を指すこともある。たとえばプラトンは、視覚表象がそれ自体ですでにフィクションであるかのように、フィクション文学と絵画を同列に置いている。それというのも、彼にとって絵画は二重の意味で見せかけだからである。つまり、絵画が見せるものは、それが現れている場所にはないということがひとつにあり、もうひとつには、絵画が対象の本性ではなく外観しか与えないということがあるわけだ。前者の性質によって、プラトンは絵画を知覚に対置することができた。というのも知覚においては、対象が、それが現れる場所に実際にあるからだ。より厳密に言うと、知覚とは、当の対象によって引き起こされるものであるがゆえに、それによって見せられる対象の現前を前提とするのである。だがある対象の絵画的表象はそうではない。それで絵画は、知覚行為の原因となる条件を満たすことのない知覚の様態にしたがって機能しているために、見せかけとなるのである。それどころか、絵画的表象の現前は、対象の不在を前提としていると言うことすらできる。描かれた対象は、われわれがそれを見ている（表象された）場所には存在しえないだろう、というのも、もしそれがそこにあるのなら、その表象はそこにありえないからである。他方、見せかけ対存在という組み合わせに基づく第二の特徴によって、絵画は逆説的に知覚へと近づく。事実、知覚によって到達するのもまた現実の影でしかなく、現実そのもの、つまりイデアではない。この第二の説のために、絵画は、一方で知覚と真っ向から対立しつつも、真なるものに対する関係からなる序列のなか――その内部では知覚じたいも欠陥のある様態でしかない――に位置するのである。有名な三つの寝椅子の例が例証しているのも、まさしくこの序列である。現実の寝椅子（大工のそれ）、われわれの知覚に現れ、現実の寝椅子を真似ている寝椅子、そして最後に絵画的見せかけによって与えられ、すでに模倣でしかないものの模倣であるような寝椅子である〔プラトン『国家』第一〇巻 598a-d を参照〕。

ミメーシス的な視覚表象にはフィクション性が内在している――あるいは幻影が内在している――という考えは、今日にいたるまで西洋的思考にとりついて離れない。それはたとえば写真をめぐって（ボードレールのテクストを再読するだけで十分だ）、そのあとでは映画をめぐって再び現れた。そして本書の最初で示したように、今日では、デジタル的な想像力をめぐって交わされている議論の大部分の根底にもこの考えがあるのだ。

映画に関しては、とりわけクリスチャン・メッツが、「あらゆる映画はフィクション映画である」[56]と、映画装置の存在論そのものに関わる断言をすることで、この説を擁護している。彼に従えば、これが意味するのは、フィクション映画とドキュメンタリー映画という区別の手前に、映画装置そのものの構成要素となるフィクション性を措定しなければならないということだ。「映画に固有なものは、それが表象しうる想像力ではない。それは想像力がまずそうであるもの、想像力をシニフィアンとして構成するものである」[57]。メッツがプラトン的語彙を見いだしているのはそれゆえ驚くことではない。映画では「知覚されたものは現実的な対象ではない」のであって、「その影、亡霊、分身、新たな種類の鏡のなかの複製」[58]でしかないのだ。しかしミメーシス的装置の構成要素となるこの「フィクション性」と、通常の意味でのフィクションをプラトンが同列に扱ったのに対し、クリスチャン・メッツは両者を明確に区別している。たとえば彼は、演劇のフィクション性は映画装置を定めるそれとは異なると述べている。演劇では、知覚されるものが現実にそこにあるのだが、映画になると、「役者、《舞台装置》、聞かれる言葉、すべてが不在であり、すべてが記録されている（それ以前には別のものであったことがなく、そのまま記憶の痕跡となったものであるかのように）。そしてそのことは、記録されたものが《物語《イストワール》》でなく、フィクション固有の幻影をねらっていない場合でもそうなのだ。というのも、記録されるもの、不在のものは、シニフィアンそれ自体であり、またその全体であるのだから……」[59]。この概念に従うと、演劇は、映画とは反対に、演劇装置それ自体によってではなく、想像的なことがらを表象している限りでフィクション的であるということになる。

字義通りにとると、メッツが擁護した説は、あらゆる表象——ミメーシス的であろうがなかろうが——がフィクションであるという理不尽な結論へ行き着くことになるだろう。この説が立脚しているフィクション性の基準は、表象されたものの不在であるからだ。とはいえ、総じて表象というものは、それが表象するものの不在によって特徴づけられている。言いかえると、むしろそこにこそその機能があるとすら言える。なぜなら表象の有用性というものは、表象がその記号となっているものの代わりをそれがしてくれるという点にあるからだ。これがフィクションを定義する特徴だとすることは、あらゆる記号をフィクションとすることになるだろう——ただし、ラピュタのアカデミー会員たちが使っていた記号は別である。言語的辞項がつまるところ事物を指し示すための名辞にすぎないことを発見して、会話の際には、話題となっている物それ自体を記号として使おうと決めたあの高名な学者たちが思い出されるだろう〔スウィフト『ガリバー旅行記』第三話第五章参照〕。それはともかく、このフィクション性の基準がはらむ第一の短所は、それが大きすぎることである。もし記号の使用が総じてフィクションを前提とするなら、この意味でのフィクションとミメーシス芸術によって用いられるフィクションとをどのように区別できるかがもはやよくわからなくなってしまう。というのも——そしてここにこの説の第二の短所があるのだが——「すべてがフィクション」[60]という考えは、フィクションについてわれわれが抱いている通常の考え方にどうやっても組み込むことができない。というのも、ここには、後者を定義する共有された偽装という概念が欠けているからである。イメージそのものに本質的に属するフィクションというものがあるとすると、それは「逃れることができないような」[61]フィクションである。そのようなものは、われわれが知らないところでしか作用しない。というのも、たとえばドキュメンタリー映画を観たり、写真を眺めたりしているとき、われわれは、こうした考えとは正反対に、フィクションの領域の外にいると信じているからである。こうした状態は、フィクション装置をそれとして意識的に用いることによって特徴づけられる状態とはかけ離れているのである。

　実際のところ、そして私がこの点にこれほどこだわる理由もそこにあるのだが、メッツのテクストをより注意深く読めば、ロジェ・オダンが示したように、この説はより限定的なものであることがわかる。彼が言いたかったのは、ミメーシス的表象が総じてフィクションであるということではなく、そうした表象が知覚的に飽和する程度、つまり「知覚するべく与えられるもの」の豊かさと「知覚されるもの自体の現前あるいは不在」[62]との関係によって定まる程度にしたがって、フィクションとなるということではなかったかと思われるのだ。つまり、記号に固有の知覚が豊かになればなるほど、表象されたものの不在がその記号をよりいっそうフィクション化するということなのだが、そのことは、メッツがなぜこのテクストで映画についてのみ語り、固定されたイメージについては黙しているのかということの説明になるかもしれない。「映画のフィクション化する力は、それが知覚を大量に引き上げつつ、しかしすぐさまそれ自体の不在（とはいえ現前する唯一のシニフィアンであるもの）へとそれを傾けさせることに起因する」。明確に提示していないとはいえ、メッツの立場は、模倣に立脚する表象が一種の段階的なフィクション性を有しているという考えを前提にしているように思われる。この段階は最も図式的な絵画から、写真と映画を通って、知覚的な豊かさという観点では最大の飽和状態にあるバーチャルリアリティのシステムへといたるであろう。

仮にこれがこの説の真の内容だとすれば、その逆説的な側面は解消される。だが同時に、この説がミメーシス的没入の問題とフィクションの問題の単なる混同の上に立脚していることも明らかになる。より厳密に言えば、メッツが描き出している事実は、部分的な没入と全面的な没入のあいだにある区別に属するものである。だが、この区別は前注意的なまやかしに関わる区別なのであって、フィクションかどうかの区別ではない。さらにそれは、知覚的豊かさの客観的な段階の区別に還元できるようなものでもない。たしかにそれを超えると、前注意的なまやかしが意識的な認知処理のレベルではもはや遮断できなくなり、知覚上の（誤った）信へといたるような限界値の存在を想定することはできる。だまし絵は、知覚的幻影として現実に作用する際、そうした例となる。「観者が作品を受け入れるに際してなすべき第一歩は、表象としてのそれなのではない。観者は最初の接触から、不意打ちされ、騙されるのである。彼の知覚は、自分の目にしているものが周囲の世界の十全な構成要素であると訴えており、その反応は、幻影でしかないと自覚しているものの受け入れではなく、現実かどうかを検証するために触れるというものになる」[63]。だまし絵を、現実的環境への切れ目ない統合を要請するものと見なすにすぎないとしても、実際のところ、このような条件がそろうことはほとんどない。これが意味するのは、（語の平凡な意味で）「イリュージョニズム」的な表象を単に枠に入れるだけで、だまし絵効果が崩壊するということを意味する。実際には、ほとんどの状況において、「偽装された」刺激の模倣の度合いは、部分的没入となるか全面的没入となるかを二次的にしか決定しない。別の言葉で言えば、前注意的なまやかしが一定の閾を超えない状態にあるのなら、没入の度合いは、ミメーシス的刺激の客観的強度という観点から計測可能な大きさというよりは、文脈によって変わるものなのだ。リュミエール兄弟の映画を最初に見た人々は、バーチャルリアリティ装置は言わずもがな、現在の映画に比べてもミメーシス的刺激の豊富さが客観的に見ればずっと弱い装置を、全面的な没入の様態で経験したかもしれない。事実、順応効果を考慮に入れる必要がある。これによって人は次第に距離を取る能力を獲得するにいたるのだ。しかもより強力な前注意的まやかしを絶えず追求している映画の歴史がまさしく示している通り、このような順応はきわめて迅速になされるのである(64)。

ミメーシス的没入とフィクションが混同されることは、しかしながらより根源的な混同、つまりはミメーシス的モデル化それ自体の次元とフィクション的モデル化の次元が混同されることからもたらされる結果にすぎない。これは、双方の装置ともに知覚的な没入を通じて作動することから説明される。そこでこの混同から抜け出すために、ミメーシス的表象それ自体とその表象のフィクション的使用を区別する必要が生じる(65)。実際、多数のミメーシス的な事象について見たように、ミメーシス的没入はフィクションと固有の結びつきを示す現象なのではない。それはミメームを通じてもたらされるあらゆる関係、たとえば没入による学習——フィクションとはいかなる関係もないプロセスである——において作用するのである。さらにミメーシス的没入のフィクション的なかたちに備わる特徴、すなわちそれを相同的なミメームへの没入から区別するものは、それが偽装に属するミメーシス的端緒を通じて作用するという点に存することが明らかになった。それゆえ原理的に考えれば、混同は起こらないはずなのだ。ミメーシス的表象のフィクション的使用は、その相同的な使用を模倣する。だがそれを相同的に使用すること自体がすでにミメーシス的装置を使用することであるから、フィクション化は、相同的ミメーシスのフィクション的な模倣を含意するのである。あるいは、没入に関する言葉を用いて言うと次のようになる。ミメーシス的表象をフィクション的に使用する場合、フィクション的没入とは、それ自体がすでにミメーシス的次元にある関係の中への没入なのだ。

事態を明らかにするためには、この状況をたとえば言葉によるフィクションの状況と比較してみるだけで十分

表1

記号的支持体	事実的モデル化	フィクション的モデル化
ミメーシス的表象	ミメーシス的没入	フィクション的没入
言語	—	フィクション的没入

表2

記号的支持体	事実的モデル化	フィクション的モデル化
ミメーシス的表象	相同的ミメーム	相同的ミメームの模倣
言語	発語内行為	発語内行為の模倣

である。あらゆるフィクションと同様に、言葉によるフィクションは、ミメーシス的没入状態を誘導できるミメーシス的端緒を前提とする。たとえば想像的な自伝のような、最も単純な場合において、ミメーシス的端緒は、実際の自伝の発話の条件を（「本気でなく」）真似ることにある。だが模倣された装置は、これもまた言葉であるから、それ自体にはミメーシス的表象というステイタスが備わっていない。他方、絵画的フィクションの場合（たとえば想像上の風景の絵）は、ミメーシス的端緒が、そもそもそれ自体がミメーシス的な次元にある表象（現実の風景の絵）の遊戯的偽装の上に成り立っている。こうした違いは、上の表1にまとめることができる。

この表は、関連する没入の媒介を考慮に入れた表2によって補足できる（ここでは言葉によるフィクションの領域を、恣意的にただひとつの没入の媒介に限っている）。

フィクション装置が用いる支持体のそれぞれに異なるステイタスを念頭に置きさえすれば、普通思われているのとは逆に、絵画にせよ、写真にせよ、あるいは映画の場合にせよ、フィクションの問いが他のフィクション装置の場合とまったく同じように立てられることが理解される。ミメーシス的な視覚表象のフィクション的使用をそのノンフィクション的使用から区別するものは、共有された偽装という語用論的枠組みの存在と、ミメーシス的没入の特殊形式であるフィクション的没入を介してわれわれがモデル化に到達するという事実である。つまりミメーシス的表象は、これら二つの条件を満たす限りでフィクションとなるのだ。

共有された偽装という基準がとりわけ含意しているのは、単に外示のレベルを見るだけでは、ある視覚表象がフィクションであるかどうかという問題が解決されないということである。そのことは、前述した、そしてアーサー・ダントーによってすばらしく簡潔かつ明晰な定式に凝縮された以下の原則のおかげで理解される。「フィクションは歴史的真実を含みうるし、ノンフィクションは歴史的な虚偽を含みうるが、両者が［……］それぞれの反対物に変化することはない」[66]。たとえば一角獣（存在しないと言われている動物）を表象する絵は、画家が存在する動物を描いていると信じているか（そう信じられていた時代もあったようだ）、あるいは逆に彼が空想的な動物を描く遊戯的な命題としてその絵を捉えているかによって、異なるステイタスを持つだろう。第一の場合、絵はフィクションとはならず、相同性を主張するミメーシス的表象のカテゴリーに落とし込まれる。逆に第二の場合、これはフィクション的な表象となる。だが、それが存在しないことを、（私自身を含め）すべての人が知っているないしは知っていると信じている実体を私が表象したとしても、その表象が自動的にフィクションになるわけではない。というのも、たとえばこの（そもそも存在しない）実体を、皆がどのように心に思い描いているかを示すことが私の意図であるという可能性もあるからだ。

ところで、相同的ミメーシス表象とフィクション的表象の境界という問いは、表象された実体のステイタスという問題には限定されないように思われる。少なくとも西洋的伝統において、絵画のほとんど——程度の差こそあれ「自然主義的」あるいは「イリュージョニズム的」な企図に属するもの——は、実体のミメームを提示するだけに留まらず、絵画の表層そのものを、ひとつの視点からなる単一性を通じて限定された空間のミメーム、つまりは知覚空間のミメームへと変化させる。絵画は、実体を（存在するものもそうでないものも）ミメーシス的に表象するに留まらず、これらの実体の見方を模倣する、あるいは別の言い方をするなら、観者を準知覚的な没入へと促すのである。ここでもまた、絵画がそのような没入へと観者を促すことが、自動的にフィクションとなるわけではない。一七世紀オランダ絵画の風景画は、総じてほとんど知覚的な没入へと促す。だがそうはいっても、それらの大部分はフィクションではなく、相同的な機能を備えたミメームである。そしてまたここでも重要となるのは、それらが多少なりとも実際上すぐれて正確だということなのではなく、それらの語用論的かつ機能的なステイタスなのである。たとえばフェルメールの《デルフトの眺望》だが、これは地形上の不正確さ（不規則な屋根の修正や水平的な直線を目立たせること等々）を含んでいるとはいえ、フィクションではなく、相同的な眺望である。相同性が部分的でしかないからといっても、問題はいささかも変わらない。重要なのは、地形を描く風景画の伝統においては、絵画が相同的な模倣という機能を果たす（あるいは少なくとも当時はそうだった）ということなのである。[67] 他方、プッサンの《四季》の連作はおそらくフィクション作品となっている。ここでもまた、どの要素が自然のコピーなのか、またはそうでないのかの判断が問題となっているわけではない。決定的なのは、プッサンの意図が（世俗的なものであれ宗教的なものであれ）風景の相同的表象を与えることにはなく、季節の循環する世界を物語に媒介された世界と結合させる複雑なフィクション的モデル化を作り出すために、こうした相同的な機能を備えた眺望を真似る（それゆえそれを没入の媒介として用いる）ことにあったという点なのだ（冬の表象が同時に大洪水の表象であるように、それぞれの季節は、聖書の出来事の表象でもある）。ただしその絵画がフィクションであるといっても、その理由が気候事象と同時に聖書のエピソードを描いているからではないこと、つまり宗教的な現実を世俗的な現実と結合させている、あるいは「神話的」事象の状態を「現実的」事象の状態と結合させているからではないということは、はっきりと述べておく必要がある。それがフィクションであるのは、ただひとえに、プッサンが共有された偽装という遊戯的空間へと自分とともに入ることを、観者に対して誘っている、すなわち大洪水の凍てついた夜の風景へと開けた眺望の（相同的な）ミメームに相対しているかのように振る舞うことを誘っているから——あるいはその限りで——なのだ。[68] 同様の区別が写真においてもなされなければならないことは言うまでもない。たとえば見る人に虚偽の信を与えることを目的としたフォトモンタージュと、フィクション的な命題となるフォトモンタージュのあいだには、根源的な違いがある。

その違いをミメーシス的没入の問題をとおして考察することもできる。「類比的」な視覚表象の受容は、われわれの視覚図式と表象のあいだにある類似関係を利用しているがゆえに、いかなるものでもミメーシス的没入というプロセスのものとなる。だがこのミメーシス的没入が対象としうるのは、二つの型のモデル化、つまり部分かつ全体の相同的関係に基づくミメーシス的モデルと、ただ全体的な類比関係に基づいたモデルであるために、〔フィクションとノンフィクションという〕二つの領域のカテゴリーに関わる境界は一義的に定められる。たとえば戦場を記録した一枚の写真は、世界の出来事についてのわれわれの記憶に保存される。それがもたらす反応は、世界に関する未聞の情報をわれわれが得た際に引き起こされる反応であり、それが導く態度決定は、世界に関する態度決定である等々となる。他方、ジェフ・ウォールの作品のように、戦場を写真でフィクションとして再構築したものは、出来事についてのわれわれの記憶には保存されない。そうした写真による再構成は、その写真が見せかけを提示している現実の出来事に対して、類比の論理に従うモデル化に基づいて処理されるのである[69]。同様に、たとえ多くの場合、風俗画に描かれる人物たちが実際の人物と対応しているにしても、われわれは肖像画と風俗画を同じやり方では扱わない。それは、われわれの出発点に、肖像画が相同的ミメーシスのモデル化に属するものであり、風俗画の情景はフィクション的なモデル化に属するという考えがあるからである。もちろん間違えることもある。なぜなら、想像的な肖像を描く画家たちがいるわけだし、また風俗画の情景と見なされたものが、実はありのままの情景を素描した相同的モデル化として構想されていたということもありうるのだから。前者の事態は意図されないフィクション状態に属する一方、逆に後者の方は、意図されない「事実性」の状態ということになるだろう。しかしこうした錯誤が原則上の区別を問題にすることはない。区別が存在するからこそ、間違いを犯せるのである。

ここまでの考察において、私はあたかも同一のステイタスを有するものであるかのように絵画と写真を扱ってきたのだが、そうでないことはもちろんだ。絵画が類像的《アイコン》ミメーシスに属するものである一方、写真は類像的であると同時に指標《インデックス》的な装置、つまり、表象がその表象するものによって引き起こされるようなミメーシス的表象のカテゴリーの一部だ〔「アイコン」と「インデックス」はパース記号論の用語を念頭に置いている〕。しかしながら、表象がその表象するものと取り結ぶ関係の次元に位置するこうした違いが、表象のフィクション性という問題の根幹に影響するようには思われない。なぜならそれはまさしく、フィクション性の意味論的（ないしは指示的）な定義を正当化することができないからである。フィクションとしてのステイタスを持とうが持つまいが、写真というものは常に刻印である。それゆえ刻印としてのそのステイタスが、語用論的に動くことはない。それに加えて、フィクション的な写真〔une photo fictionnelle〕とフィクションとしての写真〔une photo fictive〕、つまりフィクションとして作った写真を区別する必要がある。たとえば超リアリズム的な絵画のように、写真であることを（遊戯的に）偽装することによって、フィクション性が導入される絵画的フィクションが存在するのだ。これはもちろん写真的フィクションではなく、写真的イメージを備えた絵画的フィクションである。写真的フィクションは、写真である必要がある。それがフィクションへといたるのは、写真であることを止めることによってではなく、相同的（かつ指標的）な写真のミメーシスを、フィクション的モデル化のために供されたミメーシス的媒介として用いることによってなのだ。写真に撮られた状況が写真に撮られるために仕組まれたという理由で、写真がフィクションになると言うことさえできない。大部分の肖像写真は、表象された状況が表象されるために作られたという意味で、「ポーズをとった肖像」であるのだが、それによってこれらがフィクションに変化するわけではない。肖像写真がフィクションになるのは、明示的ないしは暗示的な契約によって、指標的関係が、「かのように」の様態に相当する世界に到達するためのミメーシス的端緒として機能する場合でしかない。そしてそれは、実際のところ、この指標的関係が――写真装置の物質的な機能のせいで――フィクション世界の支持体として機能するものを相同的にモデル化したものに必然的になってしまうとしてもそうなのだ。シンディ・シャーマンの《アンタイトルド#２２８》は、ユディト（少なくとも私はそう想定する）の姿をした彼女の表象であるが、それはまたシンディ・シャーマンの刻印でもある。ただ写真をフィクション世界に位置させる共有された偽装という枠組みが、この刻印の関係を（一時的に）脇に置くのである――ただし実際のところは、フィクション的没入の態度と典型的な「指示主義的」態度とのあいだで絶えず揺れ動くことをわれわれに促すところに、シャーマン作品の魅力のひとつがあることは言うまでもない。シャーマンの例は、ある作品のフィクション装置が、必ずしもその作品自体と重なり合うわけではないということも示している。

（視覚的）ミメーシス表象の領域においては、フィクション的なものと「事実的」なものとのあいだの原理的な区別が、他のミメーシス芸術に比べてより複雑だというわけではないにしても、フィクション装置を扱っているか否かを実際的に判断するという問題となると、ミメーシス的表象の領域、あるいはむしろ固定されたイメージの領域では、それが他よりもずっと難しいものになる（映画においては状況が異なる）。それは、イメージを受け入れるものとされる語用論的な枠組みが、そこではほとんど常に暗黙の状態に留まっており、そのために、その枠組みに到達するには、多少なりとも不確実な文脈の再構成を介さざるをえないからである。それゆえ、受容者が自分自身の特異性に従って、またより頻繁には、その人が生きている時代や環境が特権化する受容の型に従って決定を下す以上、数多くの意図されないフィクション性の状態、また同様に「事実性」の状態が見いだされることは驚くべきことではないのである。たとえば図画的イメージの場合、われわれの時代では一貫してフィクション的な受容が優位に立っているが、少なくとも一八世紀までは、神話的情景を表象した絵画を例外として、「事実的」受容が最も広汎に普及していたようだ。とりわけほとんどの宗教画は、たとえば聖人を描いた数多くの肖像画が実際に相同的な肖像画として扱われていたという意味で、事実的な視点から取り上げられていた[70]。それゆえ過去の具象的な絵画を取り上げるわれわれの物の見方によって、しばしばただ注意《アテンション》的なものであるフィクション性が与えられている可能性は高い〔ここでの「注意」概念については本書四四頁ならびに第一章注25を参照〕。逆に写真の場合では、写真的刻印が備える指標的性質のゆえに、われわれはあらゆるイメージを相同的ミメームとして取り上げる傾向にある――それによって、いくつかの場合で意図されない「事実性」の状態が生ずるだけでなく、フランソワ・スーラージュが説得的に示したように、たいへん興味深いものともなる写真の実践を、正当な資格で評価することが妨げられているのである[71]。

6 映画

固定的イメージの領域で生じることとは反対に、映画のステイタス〔フィクション対ドキュメンタリー〕の識別が問題となることはまったくと言ってよいほどない。私が思うに、その違いは三つの理由に拠っている。まず第一に、いくつかの例外を除き、映画館で上映されている映画のほとんどすべてがフィクション映画であること。このことによって、補足的な情報が一切なくとも、観者は映画館で映画を観ることとフィクションを見ることのあいだに一種の同等性を打ち立てる。テレビの場合となると、この理由はもちろん通用しない。そこで登場するのが第二の要因である。すなわち、とりわけタイトルやクレジットのような映画の周辺的要素の次元において、フィクション映画の語用論的な枠組みはきわめて容易に識別できるというものである。たとえばクレジットに役者の名前が現れるだけで、フィクション的枠組みは十分に設定される。第三の理由は、言葉によるフィクションの領域において、ケーテ・ハンブルガーが「フィクション性の指標」と呼んだものだ。内的焦点化を備えた言葉によるフィクションと同様に、フィクション映画は、映画的フィクションに慣れ親しんだ者であれば誰の目にもはっきりとわかるフィクション性の指標として機能する、独自のミメーシス的技術〔とりわけ超正常まやかし〕の一群を発展させてきた。この最後の点は、別の角度からも興味深い。語用論的な観点からすると、映画フィクションは相同的な映画のミメーム〔現実の事象の記録〕の遊戯的偽装というステイタスを備えているのであるが、フィクション映画の歴史を見ても、ドキュメンタリー映画の形式的ミメーシスを行った例は比較的少ないのである。フィクション映画は映画装置そのものに固有のミメーシス的没入の可能性、つまり知覚的没入に属するすべてを改良することにむしろ努めてきた。これは、一九世紀から二〇世紀にかけて発展したような異質物語世界的フィクションと比較できる。いくつかの例外を除けば、後者のフィクションも、それが遊戯的偽装の対象としている言説装置〔事実的言説のこと〕に対する形式的ミメーシスの技法をほとんど発展させることはなく、ケーテ・ハンブルガーやドリット・コーンらが見事に示したように、内的焦点化の技法を複雑化することにとりわけ専念してきたのである。ところで議論の途中で示したように、事実的物語もまた常に内的焦点化の要素を用いてきたのだが、その理由はきわめて一般的なものであった。つまりある実体の振る舞いを、それに人間的なかたちを与える視点から解釈するやいなや、われわれはそれに心的状態を与えずにはいられない、それゆえそれを内部から「見る」ことをせずにはいられないというものである。別の言い方をするなら、意識的に、また熟慮の上でそれを避けようと努力しなければ、あらゆる物語には内的焦点化という要素が含まれるのである。それゆえ内的焦点化を備えたフィクションは、物語そのものに備わるいくつかの特徴を「過剰開発」したと言える。要するに、近代の異質物語世界的な言語フィクションと映画フィクションには、ともにそれらが模倣している装置のジャンルがもついくつかの要素を過剰開発し、それらをミメーシス的没入を強化しうる「超正常まやかし」にまで仕立て上げたという共通点があるのだ——もちろん、両者の場合において、まやかしの型が同じではないことは言うまでもない(72)。

映画フィクションのこうした特殊性は、フィクション映画がドキュメンタリー映画を真似るよりも、ドキュメンタリー映画がフィクション映画の技法を借用することの方が多い事実とも合致する。たとえばフラハティの『極北の怪異（極北のナヌーク）』は、映画フィクションによって練り上げられた形式原理をめぐる手段をそっくり利用している——とりわけシークエンスの組み立ての次元は、むしろフィクション映画に典型的なものである（ナヌークが執り行う行為のいくつかは、それらが「物語《イストワール》」の流れに統合されるよう定められていることによって、あきらかに重層的に決定されている）。さらにこのことは、類比的表象の領域において、ミメーシス的没入とフィクション的没入のあいだの区別が、没入それ自体のプロセスという次元に位置するのではなく、没入状態において内面化された世界の事後的な認知処理という次元に位置することを再度示してもいる。

私が擁護しようとしてきたフィクション概念の観点からすれば、映画フィクションの領域で最も重要となるのが、その「記号論的」なステイタスの問題である。一九六〇年代から七〇年代以降、映画装置は言語分析のために洗練させられたカテゴリーに依拠して考えることができる（あるいは考えねばならない）ということ、つまりは映画の物語上の編成を言説の行為であるかのように扱うことが、しばしば自明の真理であるかのように受け入れられてきた。この説には二つの解釈がある。そのうちの強い解釈によると、映画作品の構造は言葉による言説のそれと厳密に同一であるということになる。また弱い解釈によると、映画フィクションは言葉による物語〔レシ〕と同一の様態に従って編成されているということになり、それによって、映画フィクションは言葉による物語の領域で立証された分析方法と接続されることになる。弱い解釈は強い解釈を前提としない。それゆえ両者を別個に分析する必要がある。

この説の強い解釈は、「映画的発話行為」、「映画の発話者」、「映画的文」、「映画的命題の発語内的力」等々といった概念を用いるあらゆる映画分析の根底にある。たとえばロジェ・オダンは、「［映画］作品の産出は真正な発語内行為を構成する」と主張する。その発語内行為は「作品の《発話者》」、つまりは（推測するに映画での）「諸発話の《発話者》」であるフィクションの《発話者》とは区別されるべき《発話者》を参照しうるものである。[73]仮にここで問題となっている用語を字義通りに取らなければならないとしたら、この分析は単に間違っているということになる。映画作品が発語内行為でないことは確実である。というのも、何かが発語内行為でありうるためには、まずそれが言語行為（言葉によるものであるにせよそうでないにせよ）でなければならないからだ。[74]《発話者》や発話等々の概念についても同様である。この種の分析の道具を映画装置に応用しようと試みる、つまり、「映画を読むときになされる仕事」[75]を分析しようとすることは、対象を過つことなのだ。この種の問いを立てることは、仮に映画フィクションが、映画ではなく命題的な事象であったとしたらどういうことになるだろうかと問うことに等しい。それはまさしく「女だったとしたら男とは何か」とか「悪魔だったとしたら神とは何か」と問うようなものである。もちろん、映画フィクションが命題的な事象、より厳密には言葉の事象であったとしたら、それは読まれ、《発話者》を持ち、言語行為の実践となる等々ということになる。だが不幸なことに、それは言語的性質を持つのではなく、視覚的性質を持つのである。「その他の型のイメージと同様に、映画も、見られるために作られる」[76]。この違いを排除することは、想像にすぎない分析対象を自らに与えることになるのである。

問題の説を私が戯画化していると反論する向きもあるだろう。映画フィクションが言語的性質のものであるなどとは誰も言っておらず、ただその機能の仕方が言説のそれと相同的なのであり、それによって言語学的カテゴリーを移し替えて使うことが正当化されるというわけだ。しかしまさしく、こうした相同性は存在しない。そもそもこの説を無効にする決定的事実を見事に明らかにしたのは——ただしそのあらゆる帰結を引き出していないようだが——クリスチャン・メッツである。それがつまり、知覚的転移の存在である。映画を観ることで知覚的転移がもたらされるということは、それが知覚の次元に働きかけるという事実の経験的な立証となっている。もし映画の受容が命題に特有の能力を、あるいは命題的能力から派生した能力を用いているのなら、それによって産出されうる前注意的なまやかしは、映画が現実に生み出しているまやかしとは相当異なった型のものとなるだろう。映画装置を言語に倣って統辞的組織を持つものであるかのように扱うことは、あるいはシークエンスの構造が（発話、言語行為等々の用語で定義しうる）命題の構造を移し替えたものであるかのように扱うことは、映画の世界への到達が知覚的没入を介してなされること、そしてそのことについて何事かを理解しようと思えば、そこを出発点とせねばならないという根本的事実を見誤ることになるのである。映画フィクションの理解全体には、映画の（視覚的かつ音響的な）知覚の次元で生じることとの正しい分析が基礎となるのだ。

さらにこう食い下がる人もいるだろう。「実際のところ、相変わらず戯画から脱していないではないですか。《発話行為》や《言語行為》は隠喩にすぎないのです。それらは単に映画フィクションがやはり物語《イストワール》を語っており、それゆえ物語構造を備えているということを示しているのです。それによって、言葉による語りの領域で立証されたカテゴリーを、隠喩的に応用することが正当化されます。もし《発話行為《エノンシアシオン》》という言葉がいやなら、《物語行為《ナラシオン》》と言えば済むのです。そしてもし《発話者《エノンシアトゥール》》に蕁麻疹が出るなら、どうぞご自由にそれを《語り手《ナラトゥール》》に替えてください」と。しかしまさしく、言語学的カテゴリーを物語的カテゴリーに替えることは、問題のすり替えに帰着する。先に述べたように、後者は前者を前提としていない。だからといって両者のあいだには関係がないということをそれは意味していない。単に、物語的カテゴリーの一部を映画フィクションに応用することはありうるが、それでもそれを言葉による物語の視覚的等価物として扱うことはできないということなのだ。ここから、先に提示した弱い解釈へと導かれる。

　映画フィクションの分析のために、物語論が練り上げた多くの区分が妥当することは疑いないという事実から私は出発しよう。たとえばジェラール・ジュネットが提案した分析のカテゴリーの一覧を手に取ってみると、[77]物語内容《イストワール》の時間と物語言説《レシ》〔言語表現としての物語〕の時間の区別（順序、速度、そして程度は小さくなるが頻度の問題）、焦点化の様態の問題[78]、さらには物語の水準の問題が、言葉による物語の領域においても映画フィクションの領域においても同じ種類のものであることがすぐにわかる。[79]あらゆる映画フィクションが「物語《イストワール》を語っている」以上、それは当然ではないか。実際、問題のすべては、この表現〔「物語を語る」〕に与えられる意味をめぐっている。私には、物語言説と同じく映画が「物語《イストワール》を語って」おり、それゆえ物語言説に適したカテゴリーを用いてこれを部分的には分析できるという正しい認識から、映画フィクションが言葉による物語言説の構造を記号的に移し替えたものにすぎないという結論があまりに性急に導き出されているように思われる。より単純で、かつ納得のゆく仮説は、映画的出来事の構造が言葉による物語言説の物語構造のコード変換であることで、二つの型のフィクションのあいだに類縁性が生じるというものではなく、言葉によるフィクションと同様に、映画フィクションも行為項の論理という共通の土台から出発して出来事を組織している事実からそれが生じると考えるものである。このことは、映画フィクションに最も適用されている物語論のカテゴリーが、物語内容（現実的ないしは想定された連続的出来事）と物語言説（出来事が提示されるやり方）の関係に属するものであること、あるいは物語る行為と物語内容の時間的関係に関わるものであることにも合致している。それゆえ以下の仮説を立てることができよう。物語内容の構造は行為の論理の構造である。語り手が担う言葉の行為として捉えられた物語言説は、この論理の表象を可能にするやり方のひとつだ。同様に、物語る行為は、この行為の表象の構造化を可能にする活動のひとつである。まだ必要であれば演劇の例を出すことができるが、これは「物語《イストワール》を語る」ことがひとりの語り手によって引き受けられる必要はなく、連続的出来事として（この場合には行為項として）表象されることも可能であることを示している。[80] それゆえ、物語論のカテゴリーの多くが映画フィクションに応用できるからといって、映画が技術的な意味での物語言説である、すなわちひとりの発話者（語り手）によって引き受けられた連続的行為項の表象であるという結論を引き出す必要はないのである。[81] また映画表象と物語内容の関係に関して、映画フィクションが、（先説法、後説法、不等時法などのような）物語言説で用いられる関係と同種類のものを用いることに反対するものも何ひとつない。事実、映画がフィクション的物語言説の技術から多くを借用していることも、同様にフィクション的物語言説の方も映画が発展させてきたいくつかの編成の技術から着想を得ていることもよく知られている。たとえば表象された出来事の時間と表象の時間を編成するやり方のいくつかが、フィクション的物語言説から直接借用されている（とりわけ先説法と後説法）という事実によって、映画の表象が物語言説に変化するわけではない。というのも、同一の手法が（少なくとも後説法はそうだ）現代演劇のある種の形式にも取り入れられたのであるから。このように交差する影響関係のどれひとつをとっても、映画フィクションが技術的な意味での物語言説であり、それゆえひとりの語り手によって「語られる」ものであることにはならない。これらの影響は、フィクション的物語言説が映画的表象と同様に行為の論理という同一の基礎から出発しており、また人間的行為をめぐる説得的かつ興味を惹くフィクション的表象を構築するという同一の目的をもっていることから単純に説明されるのである。しかし両者がこれらの表象を作り出すやり方は、それゆえ受容者がそれに到達するやり方は異なっている。一方には物語行為があり、他方には知覚的ミメームがあるというわけだ。

　それゆえ「物語《イストワール》を語る」ことは、技術的な意味で「物語行為《ナラシオン》である」ということ、つまりひとりの語り手によって担われた言語行為であることを前提としない。また目下の場合について言えば、「発話者」や「内包された作者」、「内包された語り手」、「巨大な語り手〔映画の物語論的分析を行ったゴドローとジョストによって導入された概念）」といった術語を用いた映画の行為構造（そしてその受容様態）の分析は、まったく実態と対応しないのである――もちろん、映画が実際に語り手の人物形象を含んでいるときはその限りでない[82]。映画フィクションを作り出すにあたって語り手が必要とされないからといって、映画フィクションがこのような人物形象と両立しないわけではない。いくつかのシーンのみを引き受けるにせよ、映画全体を引き受けるにせよ、語り手の導入を禁ずるものは何もないのである。こうした場合のすべてにおいて、物語的審級を固有のものとして確定させる物語論的カテゴリーを用いることは、もちろん適切である。つまり、状況に応じて、異質物語世界的ないしは物語内的語り手だとか、物語行為の水準だとか、メタ物語的な物語行為等々について語ることはできる。ただしこれらの状況は、登場人物の知覚的経験（感覚的知覚あるいは心的イメージ）として提示される場面の状況とは区別されるべきだろう。こうした形象、内的目視化（ジョスト）の例は、たしかに登場人物の主観を介して世界を表象するという意味で、物語の内的焦点化と似通っている[83]。とはいえこれは物語的論理に組み込まれるものではない。ここで問題となっているのは知覚の主観化なのであり、物語言説に特定の様相を与えることではないからだ。映画フィクションにおける物語行為の役割に話を戻すならば、語り手を備えた映画は、物語的性質を介在させない映画の無徴の状態に対して、有徴の状態にある。そもそもこの点に関して、登場人物の目を介して眺められた情景から「通常の」状態で眺められる情景へと移行することは、観者が単に物語的焦点化を替える以上のことを意味する。つまり観者は登場人物の（外的あるいは内的）知覚の心的状態への没入から、「客観的」な知覚の世界への没入へと移行するのである。

（言葉による）物語フィクションと映画フィクションが互いに還元不可能なものであるのは、単に、言葉による（現実のものであれフィクションのものであれ）出来事の描写が、その同じ出来事の準知覚的な表象と同じものではないという理由によっている。一連の出来事や行為の言葉による表象は、すべて物語る行為を前提とする。行為を言葉によって提示する、そのことが行為を語ることであるからである。逆に、映画フィクションにおいては物語的態度が例外であって規則でないのは、連続的出来事の準知覚的な表象が、物語る行為ではなく、観者の眼

〔と耳〕の前に連続的出来事〔出来事のシークエンス〕を提示することに存しているからである。同様に、言葉による物語言説が常に語り手を前提とするのは、言葉の表象が発話者によって担われるもの以外ありえないからである。他方、連続した出来事の視覚的表象がある主体によって担われる必要はまったくない。さらにこうも言うことができる。フィクション物語《レシ》が常に語ることの偽装の存在を前提とするのは、ジェラール・ジュネットが記したように、言葉という性質をもつフィクション物語は、言葉による行為、すなわち言語行為と、そうした行為を発する審級のみを装うことができるからである。模倣による表象を利用する形象表現にあっては、状況が大きく異なる。そこでは、すでにあるミメーシス的関係の方向を変えさえすれば、つまり知覚的没入を促しうる見せかけの論理に従って遊戯的偽装の枠組みでそれを作用させれば、行為を表現できるのである。要するに映画フィクションの典型的な例は、連続的行為の視覚的表象である。ただしその連続が言葉によって語りうるものでもあることは言うまでもない。その表象が映画化されれば、それは行為の連続が知覚的に獲得される表象として、見られまた聞かれるものになる。そしてそれが〔技術的な意味で〕語られると、語り手による発話として読まれるものとなる。たしかに言葉によるフィクションの場合でも映画フィクションの場合でも、われわれが行っているのは、世界内的状況のフィクション的モデル化、より厳密には〔通常は〕人間が経験した行為や出来事の連続、つまり人間の受容者が理解可能なように構成された連続のフィクション的なモデル化である。だが二つの型のフィクションは、媒介と没入の態度によって区別される。つまり前者では物語る行為の偽装、後者では知覚行為の偽装であるということだ。

　映画に関する厳密に物語的な理解を擁護する人々がしばしば想定する唯一の代案は、ハンブルガーによって主張された自動物語〔autonarration〕の理論である。たとえばロベール・ビュルゴワーヌはこのように記している。「映画が言葉というよりも、むしろ字義通りの意味では話し手も聞き手も想定されない視覚の表現手段であることを理由として、幾人かの理論家は、フィクション世界の表象にどうしても語りの源泉を割り当てねばならないわけではないと主張している。その世界の出来事は、エミール・バンヴェニストの表現を用いると、ただ単に

「自分で語る」のである」[84]。実際のところ、映画の単数ないしは複数の作者が物語《イストワール》を語ること、あるいは映画が物語を語ること（両者の場合とも、「物語を語る」という表現を通常の意味でとっている）にはまったくもって同意できる。しかしだからといって映画が物語行為であると結論づける必要はないし、またそれゆえ語り手概念を拒否するなら、それが自己自身で語る物語言説であることを認めねばならないと結論づける必要もない。映画が理解される論理は、視覚的かつ音響的に表象された行為、状況、そして出来事へと知覚的に到達する論理なのであり、これらの行為、状況、そして出来事を説明する言葉による証言へと到達する論理ではない。われわれが観ているものの起源には誰がいるのかを判断するという問題はどうなのかと言えば、それには単純に答えられる。それは映画制作に協力したすべての人――脚本家から撮影技師、音響技師、編集係そして技術スタッフ全体を通じて監督や役者にいたるまで――である。一定数のショットとシークエンスを合わせ、知覚的様態に即して経験された行為項的世界で、フィクション的な没入という様式に則って観者が吸収できるようそれらを編集しているのは彼らなのだ。しかし彼らはフィクション世界の外部に留まっており、またフィクション上の代理人（内包された作者、内包された語り手など）をその世界に送ったりもしない。その理由は単純で、映画の行為が（きわめて特殊な場合を除いて）ひとりの語り手が引き受ける物語言説ではないから、あるいは別の言い方をするなら、映画フィクションは言語行為の偽装ではなく、知覚的性質の偽装だからである。それゆえ映画の理解を可能にするのは、物語的な「大連辞」（クリスチャン・メッツ）なるものの領域における能力なのではない。そうではなく、出来事や行為を、上手く（あるいは下手に）展開させられた物語内容のシークエンスの中に統合するために映画が作り出したさまざまな慣習を正しく理解させてくれるのは、出来事を知覚的に識別し、行為の論理を意図的に理解する領域における能力（やりとりされる言語行為を理解する能力もその一部である）なのである。

7 デジタルフィクション

デジタルメディアをめぐって現在なされている論争を紹介した際、私はデジタルフィクションが「伝統的」フィクションとどの程度差異化されうるかという問いを宙づりにしておいた。今ならその問いに答えられる。フィクションの定義が語用論的な次元のものであるなら、つまりそれが特定の意図的態度と表象の特有の使用法に対応しているのなら、そのステイタスは用いられた記号論的支持体によって左右されないのである。デジタルメディアそのものが「世界の非現実化」をもたらすという説はどうかと言えば、ミメーシス装置とフィクション装置の区別に関する分析によって、この説が、メディアのステイタスの問題と、それをどのように使って遊戯的偽装を作り出すかという問題の混同の上に成っていることが示される。デジタル支持体がミメーシス的な目的で用いられるのなら、本気の偽装のためのまやかしやシミュラークルの産出のためにそれを使うこともちろん可能であることを付け加えておこう。だがこうした問題は、いかなる点においてもデジタル支持体それ自体のステイタスには関わらない。それゆえデジタルフィクションについて正確な考えを持つためには、まず支持体の問題とその支持体のフィクション的な使用の問題とを区別する必要がある。また、第二の曖昧な点を振り払うことも必要である。「デジタルフィクション」という表現は、何らかのフィクション装置（たとえば言葉によるものやミメーシス的なもの）のデジタル的な「具現化」を指すのにも、デジタル固有のフィクション、つまりフィクション装置自体がデジタル的支持体の技術的可能性を利用しているフィクションを指すのにも区別なく用いられている。ここで私が考察の対象とするのは、むろん、後者のみである。

まず私は、いかなる意味においてデジタルフィクションが実際に語の典型的な意味でフィクションであるのか、つまりいかなる意味でそれが共有された遊戯的偽装というフィクションの定義と適合し、またデジタル以前のフィクションに比べ、それによって世界が「非現実化」される危険が大きくなるわけではないことを示そうと思う。

かわいそうなララ・クロフトに再びご登場願わずすむように、私はこれを書いている今この時点において大ブームを巻き起こしている（それゆえあなたが読むときには忘れられているおそれがある）電子ゲームを例に取ろう。私が取り上げたいのは、極小の画面の上で飛び跳ねる小さなキャラクターであり、「伝統的」な人形やぬいぐるみのデジタル的等価物であるもの、つまり〈たまごっち〉である。ここで射程に入れられているのが子どもという顧客層であるために、たまごっちは教育学者を心配させずにはおかない（たしかに教育学者というものはいつでも心配しているものである――それが教育学者の定義の一部をなす特徴なのだ）。純粋に「バーチャル」な実体との相互作用にすっかり没入するために、子どもたちが「現実」との接触を失う恐れが、さらには「バーチャル」世界の規則と「現実」世界の規則を混同する恐れがないだろうかという心配である。

　まず言えることは、このような危険が存在する（あるいは存在した）として、その危険は人形やぬいぐるみの動物、あるいは想像活動の支持体となる他のいかなるものと比べて大きくもなければ小さくもない（あるいはないだろう）ということだ。そもそもかつての教育学者たちにしても、やはり小説のような前デジタル的フィクションや、さらには子どもたちのフィクション遊戯に関して、同様の危険がはらまれているのではないかと疑っていたのである。ルソーの『エミール』までは遡らないにしても、たとえば教育学者のマリア・モンテッソーリにとって、想像的遊戯が「幼児の病理的な傾向」であり、促進されてはならない「性格の欠陥」であったことを想起するだけで十分である。[85] そして幻滅を描く小説家たちは、こぞってこの疑いを活用し、彼ら自身の企図を驚異的な小説らしさ《ロマネスク》（たとえば『ドン・キホーテ』のセルバンテス）や感傷的な小説らしさ《ロマネスク》（たとえば『ボヴァリー夫人』のフローベール）と区別したのである。いずれにしても、存在論的な混同を冒す危険が、たまごっちの場合に古典的フィクションの場合と比べて大きくなることはない。その理由は単純なもので、ささいなことで怖がりがちな人々の主張とは異なり、たまごっちが取って代わるのは、現実のペット（また無論のこと兄弟姉妹）ではなく、伝統的な動物のぬいぐるみや人形、それゆえたまごっちによってその役割が引継がれた、たまごっちと同様にフィクション的な「存在物」であるからだ。「バーチャル玩具」について語ることは、混乱を長引かせることにしかならない。子どもが「現実の」人形と遊ぶとき、彼は自分が手にしている陶器や木、あるいはプラスチックや綿といった物体と遊んでいるわけではなく、物質的な物体のミメーシス的側面をフィクションの端緒として用いることで、自分が腕に抱えていると想像している「バーチャルな」(より正確にはフィクション的な)存在と戯れているのである。人形やぬいぐるみの場合には子どもや動物の身体を三次元的に模倣しているのに対し、たまごっちの場合には誘導的刺激が小さな画面で動き回るキャラクターであるからといって、その機能はいささかも変化しない。人形やぬいぐるみは、画面上のキャラクターと同じように、フィクション的モデル化という活動にとってのミメーシス的端緒なのである。

さらに言えることもある。たまごっちを伝統的な人形やぬいぐるみから区別する唯一の重要な特徴は、「非現実化」の危険という説をいっそう信憑性のないものにしかしない。事実、物質的な人形よりもたまごっちの方が子どもを「現実的」な制約から解放するということはまったくなく、むしろそれを余計に課すのである。そのことは、まさしくこれがプログラムされた玩具であることに由来している。この性質のせいで、その玩具で遊ぶに際してのロールプレイングゲーム的多様性がきわめて少なくなるのである。現実の人形の場合には、フィクション的遊戯の限界は子どもの想像力の限界と合致する。他方たまごっちの場合、それはプログラム企画者の(この場合ではむしろ粗野な)想像力の限界と合致している。それゆえ現実の人形と比べても、たまごっちは現実——想像世界と対比された現実——が、「あるものでやりくりする」よう余儀なくされていることによって特徴づけられているという事実を、子どもによりよく教えうるのである。たしかに目下の場合、子どもが考慮せねばならない現実とは、企画者の想像力である。だが想像力は、結晶化してかたちをとるならば、これもまた現実となるのだ。この意味で、バーチャルな仲間は、「現実の」人形よりも快原理によって支配できる範囲をさらに制限する。そいつが空腹なら、食事を与えねばならない。病気になったら注射を打たねばならない。そうした命令——玩具企画者の命令——に従わないと、「バーチャル」な寿命を短くすることになるのである。またぬいぐるみの動物とのあいだで生ずることとは異なり、たまごっちの場合には、その時々の必要に従って、ゲームの規則を変化させることができない。たとえば、もう遊びたくなくなったという理由から、たまごっちがもうお腹も減らないし病気にもならないと決定し、そう宣告することはできない。実際のところ、もし求められる動作をしなければ、この奇妙な動物は「死ぬ」のである。もっとも、たとえその世話を完璧にしていたとしても、情報処理装置内の時計によって寿命が定められている以上、それは結局のところ死ぬことになる。別の言い方をすれば、子どもがとる現実の行動（あれこれのボタンを押したり押さなかったりすること）と、また企画者が作成するプログラムの現実的制約によって、想像世界の次元に影響が及び、それゆえに想像的遊戯が強固に制限される。子どもが現実の人形で遊ぶときは、こうした因果のつながりがもっとずっと緩やかである。現実にあるぬいぐるみのクマさんから腕や目玉をもぎ取ってしまうことは、一般的に言えばたしかに想像上のクマさんの次元にも影響を及ぼすが、しかしそれでも現実のハンディキャップをミメーシス的力学から除外するよう調整することはできる。しかしたまごっちのプログラマーによって課せられた制約の場合はそうはいかない。というのも、真にゲームを支配しているのはプログラマーだからだ。要するに、たまごっちは、前デジタル的フィクションの遊戯と「サイバネティクス」的フィクションのあいだに根源的な断絶があるとする説に有利に働くことはなく、デジタルフィクションの遊戯が、「伝統的」に遊戯的偽装に対して割り当てられた領域のなかに、きわめて自然に位置づけられることを示しているのである。

一般的に、デジタルメディアには三つの主要な特徴が結びつけられる。もちろん、それをフィクションとして使用する仕方にも大きな役割を果たす特徴である。マルチメディア、相互作用、全的没入がそれだ。デジタルフィクションの「マルチメディア的」側面は、デジタル的なコード化が普遍的かつ可逆的な支持体であるということを利用している。いかなる信号でもデジタル化されうるがゆえに、それは普遍的である。またデジタル化された信号は元のアナログ信号に再翻訳されうるがゆえに、それは可逆的である。[86] 別の言い方をするなら、デジタル的支持体は、言語、図像、音声の記号を無差別にコード化し、互いを組み合わせることができるという理由で、記号の完全な遍在性へと行き着く。この組み合わせによって、異なるメディアに関連づけられていたフィクション的技術をただひとつの作品にまとめ上げることが可能となり、それによって、少なくとも原理的には、そのミメーシス的な力を強化できるようになる。デジタルフィクションの相互作用的側面について言えば、それは、たとえば受容者の現実的行為と因果的に結びついた知覚的ないし物理的環境をシミュレートするようにデジタルの母体をプログラムできる点に由来している。またプログラムは、私自身の行為を中継する人物の存在をシミュレートすることもできる。フィクション世界内で他の登場人物たちと相互作用する登場人物によってプレイヤーが表象される冒険ゲームで起きているのがそれだ。この「人格化する」シミュレーションは、言うまでもなく知覚的ないし物理的環境のシミュレーションに統合されうる。その例として挙げられるのが、プレイヤーがフィクション世界内を「歩き回り」、フィクションの登場人物たちと出会うことができるバーチャルな分身を持ついくつかの「バーチャルリアリティ」装置である。それゆえデジタルフィクションの世界は非常に強力な一貫性を獲得しうるが、それはそこに身を投じる者にとってのものである。それというのも、その者はプログラムが彼のために指示した場所を占める必要があり、その同じプログラムによって可能なものとされたシナリオの枠内でしか行動できないからだ。他のいかなるフィクションよりも、デジタルフィクションは独立した世界であって、それ自体に固有の制約を課してくる「現実《レアリテ》」であるかのように機能するのである。

最後に、デジタルシミュレーションは、前代未聞の効力を備えた没入効果を生み出すことができる。このことはまず、情報処理装置の能力が次第に向上しているおかげで、個別のメディア的支持体それぞれの次元で、超正常まやかしの完成度を高められるということに由来している。バーチャルリアリティ装置の発展は、全的没入という心的状態に到達しようとするこの意欲を雄弁に物語っている。さらにデジタルシミュレーションは、さまざまな情報の支持体を自由に組み合わせることもでき、そのために知覚を埋め合わせるメカニズム——それによってある支持体による没入の強さが、別の支持体の弱さを補う——を活用することもできる。(87) バーチャルリアリティのシステムにおいては、感覚を伝える手袋から来る触覚的刺激が、現在使用可能な合成画像には（相対的に）欠如しているミメーシス的説得力を補うのである。

これらが異論の余地なくデジタルフィクションの中心をなす三つの特徴である。たしかに、完全にデジタルフィクションに固有のものはどれひとつとしてない。たとえば複数の型の記号を同一の作品に総合すること、それゆえマルチメディア的作品の創造が、デジタル時代の発明となることはまったくない。事実、「伝統的」芸術がすべて「モノメディア」[88]装置であるなどということはいささかもないのである。これらの多くは複数の記号的支持体の結合に基づき、それゆえマルチメディアに属していると言いうるのである。演劇やバレエはその大昔からある例だ。オペラもまたその一例であり、その「マルチメディア的」性質によって、リヒャルト・ワグナーはそこに総合芸術作品——まさしくデジタルアートをめぐって今日再び現れた大仰な理想——を見て取ることになった。最後に、たとえばインスタレーションのような、一定数の現代芸術における非デジタル的作品ももちろんその例となっている。相互作用性もまたコンピューター時代の発明ではない。少なくとも、あらゆる形式の相互作用性がそうだというわけではない。事実、デジタル技術について書かれた文献で用いられるこの用語は、非常に異なる二つのプロセス、つまり一方では人間主体とシミュレートされた物理的環境のあいだに生じる因果的な相互作用、他方で人間主体と志向性を授けられた実体のシミュラークルとのあいだのコミュニケーションを指している。前者の型の相互作用性は、実際にデジタル時代の発明であるように思われる。少なくとも私は、この型のプロセスを用いた前デジタル的フィクション装置をひとつも知らない。後者の形式——それはとくにたまごっちの形式なのだが——は、たとえば人形遊びのように、数多くの想像的遊戯の基礎をなす古くからの原理に変化を与えているだけである。デジタル的シミュレーションと同様、人形の場合における相互作用とは、志向性を備えた二つの実体（たとえば母親と赤ん坊）のあいだに生ずる現実的な相互作用のフィクション的ミメーシスなのである。子どもが想像において人形に人格を与えるのと同じように、プログラマーは、意識を備えた存在の志向性の状態を模倣する特性を、彼のソフトウェアに与えるのだ。[89] 没入効果の亢進もまたデジタルフィクションの特性ではない。バーチャルリアリティ装置において追い求められている没入効果の改良は、あらゆる次元のフィクション装置において常々確認されてきた同じ方向性の発展を引き継いだものにすぎない。

他方、デジタルフィクション――もう一度想起しておくならば、装置自体の次元でデジタル技術を利用しているフィクション――を独自のものとしているのが、かつては異なるフィクション装置のあいだで配分されていたあらゆる技術をそれがひとまとめにして利用するという点にあることは疑いがない。実際に得られる没入の心的程度の（大）部分が実践的要因に依存している（つまり所与の没入技術に慣れているか否か）ことを、それゆえ模倣された刺激の力を直接的原因とする効果ではないことを想起する必要があるにしても、それでもこうした没入効果を作り出すために芸術家が手にしている方法の多様性という観点からすれば、バーチャルリアリティのシステムは、これまでに人類が知ったあらゆるものをはるかに凌駕しているのである。バーチャルリアリティシステムの装われた相互作用性を通じて、現実の主体は彼自身もフィクション世界内で原因的要素になるよう求められている。主体に与えられるバーチャル世界は、現実の彼の視線によって印づけられる方向に応じて変化する。また彼自身も、現実の自分の手足を延長（あるいは表象）し、それに因果的に従属しているバーチャルな手足のおかげで、想像世界に介入することができる。これは、フィクションにおいてこれまで用いられてきたものよりもはるかに複雑な技術的装置の開発を必要とする。たとえば二つの画面を備え、それらを重ねることで3Dのバーチャル視覚領域の設定を可能にするヘッドギアを使わなければならない。それに加え、バーチャル的な知覚領域を被験者の頭の動きにあわせて順応させることのできる、頭部尾行装置を付ける必要もある。音響的没入は真に立体的な（3D）音を必要とするが、それは環境だけでなく、音源に対する頭の位置によっても変化する音の反射や屈折を考慮に入れてできるものだ（とりわけ考慮しなければならないのが、音源が側面方向にあるとき、それは二つの耳にとって同一のスペクトル的特徴を持たないということだ。それは音源と反対側の耳に届くまでに、音波が頭部を通過しなければならないからである。これは頭部伝達関数と呼ばれるものを利用して数学的にモデル化しうる吸収現象である）。触覚的次元では、たとえばボールをつかむことをはっきりと命ずるといった、バーチャルな手に命令を転送できるデータの手袋を必要とする。こうした手袋は、フォースフィードバック（羽根を動かすことはボーリングの球を動かすのと同じではない）や、触覚的フィードバックを備えていなければならない。後者には、被験者が手に触れた物体の形状や量感であるとか、また力学的ないし弾力的な性質の感覚、温度やきめの感覚、さらに物体がすべる感覚や逆にそれを安定してつかんでいる感覚などさまざまなものがある。(90)

没入の媒介と態度を分析した際、私はデジタルフィクションを第七の装置の枠で、より正確には、この装置のバリエーションのひとつ、つまり異主体への同一化という装置として扱った。この類別は、プレイヤーが画面に向き合い、そして自分が与える命令に合わせてフィクション世界内を移動するフィクショナルな登場人物と同一化する、現在のデジタルゲームにはうまく適合すると思われる。バーチャルリアリティのシステムをほんとうにこれと同じような言葉で分析できるかどうかは定かではない。私はとりわけ、バーチャルリアリティ装置に没入しているプレイヤーが「伝統的」プレイヤーと近い状況にあることを、ただし後者と違い、前者は予測不可能な程度が大きく、だんだんと発見してゆくしかない「現実」内を動いているということを付け加えつつ述べた。この違いは、実のところフィクション装置がおそらくは同一ではないことの指標である。たとえばバーチャルなプレイヤーの場合、没入の態度がまさしく異主体への同一化の態度であるわけではない。なぜならバーチャル世界を移動するフィクション主体は、現実のプレイヤーの分身であるからだ。それゆえ没入の媒介は身体的アイデンティティの置き換えではなく、プレイヤーのアイデンティティのバーチャル化であるということになる。「伝統的」プレイヤーとは異なり、このプレイヤーは、自分がミメーシス的に没入する世界の創造者ではない。自分のミメーシス的没入という活動を通じて、彼が世界を創造することはないのである。世界はあらかじめ存在するものであり、彼がそこで行動できるのは、現実がわれわれに課す制約と同じように、この世界が彼に課してくる制約に順応する限りにおいてである。それゆえここで問題となる没入の態度は、知覚的没入にも還元されないし（私がそのなかで動くバーチャルリアリティは、たとえば映画装置のような知覚的没入の場合とは異なり、部分的に私自身の行動に依存しているのだから）、また観察者の位置の没入や、異主体的なアイデンティティの入れ替わりにも還元されない。それゆえこれを正しく扱うためには、私の分類に第八の装置を付け加えることが必要になりそうだ。その媒介はプレイヤーのアイデンティティのバーチャル化となり、そしてその没入の態度は経験された現実という態度となるだろう。とはいえ私が今描き出したものは、バーチャルリアリティのシステムをフィクション的に利用する現状の反映というよりは、まだまだ単なる将来的な予想にふさわしい。別の言い方をすれば、目下のところ、この第八の装置はそれ自体がバーチャルな状態でしか存在していないのである。

だがデジタルフィクションはさらに別の点で伝統的フィクションから区別され、そしてその特徴はすでに今日では十分に機能している。ララ・クロフトやたまごっちがいかなる点においてもドン・キホーテやジュリアン・ソレル、あるいはドルーピーと区別されないフィクション的登場人物であることを強調した際、私は最初の二人がゲームの登場人物であることを暫定的に考慮せずにおくと述べておいた。そしてこの点が実際的な違いを、たとえその違いが登場人物の存在論的ステイタスには関わるものではないにしても、構成しているのである。また同時に、受容者に課す表象上の制約の重要性という点からすると、デジタルフィクションゲームは、伝統的なフィクションゲームがかつて一度もそうあった験しがないほど、より芸術的フィクションに、つまりはフィクション的表象に近づく。そうである以上、それらは単にプレイヤーの遊戯的感覚だけではなく、その美的注意《アテンション》にも訴えかけることになるのだ。それゆえそれらはゲームに典型的な特徴（とりわけ競技的側面や闘技的精神）を、フィクション作品に典型的な特徴（世界の創造）と組み合わせることになる。この混成的なステイタスをそれらに獲得させることを可能にする特性は、デジタル技術のおかげで、フィクション世界を提示すると同時に相互作用的受容をプログラムする作品＝母体を創ることができるようになったという事実である。ところで、遊戯的精神と同じように美的注意に訴えかけるということから、それらがフィクション作品としても認められるための必要条件を満たしていると言えるように思われる。ただし異なるのは、作品でありながらも、それらはまたゲームでありつづけるという点である。私には、デジタルフィクションの真に新しい点はまさにこの点にあるように思われる。こうしたフィクションは、フィクション的ゲーム〔遊戯〕とフィクション作品のあいだの伝統的な区分には無頓着だ。あるいは別の言い方をするなら、それらはフィクションをその遊戯的な起源と和解させているのである。

結論

「偽り」であるとわかっている心的表象を作り出し、ただの創作にすぎないにもかかわらず、あたかも現実の事物に関するものであるかのように提示される情報を他人に伝え、さらには「見せかけ」であることがわかっている物語や視覚表象、あるいは行為に関心を抱く——どれをとっても疑わしい行動である。少なくとも、反ミメーシス的な立場をとる人々はこのように確信している。本書で私を導いてきた仮説は、フィクションが存在するとしたら、その誕生はむしろ「自然〔人間の本性〕の原因」[1]に根ざしていることを、アリストテレスにならって想定するというものであった。さらに生けるものの領域では因果関係が機能的に選別されることを認めるなら、フィクションが存在するとして、それが人間の生において、より厳密には表象の体系において何らかの役割を果たしている可能性は高い。もう一度想起しておこう。アリストテレスに従うと、ミメーシスが誕生する第一の原因は「模倣は人間にそなわった自然な性向であり、子どもの頃よりあらわれる」という事実である。本書で展開された議論の主要な目的は、なぜ「模倣することは人間にそなわった自然な性向」であるのかを説明しうる、機能的選択の原因を引き出そうとすることであった。アリストテレスはさらにもうひとつの原因を提示していたのだが、それはより特定的に、詩の芸術の発達、つまりモデル化とならんで相《アスペクト》の性質の観点からも最も成功した模倣の文化的選別のもとになったものである。「われわれは、音曲とリズム（というのも韻律がリズムの一部であることは明らかなのだから）とともに、表象〔再現〕に対する自然な性向を有するのであるから、最初は最も優れた自然の素質を有していた人たちが、即興から始め、それを少しずつ発展させて詩を生み出したのである」[2]。詩からミメーシスそのものへと敷衍してみると、この原因が記号の支持体に応じて、また同様に（主題と形式の双方における）歴史的な発展に応じてフィクション装置が多様化する原因であることが見て取れる。歴史的展開の問題は非常に重要であるのだが、今回の調査の目的には組み込まれなかった。他方、フィクション一般の問題を構成するフィクション装置の多様化という問題には出会った。

だがアリストテレスはもうひとつの補足的な点にも注意を促していた。模倣が人間にとって自然な性向であるなら、この自然的所与は行為への衝動として表現されねばならないということだ。それゆえ、心的体系のレベルで模倣への性向がどのような形をとって現れるのかを理解することが重要となる。「……人間はみな模倣に快を感じる」(3)という『詩学』の中で与えられた回答は知られている。別の言い方をするなら、遊戯的なミメーシス活動に身を委ねるよう促す直接の心的動機は、快楽主義的な性質のものである。この概念は、本書では少なくともあまり問題とならなかった概念である。とはいえ快は、フィクション使用において中心的役割を果たす。しかもそれは、フィクションが成功しているか否かを判断するための内在的基準としては唯一のものですらある。フィクションから得られる快の問題がここまで取り上げられなかったのは、単に方法論上の理由からである。というのも、フィクション使用について考える前に、フィクションとは何かを知らねばならなかったからだ。もちろん、フィクション的没入に内在する調整作用としての快（不快）を強調したところで、それがどのような種類の快であるのかがわかるわけではない。それに加え、ミメーシス的没入を調整する内在的な動機の問題をフィクションの機能の問題と混同してもならないだろう。私が思うに、三つの問題を区別することが得策だ。それは、フィクション装置のステイタスの問題、フィクション装置の内在的機能あるいはその目的の問題、そしてフィクション装置の範囲を超えて超越的にもなりうる機能の問題である。

本書の主要な部分は、第一の問題に答える試みに費やされていたので、ここでその点に立ち返って細かく検討する必要はない。もちろん、これが新しい問題だというわけではない。フィクションについての理論が登場して以来、フィクションに認識上の効力が備わっているかどうかをめぐる問いは絶えずあった。これに対する回答としては、肯定する以外にありえない、つまりフィクションは実際に認識の作用因《オペレーター》であると読者を納得させられたことを私としては願っている。だがこのような断言の意味については理解しておく必要がある。これは、フィクションの機能が認識の次元にあるということではないのだ。事実、この問題はフィクションの使用――あるいはフィクションの超越的機能――ではなく、フィクションに内在的なステイタスに関わっているのである。フィクション装置が認識の作用因だというのは、それはその装置がモデル化の活動に対応するからであり、またそもそも、モデル化が認識の作用《オペレーション》であるからなのだ。典型的なフィクション作品では、このことがとりわけ明らかとなる。というのもそれらが世界に対して取り持つ関係は表象的性質を帯びており、また（心的プロセスとして、あるいは公的にアクセス可能な作用として）表象を作り出すことは、その定義からして認識の作用であるからだ。[4]だがあらゆる遊戯的模倣が心的モデル化作用を前提とすることも先に見たとおりなのだから、この分析はフィクション遊戯にも通用する。視覚の例によって説明できるように、ステイタス（あるいは作用の様態）と機能（あるいは目的）の区別に、秘密めかしたところはほとんどない。自分たちが生きている現実へと到達させ、その現実についての情報を伝えてくれるのだから、知覚とは、そのステイタス上、認識の作用因である。しかしわれわれの生において視覚経験が満たしうる機能は、文脈や関係する対象にしたがってきわめてさまざまなものとなる。その範囲は最高度に無私無欲な科学的好奇心から、私利私欲が最高度に発揮される欲求の信号まで広がっており、そしてその途中には無数の中間的機能――美的機能もそのひとつである――があるのだ。〔フィクションと視覚という〕二つの状況を比較しているのは、フィクション装置が機能の上で視覚と同じだけの幅をもっているということを示唆するためにではない。そうではなく、どちらの場合においても、それが属する世界に対する関係の型と、それが満たしうる超越的機能の問題を区別することの必要性を示すためである。

「超越的機能」という言葉で私が言いたいのは、フィクションがその他のわれわれの存在様態と取り持ちうる関係の全体、さらに言えばフィクションがわれわれの「現実」生活と相互作用しうる仕方の全体である。それゆえ問題は、遊戯であれミメーシス的芸術であれ、フィクション的モデル化をいかに使用するかということになる

（こう述べたからといって、もちろんこれら二種類のフィクション的な活動が同じだということではなく、ただ両方の場合において、内在的作用の様態と使用の問題を区別する必要があると述べたいのである）。フィクションが満たしうる超越的機能の数はおそらく際限がなく、この問題に真剣に取り組もうとするならばまた別の著作が必要となるであろう。このことは、詳細な経験的調査を通じてのみ研究されうるはずのフィクションの集合的機能についても、[5]また個人的機能についても、さらに言うまでもないがこれら二つの機能的レベルのあいだにある数多くの相互作用[6]についてもあてはまる。私はここで、個人的レベル、より特定的には個人の心的発達においてフィクションの基本的機能となるように思われることについて数語を費やすに留めておこう――こうすれば、本書で私が重視した発生論的パースペクティヴから大きく離れないですむというメリットもある。基本的に、フィクションの機能を――それが単なる白昼夢であるときですら――現実の補完や修正、あるいはカタルシスのレベルで捉えられる欲動の解放といったことには還元しえないはずだという点に注意を喚起しておきたい。これらのアプローチは、実際のところ、フィクションの重要性を子どもの発達においても大人の生においても正しく認識していないように思われるのである。

補完活動として想像活動が生じるという説の擁護者として最も影響力をふるったのはフロイトであった。フィクションの究極的な起源をより特定すると、赤ん坊が即時に得られる満足の欠如に耐えられず、満足感を与える対象のイメージ（母の乳房）を幻覚として生じさせることに存することになる。そして成長するに従い、この幻覚によるイメージは欲動を部分的に満足させる源となるようである。そうすることで幼児は、一方でその欲動の現実的な満足を引き延ばし、他方で現実においては解決されない葛藤を想像の上で解決することを学ぶだろう。それゆえこの考え方に従うなら、フィクションは欲望を満足させるという機能を果たすのであり、そしてフィクションがそれをする独特のやり方――つまり想像への移し替え――によって、子どもは争いと不安に満ちた状況を支配できるようになるのだ。この仮説はフィクション活動の源のひとつをおそらくは明らかにしたと言えるし、また子どものみならず大人においても、感情の次元でフィクションが果たしうる機能のひとつに注意を引きつけた。フィクションが不快な現実の圧迫に対する補完という機能を果たす状況は疑いなく存在するのであり、そうした機能はまったく軽視すべきものでないと示したことが、フロイトの功績のひとつでもある。同様に、「現実において」それを表明することが社会生活の制約によって許されない——その現実そのものにおける代償を支払うことを受け入れるなら別だが——破壊的あるいは攻撃的な欲動を外面化するために、フィクション装置を用いることもある。とはいえ、あらゆる単一原因説がそうであるように、欲動の解放という観点からのフィクションの説明は、おそらくは他にもあるうちのひとつでしかない原因的な要素を、唯一の起源と機能の地位にまで高めてしまっている。

より特定して、カタルシス理論のフロイト的なかたち、つまりフィクションの役割は、フィクションの外では抑圧されるべき欲動を解放する機会を提供することに存するという説が、情動のバランスという点における主要な機能を真に説明しているかどうかは疑わしい。たとえば、攻撃性をもたらすような現実の状況に子どもたちを置き、その後で彼らを攻撃的行動のフィクション的な表象にさらしたところ、このミメーシス的刺激に対する「モルモット」の反応はバラバラであったことが示されもした。事実、正反対の二種類の反応が認められたのである。（さまざまな投影法テスト、とくにロールシャッハテストの基準に従って）想像力の少ない子どもたちは攻撃性を増加させることで反応し、それを行為に移す傾向を示した。その理由は、彼らは自分たちが直面する状況を、行動のレベルにおいてしか経験することができない、つまりその状況を想像のレベルに移し替えることができないからである。反対に、想像力に富む子どもたち、つまり日常生活においてごっこ遊びや夢想、ロールプレイングゲーム等に没頭する顕著な傾向を備えた子どもたちにおいては、攻撃性が外化するレベルが低下し、それを行為に移す傾向が減少することが確認されるのである。[7] ここではまず、プラトンがあれほど重きを置いていた訓練という危険（ここでは暴力的行動の表象によってその行為へと移る危険）が、没入効果とも、想像的活動にふけるために費やした時間とも比例していないことが指摘できるだろう。むしろこの実験が示唆しているのは、その危険が想像的能力の発達と反比例しているということである。また、実験結果はカタルシス説とも一致しない。もしフィクションに内在する効果がカタルシス的な性質のものだとすれば、それゆえフィクションが情念の「浄化」を可能にするものであるとしたら、想像された攻撃的状況にさらされることで、すべての子どもたちの攻撃性が低下するという結果にいたるはずである。しかしながら実際のところそうはならず、さらにフィクション能力を欠いた子どもたちにおいては逆に行為への移行が認められるという事実からは、以下のことが示されるように思われる。つまり、想像する能力がわれわれの感情的バランスの上に及ぼす主要な効果が、攻撃性（あるいは他のいかなる欲動でも）の解除に存するというわけではない。そうではなく、多大な緊張を示す現実的状況の処理から、それ自体として心的緊張の低下という特徴を持つフィクション的没入の態度へ移行することが、想像する能力によって可能になるという事実から、その効果が生じるのである。実際、想像する能力は個人と現実のあいだの直接的反応のループを中和し、それと同時に、現実の相互作用においては必然的にもたらされる「現実」による対抗反応から、より特定的に言えばあらゆる感情の表出から、その個人を（一時的に）解放するのである。想像的な注意と自己刺激は、その内容がいかなるものであれ、個人のアラート装置一式をスリープ状態にすることを可能にする。その装置は、彼がフィクション的表象を作り出すことなく、それが模倣している外因性の表象に直面し、また遊戯的な「かのように」の仕方で情動を演出せずに実際にそれを外化するのであれば、作動するはずのものなのである。[8] 実際の行為に移すことで反応する子どもたちの問題は、まさしく彼らがフィクション的没入の状態、それゆえ「かのように」状態への到達に困難を抱いていることにあり、そのことは、彼らが心的自己刺激を固定させ、共有された遊戯的偽装という関係を制定するにいたる発達上のカーブをうまく曲がれなかったということを示しているように思われるのである。[9] 同時に、こうした子どもたちに提示される暴力的なフィクションの表象は、他の子どもたちに提示されるときと同じ役割を果たすことができない。攻撃を想像上で再生する代わりに、それらは反応のループに直接再注入されてしまうのである。

　かくして情動の心的体系においてフィクション装置が果たす役割にとって重要なのは、想像される表象の内容というより、現実的文脈からフィクション的文脈へと移行すること自体であると思われる。情動のレベルにおけるフィクションの主要な機能のひとつは、幻影的な情動を遊戯という場で再組織し、演出することがそれによって可能になるということであり、そのためにそうした情動に飲み込まれることなくそれらを経験できるようになるのである。このような情動のフィクション的再制作の効果は浄化ではなく、むしろそれを部分的に非同一化することである。[10]「悪意」のフィクション的表象に関してフランソワ・フラオーが記しているように、遊戯空間において情動を引き受けることになるやいなや、われわれはその情動を「見せかけとして」自分のものとできる。「われわれはもはや自分たちのリミットなしの気質に、本気で（つまりそれと知ることなく）同一化しなくなる。われわれはそれと関係しつづけるが、フィクションと遊戯は現実ではないという意識によってもたらされる距離と非同一化がそれに伴っているのである」。[11] われわれ固有の情動に、それと同一化しつつ結びつくことは、フィクション外におけるわれわれの存在様態としてはまったく常態的な特徴をなすものだが、それに対し、フィクション的没入は、逆説的にも非同一化の場となるのである。

だが情動的な非同一化は、異化〔distanciation 距離を設定すること〕の次元に位置するよりひろいプロセスの特殊な一形式でしかない。すべてフィクションは、フィクション的没入のプロセスによって生じる異化の場となる。フィクションの特徴をなす性質のひとつが、心的状態の分割にあることはすでに見た。それはわれわれを自己自身から引き離す、あるいはむしろ、われわれが自ら抱いている表象を「かのように」の方法で演出し、かくして自己に対する差異を導入することによって、そうした表象からわれわれを引き離すのである。情動はこの力学が現れ出る領域のひとつでしかない。知覚や記憶にもそれが当てはまるからである。同様に、情動のフィクション的な再処理の方も、フィクション創出そのものの根底にある表象再利用の特殊な一形式でしかなく、これもまた情動と同様、少なくとも知覚や記憶に関わってくるのである。[12] このことは、フィクションの領域を設置することは、主観的世界と客観的世界のあいだに確固たる膜を築くことを容易にし、それゆえ「自我」と「現実」を一緒に生み出すあの始原的異化において重要な役割を果たすということである。事実、想像的世界を作り出すことで、子どもは自分が経験している表象が二つの異なる階層に分かれることを発見する。一方には意志的行為に従う内因性の心的内容があり、他方では彼に押しつけられる外因性の表象があるというわけだ。ミメーシス的自己刺激によ る活動は、いわば化学的な現像液のように作用する。そしてこの場合、ミメーシス的自己刺激の析出物は、意識的活動それ自体の外部を作用因とする表象の総体以外のものではない。別の言い方をすれば、子どもに押しつけられるこれらの表象は、知覚のみならず、程度の差はあるものの、情動や記憶あるいは夢によって導入された表象でもあるということになる。これら知覚以外の三種類の心的内容の起源は内的なものであるが、意識的活動という観点から捉えた場合には外因的なものとなる。というのも、それは意識が被る表象だからだ。この意味で、これらの表象は、意識的な自己刺激によって作り上げられた表象よりもむしろ知覚に似ている。夢であればこのことは自明だが、それはまた、情動的刺激や記憶によって導かれた心的内容についてもあてはまる。情動の布置は制御できないという特徴、そして固定されているという記憶の性質のために、これら二種類の表象は、自分で統御できるという意味での「自分のもの」ではないということになる。これが意味するのは、幼児が外因的な表象（つまり意識的表明にその原因を還元できない表象）を模倣する表象の総体をフィクションとして再利用しつつ構築する訓練を重ねるほど、後に彼が「現実」（情動と記憶の現実もそこに含まれる）と呼ぶことを学ぶようになる刺激の部分が、独立し自律的な世界として、対比的に結晶化するということである――その世界とは、「それがそうである」世界、そしてそれを違ったものとして見ようとすると、そうではないのだと理解させてくれる手段を備えた世界のことである。現実感覚の発達にとって想像活動が重要であることについては、シンガーが強く主張している。「幼児において現実そのものの領域がいかに画定されるかを決めるのは、彼がごっこ遊び（games of make-believe）に入る能力であると言えそうだ。（……）遊戯的状況の一部としての想像力が、直接的に感知される素材と、長期的な記憶から抽出される素材とを区別する手助けをすることもありうる。科学的文献が示唆するところでは、夢想（daydreaming）の領域での経験が豊富な人ほど、自身で作り出す幻影と外部からくる感覚的出来事のあいだにより有効な区別を打ち立てられるのである[13]」。

フィクションが大人の生においてとる諸形式も、生まれてすぐの数年間にフィクションが備えていたこの機能と決して切り離されることはない。この意味で、フィクションの諸芸術は、それゆえフィクション芸術である限りにおいてミメーシスの諸芸術も、人類がその情動的かつ認知的な特性のうちで、ネオテニー的な特徴を自己選択する場なのである。そうすることによって、フィクションは、生来の認知的かつ情動的な土台——そのおかげでわれわれが自らのアイデンティティと世界内存在を得るにいたった土台——を、生涯を通じて豊かにし、再編し、再適応させる可能性を与えてくれるのだ。敬虔な(そしてなんと哲学的な)伝説に従うと、人間の発達は、出生時の感情的、情動的混乱状態から、理性的主体という状態へ向かうことになっている。だがフィクションがその存在自体によって証明しているのは、われわれは生涯を通じてそれよりもはるかに複雑かつ多様、また要するに不安定な世界との関係——多少なりとももったいぶった用語を使うなら、実存との関係——を負っているということである。だがフィクションは、そうした事実の証明以上のものである。すなわちフィクションとは、こうした関係が——ただ死のみが終わらせる絶え間ない心的ブリコラージュを通じて——絶えず再調整され、修理され、再適応させられ、均衡を回復させられる特権的な場のひとつだということである。

フィクションにはこうしたことの一切が、また他のさまざまなことも可能である。だがそれには条件がひとつある——フィクションは快を与えなければならない。それが意味するのは、フィクションはまず、それがフィクションとして快を与えるのでなければ、いかなるものであれその機能を果たすことがないということである。簡単に言うと、いかなるものであれ超越的機能を果たすためには、フィクションがそれ自体の内在的機能を満たしていなければならない。フィクションの「内在的機能」ということで私が理解しているのは、フィクション経験によって、つまりはフィクション世界へのミメーシス的没入によって果たされる自己目的的な機能のことである。フィクションにはただひとつの内在的機能しかないということ、そしてその機能は美的次元に位置するというのが私の仮説である。もしそうであるのなら、ミメーシスが引き起こす快の種類がいかなるものであるかという問いに対しては、それが美的な満足であるという答えが与えられることになる。

この仮説に有利に働く議論は何種類かある。まずは事実上の議論である。知られている限りのあらゆる文化においてそうなのだが、ある芸術がフィクション装置として機能する場合、その社会的使用は美的関係と呼ばれるものに属する。だからといって、そのことが、フィクションの実践だけが「構成的」な美的機能をもちうるとか、ミメーシス的表象の諸芸術は、それらがフィクション装置として使用されなければ美的機能をもちえないということを意味するわけでないことは言うまでもない。逆に、芸術の形式あるいは表象の支持体がフィクションという様態に即して用いられる際には常に美的目的と結びつくということなら、間違える危険をほとんど冒すことなく主張できるように思われる。問題は、フィクション芸術を発達させたあらゆる文化が、美的目的を考察するための固有の概念を備えているかどうかを知ることではなく、フィクションと認められている作品の社会的かつ個人的な使用が、美的関係というカテゴリーに即して分析している使用と同じなのかどうかを知ることである。それはつまり、ジャンルについて問わねばならないということだ——作品がいかなる文脈で制作され、消費されるのか、それらに関心を抱くか否かという決定は個人の裁量によっているのか、あるいは社会的制約と対応しているのか、それらに関わる仕方は自由なのか規定されているのか。こうした問い（あるいは同種の別の問い）を立てると、フィクション作品の内在的機能が美的な性質のものである——事物と認識上の関係に入り、そしてその関係がそれに内在する満足（快あるいは不快）の度合いによって定められることで美的行動が生ずると認められるなら——ことが明らかになるように思われる。(14) ミメーシス的没入を現象学的に記述した際に、それがホメオスタシス的なプロセスであること、つまりはフィードバックのループを用いることで自己自身を調整するプロセスであることが明らかになった。そのときにとりわけ注記したのが、フィクション的没入は、想像的自己刺激ではそれ自体で作り出す期待を糧とし、集団的フィクション遊戯では役割や発話の交代による力学から生じる活性効果で自らを維持し、そして受容の状況では提示されたフィクション世界の（想定された）完全性と、想像力によるその再活性化はつねに不完全であるという性質のあいだで生じる緊張によって更新されるということであった。(15)

この記述に欠けていたのは、このホメオスタシスを調整しうる、それゆえ没入活動を更新したり、場合によっては中断したりできる要因であった。もしフィクション的没入に内在的な機能が美的次元に存するのであれば、ここで求められる調整要因はミメーシス的モデル化を活動させることに内在する（不）満足、それゆえ美的注意《アテンション》によって導入される（不）快の度合いに他ならないということになる。

　美学的仮説に有利に作用するもうひとつの議論は、フィクション装置そのものの分析、より特定すると、それをフィクション装置として設定する語用論的枠組みの分析から生じる。この枠組みは、想像的自己刺激の次元においても、公的なフィクション装置の次元においても遊戯空間の範囲を定めている。さらに、フィクションとは表象なのだから（あるいはフィクション的遊戯を考慮すれば、とにかく表象を前提とするのだから）、この遊戯空間に効力を与える活動は、表象としての性質をもつ。それゆえフィクションとは表象を用いた遊戯、あるいは表象活動の遊戯的使用である。しかるに表象能力の遊戯的活動とは、他ならぬ美的関係の定義である。とりわけカントは、「認識能力」が美的に作用する最も決定的な特徴がそこにあると捉えている[16]。カント的な考え方を導きの糸とすると、両者の対応関係が非常に深いものであることを示すことができる。たとえばこの考え方に従うと、美的関係とは、より特定的には構想力〔想像力（imagination）〕と悟性のあいだの自由な作用〔遊戯（jeux）〕ということになる。構想力とは、カントがこの語に与えた意味では、図式化の能力である――たとえば彼は、構想力は自然を観念のための図式として扱うと述べる[17]――その図式とは、言いかえると、本書で心的モデル化能力と呼んだものである。さらに、知覚とは異なり、構想力を満足させるためには、その対象が実際に現前していなくてもよい。構想力は「対象が現前することがなくとも直観する能力である」[18]。あるいはカントを読むハイデガーの言葉を借りるならばこうだ。「構想力は（……）二つの特徴的な意味で形成能力と呼ばれることができる。直観能力としての構想力は、形像《イメージ》（光景）を与える〔形作る〕が故に形成的である。直観される対象の現前に依存しない能力としての構想力は、それ自身でことを遂行する、つまり、形像《イメージ》を作り出し、形成する」[19]。さらに、カントが区別している想像能力の諸様態の中には、「詩作する構想力（dichtende Einbildungskraft）」があることを明確にしておく必要がある。そして実のところ、これについての定義は、フィクションの定義、より正確には想像的自己刺激の定義と通じているのである。「詩作する構想力は、われわれ自身との一種の関係を創設（stiftet）している。内的感覚からの現れにすぎずとも、それらは外的感覚からの現れとの類比として形成されるのである」[20]。要するに、詩作する想像力という形をとる場合、カント的な構想力は「フィクション化する」能力のことなのである。他方でやはりカントに従うと、悟性がカテゴリー化能力であることは知られている。そして悟性が実行する最も根本的なカテゴリー化活動のひとつが、「事物の可能性と現実性」のあいだの区別、つまりは単に考えられただけのものと現実が対応するものとの区別である。それゆえ悟性とはとくに、表象の様相化——それは表象が提示する対象性の種類（現実の対象なのか単なる可能性なのか）に従って行われる——を担う能力なのである。より具体的には、悟性は、感知可能な直観がまったくないところで、単に可能であるものの様相に従って、つまりは「われわれはいつでも何かを、それが存在しなくとも考えることができるのだから」、「われわれの概念に関連づけられた事物として」対象を措定することができるのである[21]。別の言い方をすれば、悟性とはとりわけ、現実として措定されるものと、単に可能なものとして措定されるものとのあいだの語用論的な区別が確立される場なのである。こうしてカントと同様に、（構想力に属する）図式化の活動と（悟性に属する）概念的決定とが切り離せないことを認めるなら（やはりカントに従えば、知的直観は存在しないのだから）、構想力と悟性の内的原理に従ってなされる単なる作用〔遊戯〕によって、ひとつの世界が措定されうるということがはっきりとわかるだろう。その世界はたしかに「われわれの概念に関連」する限りでしか存在しないが、それでも図式化され、思考されうるのである。たしかにフィクション性の様相を可能なものの様相と重ね合わせることはできないし[22]、またカントは遊戯的偽装を考慮してもいない[23]。それでもなお、知覚表象を規定する因果法則によってではなく、われわれの表象能力を構成する条件によって制約を受ける表象という考えは、フィクション的モデル化の特性と美的関係の特性をともに定めるものである。それゆえフィクション装置の機能と美的関係を特徴づける心的活動の種類のあいだには、非常に深い相同性が存在するのである。

美的関係とフィクション作品が果たす（こともある）超越的機能の関係はいかなるものであろうか。私としては、美的関係がフィクションの内在的機能であることをひとたび認めるなら、つまりはフィクション的没入そのものを構成することを認めるなら、それはいかなる超越的機能とも両立するように思われる。気晴らしという機能を例に取ってみよう。というのも、しばしばフィクションに対して――少なくともその最も粗野なかたちに対して――投げかけられるのが、それが気晴らしでしかないという非難だからだ。この非難の根底にある気晴らしの概念は、一般的に、真に気にかけるべきもの（死や救済）から気をそらす活動というパスカル的な概念である。そしてもちろん、息抜きや娯楽、暇つぶし等々といった、より平凡で、なおかつさらに評価を貶める意味にこの語を理解することを禁ずるものはなにもない。だがそのようなことはどうでもよい。なぜなら私は、ある種の文脈において、またある種の人々にとって、美的機能に関する超越的な争点となりうる例としてこの概念を用いるにすぎないからだ。「ちょっと気晴らしをしたい（しなくちゃならない）。よし、映画を観に行こう！」という類いの言葉を発したことのない人がいるだろうか。こういった文で問題になっているのは、フィクション的没入それ自体の内的機能ではなく、受容者がこの没入に、それゆえ美的注意《アテンション》に認める超越的機能である。同様に、私が気晴らしのために小説を読むことは、私の読書が美的注意に属していないということではなく、むしろ気晴らしという目的のために美的関係に没頭しているということを意味している。少なくとも私は、ジェラール・ジュネットが立てた気晴らしの機能と美的目標の区別をこのように解釈している。[24] これが対立よりはむしろ区別である理由は、これら二つの事柄が、二つの異なる次元にそれぞれ属しているからである。一方は作品が目標とする活動の種類（ここでは美的注意という態度）であり、他方はこの活動に対して受容者が認める（こともある）超越的機能だ。言いかえると、フィクション作品に認められる美的注意は、気晴らしを目的として従事するさまざまな活動のうちのひとつだということになる。これは、フィクション作品の機能がそれだということも、美的活動の機能がそれだということも意味しない。そうではなく、われわれは気晴らしをしたいがために、フィクション作品に入り込む、それゆえ美的な種類の活動に没頭することがありうるということを単に意味しているのである。

この区別は、フィクション作品の創作を考える際にも妥当なものとなる。フィクションに関心を抱くほとんどの人は、ただ、そして常に気晴らしのためにそうしているのだと（間違っているにせよ正しいにせよ）おそらくは考えたうえで、フィクション作家が、自分のフィクションが気晴らしの機能を果たすよう望むということは十分ありうる。だが、自作がその機能を果たすことが彼の唯一の目的であったとしても、美的目標をもって作品を構想する方が彼にとってはよいだろう、というのも、気晴らし機能を満たす条件となるのは、受容者がフィクション的没入のプロセスという枠組みの中でフィクションと取り持つ美的関係だからである。スティーヴン・スピルバーグは、観客が『ジュラシック・パーク』を観て気晴らしをすることをおそらくは望んだであろう。それでもなお、映画を観ることで、つまりはフィクション世界をミメーシス的に活性化することで、観客が快を得る必要があったのである。それゆえフィクション作品の創作であってもそれらの受容であっても、作品が気晴らし機能を十分に果たしうるのは、それが十分な美的関係を生じさせる限りにおいてということになる。そして気晴らし機能について言えることは、他のいかなる超越的機能についても当てはまる。フィクション作品は、それがフィクション的没入という観点から、つまりフィクション装置の働きを構成する美的注意の特殊な形式という観点から、快を与える限りにおいて何らかの超越的機能を十分に果たしうるのだ。

　この記述が、典型的フィクション、つまりフィクション作品に妥当するとして、これをフィクション遊戯にまで拡張できるかどうかという問題が残っている。私にはそれができるように思われる。フィクション遊戯というものがモデル化を前提としている限り、それはまた表象をその構成要素として含んでいる。この表象という構成要素、ミメーシス的没入という様態で経験されたフィクション世界は、それ自体の展開に内在する（不）満足の指数によって調整される。そしてこのように調整される表象活動は、美的次元の活動である。何度か私が口にした「空想の取り決め（fantasy negotiations）」は、子どもたちの相互作用的なフィクションにおいて非常に大きな役割を果たすものだが、その目的とはまさしく、遊戯的に作られたフィクション世界を、それがもたらす（不）快の度合いに常に適応させることである。それらに修復機能がしばしば見られるのはそのためだ。シナリオを新しい方向に導いたり、もしくは世界のフィクション的な調度品を補ったり等々、それらは参加者が「遊戯を続ける」状態を保つのに足る内的満足の程度を回復させることを目指すのである。もちろん、遊戯的フィクションの活動には常に美的構成要素が含まれているからといって、その要素が遊戯を更新させたり、あるいは放棄させたりすることを決定する唯一の基準になるわけではない。同様に、それが遊戯の動機や機能を構成する必要もまったくない。それは単に、重要なのはこの世界に特有の相に関わる一貫性である以上、フィクション世界へのミメーシス的没入が生じれば、美的注意が存在するようになるということなのだ。ここまで述べてきたことによって、フィクション遊戯が芸術作品であることが前提とされるわけではないと言い足す必要はないだろう。美的関係は、きわめて多様なステイタスをもちうる対象との、一定の型の関係を定めるのである。

残るはデジタルフィクションのケースだ。これが遊戯的な特徴とフィクション作品に固有の特徴とを結合させているると私は述べた。このデジタルフィクションが、ロールプレイングゲームやさらに特定して子どもたちによるフィクション遊戯と結びついているのは言うまでもない。しかし子どもたちによるロールプレイングゲームでは、フィクションのシナリオがプレイヤーたちによってリアルタイムに取り決められる一方、デジタルフィクションでは、たとえさまざまな選択肢を備えた構造をもち、たとえば演劇とは異なって筋が押しつけられるわけではないにせよ、それがあらかじめ定められている。それゆえここでは、公衆の評価に委ねられたフィクション世界が問題となるわけだから、（その価値についてどのように考えられるにせよ）われわれは作品を手にしているということになる。しかしデジタル作品の新しさは、受容者がプレイヤー（演者）であると同時に観客でもあるという点に存する。それゆえ彼は遊戯的行動の態度と美的注意の態度を同時に採択し、鑑賞と遊戯〔演技〕を同時に行うことになる。とはいえ、こうしたやり方で事態を記述することは、二つの側面を人工的に分離させてしまうことになる。実際のところ遊戯的活動は、発見されると同時に変容を被るものとして与えられるフィクション世界において、「かのように」の様態に即して行われるという意味で、それ自体もまた美的な性質を付与されているのである。（不）快の関係が及ぶものは、もはや単なる（知覚的ないしはその他の）注意ではない。それは、装われた〔シミュレーションされた〕相互作用の力学、すなわちフィクション的に作用するものとして、ゆえにフィクション的表象に媒介されるものとして到達可能な相互作用の力学である。この力学の〔主観的〕性質は、行為と注意の両方の性質を分割できないかたちで兼ね備えているのであるが、まさにその性質が美的評価をその構成要素として含む全体的評価の対象となるものなのである〔働きかけられる世界は、われわれの心的表象の次元において装われる――それゆえ把握される――世界としてのみ価値があるのだから〕。たしかに、この可能性がデジタルフィクションが用いるフィクション装置に組み込まれているとはいえ、現在流通しているデジタルフィクションの大半はそれをほとんど利用していないと反論することはできる。多くの読者にとって、この記述は、目下のところまだまだバーチャルに留まる現実《リアリティ》の記述となっているかもしれない。たぶん、そうであろう。だがバーチャルをフィクションから区別するのは、まさしくそれがアクチュアルになりうるということだ。だとすると、それが意味するのは――こうして円環を閉じることができる――ララ・クロフトにどんな希望を寄せてもよいということなのである。

註

序論

（1）Cadoz (1994), p. 72.

（2）以下を参照。Lévy (1995), p. 13 *sq.*〔レヴィはバーチャルを潜勢態にある「不確実な複合体」と定義し、その「解決」である「アクチュアル」の対概念と位置づけることで、しばしば考えられてきたバーチャル対リアルという二元論に異を唱えている。彼によれば、バーチャルとアクチュアルはともに存在する実体の様態ないしは属性である。〕

（3）ピエール・レヴィ（Pierre Lévy, *op. cit.*, p. 69）はバーチャル化の手段の誕生を言語の誕生にまで遡らせている。だが実際のところ、言語は種の進化を通じて発達させられた表象システムのうち、最も複雑かつ新しいものにすぎない。最も初歩的な表象システムでさえ、すでに外的世界のモデル化（それゆえバーチャル化）を前提としている。

（4）アリストテレス『詩学』48b。私はここでアルディ（Hardy 1932）の翻訳に従う〔アリストテレスの翻訳は既存の邦訳を参照しつつフランス語原文から訳出する〕。新訳を作ったロズリン・デュポン＝ロックとジャン・ラロ（Roselyne Dupont-Roc et Jean Lallot, 1980）は、ミメーシス（mimèsis）とミメーステイ（mimeisthei）が、文脈によって表象あるいは複製（結果から見た模倣）を意味すると記している（p. 144–145）。引用した一節も含め多くの文脈において、彼らは「表象（représentation）」という（一般的な）概念を選んでいる。文献学的議論に立ち入る資格は私には無論ないが、意味的な一貫性という観点からすれば、彼らの翻訳は――まさにこの場合において――問題含みのものとなる。事実、これに続けて、アリストテレスはこの活動――模倣すること、ないし表象すること――が最初の学習だとしている。彼らの翻訳の方針ゆえに、デュポン＝ロックとラロは、これによって、最初の学習が、たとえば図像のような表象によって媒介されるということをアリストテレスが言わんとしていたのだと考えざるをえなくなった。だがこの解釈は是認しがたい。ともかくも、模倣活動という語彙を用いる解釈の方がはるかに納得できる。またデュポン＝ロックとラロの主張とは異なり、この数行あとで書かれている「人が絵を見るのを好むのは、それを見ながら各々のものについて、それが何であるかを学んだり、推論したりするからである」ということが、なぜ最初の学習に結びつけられるのかが私には理解できない。事実アリストテレスは、（模倣によっても表象によっても）作品がよろこびを与えるのは、その対象（模倣された、ないし表象された）を人があらかじめ知っている場合に限ると付け加えている。この条件は、「最初の学習」がすでになされていることを前提とするように思われる。逆にここで問題となっているのが模倣であると認めれば、こうした難点は解消する。アリストテレスは最初に（人間学的活動としての）模倣一般について語り、次いで模倣の特殊形式（たとえば絵画的表象）に向かったのだということを認めさえすればよいのだ。さらに、プラトンによる反ミメーシスの議論は、哲学者たちの関心を占めていたのがまさに模倣の問題であったことをはっきりと示している。ミメーシスを攻撃するプラトンの議論は、たとえ彼が自分の名において語る詩人と、他者の名において語るふりをする詩人とをはっきりと区別しているという理由だけをとっても、表象という観点からは理解できないだろう。両者の詩人とも（論理的には）表象している。しかし模倣しているのは唯一後者のみであり、まさにその行為こそが問題となっているのだ。ところでこの文章がまさに印刷に回ろうとしているときに、私はシャトー（Chateau, 1998, p. 29［note］）が今の議論と同じ方向で考察を行っていることを発見した。

（5）文学的フィクションのステイタスという問題を扱った文献は非常に多い。だが私見によれば、ジュネット（Genette, 1991）によって発展、修正させられたかたちでのサール（Searle, 1982）のアプローチがいまだに最も説得力に富む。

（6）フィクションを取り扱った哲学的分析はもちろん数多くある。とりわけベンサムの一連のテクストと、ファイヒンガーの古典的書物である『「かのように」の哲学』が挙げられる。だが概して——この二人の著者がそうであるように——こうした分析は、人間的行動としてのフィクションというよりも、はるかに哲学的概念としてのフィクションに関わっている。その他、たとえばイーザー（Iser, 1991）のような著作は、フィクションの一般的分析を謳う——彼の著作は『虚構と想像力』と題されている——とはいえ、事実上文学フィクションを中心とした分析にとどまっている。ケンダル・ウォルトン（Kendall Walton, 1990）の重要な仕事は、特筆すべき例外である。

第一章

（1）Marcel Aymé, « Le loup », dans *Les Contes bleus du chat perché*, Gallimard, coll. « Folio Junior », n°433, p. 9–28.

（2）この問いに対する誤った答えは、情報処理言語がデジタル的性質を有しているがゆえにその他の情報の支持体と区別されるというものだ。これによって他の情報伝達手段がすべてアナログ的性質をもち、二進法的なコード化がアナログからデジタルへの移行過程の前提となっていると信じさせてしまいかねない（この文脈では、「アナログ」〔「類比的」という意味にもなる」は「模倣的《ミメティック》」を意味しない。アナログ信号とは連続した信号であり、デジタル信号は非連続的な信号である）。だが当然のことながら、二進法的な情報処理コードのみが、人間が発展させた唯一のデジタルコードではない。たとえば自然言語にしても、少なくともソシュールの仮説が正しければ、つまり音素、統辞あるいは意味のどのレベルでもよいが、その究極的な要素が示差的な対立の原則に基づいているとすれば、これもまたデジタル的記号のシステムである。この言語の例はまた、「デジタル」と「二進法」を混同してはならないということを示す。デジタルシステムは必ずしも二進法的対立に基づいていない。すなわちその究極的要素は必ずしも二ではないのだ。

（3）ウィトゲンシュタインの説はしばしば明白なこととして提示されているが、実のところは自明でもなんでもない。その理由はとりわけこの説が前＝注意的なレベルにおいて処理されている情報をほとんど考慮に入れないからだ。これらの情報は、認知の上では沈黙していても、人間の世界の一部となっているのだが。

（4）プラトンは『国家』（第一〇巻602d）において、この陰影画（skiagraphia）をはっきりと非難している。そこではこれが、手品（goteia）の技術やその他の魔術（thaumatopoia）の実践と一緒くたにされている。

（5）Platon, *La République*, III, 395.

（6）*Ibid.*

（7）*Ibid.*, II, 382. 薬（pharmakon）の概念は少なくとも二つの非常に異なった文脈で現れる。ここで引用された箇所においては、嘘こそが薬である。だが他の箇所では、フィクションが感染という仕方で作用する限りにおいて、フィクションに対する薬を処方することが大切であると説かれている。この概念、またこれに関連する用語（たとえば魔術師と身代わりを同時に指すpharmakos）についての、複雑かつ両義的な語彙論的領域（pharmakonは毒であると同時に薬である。この語はさらに色、白粉、香水、香料を意味する）を全体的に分析したものとしてデリダ（Derrida, 1972, p. 71–198）を参照。プラトンのテクストはこの意味論的領域のすべてを利用しているわけではない。それゆえ「プラトンのパルマケイアー」で提示されている分析の一部に価値があるかどうかは、（p. 148–149で言明されている）その前提が妥当か否かによっている。それは言語が「システム」である以上、ある所与の言説に現れる用語は、「語彙システムの他のすべての語」を参照する、それゆえあらゆるテクストには「現れた語と不在の語を結びつける、隠れた引き合う力」が存在する、そしてこのような力は「このテクストを書くあるいは読む際に影響せずにはいられない」という前提である（p. 149）。

（8）ベルトラン・タヴェルニエは、フィクションとして表象された暴力がもたらしうる影響について常に問いただすのではなく（キューブリックの『時計じかけのオレンジ』、オリバー・ストーンの『ナチュラル・ボーン・キラーズ』、そしてタヴェルニエ自身の『ひとりぼっちの狩人たち』）、まずは現実それ自体、さらにそこから、たとえばテレビニュースなどに見られる指示的な表象がもたらしうる力を問うべきではなかろうかと指摘している。そして見事に状況をまとめて——とはいえこれは、常に西洋文化においてフィクションが置かれてきた状況であるのだが——こう付け加えている。「創作やフィクションのみが問題を起こすとされているようだ」（*Libération*, 9 octobre 1997, p. 37）。

（9）Saint Augustin, *De utilitate credendi*. 以下に引用されている。Veyne (1983), p. 147 (note 44).

（10）ミラー（Millar, 1968）は次のような言葉で遊戯的偽装の自律性を主張している。「ごっこ遊び的遊戯の偽装は、他のものへの仮装ではなく、誤りに導くための活動でもない。これは諸々の現実の対象物を付属品として利用する（……）ように働いている思考なのだ」（p. 256）。

（11）本書二七九～二八〇頁を参照。

（12）*La République*, III, p. 396.

（13）*Ion*, とりわけ以下を参照。532c–533c et 542.［『イオン』の該当箇所において、プラトンは、認識を「技術」と密接に結びつ

いたものとして提示している。〕

（14）*La République*, X, 605c–d. この少しあとでプラトンが記しているところによれば、この種の行動は男性というより女性のものである。フィクションがもつ想像上の没入効果と女性的な「性質」とを関係づけるこの（もちろん侮蔑的な）考え方は、フィクションの諸ジャンルの歴史を通じて、とりわけ小説に反対する議論に際して繰り返し使われることになる。

（15）*Ibid.*, X, 605.

（16）以下を参照。*Ibid.*, X, 604e–605a. ここから「ハリウッド」映画非難までは遠くない。ギリシア演劇がエリートの芸術ではなく、「民衆的」芸術であることがほんとうなら、これは驚くことでもない。

（17）この区別はラクー＝ラバルト（Lacoue-Labarthe, 1986, p. 30）に拠っている。プラトンがこのような用語を用いて言い表したのではないにせよ、この区別はミメーシスとアレーテイア（alètheia）――模倣と真理――の関係に、イデアに対する両者の関わりという観点から対応している。

（18）この点は多くの論者によって強調されている。とりわけドゥルーズ（Deleuze, 1969）、デリダ（Derrida, 1972）、ラクー＝ラバルト（Lacoue-Labarthe, 1986）、そしてごく最近ではシャトー（Chateau, 1998）。

（19）*Le Sophiste*, 266c.

（20）以下を参照。*La République*, X, 598d.『イオン』でも最終判断は同一であるが、ここでは絵画ではなく吟誦詩人の芸術に対して言われている。

（21）*Ibid.*, X, 605.

（22）以下を参照。*La République*, X, 598d.

（23）この概念を使うのには少々ためらいがある。というのもこの概念の看過しえない部分が、学者によって作られたものであるように思われるからだ。分析的ないし経験的な還元に抗するあらゆる信に対して距離をとることに役立つカテゴリーとしての神話概念がギリシアにおいて発生したことについては、デティエンヌ（Détienne, 1981, p. 87–189）を参照。デティエンヌはまた、現在の人類学によるこの概念の用法が、こうしたギリシアのモデルにとどまっていることを指摘している（p. 190–242）。「神話」とフィクションの関係についての議論は、本書一二九〜一三二頁を参照。

（24）« Plasmata tôn proterôn », Xénophane, Fr. 1, 22, *in* Diels-Kranz (1964, 16e éd.), t. I, p. 128. またデティエンヌ（Détienne, *op. cit.*, p. 125）も参照。

（25）この事例に見事に適用されると思われる芸術に関する注意《アテンション》的定義と意図《インテンション》的定義の区別に関しては、ジュネット（Genette, 1997, p. 267）を参照。〔ジュネットは美的関係を作者の芸術的「意図」が備わった制作行為ないしは作品と、哲学書に詩を感じることに典型的にあらわれるように、制作者の美的意図とは無関係に、受容者の「注意」によって成立する美的体験の二つに分類している。〕

（26）フジッロ（Fusillo, 1989）によれば、記録に残っている最古のギリシア小説である『ニノスとセミラミス』は、紀元前二世紀から一世紀のものだと考えられる（p. 15, note 4）。〔Fusillo

の書誌情報が原書では欠落。おそらくは Massimo Fusillo のこと。」

(27) この二つのテクストはレリス（Leiris, 1996）に収められている。この著作はアフリカについて書かれた彼のテクストを集成したものである。

(28) この点に関してはジャン・ジャマンによるイントロダクション（とくに *ibid.*, p. 36–48）と、憑依儀礼に関する研究についてのジャック・メルシエによる紹介文（*ibid.*, p. 891–911）を参照。これらのすばらしいテクストは、バタイユの諸概念や（自己欺瞞の問題に関する）サルトル哲学との関係を精査することによって、この問題系をレリスの作品の文脈に位置づけ直している。

(29) *Ibid.*, p. 1049.

(30) *Ibid.*, p. 1054.

(31) *Ibid.*

(32) この問題に関しては本書二七九～二八〇頁を参照。

(33) 本書一四二頁以降を参照。

(34) *Poétique*, chap. 9, 51b.

(35) 本書一一五頁以降を参照。

第二章

(1) たとえば「シミュラークル」を扱ったブーヴロ（Bouverot, 1989）の優れた語彙論的研究を参照すること。

(2) これらの例、またその他に関してはカイヨワ（Caillois, 1938, p. 109–116, 133–136）あるいはボードニエール（Baudonnière, 1997, p. 13–18）を参照。

(3) 最も重要な実験の要旨と主要書誌一覧に関してはアイブル＝アイベスフェルト（Eibl-Eibesfeldt, 1984, p. 88–93）を参照。

(4) Byrne et Russon (1998), p. 667–684.

(5) Baudonnière (1997), p. 45–47.

(6) しばしば過去に行った活動の単なる物質的痕跡——たとえばココナッツの切れ端——を観察するだけで、こうした徴を知覚する動物に同種の活動が引き起こされることがある。以下を参照。Byrne et Russon, *op. cit.*, p. 668.

(7) 私が判断しうる限りでは、この二つの表現が指すものは同一の型の学習である。第一のものは習得の様態（合理的計算や試行錯誤ではなく観察による）を前面に出しており、第二のものはミメームが個人的ではなく社会的な認知単位であることに注意を向けている。

(8) 本書の序論註4を参照。

(9) Mehler (1990). また以下も参照、Pinker (1999)、とりわけ p. 416–420.

(10) Baudonnière, *op. cit.*, p. 52–54.

(11) Miller et Dollard (1962), p. 195.

(12) Ricœur (1983), p. 90–91. ここでは行為の領域からその行為の物語の領域への移行が、範例《パラディグマティック》的な次元から連辞《サンタグマティック》的な次元（行為を筋にする次元）への移行と同等のものであるという説が主張されている。だが実際は、行為の階層構造は連続的組織化の構造であり、それゆえ常に「連辞的」な次元に属しているのである。リクールの立場は、彼の哲学的前提を考慮に入れなければ理解できない。解釈学のプログラムに従えば、生の世界は実のところ常に自らに固有の理解を、それゆえ解釈活動を宙づりにした状態にある。行為の分野においてこの解釈をもたらすものと見なされているのは物語《レシ》である。ただ物語《レシ》のみが行為に意味を与えるのであり、それは出来事性を筋にする行為を通じて行われる。だがそうした結論は、意図的行為からそれに固有の構造を取り去ってそれを純粋な出来事性に還元し、その理解は外部からもたらされるものとしなければ成立しない。この点に関してはブレモン（Bremond, 1990）を参照。

（13）Byrne et Russon, *op. cit.*, p. 671.

（14）*Ibid.*, p. 677.

（15）この標準化については以下を参照。Boyd et Richerson (1988).

（16）Byrne et Russon, *op. cit.*, p. 675.

（17）「モデル」という用語自体は曖昧である。というのもこれは模倣対象（たとえば「習字のモデル」という表現に見られるように）を指すと同時に模倣の結果（たとえば「縮尺モデル」という表現に見られるように）も示すからである。だがこの二元性がまさしく認知的ミメームの二元性である。それは模倣活動の結果であると同時に、機能的観点からすれば、現実に置き換えられるバーチャルなモデルのステイタスをそれ自体として有している。

（18）Edelman (1994), p. 293.

（19）以下を参照。Cadoz (1994), p. 95–98.

（20）数学においてモデル化概念に与えられている意味は、おそらくシミュレーション概念に還元もできない。だがこの問題は私の能力と同時に、幸いなことに私の主題をも越えている。

（21）これらのかなり不可解な専門用語の背後に隠れている（非常におもしろい）事例がどのようなものか知りたい読者は、ル・マッソン他（Le Masson *et al.*, 1998, p. 34–37）を参照されたい。私はそこから抜粋している。

（22）*Ibid.*

（23）Cadoz, *op. cit.*, p. 95–98.

（24）*Ibid.*, p. 96.

（25）*Ibid.*, p. 97.「フィクション的なもの［le fictif］」という用語は、投射的シミュレーションの記述のためには（同様にもちろん典型的な認知シミュレーションの記述のためにも）あまり適していないように思われる。

（26）これはもちろん非常に古典的な哲学のテーマである。最近の定式化については、たとえばサール（Searle, 1985, p. 142–171）を参照。

（27）以下を参照。Dennett (1993), p. 171–226.

（28）(a) 二つの実体間の形式的類似を発見すること、(b) 異なる知覚的経験においてある個人を同一人物であると認めるという事実。以上二つの再認行為を区別する必要性についての議論は、ブロック（Block, 1994）を参照。

（29）Quine (1977), p. 139.

（30）正直に白状すると、この例はでっち上げで、私は鮭と鮫が同じ海域を行き来しているかどうかすら知らない。しかし他の、おそらくはより説得力のある例を見つけ出すのは簡単だろう。

（31）Quine (1977), p. 144.

(32) *Ibid.*, p. 140. 認知科学の枠組みで心的表象の問題を取り扱った最近の研究はクワインの仮説を補強している。たとえばエーデルマン（Edelman, 1998）は、われわれの表象が表象される対象に類似しているという認識の類比理論、つまり表象と表象されるものとのあいだに「第一次同形性（first-order isomorphism）」を仮定する理論を批判している。彼はそれに代え、「第二次同形性（second-order isomorphism）」を提唱する。それによると、末端の刺激（それゆえ対象）の相似要素が、その刺激の神経地図上への――つまり刺激を起点に構成された中枢空間への――投影に対応する相似要因として表象される意味で、末端の相似と中枢の相似が対応する。

(33) Quine, *op. cit.*, p. 143–144.

(34) *Ibid.*, p. 152.

(35) ボードニエール（前掲書）はミメティスムと模倣を区別し、意図的かつ選択的な行動に後者の用語をあてている。「選択的という」第二の基準は次の二つの理由から適切だとは思えない。第一は、自然淘汰の圧力によって、有効なミメームのみが複製されうるのであるから、ミメティスム――そこには表現型的ミミクリーも含まれる――もまた選択的である、少なくとも選択的になるということである。第二は、たとえば先に見た新生児の反応のように非選択的であると想定されるミメティスムに関しては、選択性が欠如しているというまさにそのことによって、そのミメーシス的性格は疑わしくなるということだ。

(36) 機能的ミメーシスの因果関係は非常に複雑なプロセスである。たとえば蛾の羽を飾る図柄が猛禽類の眼を模倣しているということを、いかなる意味において言いうるのだろうか。猛禽類の眼はもちろん模倣関係が現れる原因ではない。それは遺伝的変異によるものだ。その反面、変異した蛾とその子孫の生存率と繁殖率が上昇することは、猛禽類と実際に因果関係でつながっている。事実、自然界における蛾の捕食者は、これが猛禽類の眼に類似しており、また自身が自然界においては猛禽類の餌食となるという理由で、この図柄をもっている蛾を避ける。こうして、単なる類似関係（この関係によって結びつけられる事象間に因果関係はない）として出現したものが、自然淘汰の影響というかたちで模倣関係へと変化する。というのも、猛禽類（より正確にはその眼の知覚的ゲシュタルト）は、遺伝子プール全体において、猛禽類の眼に類似する図柄をコード化する遺伝子を次第に増大させる（間接的）要因となるからである。

(37) ミメーシス関係が選択的であることは、類似関係が多くの場合、とりわけ観察による学習の場合に、ホーリズム的であることと対立しない。

(38) 本書八九頁、それからとくにエスカンド（Escande, 1997, p. 129–176）を参照。

(39) 逆に、彼が異端でないキリスト教徒であれば、キリストを模倣する意志を同一化の意志にまで推し進めることはできない。そんなことをすれば神と同一たらんと望むことになってしまうからである。

(40) Coiffet (1995), p. 79.

(41) 以下を参照。Turing (1950), p. 433–460.

(42) デコンブ（Descombes, 1995, p. 156）もまた、チューリング

テストの効果と限界をめぐるきわめて興味深い議論において(p. 156–158)、この点を強調している。

(43) もちろん、コンピューターが人間によってプログラムされている以上、たとえば表現型的まやかしの場合とは反対に、機能的まやかしは最後の審級において意図的活動の結果となる。

(44) オースティン (Austin, 1994, p. 206–228) がこの点を非常に強調している。*x*を行うふりをするということが、*x*を行うことを除外しつつも、しかし実際に行われることは「特徴的な仕方で」(p. 222) オリジナルに類似するばかりか、さらにはオリジナルの部分的実現を前提とする (とりわけ p. 218を参照) 必要も生じるという事態について、彼はさまざまな様態に分けて詳細に論じている。

(45) 単純化するために、私はここで伝統的にイソップの作とされてはきたものの、おそらくはそうでない無名の寓話集の実際の作者として彼を扱っている。この点についてはシェフェール (Schaeffer, 1985) を参照。芸術的領域における模倣＝再実例化のさまざまな様態を全般的に分類する試みとしては、シャトー (Chateau, 1998) を参照。

(46) またジュネット (Genette, 1991) を参照。彼は「役者の誇張された術」を例として挙げ、シミュレーション行為の本質が非常に多くの場合「やりすぎ」(p. 48, note 2) に存することを注記している。こうした誇張はしばしば、たとえば無声映画時代の役者の誇大表現的身ぶりに見られるように、心理的没入を促しうる知覚上の補塡物という機能をもつ。より一般的に、フィクションの領域で超正常まやかしを用いることは、おそらくそれらの没入誘発機能によって説明されるだろう。

(47) Genette (1982), p. 90.

(48) *Ibid.*, p. 92.

(49) Escande (1997), p. 135.

(50) Jiang Ji (一八世紀) 〔おそらくは清の書家蔣驥《しょうき》のこと。彼の著書『続書法論』に同趣旨の主張が見られる〕。以下に引用。Escande, *op. cit.*, p. 138.

(51) Genette (1991), p. 48.

(52) Searle (1982), p. 115.

(53) リクール (Ricœur, 1983) もまた後段階にあるもの、「何かを産出するものとしてのミメーシス活動」、すなわち表象について強調しつつも (p. 59)、しかしながら前段階にある関係、つまりミメーシスをそれが模倣するものへとつなぐ関係 (それが彼の言う「ミメーシスI」である) を保持している。残念なことに、さまざまなミメーシス的様式の区別 (物語的対演劇的) を、取るに足りない量として数え入れる決断をしたことで、彼は「ミメーシスI」を厳密に定義することがまったくできなくなってしまっている。

(54) この後者については、本書第三章一三二頁以降を参照。

(55) 文字の発明が中央集権国家の構造の発展に及ぼした影響の分析については、グッディ (Goody, 1986) を参照。

(56) Descombes (1995). 精神が「内」でなく「外」、つまり表象の内的な流れのなかにではなく、人と人とのやりとりのなかに位置するはずだという彼の説を私は共有しない。私見では、心理主義を記号の公的使用と対立させることは誤ったジレンマである。人類が表象を作り上げ、保存し、そして再活性化する能力をもたなかったならば、公的な記号を発展させることもできなかったであろう。逆に、もし人間が公的な記号の体系を発達させなかったならば、心的表象を伝達し合うこともできなかったばかりか、世代を通じてそれを豊かにすること、それゆえそれを種の発達の道具とすることもできなかったであろう。

(57)「終始一貫して」というのは、多くの種においては遺伝的に固定された記号コードが存在するからである（蜂のダンスを考えればよい）。さらに家畜を飼っている者なら誰でも知っているように、ある種の個体は人間とコミュニケーションをとるための初歩的な信号を特別に発明できる。

(58) 私がとっている自然主義的観点からすれば、心的表象自体が人類に備わる諸々の生物学的特徴のひとつである。文化は自然と対立せず、それ自体が生物的進化の一事象だ。

(59) これは真偽判定の理念に対する批判ではない。表象の多様な機能がいかなるものであるかを知る問いと、描写的あるいは分析的たらんとしている表象であれば受け入れねばならない正当な要求の問いを混同してはならない——ここでの議論はそのケースである。

(60) 実際、可能世界理論、つまり様相論理学によるフィクション世界の正当化もまた、フィクションを表象の論理学的定義の観点から「救出する」ことを目指している。だがパヴェル (Pavel, 1988) はフィクション世界が様相論理学でいう可能世界には還元不可能であることを示した。そうなると、様相論理学は期待されている救出作業を請け負えないことになる。本書一七八頁も参照のこと。

(61) Millikan (1998), p. 64. この論文の書誌に実験への参照がある。彼女は、その全体的な結果を要約しているだけである。

(62) アーサー・ダントー (Arthur Danto, 1989, p. 130–135) は模倣関係の妥当性を擁護する現在では数少ない哲学者だ。とはいえ以下も参照すること。Currie (1995, p. 79–112).

(63) グッドマン (Goodman, 1990, p. 40) は、類似が表象の十分条件になりえないことを正当にも記している。だが彼はさらに論をすすめる。類似による表象という考えそのものを退けることで、表象関係の相似性を事実上排除し、そこに忠実さあるいは正確さという（偽りの）基準しか見ないのだ。

(64) 視覚表象の領域における類比概念の妥当性についての、バランスのとれた議論については、ベルール (Bellour, 1999, p. 10–18) を参照のこと。

(65)「〜に似ている［ressembler à ...］」は、それゆえここでは「〜と同様である［être pareil à ...］」というよりも、むしろ「〜の様子を帯びている［avoir l'air de ...］」の同義語である。英語だとこの区別はもっと簡単にできる。« to look alike » は « to be alike » と同じではない。

(66) ヒト化に際して圧力を及ぼした生態環境的制約による人間の感覚器官の「条件づけ」の問題、それゆえわれわれの「認知的地位《ニッチ》」の生物学的特性の問題については、たとえばウーザー (Oeser, 1987, p. 51–63) を参照のこと。フォルマー (Vollmer, 1983, p. 47) によれば、調査の対象が「メゾコスモス［mésocosme］」（つまりわれわれ自身の体の大きさに近い対象の大きさやわれわれ自身の移動速度に適応した空間の規模等々によってとりわけ定義された宇宙）の外に位置する現実の次元に属するやいなや、知覚が適応しなくなってしまうのは、人間固有の生態学的地位に対応するこの知覚の機能的特質のせいである。われわれの認知器官は、このメゾコスモスにあわせ、人間という種の生物学的進化によって選択されているのである。たとえば物質の原子構造、天文学の研究対象である大宇宙的対象、科学的宇宙論で扱う時間の規模、そしてもちろんアインシュタイン的時空間や素粒子間の不確定の関係などを自らに「表象する」〔＝思い描く〕ことが困難なのはそれゆえである。

(67) だからといって、ある対象についてのわれわれの視覚が正確あるいは忠実であるか否かを知るという問いが意味をなさなくなるわけではない。なぜならこの問いに答えるため、われわれは他の視覚行為や他の知覚的様相、さらには（人工的な道具も含めて）その他の認識の道具を参考にできるからである。意味がないのは、視覚的認識の様態自体が、それによって見ることが可能となっている対象と類似しているか否かを問うことだ。

(68) 実際にはほとんどの状況においてより正確に問題となるのは、当の対象あるいは対象の型の視覚行為に関連した記憶の痕跡である。

(69) エーデルマンに従えば、実際のところこの状況は、表象と表象される対象との関係を定める「二次的同形性」の特殊な例でしかない。逆に、アリストテレスによって提示され、また『論理哲学論考』のウィトゲンシュタインにも見いだされる認識についてのミメーシス理論は、「一次的同形性」の考えに基づいている（この点については本章註32を参照）。

(70) 表象に内在する相《アスペクト》的な性格についての議論については、サール（Searle, 1995, p. 216 *sq*）を参照。

(71) たとえばネルソン・グッドマンはこう記している。「表象＝コピーの理論は、最初からコピーされるべきものがなんなのかを特定できないことを余儀なくされている」（Goodman, 1990, p. 37.〔邦訳では「表象＝コピーの理論」は「再現のコピー説」と訳されている〕）。彼は、絵画的視野の制約が人間の視覚的制約と同型であるという（とりわけゴンブリッチとギブソンによって擁護された）考えに反論するため、同種の議論をすすめている（*Ibid.*, p. 39–46）。彼の批判は、「一次的同形性」と「二次的同形性」をはっきりと区別していないだけでなく、模倣による表象の概念が数学的同形性の考え、すなわち二つの投射空間が逐一対応するという考えに立脚し、またそれぞれの文化に特有の表象図式が存在することを除外する――誰もそのようなことは主張していない――ということを前提としている。

(72) 実際いかなる象徴システムも、それが機能するためには相似によるカテゴリー化の能力を介入させることが必要となる。それは単に、ある同一の記号が多様な現れ方をした場合、それらが同一の記号であると再認識できねばならないからである。それゆえ相似とその問題を追い払えると期待して、記号論的規約主義の旗を振り回しても無駄であろう。

(73) 書誌情報としてミリカン（Millikan, 1998）を参照のこと。

(74) 以下を参照。Bandura (1977), p. 12.

(75) 規則によって媒介されない学習様式の研究については、シヤンクス（Shanks, 1994, p. 367–447）を参照。

（76）この表現は認知領域の前注意的プロセスを除外しているように思われるため、適切でない。そのようなことは不合理であろう。なぜなら視覚の例が示すように、こうした前注意的な処理が認知プロセスの最初の段階を構成するからである。だがこれは、ここで私の興味を引く事象を示すために確立された専門的表現であるため、そのまま取って置くことにする。「認知的に把握できない」ということが意味するのは、単に「後続する認知的処理には到達できない」、つまり意識的な認知状態のあらゆる影響から逃れるということだ。

（77）ミラーとダラード（Miller et Dollard, *op. cit.*）は、このようなミメーシス的学習の例を無数に挙げており、そのような学習を « social learning »（「社会的学習」）という表現で示している。

（78）以下を参照。Bandura (1963) et (1977).

（79）自然淘汰という観点から見て、ミメーシス的伝達が個人的獲得に対して有利であることについては、ボイドとリチャーソン（Boyd et Richerson, 1985）の重要な研究を参照のこと。

（80）Dawkins (1996), p. 257–262.「ミーム」という語はもちろん「ミメーム」の縮約形である。

（81）サール（Searle, 1997）は、ミーム概念が観念の発達を遺伝子の発達と同じ方式で扱うせいで、模倣プロセスを通じた観念の発達を説明するためには「人間の意識と志向性の全器官が必要となる」ことが考慮されていないと記している（p.105）。

（82）現象学的幻想の批判についてはプレイス（Place, 1956）を参照のこと。

（83）本書九九～一〇〇頁を参照のこと。

（84）これらの問題については、シャンクスとセント・ジョン（Shanks et St. John, 1994）またピリシン（Pylyshin, 1997）を参照のこと。

（85）最も根源的な視覚プロセスを意識的認知処理と分離する仮説についてのよく論証された主張については、ピリシン（Pylyshin, 1997）を参照のこと。

（86）本書一三六～一三九頁参照。

（87）Boyd et Richerson (1985), p. 40–60.

（88）Bandura (1977), p. 38.

（89）Flinn et Alexander (1982), p. 383–400.

（90）狩猟の準備のための儀式が個人に特有の性向ではなく社会に根ざした行動に属す場合、その機能は大きく異なる。社会的に認められたあらゆる儀式は、集団の全成員にとっての機能を充たし、それゆえ（その集団の）あらゆる猟師の成功にとって原因の役割を果たしうる社会心理的要素であると想定できる。集団全体に行き渡った不安を減少させる機能を備えた儀式は、もちろん見習いが取り入れなければならない行動構造の一部をなしている。もしこれを取り入れなければ、彼は狩りの成功を危うくしかねない不安状態に身をさらすことになるというわけだ。

（91）Wilson (1975), p. 141.

（92）Darwin (1998), p. 65–66.

（93）たとえば家畜の馬の種の表現型を、モウコノウマ（Equus przewalskii）のような野生のウマ科のそれと比べると、前者が子馬に典型的な特徴の選択に基づいていることがわかる。異常に長く伸びた脚、先細になった顔等々である。たとえばブディアンスキー（Budiansky, 1997）を参照のこと。

（94）以下を参照。Wilson, *op. cit.*, p. 226 *sq.*

（95）以下を参照。Lotman (1973), p. 105.

（96）没入による言語習得の分野を除く。自分の子どもと同時に外国語を学んだ大人ならば誰しも経験があるように、悲しいかなこの能力は幼少期の末からひどく減退してしまうのである。

第三章

（1）Hildesheimer (1977).

（2）*Id.* (1981).

（3）*Id.* (1984).

（4）原語は *Täuschung*、文脈に応じて騙し、ペテン、欺瞞、フェイント、さらには気をそらせる策略を意味する語である。

（5）« Arbeitsprotokolle des Verfahrens Marbot », *in* Hildesheimer (1988), p. 145–146.

（6）ここからの箇所で、私は拙稿で提示した分析の一部を再び取り上げる（Schaeffer, 1989）。ハンブルガー的フィクション概念の視点から『マーボット』のジャンル上のステイタスを論じた優れた分析としてはドリット・コーンを参照。Cohn (1992). 変更を加え以下に採録。Cohn (1999), p. 79–95.

（7）Cohn (1992), p. 302.

（8）叙述があまりに重苦しくならないように、本章を通じて、厳密には「ミメーシス的かつフィクション的な没入」と呼ぶべきものを「没入」ないし「フィクション的没入」と記す。たとえば模倣による学習という枠組みでの作用の仕方がそうであるように、フィクション的没入は「総称的《ジェネリック》」なミメーシスに属する没入とまったく同一の様式で作用するのであるが、それでも信、原動力、さらには行為の次元において、フィクション的没入が潜在的にはらんでいる帰結は、共有された偽装という語用論的枠組みによって無効化される——そのことはフィクション的没入が（役者の場合がそうであるように）行為であるときにもあてはまる——ということから、両者は区別される。それゆえ二つの状況間の差異は、没入プロセス自体の差異ではない。それは外的要因の介入によっているのである。

（9）作者（あるいは出版社）がテクストの読みを方向付ける、テクスト内以外のあらゆる指標を示すこの概念については以下を参照。Genette (1987).

（10）この概念については以下を参照。Głowiński (1987), p. 497–506.

（11）より詳細な分析については以下を参照。Schaeffer (1989) et Cohn (1992).

（12）« Was sagt Musik aus », *in* Hildesheimer (1988), p. 59–60.

（13）*Ibid*, p. 73.

（14）コーン（Cohn, *op. cit.*, p.317）もまた、このパラテクスト的性格をもつジャンル指標が重要であることを強調している。だが彼女は、本の実際のステイタスをすでに知っている読者にとっては、「ある伝記（Eine Biographie）」という表示が語用論的機能をもつことを止めて題名の一部となると付け加えている。

このときタイトルはもはや『マーボット。ある伝記（*Marbot. Eine Biographie*）』とは読まれず、むしろ『マーボット：ある伝記（*Marbot : Eine Biograhie*）』［「：」は同格をあらわす］となる。

（15）歴史的な固有名のこれら二つの役割の論理的差異については以下を参照。Descombes (1983), p. 251–280.

（16）コーン（Cohn, *op. cit.*）はとりわけ、この語り手の全知が拒絶されているという側面を強調している。ヒルデスハイマーのフィクションがハンブルガーによって提唱されたフィクションの定義と完全に反することを示すのがこれである。

（17）*Id.*, p. 307.

（18）*Ibid.*

（19）*Op. cit.*, p. 307.

（20）この概念については本書八七～八八頁参照。

（21）Searle (1982), p. 115. オースティン（Austin, *op. cit.*）は遊戯的偽装に本気の偽装の寄生的一形式を見ており、そのため遊戯的偽装が退けられる。寄生的用法（この表現に否定的な含意があるわけではなく、単に自らが利用する別の構造に立脚せねば存在しえないある種の意図的構造が示されている）という概念自体は、本気の偽装と遊戯的偽装の系統的関係を研究する上で興味深い出発点となりえただろうが、このせいで彼の分析は多少なりとも一方的なものになってしまっている。

（22）Riffaterre (1990), p. 2. フィクションは常に、真実の慣習、つまりあたかも物語が本当であったかのように読者を反応させるもっともらしさの記号とフィクション性の指標を結びつけねばならないと記すことで、彼もまたこの二元性を強調している。

（23）この語を括弧にいれることの説明に関しては、本書第一章註23参照。

（24）キリスト教信仰の位置づけをめぐって、時折神学者さえもが「フィクション」という言葉を用いて議論せねばならないように感じているという事実が、信仰の信頼性が失われたことの雄弁な証しとなるのは、まさにこの理由のせいである。「フィクション」の語を我慢しながら擁護したところで、事態の解決にはなりようもない。それはむしろ見えないところで自殺を進行させているようなものだ。この戦略の例については、ディーター・ヘンリッヒとヴォルフガング・イーザーによって刊行された『フィクション的なものの機能（*Funktionen des Fiktiven*）』の巻頭論文である以下を参照 Wolfgang Pannenberg, « Das Irreale des Glaubens » (Henrich et Iser, 1983, p. 17–34).

（25）Genette (1991), p. 60.

（26）フリ族（パプア・ニューギニア）の子どものフィクション的遊戯についてのゴルドマンとエミソン（Goldman et Emmison, 1996）による分析は、これらの遊戯が、われわれの最も洗練されたフィクションをうらやむ必要もまったくないくらい、意図的な複雑さに達していることを示している。

（27）Pavel (1988), p. 81.

（28）以下を参照。Goldman et Emmison (1996), p. 27–28.

（29）本書九五～九七頁参照。

（30）あらゆる現象学者と同様にサルトル（Sartre, 1968, 1re éd. 1940）は、表象意識そのものは対象をめざしたものとして定義されるという事実に注意を喚起した。だが彼は、照準を備えながら措定的とは言えない（判断行為と結びつくことによってのみ措定的となる）意味的意識と、対象を存在するものとして提示しないときでも、常に措定的である想像的意識とを区別している（p. 51）。彼によれば、「張札の上に「次長室」という文字を読むことは、何ひとつ措定しはしない」。張札は「何らかの本性」をめざしているのだが、「この本性については、人は何ひとつ断定しようとはせず、それをただめざすにとどめておく」のである（同書）。私には逆に、ほとんどのフランス語話者にとって、このような張札はさまざまな特性からなるこの「本性」を満たしているように思われる。たとえ張札を読む者が長であるか次長その人であるか、その下に属する人か、顧客あるいは邪魔者（ちなみに後者の二つのカテゴリーは、行政の魔術によって顧客が「利用者」とされるときに一致する）であるかによって、その特性はおそらく変わってくるのではあろうが。とりわけミリカン（Millikan［1998］）が擁護した意味の因果理論の方が、言語の指示機能における判断活動をあまりに重視するサルトルの考え方よりも、私には妥当であるように思われる。なにものかを自ら表象するということが、結局それを措定することになるという考えは、フィクションの固有名がその意味を確実なものにするのは、「それがあたかも」現実の存在を「名付けるようにする」限りでしかないと述べたフレーゲにもすでにみられる（Frege, 1969, p. 134, cité par Bouveresse, 1992, p. 16）。

（31）連結符は、フィクション的実体が介在する述語は実のところ分解不可能な一項述語であり、「行儀の良い二項術語」ではないことを示すために、グッドマン（Goodman, 1990, p. 48）によって提案された書き方の上での約束事である。

（32）はやくもフィリップ・シドニーは、『詩の弁護（*An Apology for Poetry*）』（一五八〇）で、フィクション作家に課せられるジャンル上の表象的制約、この場合では個々の事物を特定する制約、とくに登場人物を名付ける必要性に注意をうながしている。彼は詩人の立場を擬制《フィクション》的事例を作り出す法学者の立場と比べて記している。「人間を表象し、それを名付けぬままにしてはおけない」（Sidney, *in* Enright et Chickera, éds., 1962, p. 31）。ここで問題となっているのは、まさに一般的な制約だ。つまりこの制約は、（現実だろうがフィクションだろうが）個々の人間を指示するあらゆる言説に課せられるのである。文中に特定の指示対象を単に導入することで、（たとえ不確定であっても）個別に特定する行為を、それゆえ少なくとも暗黙裏に命名する行為が引き起こされる（あらゆる個人は名をもつ以上、個人を特定することは、潜在的に命名することである。それは詩人が実際には命名を控え、「ひとりの男」という類のはっきりとしない特定に限った場合でも変わらない）。

（33）本書五三頁参照。

（34）ロラン・バルト（Barthes, 1984, p. 383–387）は、映画のイメージがまやかしであると記しているが、これはたしかに誇張した説だ。彼はまた、このまやかしの効果を想像界についてのラカン理論の枠組みで解釈し、次いでその機能をイデオロギーのそれと近づけている。そのため遊戯的偽装という状態についてはほとんど顧みられない。この対極にあるのがウォルトン

(Walton, 1990) とカリー (Currie, 1995) であり、彼らは「メイク＝ビリーブ」という状態によって、まやかしの可能性そのものが排除されると主張している。だがカリーはこの問題を、映画の運動の問題という観点からしか扱っていない。彼が前注意的なまやかしがありうる可能性を考慮しないのは、主として映画的運動が幻想でなく現実のものだと証明したいからである。運動をどのように位置づけるにせよ、われわれが映画的イメージを三次元的知覚対象のまとまりとして構築しているという単純な事実は、前注意的まやかしを前提とするものである。だがたとえばクリスチャン・メッツが主張しているように、そのことによって映画装置そのものがフィクション的であることが意味されるわけではない。本書二四六〜二四九頁を参照。

(35) 本書二四四〜二五五頁参照。

(36) 厳密な意味での知覚的注意から独立した知覚処理構成単位《モジュール》の存在については、長らく議論されてきたが、数多くの最近の研究、とりわけサブリミナル映像の処理についての研究がそれを確認している（たとえばINSERM 334の研究班で行われたスタニスラス・ドゥアーヌ他の業績についての以下の報告を参照。« Images subliminales », in *Pour la science*, novembre 1998, p. 32)。この問題の現状を概説し、視覚の基礎的構成単位が認知の上で混同しないという説を擁護する議論についてはピリシン (Pylyshin, 1997) を参照。

(37) Metz (1977), p. 124. もうひとつの比較項は催眠状態であるが、これはバルトにも見られる (*op. cit.*, p. 383–384)。

(38) もちろん、フィクション作品が遊戯的偽装の状態そのものを主題とすることができないなどと言うつもりはない。そんなことはばかげた主張となろう。というのもこの種の手法はフィクション文学における真正な伝統となっているからだ。ディドロやトーマス・マンらに見られるアイロニカルな小説、劇中劇、さらにはピランデロやアヌイその他多くの作家に見られる自己言及的な「告発」といったことのどれをとってもそうである。ある意味、自己告発をするフィクションというものは、共有された遊戯的偽装を定める二重の態度、すなわちミメーシス的な没入とその語用論的効果の無効化という態度を、自己のうちで反射させているだけのことである。この種のフィクションから得られる特別な喜びは、おそらく、まやかしと意識的無効化とのあいだで繰り返される反転作用それ自体に由来しているのだろう。

(39) 映画フィクションじたいの複雑な状況に関しては、本書二四四〜二五五、二五六〜二五七頁を参照。

(40) Genette (1987). とりわけ以下を参照。p. 82, 86, 88, 89–97.

(41) Stern (1990), p. 32. この重要な論考に私の注意を引いてくれたレーモン・ベルールに感謝する。

(42) 言語に関しては本書六四〜六五頁を参照。運動性、とりわけ視覚、それから自己調節される「前注意的」な「短い」反応のループと、意識的な表象構築を担う「長い」体系の違いに関しては、以下を参照。Bonnet, Ghiglione, Richard (1989). とりわけ以下を参照。p. 3–6, 17–74 et 160–162.

(43) 「古典的」心理学から出てくるさまざまな理論（とりわけワロン、ピアジェ、そしてジャネ）の紹介については、たとえばエー（Ey, 1968, p. 290–366）を参照。ドグマ的でない精神分析概念についてはウィニコット（とくにWinnicott, 1975, p. 7–39）とスターン（Stern, 1989）の古典的な仕事を参照。

（44）Singer (1973), p. 194.

（45）このことによって、たとえばルソーが『エミール』で提案したような、積み重ね式の教育計画がすべて効力を失う。ルソーの理論では、赤ん坊には純粋に感覚的な性質しか備わっていないという説から、想像力を退けることが直接正当化された。ルソーは、「記憶や想像力がまだ活動状態にない生のはじめでは、子どもは自分の感覚に現に作用を及ぼすものにしか注意を払わない」という考えから出発し、「空想［fantaisie］は（……）本性のなかにはない」、それゆえそれに何も認めてはならないと結論した（Rousseau, 1969, p. 284, 290）。

（46）この区別は、想像的モデル化の特性を理解するにあたって最重要であると思われるが、これについてのより具体的かつより開かれた説明については、本書一八三頁以降を参照。

（47）自己欺瞞（self-deception）という概念、またこれとサルトルの「自己欺瞞［mauvaise foi］」概念との関係については、エイムズとディサーナヤケ編（Ames et Dissanayake, éds., 1996）に集められた研究を参照。

（48）これらすべての問題については、以下を参照。Flahault (1997), p. 29–34.

（49）本書四五頁以降を参照。

（50）メッツ（Metz, 1977）は、夢と映画体験の関係を論じた非常に刺激的な箇所で、その違いを次のように見事にまとめている。「夢みる者は自分が夢をみているということを知らないが、映画の観客は自分が映画館にいると知っている……」（p. 123）。

（51）モニク・ゲッサン（Monique Gessain, *in* Jouvet et Gessain, 1997, p. 88）は、バサリ人（セネガルとギニアの国境にまたがって生活する民族）の一人から収集した、次のような証言を報告している。「*endyuw*［魂］が旅するとき、おまえは夢みているのだ。おまえが見るのは、おまえの *endyuw* が見るものだ」。

（52）以下を参照。Jouvet (1993), p. 80.

（53）フロイトは、夢が睡眠の番人であると想定していたが、それとは逆に、睡眠こそがむしろ夢の番人であろう。なぜなら外界に接触する道が最も遮断され、覚醒の閾が最も高くなるのがまさに夢の状態だからだ。このことから、内因性の自己刺激システムがほぼ自給自足状態で機能することになる。このような状態は意識的なフィクション活動の領域では滅多に実現しない。

（54）脳の領域とそれに関するニューロン集合のより専門的な紹介に関しては、以下を参照。Jouvet, *op. cit.*, p. 37–104. とりわけ以下を参照。p. 88–89.

（55）*Ibid.*, p. 92–94.

（56）*Ibid.*, p. 53.

（57）カリー（Currie, 1995, p. 98）が夢とフィクション的没入状態との比較をあっさり退けてしまうのは、それゆえ間違っている。

（58）Stern (1990), p. 39.

（59）Winnicott, *op. cit.*, p. 22–23.

（60）Bessière (1990), p. 95.

（61）Winnicott, *op. cit.*, p. 19.

（62）この用語に関しては、マノーニ（Mannoni, 1980, p. 124）を参照のこと。

（63）Heinich (1996), p. 333.

（64）Metz, *op. cit.*, p. 143.

（65）Proust (1971), p. 161. ここに見られるように子どもの読書に対しては好意的だが、大人の読書となると彼の判断はずっと両義的になる。読書は精神生活への導入となりうるが、「精神の個人的生」に取って代わろうとする傾向が少しでも見られると、障害に変化する危険性を常に秘めたものとなるのである（p. 180）。

（66）*Ibid.*, p. 170.

（67）以下を参照。Giono (1971), p. 622.

（68）*Ibid.*, p. 616.

（69）実のところ、プルーストはさらに考えを推し進めている。残るのは本ではなく、読書の状況だけだというのである。彼の書き物の最終的な目的は、読書（加えてフィクション）の礼賛ではなく、「精神生活」の発展において、結局のところは制限された領域と正当性とを読書に認めることにあったと思い起こせば、この考えは説明される。

（70）Proust, *op. cit.*, p. 171.

（71）Giono, *op. cit.*, p. 611.

（72）*Ibid.*, p. 613 et 612. またロベール・リカットの註2も参照（p. 1446）。

（73）この点については本書の結論二八三頁以降を参照。

（74）*La République*, X, 605c–d. 本書三九頁を参照。

（75）*Op. cit.*, p. 170.

（76）とはいえその境界は常に絶対ではない。フレイ（Frey, 1946, p. 124）は、ドイツの女神秘主義者マルガレータ・エブナーの言葉を伝えている。彼女は、夜に神の幼子がおとなしくせず（« nicht züchtig »〔züchtig は「慎み深い」の意味もある〕）、彼女が眠るのを妨げたので、籠からキリストの図像を取り出した模様を語っている。彼女は幼子を腕に抱いて話しかけた。それからその演技をさらに進め、剝き出しにした自分の乳房にそれを押し当てて乳をあてがった。するとそのとき、彼女は「その口の人間的接触」（« ein menschliches Berühren seines Mundes »）の感覚に襲われたのである。

（77）Freedberg (1989). とりわけ以下を参照。p. 130–160 et 317–344.

（78）Lotman (1973), p. 106.

（79）Gombrich (1987), p. 24–25. ゴンブリッチの説が引き起こした議論の紹介については以下を参照。Podro (1983).

（80）*Ibid.*, p. 25.

（81）心理学者がしばしば強調するこの点については、カリー（Currie, 1995, p. 29）も喚起している。

（82）ウォルトン（Walton, 1990）参照。同じことはカリー（Currie, 1995）にも当てはまる。いくつかの点に関しては論争があるものの、彼の考え方は本質的にウォルトンの考え方と一致している。

（83）タディエ（Tadié, 1998, p. 124, n. 22）は、感情が単に装われている、あるいは彼が言うように、想像されているだけであるとするウォルトンの説を受け入れているように見える。しかし同時に彼は、現実の感情と想像された感情との区別はその性質によるのではなく、単に強度の違いであるとも示唆している。カリー（Currie, 1995）もまた、感情移入を「心的シミュレーション」と同じものであると見なしているがゆえに、ウォルトンに近い見方をしている。

（84）Aristote (1980), p. 93 (55a 32–34).

（85）私はこれを絶対的な規則とはしない。というのも、逆に意識的なコントロールとあらゆる没入の拒否を強調する役者の流派が複数あるからである。

（86）以下を参照。Goldman et Emmison (1996), p. 49.

（87）Metz (1977), p. 69.

（88）本書一九五〜一九六頁参照。

（89）後者の傾向については、本書序論註4参照。

（90）以下デュクロとシェフェール（Ducrot et Schaeffer, 1995, p. 312–315）で素描した分析をいくらか展開する。哲学的フィクション論についての参考文献目録もあるので、関心のある読者は参照されたい。

（91）Frege (1971), p. 109.

（92）以下を参照。Bouveresse (1992), p.16.

（93）あまりにしばしば感情主義理論に還元されてしまいがちだが、オグデンとリチャーズの仕事は、実のところずっと興味深い。リチャーズの常に一貫性があるとは言えないが複雑な考えの分析については、以下を参照。Shusterman (1988), p. 47–54 et p. 199–221.

（94）もちろんフィクション的命題が真理価値をもっているかどうかという問いと、当のことがらについて真理を述べられるかどうかという問いとは混同されてはならない。テレンス・パーソンズが記しているように、「ペガサスは翼をもつ馬である」という命題を述べる大多数の人々は、神話に従えばこの命題は真であるという限定付きでこれを述べているのではなく、絶対的に真であるものとして述べるのである。「それは非現実的な対象についての現実的な真理である」（Parsons, 1974, p. 78）。

（95）シェフェール（Schaeffer, 1992）で私が提示したグッドマンのフィクション理論の分析は、それゆえもはや不十分となる。

（96）逆にこれは、あらゆるフィクション装置に内在する機能である。本書二八三頁を参照。

（97）Leibniz, *Les Principes de la philosophie ou La Monadologie*, §53, *in* Leibniz (1965), p. 462.

（98）Bodmer, *Critische Abhandlung von dem Wunderbaren in der Poesie* (1740), *in* Bodmer (1966), p. 32.

（99）デュクロとシェフェール（Ducrot et Schaeffer, *op. cit.*, p. 315）に様相論理学から着想を得たフィクションの諸定義についての参考文献目録があるので、関心のある読者は参照されたい。

（100）以下を参照。Lewis (1978), p. 37–46, et Howell (1979), p. 129–178.

（101）この最後の点に関しては、以下を参照。Doležel (1988), p. 475–496.

（102）Danto (1993), p. 183.

（103）グッドマンの慣習主義は、彼の立場である唯名論とも、またジェローム・ブルーナー学派の心理学研究に彼が賛同していることとも適合している。ブルーナーによれば、現実の知覚的な構築は、大まかに言って科学的調査と同じ論理に従っている。つまり指標、仮説、実証等々によって進められる、推論的なプロセスだというわけだ（知覚の場合にそのプロセスについての意識はなされない）。そこからブルーナーは、以下の仮説（ただし神経心理学の領域で最近出された知覚についての研究によって疑念が提出された仮説でもある）に依拠して、知覚と思考の区別を退ける。それは、知覚を心で処理する際の全段階が、上意下達式の（top-down）プロセスに開かれたものであり、だからこそ意識的な信によって影響されうるという仮説である。この問題をめぐる現在の状況については、ピリシン（Pylyshyn, 1997）を参照。

（104）彼は『芸術の言語』で、『去年、マリエンバートで』の「執拗な抑揚となんとも言いがたい感覚的な質や情動的な質」について語ってはいるものの、おそらくそれは、結局のところミメーシス的没入固有の効果を認めるひとつのやり方でしかない（Goodman, 1990, p. 124）。

（105）Goodman (1990), p. 181.（強調筆者）

（106）Wolterstorff (1980), p. 234.

（107）Searle (1982), p. 109.

（108）ただしいくつかの問題が宙吊りのままにされている。この点に関してはジュネット（Genette, 1991, p. 41–63）を参照。

（109）*Op. cit.*, p. 104.

（110）Genette (1991), p. 20.

（111）それゆえここで私の述べているフィクションは、とりわけ法的擬制《フィクション》と区別される。ヤン・トマの分析によれば、後者は常に「偽の確信」を前提とする。すなわち、事実に反することを事実として扱う（Thomas, 1995, p. 17–63）。また共有された遊戯的偽装としてのフィクションは、たとえばジャン＝マルク・レヴィ＝ルブロンが言うような、フィクションとモデル化を同一視する「科学的フィクション」とも区別される。「この意味で、やはりモデル化の実効的活動である科学は、フィクションである」（Lévy-Leblond, 1996, p. 397）。法理学的モデル化（さらに大きくは相同的モデル化）とフィクション的モデル化とを区別する必要があるように思われる。この点については本書一八三頁以降を参照。

（112）これは、心的現実（それゆえ同様に社会的事象）自体が物理的現実の一部をなすと認めることを前提とする。だがこのことは、心的現実を正しく記述しようとするなら、原子物理学や神経学のレベルにこれを還元するような手続きを経なければならないということを意味しない。亜原子の粒子を物理学的に記述するのと同じように、心的事象を心理主義的に記述することは、われわれが属している物理的現実のひとつの相、あるいはひとつのレベルを記述することなのである。

（113）以下を参照。Searle (1985), p. 19–20. サール（Searle, 1998, chap. I）によれば、内在的志向性と派生的志向性の区別は、個人の志向性と集団の志向性の区別に重ならない。前者は志向性の事象の位置確定ならびにそれらの基盤となる場に関係し、後者はそれらの表現形式に関係する。

(114) 本書六八～六九頁参照。

(115) 以下を参照。Shanks et St. John (1994). 彼らは例による学習を規則による学習（rule learning）と対置させている。彼らの記すところでは、前者は再活性化しうる例の記憶に存するのに対し、後者の場合では、刺激の生起からひとつの規則が抽出され、この規則のみが長期的記憶にストックされるのである。

(116) 投射的な相同的モデル化を満たす条件とは、たとえばサールが分析した意図的行為を満たす条件の一特殊ケースでしかないことを指摘できるだろう。身体的出来事（たとえば腕を上げること）は、これが腕を上げるという行為を実行している（あるいは前もっての）意図によってもたらされる限りで意図的行為となる（Searle, 1985, p. 122–123）。

(117) このように断っておくことは重要である。なぜならこれによって、フィクション世界と、フィクション世界が包含する事実的指示のそれぞれ独立した集合とのあいだに生ずる葛藤が、どうしてあれほど耐え難いのかが説明されるからである。すなわち、これらの葛藤はミメーシス的没入を乱すのである。この点に関しては本書一九四～一九五頁を参照。

(118) 本書九五頁以降、また一三二頁以降を参照。

(119) たとえばハーンスタイン・スミスを参照（Herrnstein Smith, 1978, p. 29. ここでは以下からの引用に拠る。Genette, 1991, p. 81）。スミスは小説のフィクション性が「登場人物や言及された出来事の非現実性にではなく、その言及自体の非現実性に探し求められねばならない。（……）出来事を語る行為、人々を描写し、場所を指示する行為こそがフィクション的なのである」と記している。

(120) Rochlitz (1990), p. 154 et 150.

(121) Bremond (1990), p. 68.

(122) *Ibid.*

(123) この問題についての今日最重要の分析として、ブレモン（Bremond, 1973）を参照。

(124) ブレモンは、擬人化されたものはすべて人間的な能動と受動の様態に従って語りうると記している。だが実際はここで、年齢や文化などによって異なる適用分野をもつ心的状態をどこに帰属させるかという問題が再浮上する。

(125) もちろんリチャード・ローティが記しているように、このような手段が幅をきかせるのは、意味論の問題を認識論的問題として扱いつづける限りでしかない（Rorty, 1983, p.85）。しかしローティが真偽検証のプログラム自体にまでその批判を拡大し、指示と真理の概念を「～について語る（talking about）」に代えようと提案することに、私は賛同しない。

(126) Jost (1995), p. 167.

(127) *Ibid.*

(128) Genette (1991), p. 60.

(129) フォーダー（Fodor, 1986, p. 137–139）によれば、あるシステム内ですでに獲得されている知が新たな仮説の確証に有効であるなら、そうしたシステムはすべて——すなわちモデル化はすべて——等方的システムということになる。さらに彼は、（何がそうであり何がそうでないかということに関する）われわれの信を固定化することが、等方的システムの例だと主張する。

(130) 以下を参照。David Lewis (1978), « Truth in fiction », *American Philosophical Quarterly*, XV, p. 37–46.

(131) Wolterstorff (1976), p.125.

(132) Danto (1993), p. 218.

(133) フィクションの認知的作用の方式のうち、この相は、ポール・リクール（Paul Ricœur, 1983, p. 109 *sq.*）が「ミメーシスⅢ」と呼んだものに対応すると思われる。しかしながら、どうして時間の経験が必然的に主要な認知作用とならねばならないのか、私には理解できない。リクールの行っているように、物語的フィクションに話を限ったところで、このような説はあまりに限定的である。

第四章

(1) 本書一二九頁以降を参照。

(2) 認知的作業による区別という考えはヒラリー・パトナムによって提案された（たとえば以下を参照。Putnam, 1983, p. 186）。彼は主に科学的知との関連でこの概念を洗練させたが、これは人間の表象全体にもあてはまる。

(3) この点についてはデコンブ（Descombes, 1995）の分析を参照。

(4) Goldman et Emmison, *op. cit.*, p. 31.

(5) Escande (1999). 中国におけるフィクションの役割については以下を参照。Levi (1995).

(6) Jullien (1983) et (1985).

(7) Pavel (1988), p. 186.

(8) クロード・ブレモンとトマス・パヴェルによって提案された表現を用いている（Bremond et Pavel, 1998, p. 197）。

(9) 本書二六〇頁以降を参照。

(10) 以下を参照。Cohn (1981), p. 245–300.

(11) 以下を参照。Genette (1972), p. 185–186.

(12) このことは、言葉によらない心的内容をフィクション物語《レシ》が説明できないことを示すものではもちろんない。だが物語がそれをなしうるのは、こうした心的状態を報告する語り手の声を通して、つまりドリット・コーンが「心的物語〔psycho-récit〕」と呼ぶものを通してのみである。物語は、状態そのものを模倣することはできないのである。コーンは、心的物語の大きな利点は、まさに「言葉にされない心的運動」を考慮できることにあると述べている（Cohn, 1981, p. 63）。

(13) 本書二二七頁以降を参照。

(14) 映画にも同じことが当てはまる。準知覚的ミメームとそのフィクション的用法の区別については、本書二五〇頁以降を参照。

(15) 以下を参照。Schaeffer (1987), p. 41.

(16) Platon, *Phèdre*, 275d. 以下に所収。Platon (1989), p. 180.

(17) 音響的ミメームを考慮に入れていないため、この描写はもちろん一面的である。そもそも音響的ミメームをサウンドトラック全体から区別しなければならない。サウンドトラック全体は、通常音楽というミメーシス的でない要素も含んでいるからである。たいていの場合音楽はフィクション的世界そのものの一部ではなく、感情移入を引き起こすものとして機能する。フィクション映画における音響要素の複雑さについての分析に関しては以下を参照。Jost (1987), p. 37–59.

(18) もちろん、映画においても、少なくとも視界の全体的な枠組みが十分長いあいだ安定している場合、つまり固定されたショットの場合に限れば、視線の焦点を準知覚的な領域の内部である程度自由に変化させることができる。動くショットになるやいなや、視線は消失点に据えられるようになる。それは、このように焦点の中心を据えなければ、動的な視覚経験の連続において、視界の変化を統合できないからである。

(19) おそらくラジオフィクションのように、中間的な例が存在するだろう。身体的具現化がここでは声に限られている。

(20) 以下を参照。Genette (1991), p. 81–82.

(21) すなわち、(ジュネットが提示した図式の結果では明確にそうなるように) 等質物語世界的フィクションと異質物語世界的フィクションの真の差異は、語り手と登場人物の関係のレベルに位置する。前者の場合、両者は符合するが、後者の場合、語り手は物語世界の登場人物のひとりとはならない。

(22) この点については以下を参照。Gaudreault et Jost (1990), p. 63–70.

(23) 本書二六〇頁以下を参照。

(24) この点についてはジョスト (Jost, 1987, p. 29–30) を参照。「内的接眼 [ocularisation]」(主観的カメラ) と「接眼ゼロ」(客観的カメラ) が対置されている。内的接眼 (登場人物が見るものをわれわれも見る) と内的焦点化 (登場人物が知っていることをわれわれも知っている) の区別については、以下を参照。Gaudreault et Jost (1990), p. 138–139.

(25) Goldman et Emmison, *op. cit.*, p. 29.

(26) たとえば以下を参照。Karbusicky (1990).

(27) この考え方の批判については以下を参照。Danto (1993), p. 184–191.

(28) 以下を参照。Searle (1982, p. 108, 112) et Genette (1991, p. 47–48 et 62).

(29) この点は明確にしておかねばならない。というのもハンブルガーは映画もまた「文学的フィクションの論理の領域」に属すると考えているからである (Hamburger, 1986, p. 197)。

(30) 今のところ劇は考慮しない (本書二三四頁以降を参照)。

(31) 以下の著作における「フィクション」の項目を用いる。Ducrot et Schaeffer (1995), p. 318–320.

(32) 強調筆者。

(33) これらの指標とその解釈についての研究は、以下を参照。Hamburger (1986), p. 72–124, Harweg (1968) et Banfield (1982).

(34) Suétone (1957), p. 97.

(35) Lejeune (1981), p. 25–26.

(36) Hamburger, *op. cit.*, p. 171.

(37) Goffman (1973), Turner (1974), Geertz (1980).

(38) Turner (1974).

(39) 以下を参照。Turner (1982).

(40) この点については以下を参照。Schechner (1988), p. 168.

(41) Heinich (1996), p. 338–339. 生きられた経験を記述するモデ

ルとしての役割概念を、正当に批判したものとして同書を参照。一方で、「ある役割を演ずる」ことは利害関心からの離脱を前提とするが、「そのような条件は（……）例外的にしかそろわない」。他方で、この概念は「《役割》という語に結びつけられる表面的で偶然的な性質の影に隠れて、正当なる《自我》の存在を前提する本質主義的な発想によって支えられている」（p. 339）。要するに「社会的役割」という概念は、慎重に扱わなければ二重の無理解を引き起こしかねないのである。すなわちフィクションという観点からすれば、これは、フィクション遊戯を定義する語用論的中断の特殊性を過小評価するのであるし、また現実的な相互作用という観点からすれば、「利害関心からの離脱」を過大評価し、そのために「状況を構成する現実の諸要素と、（……）位置どりの象徴的プロセスについての考慮」が欠如していることを過小評価するということになる（同上）。

（42）以下に所収の拙稿「演劇的発話」を参照。Ducrot et Schaeffer (1995), p. 612.

（43）ここでケーテ・ハンブルガーの見解と再び出会う。彼女にとって「演劇の舞台は、作品の文学としての存在と価値に対していかなる影響も及ぼさない」(Hamburger, 1986, p. 191)。この演劇という状況に、彼女は同じ作品の映画化を対置させるのだが、そちらの方は、まさに映画という新たな作品を生み出すと考えられている。とはいえ、演劇作品を舞台で上演することが、作品にならないとあらかじめ決めてかからないことには、この区別は意味をもたない（ハンブルガーからすると、たとえば演劇的装飾は演劇作品の一部をなさないということが、これによって説明される）。ハンブルガーの主張とは逆に、「作者、つまり劇作家によって創造された形式は不変である」ことは、演劇的な上演だけでなく、映画化であっても変わりはない。

（44）Abbé d'Aubignac, *La Pratique du théâtre* (1657). 以下に引用されている。Prodromidès (1997), p. 425. このすばらしい論考は、古典期に展開していた悲劇理論がとっていたテクスト主義的立場を明らかにしており、多くを教えられた。

（45）*Ibid.*

（46）*Ibid.*, p. 425.

（47）La Mésnardière, *La Poëtique* (1639), p. 12. 以下に引用されている。Prodromidès (1997), p. 424.

（48）グッドマンの考え方についてのより掘り下げた議論は、以下を参照。Schaeffer (1992), p. 90.

（49）Goodman (1984), p. 144.

（50）実際のところ、グッドマンの分析は、私がここで想定させるより繊細である。というのもそれは、テクストの混淆的なステイタスを考慮しているからである。対話は、書かれたものの図式の音声的実現を準拠物としているために、準＝記譜法［quasi-notation］である。一方でト書きはスクリプトである、というのも、それらのパフォーマンス上の準拠物（装飾、身振り、運動）は、自然言語の意味論、つまり高密度かつ曖昧で、それゆえ記譜的ではない意味論を通じて決まっているからである。「戯曲のテクストは、しかしながら、記譜とスクリプトとの合成である。せりふは、発話を準拠物としてもつ記譜的システムにほぼ則っている。テクストのせりふ部分は記譜であり、それに準拠する上演が作品を構成する。ト書き、舞台装置の記述等々は、記譜性の意味論的要件のいずれも満たさない言語に則った書であり、上演は、そのようなスクリプト、あるいはそれと共外延的なスクリプトのクラスを、一義的に確定しない」(Goodman, 1990, p. 249)。

(51) プロドロミデス(Prodromidès, 1997, p. 431)に引用されたドビニャック(強調筆者)。

(52) *Ibid.*, p. 427。

(53) Richard Wagner, *Die Walküre*, *in* Wagner (1966), t. II, p. 75.(筆者訳)

(54) 超正常まやかしの問題は、それだけで一章を必要とするかもしれない。なぜならこれは自然主義的な模倣と同義ではないからだ。それらは常に、自然主義的ミメームに通常期待されるものの正反対をゆく変形や誇張によって特徴づけられる。この枠組みでとくに研究せねばならないように思われるのが、演劇における作詩法やオペラにおける歌唱の役割である。

(55) どちらのフィクション装置に優先権があるかという問題を、テクストの出版の問題と混同してはならない。古典劇においては、テクストの出版は通常その上演の後になる。これが意味するのは、公衆はテクスト状態を手にする前に舞台状態に接するということである。

(56) Metz (1977), p. 63.

(57) *Ibid.*, p. 64.

(58) *Ibid.*

(59) *Ibid.*, p. 63.

(60) Jost (1995), p. 165. 映画にはフィクション性が内在するという説に対する彼の批判は、ここで素描された批判と同じ方向でなされている。

(61) Odin (1996), p. 15.

(62) *Ibid.*, p. 10.

(63) Milman (1992), p. 7.

(64) ゴンブリッチ(Gombrich, 1956, rééd. 1987, p. 87)は、(映画における)立体鏡的図像の技術について、同じことを記している。「自然主義的」効果の強度が、期待と経験のあいだの差異に本質的に依存していることを、彼はまったくもって正しく述べている。他方で彼は、それを超過するとこの差異がもはや機能しなくなるような神経生理学的閾が存在する可能性については考慮していない。

(65) 二つの次元を分けてはいないが、オダン(Odin, 1996)は、クリスチャン・メッツの理論の興味深い分析から出発して、以下のような区別をたてる真の理論的奇形学へといたった。それは「架空化[fictivisation]1」(表象的ミメーム)、「架空化2」(物語となることで現実が《その場で》非現実化されることに起因するとされる)、そして「架空化3」(通常の意味でのフィクション、つまり想像的世界の構築)、さらに彼が虚構化[fictionnalisation]と呼ぶもの(私がきちんと理解しているなら、これら最初に挙げた三つのプロセスの結果のひとつ)を忘れてはならない! 実際のところ、フィクションに属するのは第三のプロセスしかない。

（66）Danto (1989), p. 232.

（67）この点については以下を参照。Ben Broos *et al.* (1986), p. 355. 絵画がカメラオブスクラを用いて描かれたかどうかという問題は、それがフィクションであるかどうかを判断するための決定的基準にはならない。

（68）「崇高の風景と問題」と題した展覧会にバルディーヌ・サン＝ジロンとクリステル・ビュルガールによって集められた絵画についても、同様の考察を展開することができるだろう（Burgard, Saint Girons *et al.*, 1997）。

（69）写真において発展させることのできるさまざまなフィクション装置に関する刺激的な紹介は、以下を参照。Soulages (1998).

（70）この点については以下を参照。Freedberg (1989).

（71）Soulages (1998). 振り返ってみると、シェフェール（Schaeffer, 1987）の弱点のひとつとして、写真のフィクション的な使用を考慮に入れていなかったということが見えてくる。しかしながら私は、フランソワ・スーラージュが「リアリズム的写真の帝国主義的実践と教条的イデオロギー」と呼ぶもの――その起源は「永久に固定的かつ固定された現実性《レアリテ》、現実《レエル》を信ずる必要性」に見いだされるだろう――に対する彼の敵意を共有しない（p. 94 et 96）。

（72）このことによって、自然主義的な意味での形式的ミメーシスと超正常まやかしを区別する必要性が再び示される。

（73）Odin (1996, p. 9–19). カゼッティ（Casetti, 1983）もまた「発話者」について語っている。

（74）発語内行為は言語以外の媒体、たとえば身振りや文字コードによっても実現しうる――つまり内容と命題的態度が表明されうる。

（75）*Ibid.*, p. 15.（強調筆者）

（76）Currie (1995), p. 3. 以下も参照。Deleuze (1985), p. 40.

（77）Genette (1972), p. 67–273.

（78）この点における物語論の妥当性を納得するためには、フランソワ・ジョストが目視化と呼ぶものと、それが焦点化と取り結ぶ（複雑な）関係について分析したものを読めば十分である。以下を参照。Jost (1987).

（79）たとえば以下を参照。Gaudreault et Jost (1990).

（80）映画では、フィルムのミメームの準知覚的な流れのせいで知覚が「制限される」――演劇の場合では当然それは起こらない――としても、それによって物語的審級説や、また「大いなる絵師」［アルベール・ラファイが提唱した概念。観者の視線を誘導し、彼が見る光景に一定の意味を付与する見えざる語り手のような存在を指す］の説が正当化されるわけではない。いくつかの例外を除けば、映画の観者は誰かが彼に見せている何ものかを見るようにではなく、彼自身の知覚の流れであるかのように映画を見ているのである。

（81）ガルシア・バリエントス（Garcia Barrientos, 1991）のすばらしい仕事は、物語論のカテゴリーのほとんどが演劇にも妥当することを示している。だがそこから、演劇が「物語る審級」を備えているという意味での物語ジャンルであると結論づける者は誰もいないだろう。

(82) これと同じ方向性をもつ批判として、以下を参照。Currie (1995, p. 225–280).
(83) 両者の技法は似通っているものの同一ではない。この点については本章の註24を参照。
(84) Burgoyne (1991), p. 272.
(85) 以下に引用。Singer (1973), p. 76.
(86) 本書二五〜二七頁を参照。
(87) Coiffet, 1995, p. 40. 低い解像度のイメージよってもたらされた没入の欠如を音響的刺激が補う可能性を証明した実験については、以下を参照。Negroponte, 1995, p. 159.
(88) ここではシュムック（Schmuck, 1995, p. 6）の用語を用いた。
(89) もちろんデジタル的支持体は、主に回線上のネットワーク（インターネット）を介して、人間主体同士の現実的相互作用を大いに発展させることもできる。しかしこの問題は、ビデオゲームやバーチャルリアリティのシステムに見られるフィクション的相互作用性——つまり知覚主体と因果的に関係づけられた環境や志向的システムのアルゴリズムによるシミュレーション——の問題とはまったく関係がない。インターネット上のやりとりは、装われたやりとりではない。それは現実のやりとりなのであり、それが他のコミュニケーションの様態と区別されるのは、単にそこではデジタル形式でメッセージが通過し、（一時的に）ストックされるからでしかない。
(90) 以下を参照。Coiffet, (1995), p. 15–30.

結論

(1)「詩作全体は二つの原因（aitiai）によって生まれ、その二つの原因のいずれもが自然〔人間の本性〕的（phusikai）なものであるように思われる」。『詩学』48b 5 (Aristote, 1980, p. 43)。もちろん、アリストテレスが取り組んでいるのは詩学のみなのだが、彼はそれをミメーシスの様態として扱っており、また彼が数え上げる原因も、「音曲とリズム（……）に対する自然な性向」——当然これは詩的な種類のミメーシスにのみ（だが同様に音楽というほぼ非ミメーシス的な芸術にも）関わる——を除き、ミメーシスそのものに通用するのである。
(2) *Ibid.*, 48b 20–24.
(3) *Poétique*, 48b 8–9 (Aristote, 1932, p. 33).『詩学』の翻訳者たちは、アリストテレスが語っている「二つの原因」が何かということについて意見の一致を見ていない。アルディ (Hardy, 1932) によると、これは模倣に対する自然な性向と、模倣から人間が快を得るという事実である。だがデュポン＝ロックとラロ (Dupont-Roc et Lallot) に従えば、第二の原因は音曲とリズムに対する人間の自然な性向ということらしい。模倣から得られる快は、第一の原因、つまり模倣に対する自然な性向の一側面にすぎないというのである。私からすると、いずれの場合でもアリストテレスが実際には少なくとも以下に挙げる三つの側面について語っている事実を考慮せねばならないのなら、この問題は二次的なものになるように思われる。つまり模倣に対する自然な性向、この性向の心的な翻訳つまりは模倣することで人間が得る快、そして最も成功した模倣を自然に選択することである。デュポン＝ロックとラロは、「音曲とリズムに対する自然な性向」を、アリストテレスが第四章の冒頭文で言及している詩の誕生の第二の原因と見なすまでに強調している。だがこの原因は、それが詩に特有であることに加えて、ミメーシスそれ自体と詩の定義という観点からも不十分である。事実、『詩学』の第一章で、アリストテレスは韻律が使用されているかどうかで詩を識別することをはっきりと拒否している。ただミメーシス的な言葉の作品のみが詩に属するのだ。さらに模倣のためには散文を用いうることも想起しておこう（47a 30 を参照）。

（4）認識の概念を非常に限定――対象や物理的事象を直接知覚する関係に限定――し、没入による認識〔認知〕の固有性を無視することによってのみ、フィクションが認識〔認知〕と対立する。フィクションの認識上の効力を再認機能に限定するこの種の制限的解釈の例に関しては、シュステルマン（Shusterman, 1995）を参照。

（5）たとえば西洋の文学フィクションにおける女性の表象についてのナタリー・エニック（Heinich, 1996）の業績を参照。

（6）フィクションと個人の想像力、また集合的想像力との関係についての人類学的研究についてはオジェ（Augé, 1997）を参照。

（7）これらの実験の報告については以下を参照。Ephraim Biblow, *in* Singer (1973), p. 126–128.

（8）フィクションと情動の関係についての一般的な問題については以下を参照。Izard et Tomkins (1996).

（9）本書一四二頁以降を参照。

（10）この点に関してはマノーニ（Mannoni, 1985）を参照。

（11）Flahault (1998), p. 67.

（12）本書一四五～一四六頁と一九一～一九二頁を参照。

（13）Singer (1973), p. 203.

（14）美的行動をめぐるこの定義に関しては、拙著（Schaeffer, 1996, p. 163 *sq*）を参照。

（15）本書一五八～一五九頁参照。

（16）Kant (1984), p. 42.

（17）以下を参照。*Ibid.*, p. 102.

（18）Kant (1965).

（19）Heidegger (1981), p. 187.

（20）Kant (1964), p. 484.

（21）Kant (1984), p. 216.

（22）本書一七八頁を参照。

（23）逆に、カントがフィクションのもうひとつの源泉、つまりは想像的自己刺激を考察していることは今見た通りである。

（24）Genette (1997), p. 164–165.

訳者解説

本書は、Jean-Marie Schaeffer, *Pourquoi la fiction?*, Seuil, coll. « Poétique », 1999 の全訳である。著者ジャン゠マリー・シェフェールは、フランス国立科学研究センター（CNRS）ならびに社会科学高等研究院（EHESS）で研究ディレクターを務める文学理論家、美学研究者、そして哲学者であり、近年相次いで物故したジェラール・ジュネットやツヴェタン・トドロフに代表される構造主義世代——とはいえ後年の彼らの仕事は「構造主義」という枠組みに収まらないが——に続くフランスの文学理論・芸術理論の展開を長年にわたって主導してきた人物である。これまでドイツロマン派以降の思弁的な近代芸術の伝統を批判した『近代の芸術』（一九九二年）や、それに続いて美的快という芸術的な経験を、分析哲学や現代心理学の知見なども取り入れて再評価するプログラムを示した『芸術の独身者たち』（一九九六年）などの美学理論に関する一連の著作の他、写真論『束の間のイメージ』（一九八七年）、文学ジャンルを語用論的に捉えることを提唱した『文学ジャンルとは何か?』（一九八九年）、本書『なぜフィクションか?』といった個別的な事象についての研究書を著してきた。そして本書の後も人間性の概念を大胆に相対化した哲学的著作『人間という例外の終焉』（二〇〇七年）や文学研究の意義についての提言『文学研究の小生態学』（二〇一一年）を発表するなど、現在も多方面に旺盛な仕事ぶりを示している。

＊

本書『なぜフィクションか?』は、前世紀の終わろうとする一九九九年に発表され、それ以降の文学理論の展開に大きな影響を与えつづけているフィクションについての研究書である。そこで本稿では、フランスの文学理論研究における本書の位置づけと意義を明らかにすることを試みよう。

まずは本書が発表される以前のフィクションをめぐる理論的状況である。シェフェールがプラトンやアリストテレスから議論を始めていることからも理解されるように、フィクション——あるいは「ミメーシス」——は、文学理論における最古の問題のひとつを構成している。だが現代のフランスにおいてこの問題系が注目を集めたのは実はそれほど古いことではなく、文学理論家たちがフィクションについて正面から論じ始めるようになったのは、ようやく一九八〇年代の後半からである。その徴候をもっとも顕著に示しているのが、一九八八年に仏語版が出されたトマス・パヴェルの『フィクションの世界』である（英語版は一九八六年に出版）。「すでに二〇年来、物語の詩学は、修辞学的形式において捉えられた文学的言説を対象としており、その指示的な力は、批評の注意の周縁に留め置かれ、犠牲にされてきた」と自らの著作を書き出すパヴェルは、構造主義詩学を特徴づけていた内在的アプローチの乗り越えを提唱し、そのために分析哲学の方法論と用語を移入した。事実、ラッセルが指示のメカニズムについて論じて以来、現実世界には存在しない対象（たとえば「シャーロック・ホームズ」）や、それらが住まう実在しない世界をいかに記述するかという問題が哲学者や論理学者のあいだではさかんに論じられてきた。彼はこうした議論を取り入れることでテクストの「外部」を論ずる視座を文学理論に導入しただけでなく、さらには可能世界論や、ケンダル・ウォルトンの「ごっこ遊び《メイク＝ビリーブ》」の議論を参照し、想像によって作り出される世界のメカニズムを捉えようとしたのである。

この時期に現れたもうひとつの重要な著作が、ジェラール・ジュネットの『フィクションとディクション』（一九九一年）である。ジュネットのフィクション理論も、彼自身が立役者となって推進してきた物語論に対する反省の上に立つものである。だがポール・リクールの物語分析やヘイドン・ホワイトによる歴史叙述の修辞的分析など、事実的言説をも「物語《レシ》」として解釈する潮流に刺激され、物語論者があたかもフィクション以外に物語が存在しないかのように振る舞ってきたことに気づかされたジュネットが立てたのは、フィクション的言説とノンフィクション（事実）的言説の関係、そして両者がいかにして「文学」という体制に組み込まれるかという問いであった。

興味深いのは、ジュネットがここで互いに性格の異なる二つのフィクション理論を導入したことである。それがケーテ・ハンブルガーの『文学の論理』（原書は一九五七年に出版。仏語訳は一九八六年に出されている）と、ジョン・サールの論文「フィクション的言説の論理的ステイタス」（初出は一九七五年）だ。実際、アリストテレス主義を標榜するゲルマニストのハンブルガーと、オースティンが創始した言語行為論を継承する哲学者のサールがフィクション的言説を同定するやり方は、正反対といってもいいくらいに異なっている。というのも、ハンブルガーによると、フィクション性の基準は、テクストに内在する文体的指標（ドリット・コーンはそれを「フィクション性マーカー」と呼ぶ）に求められるのに対し、サールのほうはそのような内在的指標の存在あるいは有効性を認めず、発話（テクスト）がフィクションであるか否かの判断基準を、発話者（作者）の「意図」——事実的発話の「ふり」をするという意図——に求めるからだ。サールからすれば、そうした「意図」は、テクストというよりはむしろジャンル指示に代表されるパラテクストによって表明されるということになる。ジュネットがとりわけ第三章「フィクション物語、事実物語（邦訳では「虚構的物語言説、事実的物語言説」）」で試みたのは、この両極端な立場のあいだで一種の折衷案を模索しながら、より実践的なフィクション性の定義を確立することであった。

だがこうした対立を超えて、というよりむしろその対立の手前に見出されるのは、構造主義詩学が排除してきた作者の審級を、発話行為という次元から捉えなおそうとする姿勢である。サールの言語行為論が発話者（作者）と発話（テクスト）の関係を正面から問題にするものであることは言うまでもない。そして他方のハンブルガーにしても、彼女のいわゆるフィクション性マーカーが、現実的発話であれば現実世界の発話者＝作者に結びつけられる発話主体の主体性（彼女はそれを〈私＝原点〉と呼ぶ）が、フィクション世界の登場人物へと移されたことを示す言語的痕跡に他ならないという意味で、発話主体＝作者を問題にしている。さらに彼女が三人称の物語（と演劇的テクスト）のみをフィクションとし、一人称の物語や抒情詩を現実的発話とみなす二元的ジャンル論を提示していることも想起しておこう。ここからフィクションの一人称物語、あるいはフィクション的な抒情主体をどのように捉えるかという問題に直面したハンブルガーは、それらが現実的発話を「装った」ものだとする説へと導かれる。この解決策がサールの「ふり」論に近づいていることもまた容易に見て取れるだろう。すなわちジュネットによって提示されたフィクション理論は、語用論や発話行為論への関心と切り離せないものだったのである。

＊

パヴェル『フィクションの世界』仏語版やジュネット『フィクションとディクション』と同様、スイユ社の「詩学《ポエティック》」叢書から出された本書『なぜフィクションか？』もまた、こうした文学理論の展開の延長線上に位置づけられる著作である。しかしながら本書を一読すれば、ここで展開されている議論が右に紹介した枠組みとは明らかに異質なものであることに気づかれるだろう。物語構造や指示の問題に、あるいは文学作品の分析に割かれたページがないわけではもちろんない。だが物語論を更新することは、シェフェールにとってもはや主要な問題となっていない。それどころか、昆虫の擬態からパプア・ニューギニアの先住民フリ族の儀礼を経て、ララ・クロフトや「たまごっち」といったビデオゲームにいたるさまざまな事象を取り上げる彼のフィクション理論は、言語的フィクションの領域をはるかに越えてゆくのである。このようにフィクションを視覚的フィクションや宗教的儀式にまで拡げて考える視野の広さは、木の切り株をクマに見立てる子どもの遊びにフィクションの原型を見出すケンダル・ウォルトン『ごっこ遊び《メイク＝ビリーブ》としてのミメーシス』（邦訳は『フィクションとは何か』）の分析美学的なアプローチにむしろ近いといえるだろう。

自らの試みたフィクション理論の拡大について、シェフェールは人文学系インターネットサイト「ヴォクス・ポエティカ」上でアレクサンドル・プルストジェヴィクと行った対談で次のように述べている。「フィクションは文学と同一視されがちです。文学はすべてフィクションだとか、あるいはフィクションはすべて文学だとか。しかしこの二つはまったく異なる問題です。私からすれば、フィクションとは、芸術一般（特に文学）に属する以前に、幼児が学習し、そしてその幼児の、また大人の生においてもきわめて大きな役割を果たす心的能力なのです」。サールは「文学」と「フィクション」を区別し、後者を言語使用一般の問題とすることでフィクションの理論化に貢献したが、シェフェールはさらにそれを「心的能力」の問題に位置づけなおしたのである。このような問題設定の変更は、本書のタイトルを説明するものでもある。「なぜ」フィクションかと問うこと、それは、人間が「なぜ」フィクションに身を委ね、そこに喜びを感じるのか、あるいは逆に「なぜ」ある種の人々はフィクションを忌避するのかを問うことを意味する。フィクションとは「何か」という問いに対する答えは、人間の営みとしてフィクションを捉えなおすことによってはじめて浮かび上がってくる。シェフェールがフィクションの理論化を通して提唱したのは、文学理論に「人類学＝人間学《アンソロポロジー》的転回」をもたらすことであったのだ。

このような理論的パラダイムの変更を、シェフェールは文学理論がこれまでも参照してきた哲学や言語学はもちろん、さらに人類学、心理学、動物行動学、情報科学、そしてとりわけ認知科学の成果を取り込むことで成し遂げようとした。参考文献一覧を一瞥すれば、彼が扱っている学問領域がいかに多岐にわたっているかを容易に見て取れるだろう。とはいえこうした領域横断的性格が、多様な専門領域から自由に借用あるいは発想された「ミメーム」や「超正常まやかし」といった術語を説明もなしに次々と繰り出す彼のスタイルと相まって、衒学趣味と言われても仕方のない無用な難解さを本書に与えてしまっていることも否めない。それゆえ本書の要点をかいつまんで説明しておこう。

＊

「序論」と「結論」を除けば四章で構成される『なぜフィクションか?』のそれぞれの章の概要は次のようになる。

「模倣なんかこわくない」と題された第一章（ちなみにこの題はディズニー映画『三匹の子ぶた』で有名なポピュラーソング「狼なんかこわくない」のパロディ。この章の冒頭に登場する、エメによる「赤ずきん」のパロディと響き合う）では、西欧の歴史を通じて、そして現在でもバーチャルリアリティが現実に取って代わるというようなかたちで流布しているフィクション脅威説がすべてプラトンの提示した反ミメーシス論——ミメーシスは人を惑わすまやかしである——の変奏でしかないということが論じられる。続く「ミメーシス」と題された第二章は、プラトンに反対してミメーシスを肯定したアリストテレスを導入する章である。だがここではアリストテレスを正面から論ずることよりも、彼のミメーシス概念——人は模倣によって物事を認識し、学ぶ——を心理学や認知科学などの知見を用いてアップデートすることが試みられる。第三章は「フィクション」と題される。前章で論じられたミメーシスは、フィクションを包含するより広い外延をもつ概念であるため、主としてサールの語用論的なフィクションの定義に依拠しながら、ミメーシス的活動全般から、フィクションに固有のミメーシスを抽出することに割かれる。第四章「いくつかのフィクション装置について」は、いわば応用編である。前章までの議論によって導かれる「共有された遊戯的偽装」というフィクションの定義に従って、物語、視覚芸術、演劇など、個々の「フィクション装置」のメカニズムが記述される。

この梗概からも理解されるとおり、本書の理論的な核を構成しているのは、第二章と第三章である。そこでこの二つの章に登場するいくつかのキーワードを手がかりに、シェフェールのフィクション概念のエッセンスを、図式的に説明しておこう（以下の記述は大浦康介編『フィクション論への誘い』世界思想社、二〇一三年に訳者が執筆した「読書案内」と部分的に重複していることをお断りしておく）。

すでに述べたように、シェフェールはフィクションをひとつの「心的能力」ととらえている。より明確に、それを「フィクション能力」と言いかえることもできるだろう。この「フィクション能力」の根源にあるのがミメーシスだ。自らのフィクション理論をアリストテレスの伝統に位置づけるシェフェールは、ミメーシスの認知・認識作用——動物の擬態から高度な演技にいたる営みを可能にする類似関係の把握と同化——を積極的に肯定する。そして（人間における）ミメーシス的認知の特徴を説明するのが、「モデル化」と「没入」というタームである。たとえば見習い中の職人が師匠の仕事を「見よう見まね」で覚えるとき、彼はある一連の行為を、運動的模倣や心的シミュレーションを用いてひとつのモデルに変換し（「モデル化」）、その中に「没入」することによってそれを同化ないしは内面化しようとする。美術館で模写をする画学生が行っていることもそれと本質的には変わらない。シェフェールは、ミメーシス的没入によるこのような認知や学習を、合理的ないしは分析的な認知とは異質であるが、しかしながらそれに劣らない認知の様態として位置づけるのである。

だが見習いや模写がフィクションと言えないように、あらゆるミメーシスがフィクションであるわけではない。さらに芸術的フィクションでは、多くの場合ミメーシスが創作よりもむしろ受容に関わるという事実をどう考えるかという問いも未解決だ。こうしたことから、ミメーシス一般からフィクションを区別する、あるいはフィクション的没入の特徴をさらに明確にするという課題が浮き彫りになってくる。そこでシェフェールが導入するのが、「信」という観点だ（「信念」と訳されることの多い « belief »［英］、« croyance »［仏］を、本訳書では教理や思想を信ずるという含意を遠ざけるためにこのように訳した）。つまりフィクションの領域は、ミメーシス的没入が関わる表象ならびにその表象が作り出す「世界」に対して人がとる態度によって画定されるということである。

シェフェールは、ミメーシスには二つの次元があるという。そのひとつが「模倣＝再実例化」である。これは、技術の学習など、模倣される対象と現実において同じ効力を発揮することを目的として行われる模倣を指す。もうひとつが「模倣＝見せかけ」で、こちらは模倣するものとされるものとの同一性が表層に留まり、模倣行為そのものの効果が現実にはもたらされない模倣である。具体的には演技などがそれにあたる後者の模倣を、シェフェールは「偽装」とも呼ぶ。さて、「模倣＝再実例化」と「模倣＝見せかけ」は、それがモデル化する対象の構造などの把握を前提としているという意味で、両者ともに認知作用を備えているという共通点がある。両者を区別するのは、前者において、模倣するものとされるものとが存在論的に同一の階層に属するのに対し、後者ではその階層が異なっているという点だ。フィクションが後者に属することは言うまでもない。

だがまだこれだけではフィクションにはたどりつかない。こうして抽出された見せかけとしての模倣、あるいは「偽装」が意図にもとづくものであることを確認したうえで、それをさらに二分することが次の目標となる。これは、「だまし」や「嘘」からフィクションを区別するために必要な手続きである。この観点からシェフェールは、前者を「本気の」偽装（語用論の文脈では通常「真面目な」と訳される「シリアス」を本訳書ではこう訳した）、後者を「遊戯的」偽装と位置づける。それが含意するのは、「本気の」偽装が偽装を「本物」と捉えさせる、つまりはだますことを目的とするのに対し、「遊戯的」偽装はそのような現実的利害関心を離れた行為であるということである。ここでとりわけ重要になるのが、遊戯的偽装が成立するためには、問題となる行為が遊戯であるというコード、言い換えれば「かのように」の構図によって特徴づけられているというコードを、その行為に参与する者が合意のうえで共有していなければならないという語用論的（「コミュニケーション的」と言ってもよい）前提である。本書が提案するフィクションの定義、すなわち「共有された遊戯的偽装」は、このようにして導き出される。事実、こうした語用論的枠組みが存在するからこそ、われわれは小説や映画などの「フィクション世界」をそれとして楽しむことができる。つまり、その世界の出来事に驚いたり悲しんだりしてその世界をいわば生きつつ、他方、信の次元ではその現実性を否定するという二重の経験が可能になるのである。

*

シェフェール以降のフィクション理論の展開について最後に素描しておこう。『なぜフィクションか？』が示した文学理論の人類学＝人間学的転回という方向性は、学際的かつ総合的なフィクション研究の構築へと向かいつつある。シェフェール自身も社会学者ナタリー・エニックとの共著『芸術、創造、フィクション』（二〇〇四年）を発表しているが、ビデオゲームなどについての研究がある社会学者オリヴィエ・カイラによる『フィクションを定義する』（二〇一一年）も、フィクションの社会的実践を総合的にとらえた重要な著作だ。「小説からチェスまで」というその副題は、フィクション研究がその領域を拡大していることを物語っている。また忘れてならないのが、レヴィ＝ストロースらによって創刊された伝統ある人類学雑誌『人類《ロム》』が二〇〇五年に組んだ特集「フィクションの真理」である。ここにはシェフェールはもちろん、ナタリー・エニック、民族学者でミシェル・レリスについての研究でも知られるジャン・ジャマン、法学者ヤン・トマといったEHESS系の研究者たちが結集してフィクション研究の地平を拡げている。この特集の紹介文は、彼らが推進しようとする総合的フィクション研究の射程を端的に示していて興味深い。『人類』誌の本号は、フィクションのより正確な理解がいかなるものでありうるかについての集団的な考察を、その意味の限定と用法の拡大を同時に行いつつ成すことを目的としている。限定というのは、言説はいかなるものであれ絶対的真理に対する要求を満たすことが原理的にできないのだから、全面的な相対主義に落ち込まざるをえないという、脱構築主義の流行以来使い古された決まり文句を撃つことを目的とするという意味においてである。そして拡大というのは、現実に帰着しないものすべてに対する科学主義的拒否も、美学に対する過剰な特権付与も行わないよう警戒しつつ、フィクション的活動が満たす語用論《プラグマティック》＝実用的機能を、その物語的次元と同時にその想像的次元においても考察してよいのではないかという意味においてである」。

「拡大」についてはもはや言葉を要しないだろう。注目したいのはむしろ「限定」のほうだ。なぜならここには、フィクション理論の思想的立場が明確に表明されているからである。事実、すべてをフィクションに還元する（ポストモダン的な）「汎フィクション論」ほど、フィクション理論の原理に相反するものはない。そこにないものを表現しているからという理由で、表象がそれ自体としてフィクションとなるわけではないし、またわれわれが言語による分節という媒介なしに世界を認識できないからといって、世界そのものがフィクションと化すわけでもない。それゆえもちろん、あらゆる「物語」がフィクションであるわけでもない（歴史はフィクションではない）。さらに「作ること」

や「構成すること」そのものにフィクション性を認めると、逆にフィクションの本質から遠ざかってしまう。ここでもういちど、フィクション理論の基本的立場が、認識論的な二元論に存することを確認しておこう。シェフェールが幾度も強調するように、フィクションとは、現実を認識するためにわれわれが取る心的態度のひとつ、すなわち現実を宙づりにしつつその潜勢力を引き出す――つまりは想像する――ことで、その現実を再帰的かつより深く認識するための心的態度（ならびにその産物）なのである。

だからといって、フィクションを画定する境界が固定された一定不変のものであるというわけではない。人間的な意図や志向性の産物である以上、フィクションの領域ならびにその意味は社会や文化によって異なり、また同一の社会や文化においても歴史的に変動する。それゆえ考えるべきは、フィクションの実践を規定する所与の文化や社会の条件である。『人類』誌が問題にしたのもまさにそこであったが、フィクションを切り口にしたこのような研究は、思想史や比較文学といった領域においても成果を生み出している。そのなかでも特筆すべきが、総合的フィクション研究の最新の成果であるフランソワーズ・ラヴォカの『事実とフィクション』（二〇一六年）である。彼女はここで、「現実」が消滅しつつあると唱える「汎フィクション主義」の諸言説そのものを批判的に検証することでフィクションの「境界」を擁護しつつ、他方で異なる文化やジャンルにおけるフィクションの諸実践の分析を通じてフィクションのハイブリッドな性質を明らかにした。さらにシェフェールのフィクション理論では否定的に扱われていた可能世界意味論を再評価することで複数世界の実在論に踏みこみ、あらたなフィクションの定義を提案している。

＊

翻訳についてひとこと。本書は高度な理論書であることに加え、先述したように多岐にわたる専門分野からとられた概念の借用や応用が頻繁にみられるため、翻訳の作業にはずいぶんと苦労させられた。こうした概念については、できるだけ当該の専門分野の術語を参照するようにしたが、全体的なわかりやすさを重視し、原文でも異質な印象を与えるこれらの術語を文脈に即して理解できるように訳した箇所もある。こうした工夫が逆に不正確さをもたらす結果になっていないことを祈るばかりである。もちろん、専門用語についての理解だけでなく、訳文に不備があることは十分に考えられる。読者諸氏のご批判を俟ちたい。なお、翻訳にあたっては、ドリット・コーンによる英訳（*Why Fiction?*, University of Nebraska Press, 2010）を適宜参照した。また、副題の「ごっこ遊びからバーチャルリアリティまで」は、原書にはないものだが、本書の射程の広さを示すため、出版社と相談してつけ加えた。

訳文についての責任が訳者にあることは言うまでもないが、本書は多くの方々の助けによって実現した。とりわけ、本書の翻訳のみならずフィクション理論全般にわたってさまざまな助言をくださった大浦康介さん（京都大学名誉教授）、フランスのフィクション研究の動向について詳細に教えてくださったフランソワーズ・ラヴォカさん（パリ第三大学）、そして訳稿の検討に協力していただいた「フィクションと日本文学」研究グループのメンバー、特に日高佳紀さん（奈良教育大学）、高橋幸平さん（同志社女子大学）、西田谷洋さん（富山大学）には感謝の念を献げる。

最後に、漂流しかかっていたこの翻訳企画に目を留め、出版にまでこぎ着けることを可能にしてくれた慶應義塾大学出版会の村上文さんにも、心からの御礼を申し上げたい。

二〇一八年一二月

久保　昭博

索引

ア行

カ行

サ行

マ行

ヤ・ラ・ワ行

参考文献

AMES, Roger T., et DISSANAYAKE, Wimal (éds.), (1996), *Self and Deception. A Cross-Cultural Enquiry,* Albany, State University of New York Press.

〔ANONYME〕(1998), « Images subliminales », *Pour la science,* novembre 1998, p. 32.

ARISTOTE (1932), *Poétique,* trad. J. Hardy, Les Belles Lettres.〔アリストテレス『詩学』、『アリストテレース詩学／ホラーティウス詩論』松本仁助、岡道男訳、岩波文庫、1997 年〕

—— (1980), *La Poétique,* trad. Roselyne Dupont-Roc et Jean Lallot, Éd. du Seuil.

AUGÉ, Marc (1997), *La Guerre des rêves. Exercices d'ethno-fiction,* Éd. du Seuil, coll. « Librairie du XXe siècle ».

AUSTIN, John L., « Feindre », in *Écrits philosophiques,* Éd. du Seuil, 1994, p. 206–228.〔J. L. オースティン「ふりをすること」、J. O. アームソン、G. J. ウォーノック編『オースティン哲学論文集』坂本百大訳、勁草書房、1991 年〕

BANDURA, Albert (1963), *Social Learning and Personality Development,* New York, Holt.

—— (1977), *Social Learning Theory,* Englewood Cliffs (N. J.), Prentice Hall.〔A. バンデュラ『社会的学習理論：人間理解と教育の基礎』原野広太郎監訳、金子書房、1979 年〕

BANFIELD, Ann (1982), *Unspeakable Sentences,* Boston, Londres, Routledge and Kegan Paul.

BARTHES, Roland (1984), « En sortant du cinéma » (1975), in *Le Bruissement de la langue,* Éd. du Seuil.

BAUDONNIÈRE, Pierre-Marie (1997), *Le Mimétisme et l'Imitation,* Flammarion, coll. « Dominos ».

BELLOUR, Raymond (1999), *L'Entre-images 2 : Mots, Images,* Éd. POL.

BESSIÈRE, Jean (1990), *Dire le littéraire. Points de vue théoriques,* Bruxelles, Pierre Mardaga.

—— (éd.) (1994), *Modernité, Fiction, Déconstruction,* Lettres modernes.

BLOCK, Ned (1995), « On a confusion about a function of consciousness », *Behavioral and Brain Sciences,* 18 (2), p. 227–287.

BODMER, Johann Jacob (1966), *Critische Abhandlung von dem Wunderbaren in der Poesie* (1740), Stuttgart, J. B. Metzlersche Verlagsbuchhandlung.

BONNET, Claude, GHIGLIONE, Rodolphe, RICHARD, Jean-François, *et al.* (1989), *Traité de psychologie cognitive,* t. 1, Dunod.

BOUVERESSE, Jacques (1992), « Fait, fiction et diction », *Les Cahiers du Musée national d'art moderne,* n° 41, p. 15–32.

BOUVEROT, Danielle, « Un simulacre peut en dissimuler un autre : le mot d'après Frantext », *Autrement dire,* n° 6, 1989, p. 7–28.

BOYD, Robert, et RICHERSON, Peter J. (1985), *Culture and the Evolutionary Process,* Chicago et Londres, Chicago University Press.

—— (1988), « An evolutionary model of social learning : the effects of spatial and temporal variation », *in* ZENTALL et GALEF (1988), p. 29–48.

BREMOND, Claude (1973), *Logique du récit,* Éd. du Seuil.

—— (1990), « Le rôle, l'intrigue et le récit », *Temps et Récit de Paul Ricœur en débat,* Éd. du Cerf, p. 57–71.

——, et PAVEL, Thomas (1998), *De Barthes à Balzac. Fictions d'une critique, critiques d'une fiction,* Albin Michel.

BROOS, Ben, HOETINK, Hans, BRENNINKMEYER-DE ROOIJ, Beatrijs, LACAMBRE, Jean (1986), *De*

Rembrandt à Vermeer, La Haye, Éd. De la Fondation Johan Maurits van Nassau.

BUDIANSKY, Stephen (1997), *The Nature of Horses : Exploring Equine Evolution, Intelligence and Behavior,* New York, Simon and Schuster.

BURGARD, Chrystèle, SAINT GIRONS, Baldine, CLERO, Jean-Pierre, ESCANDE, Yolaine, FLÉCHEUX, Céline, ROGER, Alain, ROLAND MICHEL, Marianne (1997), *Le Paysage et la Question du sublime,* Réunion des musées nationaux.

BURGOYNE, Robert (1991), « Le narrateur au cinéma. Logique et pragmatique de la narration impersonnelle », *Poétique,* n° 87, p. 271–288.

BUXTON, Richard (1996), *La Grèce de l'imaginaire. Les contextes de la mythologie,* La Découverte.

BYRNE, Richard W., RUSSON, Anne E. (1998), « Learning by imitation : a hierarchical approach », *Behavioral and Brain Sciences* (21), 5, p. 667–684.

CADOZ, Claude (1994), *Les Réalités virtuelles,* Flammarion, coll. « Dominos ».

CAILLOIS, Roger (1938), *Le Mythe et l'Homme,* Gallimard.〔ロジェ・カイヨワ『神話と人間』久米博訳、せりか書房、1975 年、新装版 1994 年〕

—— (1967), *Les Jeux et les Hommes,* Gallimard.〔『遊びと人間』多田道太郎・塚崎幹夫訳、講談社、1971 年／講談社学術文庫、1990 年〕

CASETTI, Francesco (1983), « Les yeux dans les yeux », *Communications,* n° 38.

CHATEAU, Dominique (1998), *L'Héritage de l'art. Imitation, tradition et modernité,* L'Harmattan.

COHN, Dorrit (1981), *La Transparence intérieure,* Éd. du Seuil.

—— (1992), « Breaking the code of fictional biography », *in* KAISER, Nancy, et WELLBERRY, David E., *Traditions of Experiment from the Enlightenment to the Present. Essays in Honor of Peter Demetz,* Ann Arbor, University of Michigan Press, p. 301–319.

—— (1999), *The Distinction of Fiction,* Baltimore et Londres, Johns Hopkins University Press.

COIFFET, Philippe (1995), *Mondes imaginaires,* Hermès.

CURRIE, Gregory (1990), *The Nature of Fiction,* New York, Cambridge University Press.

—— (1995), *Image and Mind : Film, Philosophy and Cognitive Science,* New York, Cambridge University Press.

DANTO, Arthur (1989), *La Transfiguration du banal. Une philosophie de l'art,* Éd. du Seuil.〔アーサー・C. ダントー『ありふれたものの変容：芸術の哲学』松尾大訳、慶應義塾大学出版会、2017 年〕

—— (1993), *L'Assujettissement philosophique de l'art,* Éd. du Seuil.

DARWIN, Charles (1998), *L'Expression des émotions chez l'homme et les animaux* (1872), Éd. du CTHS.〔チャールズ・ダーウィン『人及び動物の表情について』浜中浜太郎訳、岩波文庫、1931 年〕

DAWKINS, Richard (1976), « Hierarchical organization : a candidate principle for ethology », *in* BATESON, Patrick P. G., et HINDE, Robert A., *Growing Points in Ethology,* Cambridge University Press, 1976.

—— (1996), *Le Gène égoïste,* trad. fr. par Laura Ovion, Odile Jacob.〔リチャード・ドーキンス『利己的な遺伝子』日高敏隆・岸由二・羽田節子・垂水雄二訳、紀伊國屋書店、1991 年、増補新装版 2006 年、40 周年記念版 2018 年〕

DELEUZE, Gilles (1969), *Logique du sens,* Éd. de Minuit.〔ジル・ドゥルーズ『意味の論理学』岡田弘・宇波彰訳、法政大学出版局、1987 年／上下巻、小泉義之訳、河出文庫、2007 年〕

—— (1985), *L'Image-temps,* Éd. de Minuit.〔『シネマ 2 ＊時間イメージ』宇野邦一・江澤健一郎・岡村民夫訳、法政大学出版局、2006 年〕

DENNETT, Daniel C. (1993, éd. originale 1991), *Consciousness Explained,* Harmondsworth, Penguin.〔ダニエル・

C. デネット『解明される意識』山口泰司訳、1997 年〕

DERRIDA, Jacques (1972), « La pharmacie de Platon », in *La Dissémination,* Éd. du Seuil, p. 70–197.〔ジャック・デリダ『散種』藤本一勇・立花史・郷原佳以訳、法政大学出版局、2013 年〕

DESCOMBES, Vincent (1983), *Grammaire d'objets en tous genres,* Éd. de Minuit.

—— (1995), *La Denrée mentale,* Éd. de Minuit.

DÉTIENNE, Marcel (1981), *L'Invention de la mythologie,* Gallimard.

DIELS, Hermann, et KRANZ, Walter (1964, 11e éd.), *Die Fragmente der Vorsokratiker* (1903), 3 tomes, Zurich et Berlin, Weidmannsche Verlagsbuchhandlung.〔『ソクラテス以前哲学者断片集』全 5 冊、別冊 1、内山勝利他訳、岩波書店、1996–1998 年（原書を底本として編纂された翻訳）〕

DOLEŽEL, Lubomír (1988), « Mimesis and possible worlds », *Poetics Today,* vol. 9, n° 3, 1988, p. 475–496.

DUCROT, Oswald, et SCHAEFFER, Jean-Marie (1995), *Nouveau Dictionnaire encyclopédique des sciences du langage,* Éd. du Seuil.

EDELMAN, Gerald M. (1994), *Biologie de la conscience,* Seuil, coll. « Poches Odile Jacob ».〔G. M. エーデルマン『脳から心へ：心の進化の生物学』金子隆芳訳、新曜社、1995 年〕

EDELMAN, Shimon (1998), « Representation is representation of similarities », *The Brain and Behavioral Sciences* (21), 4, p. 449–467.

EIBL-EIBESFELDT, Irenäus (1995), *Die Biologie des menschlichen Verhaltens. Grundriss der Humanethologie,* 3e édition revue et augmentée, Munich, Piper Verlag.〔イレネウス・アイブル＝アイベスフェルト『ヒューマン・エソロジー：人間行動の生物学』桃木暁子他訳、ミネルヴァ書房、2001 年〕

ELGIN Catherine, Z. (1992), « Les fonctions de la fiction », *Les Cahiers du Musée national d'art moderne,* n° 41, p. 33–44.

ENRIGHT, D. J., et CHICKERA, Ernst de (1962), *English Critical Texts,* Oxford University Press, Londres.

ESCANDE, Yolaine (1997), « La calligraphie chinoise : une image de l'homme », *Cahiers Robinson,* n° 2, p. 129–176.

—— (2001), « Littérature chinoise et art lettré » in *Partages de la littérature, partages de la fiction*, Honoré Champion, pp. 179–215.

EY, Henri (1968), *La Conscience,* PUE.〔アンリ・エー『意識』1・2、大橋博司訳、1969–1971 年〕

FLAHAULT, François (1997), « L'artiste créateur et le culte des restes », *Communications,* n° 64, p. 15-54.

—— (1998), *La Méchanceté,* Descartes et Cie.

FLINN, M. V., et ALEXANDER, R. D. (1982), « Culture theory : the developing synthesis from biology », *Human Ecology,* 10, p. 383–400.

FODOR, Jerry (1986), *La Modularité de l'esprit. Esprit sur la psychologie des facultés,* traduit de l'américain par Abel Gerschenfeld, Éd. de Minuit.〔ジェリー・A. フォーダー『精神のモジュール形式』伊藤笏康・信原幸弘訳、産業図書、1985 年〕

FREGE, Gottlob (1969), *Nachgelassene Schriften,* Hambourg, Felix Meiner Verlag.

—— (1971), *Écrits logiques et philosophiques,* Éd. du Seuil.（ゴットローブ・フレーゲ「意義と意味について」、『言語哲学重要論文集』松原陽一編訳、春秋社、2013 年）

FREEDBERG, David (1989), *The Power of Images. Studies in the History and Theory of Response,* Chicago, The University of Chicago Press.

FREY, Dagobert (1946), *Kunstwissenschaftliche Grundfragen. Prolegomena zu einer Kunstphilosophie,* Reprint (1992), Darmstadt, Wissenschaftliche Buchgesellschaft.

GARCIA BARRIENTOS, José Luis (1991), *Drama y Tiempo,* Madrid, Biblioteca de Filologia Hispanica, Consejo

Superior de Investigaciones Cientificas.

GAUDREAULT, André, et JOST, François (1990), *Le Récit cinématographique (Cinéma et récit II),* Nathan.

GEERTZ, Clifford (1980), *Negara : The Theatre State in Nineteenth Century Bali,* Princeton, Princeton University Press.〔クリフォード・ギアツ『ヌガラ：19 世紀バリの劇場国家』小泉潤二訳、みすず書房、1990 年〕

GENETTE, Gérard (1972), *Figures III,* Éd. du Seuil.〔ジェラール・ジュネット『物語のディスクール：方法論の試み』花輪光・和泉涼一訳、水声社、1985 年〕

—— (1982), *Palimpsestes,* Éd. du Seuil.〔『パランプセスト：第二次の文学』和泉涼一訳、水声社、1995 年〕

—— (1987), *Seuils,* Éd. du Seuil.〔『スイユ』和泉涼一訳、水声社、2001 年〕

—— (1991), « Les actes de fiction », in *Fiction et Diction,* Éd. du Seuil.〔「虚構の行為」、『フィクションとディクション：ジャンル・物語論・文体』和泉涼一・尾河直哉訳、水声社、2004 年〕

—— (1997), *L'Œuvre de l'art, II : La relation esthétique,* Éd. du Seuil.

GIONO, Jean (1974), *Noé* (1947), *in* Jean Giono, *Œuvres romanesques complètes,* t. III, Gallimard, coll. « Bibliothèque de la Pléiade », p. 607–862.

GŁOWIŃSKI, Michał (1987), « Sur le roman à la première personne », *Poétique,* n° 72, p. 497–506.

GOFFMAN, Erving (1973), *La Mise en scène de la vie quotidienne. I La présentation de soi* (1956), Éd. de Minuit.〔E. ゴッフマン『行為と演技：日常生活における自己呈示（ゴッフマンの社会学 1)』石黒毅訳、誠信書房、1974 年〕

GOLDMAN, Laurence, et EMMISON, Michael (1996), « Fantasy and double-play among Huli children of Papoua New Guinea », *Text,* n° 16 (1), p. 23–60.

GOMBRICH, Ernst (1956, rééd. 1987), *L'Art et l'Illusion,* Gallimard.〔E. H. ゴンブリッチ『芸術と幻影：絵画的表現の心理学的研究』瀬戸慶久訳、岩崎美術社、1979 年〕

GOODMAN, Nelson (1984), *Of Mind and Other Matters,* Cambridge, Harvard University Press.

—— (1990), *Langages de l'art* (1968), trad. française Jacques Morizot, Éd. Jacqueline Chambon, 1990.〔ネルソン・グッドマン『芸術の言語』戸澤義夫・松永伸司訳、慶應義塾大学出版会、2017 年〕

GOODY, Jack (1986), *La Logique de l'écriture,* Armand Colin.

HAMBURGER, Käte (1986), *Logique des genres littéraires* (1957), Éd. du Seuil.〔ケーテ・ハンブルガー『文学の論理』植和田光晴訳、松籟社、1986 年〕

HARWEG, Roland (1968), *Pronomina und Textkonstitution*, Munich, Fink Verlag.

HEIDEGGER, Martin (1981), *Kant et le Problème de la métaphysique* (1929), Gallimard, coll. « Tel ».〔マルティン・ハイデッガー『ハイデッガー全集第 3 巻　カントと形而上学の問題』門脇卓爾・ハルトムート・ブフナー訳、創文社、2003 年〕

HEINICH, Nathalie (1996), *États de femme. L'identité féminine dans la fiction occidentale,* Gallimard.〔ナタリー・エニック『物語のなかの女たち：アイデンティティをめぐって』内村瑠美子・山形直子・鈴木峯子訳、青山社、2003 年〕

HENRICH, Dieter, et ISER, Wolfgang (éds.) (1983), *Funktionen des Fiktiven (Poetik und Hermeneutik X),* Munich, Wilhelm Fink Verlag.

HERRNSTEIN SMITH, Barbara (1978), *On the Margins of Discourse,* Chicago, Chicago University Press.

HILDESHEIMER, Wolfgang (1977), *Mozart,* Francfort-sur-le-Main, Suhrkamp Verlag.〔ヴォルフガング・ヒルデスハイマー『モーツァルト』渡辺健訳、白水社、1979 年〕

—— (1981), *Marbot. Eine Biographie,* Francfort-sur-le-Main, Suhrkamp Verlag.〔『マルボー：ある伝記』青地伯水訳、松籟社、2014 年〕

—— (1984), *Sir Andrew Marbot,* Stock.

—— (1988), *Das Ende der Fiktionen,* Francfort-sur-le-Main, Suhrkamp Verlag.

HOWELL, Robert (1979), « Fictional objects : how they are and how they are not », *Poetics,* VIII, p. 129-178.

ISER, Wolfgang (1991), *Das Fiktive und das Imaginäre. Perspektiven literarischer Anthropologie,* Francfort-sur-le-Main, Suhrkamp.〔ヴォルフガング・イーザー『虚構と想像力：文学の人間学』日中鎮朗他訳、法政大学出版局、2007 年〕

IZARD, Carrol E., et TOMKINS, Jerome L. (1966), « Affect and behavior: anxiety as a negative affect », *in* Spielberger, Charles (ed.), *Anxiety and Behavior,* New York, Academic Press.

JOST, François (1987), *L'Œil-caméra. Entre film et roman,* Presses universitaires de Lyon.

—— (1990), voir GAUDREAULT, André, et JOST, François (1990).

—— (1995), « Le feint du monde », *Réseaux,* n° 72–73.

JOUVET, Michel (1992), *Le Château des songes,* Éd. Odile Jacob.〔ミッシェル・ジュヴェ『夢の城』北浜邦夫訳、紀伊國屋書店、1997 年〕

——, *Le Sommeil et le Rêve* (1993), Seuil, coll. « Points Odile Jacob ».〔『睡眠と夢』北浜邦夫訳、紀伊國屋書店、1997 年〕

——, et GESSAIN, Monique (1997), *Le Grenier des rêves. Essai d'onirologie diachronique,* Éd. Odile Jacob.

JULLIEN, François (1983), « Limites à une conception mimétique de l'œuvre littéraire », *Extrême-Orient, Extrême Occident,* n° 3 *(Le rapport à la nature, notes diverses),* p. 69–81.

—— (1985), « Naissance de l' "imagination" : essai de problématique au travers de la réflexion littéraire de la Chine et de l'Occident », *Extrême-Orient, Extrême Occident,* n° 7 *(Le réel, l'imaginaire),* p. 23–81.

KANT, Emmanuel (1964), *Werke,* Band X : *Schriften zur Anthropologie, Geschichtsphilosophie, Politik und Pädagogik,* Darmstadt, Wissenschaftliche Buchgesellschaft.

—— (1984), *Critique de la faculté de juger* (1790), trad. Alexis Philonenko, Librairie philosophique J. Vrin.〔イマヌエル・カント『純粋理性批判』上中下巻、篠田英雄訳、岩波文庫、1961–1962 年〕

KARBUSICKY, Vladimir (1990), *Sinn und Bedeutung in der Musik,* Darmstadt, Wissenschaftliche Buchgesellschaft.

KUHNS, Richard (1983), « The cultural function of fiction», *in* HENRICH, Dieter, et ISER, Wolfgang (éds.) (1983), p. 55–66.

LACOUE-LABARTHE, Philippe (1986), *L'Imitation des modernes,* Galilée.〔フィリップ・ラクー＝ラバルト『近代人の模倣』大西雅一郎、みすず書房、2003 年〕

LEIBNIZ, Gottfried Wilhelm (1965), *Philosophische Schriften,* Band 1, Darmstadt, Wissenschaftliche Buchgesellschaft.〔ゴットフリート・ヴィルヘルム・ライプニッツ「モナドロジー〈哲学の原理〉」、『ライプニッツ著作集 9：後期哲学』下村寅太郎他監修、西谷祐作他訳、工作舎、1989 年〕

LEJEUNE, Philippe (1986), *Moi aussi,* Éd. du Seuil.

LE MASSON, Gwendall, LAFLAQUIÈRE, Arnaud, BAL, Thierry, LE MASSON, Sylvie (1998), « Dialogues entre neurones biologiques et artificiels », *La Recherche,* n° 314, p. 34–37.

LEVI, Jean, (1995), *La Chine romanesque. Fictions d'Orient et d'Occident,* Éd. du Seuil.

LÉVY, Pierre (1995), *Qu'est-ce que le virtuel ?,* La Découverte.〔ピエール・レヴィ『ヴァーチャルとは何か？：デジタル時代におけるリアリティ』米山優監訳、昭和堂、2006 年〕

LÉVY-LEBLOND, Jean-Marc (1996), *Aux contraires. L'exercice de la pensée et la pratique de la science,* Gallimard.

LEWIS, David, (1978), « Truth in fiction », *American Philosophical Quarterly,* XV, p. 37–46.

LORENZ, Konrad, WUKETITS, Franz W. (éds.), (1983), *Die Evolution des Denkens,* Munich, Piper Verlag.

LOTMAN, Iouri (1973), *La Structure du texte artistique,* Gallimard.〔ユーリー M. ロトマン『文学理論と構造主義：テキストへの記号論的アプローチ』磯谷孝訳、勁草書房、1998 年〕

LÜTTERFELS, Wilhelm (éd.) (1987), *Transzendentale oder evolutionäre Erkenntnistheorie,* Darmstadt, Wissenschaftliche Buchgesellschaft.

LYONS, William (éd.), (1995), *Modern Philosophy of Mind,* Londres, J. M. Dent.

MANNONI, Octave (1969), « L'illusion comique ou le théâtre du point de vue de l'imaginaire », « Le théâtre et la folie », in *Clefs pour l'imaginaire ou l'Autre Scène,* Éd. du Seuil, p. 161-183 et 301–314.

—— (1980), « La part du jeu », in *Un commencement qui n'en finit pas. Transfert, interprétation, théorie,* Éd. du Seuil, p. 121–133.

MEHLER, Jacques, Dupoux, E. (1990), *Naître humain,* Odile Jacob.〔ジャック・メレール、エマニュエル・デュプー『赤ちゃんは知っている：認知科学のフロンティア』加藤晴久・増茂和男訳、藤原書店、2003 年〕

METZ, Christian (1977), *Le Signifiant imaginaire. Psychanalyse et cinéma,* UGE, coll. «10/18 ».〔クリスチャン・メッツ『映画と精神分析：想像的シニフィアン』鹿島茂訳、白水社、1981 年、新装復刊 2008 年〕

MILLAR, Susanna (1968), *The Psychology of Play,* Harmondsworth, Penguin.〔スザンナ・ミラー『遊びの心理学：子供の遊びと発達』森重敏・森楙監訳、家政教育社、1980 年〕

MILLER, Neal E., DOLLARD, John (1962, 1re éd. 1941), *Social Learning and Imitation,* Yale University Press.〔ニール・E. ミラー、ジョン・ドラード『社会的学習と模倣』山内光哉・祐宗省三・細田和雅訳、理想社、1956 年〕

MILLIKAN, Ruth G. (1998), « A common structure for concepts of individuals, stuffs and real kinds : more mama, more milk and more mouse », *The Behavioral and Brain Sciences* (21), 1, p. 55–60.

MILMAN, Miriam (1992), *Le Trompe-l'œil,* Skira.

NEGROPONTE, Nicholas (1995), *L'Homme numérique,* Robert Laffont.〔ニコラス・ネグロポンテ『ビーイング・デジタル：ビットの時代』福岡洋一訳、アスキー、1995 年、新装版（西和彦監訳）、2001 年〕

ODIN, Roger (1996), « Christian Metz et la fiction », *Semiotica,* n° 112, 1–2, p. 9–19.

OESER, Erhard (1987), « Evolutionäre Wissenschaftstheorie », *in* LÜTTERFELS (éd.) (1987), p. 51–63.

OPIE, Iona, et Peter (1959), *The Lore and Language of school-children,* Oxford, Oxford University Press.

—— (1962), *Children's Games in Street and Playground,* Oxford, Oxford University Press.

PARSONS, Terence (1974), « A meinongian analysis of fictional objects », *Grazer Philosophische Studien,* l, p. 73–86.

PAVEL, Thomas (1988), *Univers de la fiction,* Éd. du Seuil, coll. « Poétique ».

—— (1998), voir BREMOND, Claude, et PAVEL, Thomas (1998).

PINKER, Steven (1999), *L'Instinct du langage,* trad. Marie-France Desjeux, Odile Jacob.〔スティーブン・ピンカー『言語を生みだす本能』上下巻、椋田直子訳、NHK ブックス、1995 年〕

PLACE, U. T. (1956), « Is consciousness a brain process ? », repris dans LYONS (éd.), 1995, *Modern Philosophy of Mind,* Londres, J. M. Dent, p. 106–116.

PLATON (1950), *Œuvres complètes,* t. l, trad. Léon Robin, Gallimard, coll. « Bibliothèque de la Pléiade ».

—— (1989), *Phèdre,* trad. Luc Brisson, Garnier-Flammarion.〔プラトン『パイドロス』藤沢令夫訳、岩波文庫、1967 年〕

—— (1996), *La République,* 3 tomes, trad. Émile Chambly (1930), Les Belles Lettres.〔『国家』上下巻、藤沢令夫訳、岩波文庫、1979 年、改版 2008 年〕

PRODROMIDÈS, François (1997), « Le théâtre de la lecture. Texte et spectacle dans *La Pratique du théâtre* de d'Aubignac », *Poétique,* n° 112, p. 423–443.

PROUST, Marcel (1971), *Journées de lecture* (1905), in *Contre Sainte-Beuve,* Gallimard, coll. « Bibliothèque de la Pléiade », p. 160–194.〔マルセル・プルースト『プルースト文芸評論』鈴木道彦訳編、筑摩叢書、1977 年〕

PUTNAM, Hilary (1983), « Philosophers and human understanding », in *Philosophical Papers,* volume 3 (*Realism and Reason*), Cambridge, New York, Cambridge University Press, p. 184–204.〔ヒラリー・パトナム「哲学者と人間知性」、『実在論と理性』飯田隆他訳、勁草書房、1992 年〕

PYLYSHYN, Zenon (1997), « Is vision continuous with cognition ? The case for cognitive impenetrability of visual perception », *Behavioral and Brain Sciences,* Preprint.

QUINE, Willard V. O. (1977) « Espèces naturelles », in *Relativité de l'ontologie et Autres Essais,* Aubier Montaigne.

RICŒUR, Paul (1983, 1984, 1985), *Temps et Récit,* t. I (1983), t. II (1984), t. III (1985), Éd. du Seuil.〔ポール・リクール『時間と物語』1–3、久米博訳、新曜社、1987–90 年、新装版 2004 年〕

RIFFATERRE, Michael (1990), *Fictional Truth,* Johns Hopkins University Press.

ROCHLITZ, Rainer (1990), « Sens et tradition chez Paul Ricœur », *Temps et Récit de Paul Ricœur en débat,* Éd. du Cerf, p. 139–183.

RORTY, Richard (1983), « Is there a problem about fictional discourse ? », *in* HENRICH et ISER (éds.), 1983, p. 67–93.〔リチャード・ローティ「虚構的言説の問題なんてあるのだろうか？」、『哲学の脱構築：プラグマティズムの帰結』室井尚他訳、御茶の水書房、1985 年／『プラグマティズムの帰結』室井尚他訳、ちくま学芸文庫、2014 年〕

ROUSSEAU, Jean-Jacques (1969), *Œuvres complètes,* t. IV *(Émile, Éducation, Morale, Botanique),* Gallimard, coll. « Bibliothèque de la Pléiade ».〔ジャン＝ジャック・ルソー『エミール』上中下巻、今野一雄訳、岩波文庫、1962–1964 年、改版 2007 年〕

SARTRE, Jean-Paul (1968), *L'Imaginaire* (1940), Gallimard, coll. « Idées ».〔ジャン＝ポール・サルトル『サルトル全集　第 12 巻　想像力の問題』平井啓之訳、人文書院、1952 年、改訂版 1980 年〕

SCHAEFFER, Jean-Marie (1985), « Aesopus auctor inventus », *Poétique,* n° 63, p. 345–364.

—— (1987), *L'Image précaire. Du dispositif photographique,* Éd. du Seuil.

—— (1989), « Loup, si on jouait au loup? », *Autrement dire,* n° 6, Presses universitaires de Nancy, p. 111–123.

—— (1992), « Nelson Goodman en poéticien », *Les Cahiers du Musée national d'art moderne,* n° 41, p. 85–97.

—— (1996), *Les Célibataires de l'art. Pour une esthétique sans mythes,* Gallimard.

SCHMUCK, Claudine (1995), *Introduction au multimédia. Technologies et marchés,* Éd. Afnor.

SEARLE, John R. (1979), *Expression and Meaning : Studies in the Theory of Speech Acts*, Cambridge University Press.〔ジョン・R. サール『表現と意味：言語行為論研究』山田友幸訳、誠信書房、2006 年〕

—— (1982), *Sens et Expression. Études de théorie des actes du langage,* Éd. de Minuit.

—— (1985), *L'Intentionnalité. Essai de philosophie des états mentaux,* trad. fr. Claude Pichevin, Éd. de Minuit.〔『志向性：心の哲学』坂本百大訳、誠信書房、1997 年〕

—— (1995), *La Redécouverte de l'esprit,* trad. fr. Claudine Tiercelin, Gallimard.〔『ディスカバー・マインド！：哲学の挑戦』宮原勇訳、筑摩書房、2008 年〕

—— (1997), *The Mystery of Consciousness,* Londres, Granta Books.〔『意識の神秘：生物学的自然主義からの挑戦』菅野盾樹監訳、新曜社、2015 年〕

—— (1998), *La Construction de la réalité sociale,* Gallimard.〔『社会的世界の制作：人間文明の構造』勁草書房、

2018 年〕
SHANKS, David R., et ST. JOHN, Mark E (1994), « Characteristics of dissociable human learning systems », *Behavioral and Brain Sciences,* n° 17 (3), p. 367–447.
SHUSTERMAN, Ronald (1988), *Critique et Poésie selon I. A. Richards. De la confiance positiviste au relativisme naissant,* Presses Universitaires de Bordeaux.
—— (1995), « Fiction, connaissance, épistémologie », *Poétique,* n° 104, p. 503–518.
SINGER, Jerome L. (1973), *The Child's World of Make-Believe. Experimental Studies of Imaginative Play,* New York et Londres, Academic Press.
SPIELBERGER, Charles (éd.) (1966), *Anxiety and Behavior,* New York, Academic Press.
SOULAGES, François (1998), *Esthétique de la photographie. La perte et le reste,* Nathan.
STERN, Daniel (1989), *Le Monde interpersonnel du nourrisson,* PUF.〔D. N. スターン『乳児の対人世界　臨床編・理論編』小此木啓吾・丸田俊彦監訳、神庭靖子・神庭重信訳、岩崎学術出版社、1989–1991 年〕
—— (1990), « Engagements subjectifs : le point de vue de l'enfant », dans (coll.), *Le Nourrisson et sa famille,* Éd. Césura.
SUÉTONE (1957), *La Vie des douze Césars,* t. III, trad. Henri Aillaud, Les Belles Lettres.〔スエトニウス『ローマ皇帝伝』上下、國原吉之助訳、岩波文庫、1986 年〕
TADIÉ, Alexis (1998), « La fiction et ses usages. Analyse pragmatique du concept de fiction », *Poétique,* n° 113, p. 111–125.
THOMAS, Yan (1995), « *Fictio legis.* L'empire de la fiction romaine et ses limites médiévales », *Droits,* n° 21, p. 17–63.
TOMKINS Silvan S. (1962, 1963), *Affect, Imagery, Consciousness,* vol. I et II, New York, Springer.
TRIMPI, Wesley (1974), « The ancient hypothesis of fiction: an essay on the origins of literary theory », *Traditio. Studies in Ancient and Medieval History, Thought, and Religion,* vol. XXVII, p. 1–118.
TURING, Alan (1950), « Computing machinery and intelligence », *Mind,* 59, p. 433–460.
TURNER, Victor (1974), *Dramas, Fields and Metaphors,* Ithaca, Cornell University Press.〔ヴィクター・ターナー『象徴と社会』梶原景昭訳、紀伊國屋書店、1981 年〕
—— (1982), *From Ritual to Theater,* New York, Performing Arts Journal Press.
VEYNE, Paul (1983), *Les Grecs ont-ils cru à leurs mythes ?,* Éd. du Seuil.〔ポール・ヴェーヌ『ギリシア人は神話を信じたか：世界を構成する想像力にかんする試論』大津真作訳、法政大学出版局、1985 年〕
VOLLMER, Gerhard (1983), « Mesokosmos und objektive Erkenntnis — Über Probleme die von der evolutionären Erkenntnistheorie gelöst werden », *in* LORENZ et WUKETITS (éds.) (1983), p. 29–91.
WAGNER, Richard (1966), *Werke,* t. II, Zurich, Stauffacher-Verlag.
WALTON, Kendall L. (1990), *Mimesis as Make-Believe. On the Foundations of the Representational Arts,* Cambridge (Mass.), Harvard University Press.〔ケンダル・ウォルトン『フィクションとは何か：ごっこ遊びと芸術』田村均訳、名古屋大学出版会、2016 年〕
—— (1995), « Comment on apprécie la fiction », *Agone,* n° 14, p. 15–47.
WILSON, E. O., (1975), *Sociobiology : The New Synthesis,* Cambridge (Mass.), Harvard University Press.〔エドワード・O. ウィルソン『社会生物学』坂上昭一他訳、新思索社、1999 年〕
WINNICOTT, D. W. (1975), *Jeu et Réalité. L'espace potentiel,* Gallimard.〔D. W. ウィニコット『改訳 遊ぶことと現実』橋本雅雄・大矢泰士訳、岩崎学術出版、2015 年〕
WOLTERSTORFF, Nicholas (1976), « Worlds of works of art », *Journal of Aesthetics and Art Criticism,* XXXV, p. 121–

132.
——, *Works and Worlds of Art,* Oxford, Clarendon Press.
ZENTALL, Thomas R., et GALEF, Bennett G. (éds.) (1988), *Social Learning: Psychological and Biological Approaches,* Hillsdale (New Jersey), Lawrence Erlbaum Associates.

著者紹介

ジャン＝マリー・シェフェール　Jean-Marie Schaeffer
1952年生まれ。フランス国立科学研究センター研究ディレクター、社会科学高等研究院研究ディレクター。専門は美学、芸術理論。
著作に *La Fin de l'exception humaine*（Gallimard, 2007), *L'Expérience esthétique*（Gallimard, 2015）など多数。

訳者紹介

久保昭博　くぼ　あきひろ
1973年生まれ。関西学院大学教授。
東京大学大学院総合文化研究科満期退学。パリ第三大学博士課程修了、文学博士。専門は文学理論、フランス文学。
著作に『表象の傷——第一次世界大戦からみるフランス文学史』（人文書院、2011）、訳書にレーモン・クノー『地下鉄のザジ』（水声社、2011）など。

なぜフィクションか?
――ごっこ遊びからバーチャルリアリティまで

2019年1月30日　初版第1刷発行
2023年6月15日　初版第3刷発行

著　者――――ジャン=マリー・シェフェール
訳　者――――久保昭博
発行者――――大野友寛
発行所――――慶應義塾大学出版会株式会社
〒108-8346　東京都港区三田2-19-30
TEL〔編集部〕03-3451-0931
〔営業部〕03-3451-3584〈ご注文〉
〔　〃　〕03-3451-6926
FAX〔営業部〕03-3451-3122
振替00190-8-155497
https://www.keio-up.co.jp/
装　丁――――服部一成
印刷・製本――萩原印刷株式会社
カバー印刷――株式会社太平印刷社

Printed in Japan ISBN978-4-7664-2575-8